Kristin Kimball

DAS DRECKIGE LEBEN

Kristin Kimball

DAS DRECKIGE LEBEN

Aus den High Heels in die Gummistiefel

Wie mein Traum vom naturnahen Leben
in Erfüllung ging

Kristin Kimball
Das dreckige Leben. Aus den High Heels in die Gummistiefel –
Wie mein Traum vom naturnahen Leben in Erfüllung ging

Titel der englischen Original-Ausgabe:
The Dirty Life – A Memoir of Farming, Food, and Love
© 2010 by Kristin Kimball c/o Sterling Lord Literistic Inc., New York, NY 10012 USA

1. deutsche Ausgabe 2014
ISBN 978-3-944125-22-0
Übersetzt von Bärbel und Velten Arnold
Satz und Layout: Karin Jerg
Coverabbildung: © Deborah Feingold

Herausgeber: Unimedica im Narayana Verlag GmbH, Blumenplatz 2,
79400 Kandern, Tel.: +49 7626 974970-0, Fax: +49 7626 974970-9
E-Mail: info@unimedica.de, Webseite: www.unimedica.de
© 2014 Narayana Verlag GmbH

INHALTSVERZEICHNIS

Prolog. 6

Teil 1: Aufbruch 13

Teil 2: Winter 63

Teil 3: Frühling 143

Teil 4: Sommer 227

Teil 5: Herbst. 267

Epilog. 298

Widmung. 315

Rezepte. 317

Anhang (Karten und Abbildungsverzeichnis) 325

PROLOG

»Samstagabend, mitten im Winter. Das Farmhaus ist schon seit Stunden dunkel, unsere Mitarbeiter sind alle längst zu Hause. Wir machen den Ofen an, öffnen uns zwei Flaschen selbst gebrautes Bier von unserem Freund Brian, und während ich die Melkgeräte abwasche, beginnt Mark für mich zu kochen – für einen Farmer ist das der Ausdruck von Vertrautheit und Intimität. In der Küche kennt er sich bestens aus, jeder Handgriff sitzt, und ihm zuzusehen, erfüllt mich mit einer Mischung aus Bewunderung und Begierde, als wäre ich ein Groupie beim Anblick eines von mir angehimmelten Rockstars. Er bereitet ein ansehnliches Schulterstück eines Rindes zu, das wir diese Woche geschlachtet haben, und hat dazu eine bunte Auswahl an Gemüse aus dem Gemüsekeller geholt. Er durchstöbert summend den Kühlschrank und nimmt eine Schale gehaltvollen Hühnerfond und einen Granatapfel heraus, den uns meine Freundin Amelia aus New York City mitgebracht hat. Mark legt jetzt richtig los, seine Hände wirbeln über die Arbeitsfläche, und eineinhalb Stunden später stellt er zwei Teller auf den Tisch. Sie sind farbenprächtig und fantasievoll hergerichtet wie zwei Bauwerke von Gaudí. Er hat das Steak quer zur Faser in dünne Scheiben geschnitten, halb durchgebraten und mit einer Rotweinreduktion beträufelt. Dazu gibt es eine kurz in Butter angebratene und mit Wacholderbeeren gewürzte Gemüsevariation aus Lauch, Möhren und Kohl und daneben, kunstvoll aufgeschichtet, eine kleine Portion Rotkohlgemüse aus eigener Ernte diesen Jahres, deren kraftvolle Farbe regelrecht schillert. Wir haben kein Brot mehr, aber er hat im Kühlschrank noch eine kleine Teigkugel gefunden, die von der

Zubereitung eines Kuchens übrig geblieben ist, den Teig ausgerollt, ihn zu kleinen Dreiecken zurechtgeschnitten, in einer heißen Pfanne gebacken, und, volá! schon waren unsere Brötchen fertig. Doch der überraschende Star auf dem Teller ist der Rettich. Mark war im letzten Sommer etwas besessen davon, lagerfähigen Rettich zu pflanzen und hat gleich auf einer Länge von dreihundert Metern Rettich gesät, eine Narretei, für die ich ihn gnadenlos aufgezogen habe, doch der Rettich ist so schön gewachsen und so lecker, dass ich jetzt, gegen Ende des Winters, erkennen kann, dass der Vorrat trotz der Massen, die wir eingelagert haben, sichtbar geschrumpft ist. Die Sorte heißt Misato Rose. Von außen cremefarben und mit einem Hauch von Grün und im Inneren hellrosa, sind diese Rettiche etwa so groß wie Äpfel und sehen, wenn man sie aufschneidet, so aus wie Wassermelonen in Miniaturform. Sie eignen sich hervorragend als leckeres Vorspeisenhäppchen und werden roh mit einer Prise Salz serviert. Sie sehen so fruchtartig aus, dass ihr Geschmack beim Zubeißen immer wieder überraschend ist, da der Gaumen von den Augen auf eine falsche Fährte geführt wird.

Heute Abend hat Mark die Rettiche in Hühnerbrühe geschmort, was ihnen kaum etwas von ihrer kraftvollen Farbe genommen, ihnen jedoch ein etwas milderes Aroma verliehen hat. Er hat einen Schuss Ahornsirup und ein wenig Balsamico-Essig hinzugegeben und ganz zum Schluss auch noch eine Handvoll geschmackvolle Granatapfelkerne, die aufgrund der Hitze teilweise aufplatzten, während andere komplett blieben und die Zunge erfreuten. Genau deshalb liebe ich meinen Mann: Wenn er so unterschiedliche Zutaten zur Verfügung hat wie das zutiefst erdige Wurzelgemüse auf der einen Seite und so überaus exotische Früchte auf der anderen, sieht er in ihnen Harmonie und nichts, was sich abstößt. Wir essen das Mahl – ich selber vor Genuss mit halb geschlossenen Augen –, nippen an unserem bitteren, hopfenhaltigen Bier, küssen uns, und bevor meine Freunde in der Stadt sich auch nur zurechtgemacht haben, um noch auszugehen, schlüpfen wir schon ins Bett.

Ich habe jetzt schon sieben Winter in diesem Bett geschlafen, und dennoch frage ich mich immer noch manchmal, wie es kommt, dass ich hier bin, als jemandes Ehefrau in einem alten Farmhaus im Norden des Landes. Manchmal komme ich mir immer noch vor wie eine Schauspielerin in einem Theaterstück. Mein wirkliches Ich geht bis vier Uhr morgens aus, trägt hochhackige Schuhe und hat eine Handtasche dabei, während die Frau, die ich spiele, um vier Uhr morgens aufsteht, Carhartts-Arbeitsschuhe trägt und immer einen Leatherman dabei hat. Eine Frau, der neulich beim Wäschewaschen ein Paar Gewehrpatronen vom Kaliber 22 aus der Hosentasche gefallen sind, und von der dabei erwartet wurde, so zu tun, als würde sie das nicht im Geringsten überraschen. Statt von den Lichtern und den Geräuschen der Stadt bin ich von zweihundert Hektar Land umgeben, die heute Abend in Nebel und Wolken gehüllt sind, und diese Farm ist um ein Vielfaches dunkler und stiller und schöner und kräftezehrender, als ich mir das Landleben in meinen kühnsten Vorstellungen je hätte träumen lassen.

An diesem Abend liege ich unter der Gänsedaunendecke an Marks Körper gekuschelt und höre einen kalten Frühlingsregen niedergehen. Mark schläft schon. Ich liege noch eine Weile wach und frage mich, ob eine der Kühe das Pech haben wird, bei diesem scheußlichen Wetter zu kalben, ob die Schweine auch genug Stroh in ihrem Unterstand haben, um nicht frieren zu müssen, und ob es den Pferden auf der Weide gut geht oder ob sie in der Scheune besser aufgehoben wären. Ich befürchte, dass der Regen die Schneedecke zum Schmelzen bringt, woraufhin der Knoblauch und die mehrjährigen Pflanzen der strengen Kälte ausgesetzt wären, die mit Sicherheit noch einmal zurückkehrt, bevor die Frostgefahr endgültig vorüber ist. Genau solche Gedanken haben die Menschheit – die agrarischen Völker – während des überwiegenden Teils der Menschheitsgeschichte bewegt. Und ich bin jetzt ebenfalls in dieser agrarischen Gedankenwelt zu Hause. Was für mich so überraschend ist wie die Kombination von Rettichen und Granatäpfeln.

Weder Mark noch ich entstammen Farmerfamilien. Insofern haben wir Neuland betreten, und die Farm, die wir gemeinsam aufgebaut haben, lässt sich als total altmodisch oder als hochmodern beschreiben, je nachdem, wen man fragt. Der Boden verdankt seine Fruchtbarkeit einer Düngung mit Kompost und dem Anbau von Zwischenfrüchten. Wir verwenden weder Pestizide noch Herbizide. Die Farm ist auf eine möglichst hohe Vielfalt der Produkte ausgerichtet, und ein Großteil der Arbeit wird nicht von Traktoren verrichtet, sondern von Pferden. Unsere kleinen Felder werden von Hecken und Wäldern gesäumt. Wir haben ein Zucker-Ahorn-Wäldchen, einen neu angelegten, gedeihenden Obstgarten, jede Menge Weideland, Flächen für die Heugewinnung und Staudengärten mit Kräutern und Blumen. Wir melken unsere Kühe von Hand, ihre Milch ist sehr gehaltvoll, und die Butter, die wir aus dem Rahm herstellen, ist gelb wie ein New Yorker Taxi. Wir halten in Freilandhaltung Schweine, Rinder und Hühner, und wenn wir schlachten, stellen wir frische und getrocknete Würste, Pancetta, Corned Beef, Pasteten und etwa auf einen Liter abgemessene Portionen Fleischfond her.

Unsere Erzeugnisse ernähren hundert Menschen. Diese „Mitglieder" kommen jeden Freitag auf die Farm, um ihren Anteil an dem, was wir produziert haben, abzuholen. Unser Ziel ist es, ihnen alles zu liefern, was sie brauchen, damit sie sich das ganze Jahr über gesund und zu ihrer Zufriedenheit ernähren können. Wir liefern ihnen Rindfleisch, Hühnerfleisch, Schweinefleisch, Eier, Milchprodukte, Ahornsirup, Getreidekörner, Mehl, getrocknete Bohnen, Kräuter, Früchte und vierzig verschiedene Gemüsesorten. Unsere Mitglieder bezahlen uns 2800 Dollar pro Person und pro Jahr, und sie können dafür jede Woche so viel mitnehmen, wie sie essen können, und während der Anbausaison auch noch zusätzliche Produkte zum Einfrieren oder Einmachen. Einige unserer Mitglieder kaufen noch regelmäßig im Lebensmittelladen ein, um sich mit Fertiggerichten, nichtsaisonalen Produkten und anderen Dingen zu versorgen, die wir ihnen nicht liefern können, wie zum Beispiel mit Zitrusfrüchten, aber wir und einige andere leben überwiegend vom dem, was wir produzieren.

In den Jahren, seitdem mein Leben diese rasante Wendung hin zur Arbeit im Dreck genommen hat, habe ich viele Dinge gelernt. Ich kann mit einem Gewehr schießen, ein Huhn schlachten, einem durchgehenden Bullen ausweichen oder eine Verfolgungsjagd zum Wiedereinfangen durchgegangener Pferde unverletzt überstehen. Doch eine Lektion war schwerer als das Erlernen all dieser Fertigkeiten: Genauso sehr, wie du das Land durch die landwirtschaftliche Bearbeitung umwandelst, verwandelt die landwirtschaftliche Arbeit dich. Sie sickert zusammen mit dem Dreck, der sich dauerhaft in den Ritzen und Falten deiner kräftiger gewordenen Hände und in deinen Nagelbetten einnistet, in deinen Körper ein. Sie verlangt ihm so viel ab, dass sie dich, wenn du nicht aufpasst, wie jedes andere Laster bis zu deinem fünfzigsten Lebensjahr in ein Wrack verwandelt und du eines Tages aufwachst und dich mit kaputten Knien, funktionsgestörten Schultern, vom permanenten Scheppern und Rattern deiner Maschinen absolut taub und ausgelaugt bis auf die Knochen vorfindest. Doch landwirtschaftliche Arbeit schlägt Wurzeln in dir, die andere Anstrengungen, die du mal auf dich genommen hast, verdrängen und diese im Nachhinein läppisch erscheinen lassen. Deine Hektare Land entpuppen sich als eine Welt. Und vielleicht wirst du dir dessen bewusst, dass es jenseits dieser Hektare Land oder in deiner fernen Vergangenheit war, im Königreich des Festplattenrecorders und der Arbeitsboxen in einem Großraumbüro, in der Welt des Fast Food zum Mitnehmen, der Zentralheizungen und der Klimaanlagen, in diesem Land, in dem Unbequemlichkeiten nahezu verschwunden sind, wo dir in Wahrheit etwas vorenthalten wurde. In dem dir die Freude des Begehrens vorenthalten wurde, das Vergnügen des Sich-Abmühens und der anstrengenden und sinngebenden Hingabe. Eine Farm verlangt viel, und wenn du nicht genug gibst, wirst du von den Urkräften des Todes und der Wildnis überrannt. Und so gibst du natürlich, und dann gibst du etwas mehr, und schließlich gibst du bis zu dem Punkt, an dem die Grenze deiner Belastbarkeit erreicht ist, und erst dann und nur dann gibt die Farm dir etwas zurück, und zwar so freigiebig, dass sie nicht nur deinen Gemüsekeller füllt, sondern auch diesen verdorrten, unkrautübersäten Fleck, den wir Seele nennen.

Dieses Buch erzählt die Geschichte von zwei Liebesabenteuern, die dem Verlauf meines Lebens eine jähe Wende gegeben haben: Einem mit der landwirtschaftlichen Arbeit – dieser mit viel Dreck verbundenen lustvollen Kunst – und dem anderen mit einem komplizierten und einen zur Verzweiflung bringen könnenden Farmer, den ich in State College in Pennsylvania kennengelernt habe.

TEIL 1

AUFBRUCH

Das erste Mal sah ich Mark in dem heruntergekommenen Mobilheim, das ihm als Büro der Farm und als sein Zuhause diente. Ich hatte eine sechsstündige Autofahrt von Manhattan hinter mir, um ihn für eine Geschichte über die jungen Biobauern zu interviewen, die jene biologischen Nahrungsmittel erzeugten, die immer mehr Menschen essen wollten. Ich klopfte an die vordere Tür, hatte jedoch offenbar den Zeitpunkt erwischt, zu dem er gerade sein Mittagsschläfchen hielt. Als niemand aufmachte, ging ich einfach rein, landete in der Küche und rief nach ihm. Eine Minute später ging die Schlafzimmertür auf, und Mark kam den Flur entlang und schnallte sich im Gehen den Gürtel zu. Er war sehr groß, und seine langen Beine schritten mit einer gewissen gewollten Anmut auf mich zu. Er trug abgetragene lederne Arbeitsschuhe, eine an den Oberschenkeln verwaschene Bluejeans und ein total zerknittertes weißes Hemd. Er hatte lebhafte grüne Augen, eine große, perfekte Nase, einen Zweitagebart und eine goldblonde Lockenmähne. Seine Hände waren groß und voller Schwielen, sein Unterarm muskulös und von dicken blauen Venen durchzogen. Er lächelte und offenbarte makellose Zähne. Ich roch den Duft von warmer Haut und den Geruch von Diesel und Erde.

Er stellte sich vor, schüttelte mir die Hand und war dann plötzlich weg, um irgendetwas Dringendes auf der Farm zu erledigen. Die Eingangstür mit dem Fliegengitter knallte hinter ihm zu, und er versprach mir über die Schulter hinweg, mir ein Interview zu geben, wenn er am Abend zurückkomme. In der Zwischenzeit könne ich seinem Gehilfen Keena dabei helfen, um die Brokkolipflanzen herum das Unkraut zu entfernen. Später notierte ich mir zwei Eindrücke in meinem Notizbuch. Erstens: Das ist ein Mann. Alle Männer, die ich kennengelernt habe, waren hirngesteuert. Dieser lebt in seinem Körper. Zweitens: Ich kann es nicht glauben, dass ich den ganzen Weg gefahren bin, um für diesen Kerl das Unkraut in seinen Brokkolireihen zu entfernen.

Anstatt ein Interview zu führen, half ich Mark an diesem ersten Abend dabei, ein Schwein zu schlachten. Ich war seit dreizehn Jahren Vegetarierin und trug eine Bluse von Agnès B., doch es mangelte ihm an Gehilfen, und auf seiner Farm zu sein, ohne ihm zur Hand zu gehen, wäre mir so unnatürlich erschienen wie in einen See zu springen und nicht zu schwimmen. Ich hatte noch nie beim Schlachten eines Tiers zugesehen und musste meinen Blick abwenden, als er das Schwein erschoss – eine schwarz-weiß gefleckte Sau namens Butch, die aussah, wie ein Schwein in einem Bilderbuch für Kinder. Als sie still war, gewann ich meine Fassung zurück. Ich half ihm, das tote Tier an den Haken zu hängen, den Schnitt vom Brustbein zum Bauch für die Ausweidung vorzunehmen und hielt die dampfende Brust- und Bauchhöhle offen, während Mark die Organe herausschnitt. Ich war von dem, was wir taten, nicht angewidert, sondern eher beeindruckt. Mich faszinierten der weiße, zähe, beutelartige Magen, die ordentlich aufgerollten Gedärme, das spitzenartige weiße Schweinenetz, das immer noch leuchtend rote Herz.

Nachdem das tote Tier in zwei Hälften geteilt war, transportierten wir es mit einer Karre zu einem begehbaren Kühlraum, der sich an der Straße befand. Nur hundert Meter von uns entfernt lag eine Siedlung großzügig gestalteter, auf kleinen Grundstücken errichteter Häuser. Vor den Häusern erstreckten sich sorgfältig gemähte Rasen, am Ende der Zufahrten standen Blumentöpfe mit Chrysanthemen. In der zunehmenden Dämmerung warf Mark sich eine der rosafarbenen Schweinehälften über die Schulter. Sie war wuchtig und schwer und umständlich zu tragen, so wie man es aus dem Fernsehen kennt, wenn in Filmen Leichen geschleppt werden. Ich hielt die Schweinehälften an den glitschigen hinteren Hufen fest und half, das Schwein in den Kühlraum zu verfrachten und an einem von der Decke hängenden Haken aufzuhängen. Die vorbeisausenden Autos hatten inzwischen die Scheinwerfer eingeschaltet, und auch in den Häusern auf der gegenüberliegenden Straßenseite gingen die Lichter an. Ich fragte mich, ob uns jemand sehen konnte und womöglich die Polizei alarmierte.

Ich verbrachte die Nacht im Ort in einem Hotel einer Hotelkette und schrubbte mir das Schweinefett in einem Bad ab, das mir erschreckend weiß und steril vorkam. Ich hatte das Gefühl, auf einer langen Reise in ein sehr fremdes Land zu sein.

Am nächsten Morgen stand ich im Morgengrauen auf und fuhr wieder zu der Farm. Marks Truppe saß gerade beim Frühstück zusammen. Es gab Pfannkuchen aus Maismehl und selbst gemachte, mit warmem Ahornsirup beträufelte Würstchen. Ich aß eine doppelte Portion Würstchen, und dies war das Ende meines Daseins als Vegetarierin.

Sofort nach dem Frühstück verschwand Mark wieder und machte sich mit dem Schwein im Kofferraum eines geliehenen Explorers auf den Weg zu der Metzgerei seiner amischen Freunde. Am Nachmittag sei er wieder zurück, sagte er, und dann könne ich ein ausgedehntes Interview mit ihm führen. In der Zwischenzeit könne ich mit seinem anderen Gehilfen, Michael, Steine zwischen den Tomaten wegharken.

Michael sah nicht allzu optimistisch drein, was meine Einsatzfähigkeit bei dieser Arbeit anging. Ich hatte meine weiße Bluse an diesem Tag gegen ein altehrwürdiges Cheap-Trick-T-Shirt eingetauscht und trug dazu eine enge Jeans und ein Paar Dingo-Schuhe mit klobigen, kleinen Absätzen. Es war ein lässig-schickes Outfit, das im East Village bestens seinen Zweck erfüllte, auf einem Acker in Pennsylvania jedoch deplatziert und etwas schlampig wirkte. Ich selbst hielt mich für extrem fit, und, wie ich es mir selbst gegenüber formulierte, für meine Größe für ziemlich stark, wobei ich inklusive der Dingo-Absätze knapp einen Meter achtundfünfzig maß und meine schweißtreibendste körperliche Anstrengung darin bestand, regelmäßig am Flipperautomaten zu spielen. Mir taten bereits von

der Plackerei des Vortags sämtliche Knochen weh, aber ich bin mit einem Wettkampfgeist und einer physischen Zähigkeit gesegnet, die schon an Unvernunft grenzt. Diese Eigenschaft habe ich von meinem Vater geerbt, der sich zum Beispiel bei dem Versuch, im Alter von dreiundsiebzig Jahren beim Wasserskifahren einen Steh-Start vom Steg hinzulegen, eine Kniesehne gerissen hat.

Michael reichte mir eine Harke, und wir legten in nebeneinander verlaufenden Reihen los. Die Pennsylvania State University wo Michael, der im Hauptfach Filmwissenschaft studiert hatte, in diesem Frühjahr seinen Abschluss gemacht hatte, befand sich nur ein Stück weit die Straße hinunter. Während seines Studiums hatte er an den Wochenenden freiwillig auf Marks Farm mitgearbeitet, um mal zu sehen – so hatte er es ausgedrückt–, ob harte Arbeit einen Mann aus ihm machen würde. Als er seinen Abschluss gemacht hatte, hatte Mark ihn als Vollzeitkraft eingestellt. Michaels Vater war Buchhalter, seine Freundin stand im Begriff, Jura zu studieren, und die beiden hielten nicht besonders viel von der Landwirtschaft, weshalb sie hofften, dass Michael sich möglichst bald einer anderen Tätigkeit zuwenden würde.

Ich stellte jede Menge Fragen, um zu verbergen, wie sehr ich aus der Puste war, und nutzte jede Gelegenheit, mich in der Pose einer aufmerksamen Zuhörerin auf meine Harke zu stützen. Die Julisonne knallte gnadenlos herab und traf mich wie ein Schlag ins Gesicht, um uns herum stieg überall der durchdringende, harzige Tomatengeruch auf. Die Pflanzen waren so groß wie ich, schwer mit Früchten beladen und mit Schnüren an Eichenstöcken festgebunden, damit sie aufrecht stehen blieben. Für jemanden, der normalerweise nichts Größeres anbaute als ein paar Kräuter in einem Blumenkasten, wirkten sie leicht bedrohlich. Die Erde zwischen den Reihen war trocken, verklumpt und mit jeder Menge Steinen übersät. Michael wies mich an, die Steine, die kleiner als ein Ei waren, zu ignorieren, und die anderen zu Haufen zusammenzuharken, in eine Schubkarre zu schaufeln, zur Hecke zu bringen und dort abzuladen. Ich war schockiert, wie schwer jede einzelne Schaufel voller Steine war, und auf meinem ersten Weg zur Hecke kippte mir die Schubkarre um. Harken, schaufeln, wegkarren. Auf diese Weise vergingen zwei endlose Stunden, bis mir bewusst wurde, dass ich, wenn es noch länger so weiterging, vollkommen erledigt und nicht mehr in der Lage sein würde, die Kupplung zu treten, um wieder nach Hause fahren zu können. In meiner Verzweiflung bot ich Michael an, mit ihm die Aufgaben zu tauschen und ihn die Arbeit mit den Steinen beenden lassen, während ich in die Küche ginge und für alle das Mittagessen zubereitete. Ich versuchte, möglichst beiläufig zu klingen, als ich ihm den Vorschlag unterbreitete. Ich konnte kaum glauben, was für Blessuren ich mir in so kurzer Zeit bereits zugefügt hatte. Zwischen meinem Daumen und meinem Zeigefinger bildeten sich Blasen, ich konnte meinen Rücken nicht mehr richtig gerade machen, und im Schritt, der von der engen Jeans eingezwängt war, hatte ich das Gefühl, mich unheilbar wundgescheuert zu haben.

Zu jener Zeit war ich keine große Köchin. Ich wusste gutes Essen zu schätzen, hatte aber keine feste Beziehung zu ihm. Essen hatte für mich eher etwas von einer Vielzahl von One-Night-Stands. Es wurde mir in einem Restaurant vorgesetzt oder von einem Typen auf einem Fahrrad in kleinen weißen Pappkartons geliefert. Ich wusste nicht mal, ob der Backofen in meinem Apartment funktionierte, da ich ihn in den fünf Jahren, die ich dort wohnte, kein einziges Mal benutzt hatte. Der Kühlschrank funktionierte, doch in meinem winzigen Apartment diente er mir mehr als Lagerraum denn als Küchengerät. Ich bewahrte dort das Hundetrockenfutter auf, außerdem einen Brita-Wasserkrug, und, da der Platz im Bücherregal mir viel bedeutete und knapp bemessen war, auch das Telefonbuch von Manhattan, das ich, wenn ich an diese Jahre zurückdenke, immer als schwer und kalt in Erinnerung behalten werde. Im Tiefkühlfach gab es eine Schale mit kleinen Eiswürfeln und eine Flasche polnischen Wodka.

Marks Küche nahm das halbe Mobilheim ein und erinnerte mich an einen Markt in einem Dritte-Welt-Land. Sie war mit jeder Menge unverpackten Zutaten in allen möglichen Farben vollgestopft, die Gerüche von Milch und Fleisch und Erde und Pflanzen vermischten sich miteinander zu einem erdigen, intensiven Duft, der jedoch nicht unangenehm war. Ich öffnete Schranktüren und inspizierte vorsichtig die oberen Regale. In den Schränken standen große Gläser voller schwarzer Bohnen, getrockneter Äpfel, Weizen- und Roggenkörner und kleiner trockener Kornähren. Der Schrank über dem Herd war voller Kräuterbündel und unbeschrifteter Flaschen, die irgendeine kohlensäurehaltige bernsteinfarbene Flüssigkeit enthielten. Ich öffnete den Kühlschrank und fand einen Topf ohne Deckel, der bis an den Rand mit weichen, blutigen Teilen gefüllt war, die ich als Butchs innere Organe wiedererkannte, und einen Drahtkorb mit zerkratzten braunen Eiern. Im Gemüsefach waren Ball-Einmachgläser mit Butter und Hüttenkäse, ein Haufen runder Dinger, die wie Golfbälle aussahen und bei denen es sich vielleicht um Kohlrüben handelte, sowie ein paar ungewaschene Möhren.

Ich machte den Kühlschrank schnell wieder zu, schnappte mir einen Korb und ein Messer und ging wieder nach draußen aufs Feld, wo Michael inzwischen mit dem Ausharken fertig war und emsig zwischen den Tomatenreihen mulchte, indem er die Erde um die Pflanzen herum mit halb verrottetem Stroh bedeckte, das er großen Ballen entnahm. Ich betrachtete all das erntereife Gemüse und all die erntereifen Früchte. Neue Kartoffeln, Brokkoli, Salate und Spinat, Kräuter, Erdbeeren und Äpfel. Eine Kuh graste mit ihrem Kalb, eine Schar Hennen pickte an einem Komposthaufen herum, ein Schwein durchstöberte einen Haufen Laub. Wohin auch immer ich blickte, gab es von allem im Überfluss. Mir gingen ein paar Gedanken durch den Kopf, gewichtige Gedanken, die sich langsam umherschoben wie tektonische Platten. Diese Parzelle war gerade mal zweieinhalb Hektar groß, hatte vielleicht die Ausmaße eines großen Spielplatzes, doch es gab dort Gemüse und Früchte für zweihundert Familien. Es schien alles so viel einfacher zu sein, als ich es mir vorgestellt hatte. Die Gleichung lautete: Erde plus Wasser plus Sonne plus Schweiß gleich Nahrungsmittel. Dazu waren keine Fabriken erforderlich, keine Unzahl an Maschinen, kein Gift, keine chemischen Düngemittel. Wie konnte es sein, dass dieser Reichtum immer existiert hatte und ich nichts davon gewusst hatte? Von allen Gefühlen, die einen erfassen können, fühlte ich vor allem die Sicherheit. In der Welt konnte passieren, was wollte. Flugzeuge konnten in Gebäude krachen, Arbeitsplätze konnten verloren gehen, Mieter konnten aus ihren Wohnungen geworfen werden, die Ölvorräte konnten versiegen, aber hier würden wir zumindest etwas zu essen haben. Ich füllte meinen Korb mit Tomaten, Kohl, Zwiebeln und Basilikum, überschlug im Kopf, was für eine saftige Summe ich für all dieses Gemüse auf dem Bauernmarkt in New York City hätte hinblättern müssen, ging wieder nach drinnen und hoffte, den Zutaten Gerechtigkeit widerfahren zu lassen.

In der Küche fand ich zwei Geräte, die mir inzwischen so vertraut sind, dass sie mir wie zwei alte Freunde vorkommen: Ein Küchenmesser mit einer fünfundzwanzig Zentimeter langen und sehr scharfen Klinge aus weichem Stahl und eine gusseiserne Bratpfanne, die so groß ist, dass ich mit beiden Armen kaum um sie herum fassen kann. Ich machte mich an die Arbeit, schnitt den Kohl in Streifen und die Tomaten und die Zwiebeln in kleine Stücke, ohne genau zu wissen, was ich eigentlich zubereiten wollte. Was ich sehr wohl wusste, war, dass ich, wenn die anderen genauso einen Bärenhunger hatten wie ich, vor allem viel machen sollte. Ich erhitzte die Bratpfanne auf zwei Herdplatten, briet die Zwiebeln kurz in Butter an, gab ein paar gewürfelte Möhren und die Tomaten hinzu und anschließend ein wenig Wasser, um den Kohl zu dünsten. Dann deckte ich die Pfanne mit etwas zu, das wie ein Gullydeckel aussah, und als der Kohl weich war, drückte ich das Gemüse an einigen Stellen ein wenig ein und schlug ein Dutzend Eier in die Aushöhlungen, um sie zu pochieren. Anschließend hackte ich etwas Knoblauch und Basilikum klein, gab beides zusammen, verrührte das Gemisch mit einem Stück Butter und bestrich damit etliche Scheiben des Brotes, das ich in einem der Schränke gefunden hatte. Ich schob die Knoblauchbrotscheiben in den Ofen unter den Grill, und genau in dem Moment, in dem die Männer vom Feld hereinkamen, holte ich mit großer Geste das Blech mit den duftenden Toasts aus dem Ofen, verteilte sie auf die Teller, belegte sie mit dem Kohl und den pochierten Eiern und krönte jede einzelne Scheibe mit einem Löffel Hüttenkäse und einer Prise schwarzem Pfeffer.

Als alle saßen und ihre Teller vor sich hatten, probierte ich argwöhnisch einen Bissen und lehnte mich zurück. Mein Essen war erstaunlich lecker, dachte ich, der Kohl bot einen erfrischenden Gegensatz zu der Schärfe des Knoblauchs und des Basilikums, und ich kam mir äußerst raffiniert vor, so etwas kreiert zu haben. Ich blickte mich am Tisch um und erwartete Begeisterungsstürme und Komplimente, doch ich sah nur das Aufblitzen des Bestecks und die konzentrierten Kaubewegungen mehrerer Kiefer. „Könnte mir mal bitte jemand das Salz reichen?", sagte Michael schließlich. Es war nicht so, dass mein Mittagessen schlecht war, ist mir heute klar. Ich wette sogar, dass sie es ziemlich gut fanden. Aber ziemlich gut ist für Farmer, die jeden Tag wie Könige essen, auch nicht gerade beeindruckend. Essen, hat mir mal ein Franzose gesagt, ist der größte Reichtum. Bau das Richtige richtig an, und du fühlst dich unglaublich reich, ganz egal, was du besitzt.

Es war erneut Abend geworden, bevor es mir gelang, wieder in Marks Umlaufbahn vorzudringen. Michael und Keena und ein paar freiwillige Helfer, die den ganzen Tag über auf den Feldern umhergeschwirrt waren, waren allesamt gegangen, aber Mark arbeitete immer noch. Ich fing an, mich zu fragen, ob dieser Typ jemals untätig war. Er rannte auf seinen langen Beinen im wahrsten Sinne des Wortes zwischen verschiedenen Aufgaben hin und her und schien über endlose Energiereserven zu verfügen. Er überprüfte die Bewässerung zwischen den Möhren, notierte sich, was am nächsten Tag anstand, bückte sich am Rand des Erdbeerfelds, um ein harmlos aussehendes Büschel Unkraut auszureißen, kontrollierte, ob der Wildschutzzaun unter Strom stand und versah ihn mit Ködern in Form von Wattebällchen, die in Apfelaroma getränkt waren, sodass neugierige Tiere einen kräftigen Stromschlag an der Schnauze verpasst bekommen würden. Ich trottete mit meinem Notizblock und dem Stift hinter ihm her und hielt dabei gleichzeitig einen Schraubenzieher und ein paar Schlauchstücke, die er mir geistesabwesend in die Hand gedrückt hatte. Er redete ohne Unterlass, und zwar in einem Tempo und mit einer Gewandtheit, die mich überraschten. Ich hatte gedacht, Farmer wären recht bodenständige Menschen, was nicht bedeutete, dass sie dumm sein mussten, aber eben vielleicht ein bisschen dröge.

Ihm gefiel das Wort „arbeiten" nicht. Das war ihm zu negativ besetzt. Er bevorzugte es, von „ackern" zu sprechen und zum Beispiel zu sagen „Ich habe heute vierzehn Stunden lang geackert." Er besaß weder einen eigenen Fernseher noch ein Radio und ich vermutete, dass er wahrscheinlich einer der letzten Menschen im ganzen Land gewesen war, der am elften September 2001 mitbekommen hatte, dass es sich nicht um einen ganz normalen Dienstag gehandelt hatte. Er hörte immer noch keine Nachrichten. Das sei deprimierend, meinte er, und im Hinblick auf die allermeisten Dinge, die man dort erführe, könne man ohnehin nichts unternehmen. Man müsse lokal denken und lokal handeln, wobei seine Definition von lokal sich auf ein Gebiet erstreckte, das nicht weit über die zwanzig Hektar Land hinausging, die ihn umgaben. Es komme darauf an zu verstehen, welche Auswirkungen dein Verhalten auf deine unmittelbare Umwelt habe. Am Anfang war er nur gegen Plastik gewesen, doch inzwischen begegnete er auch jedem Metall mit Misstrauen, das er nicht selbst gewinnen und schmelzen konnte. Wenn es an der Zeit war, dass er sich ein Haus baute, würde er dabei am liebsten keine Nägel verwenden, oder noch besser, überhaupt kein Metall, damit das Haus nach seinem Tod zu Kompost verrotten und nichts mehr von ihm übrig bleiben würde. Er hatte nie ein Auto besessen, sondern fuhr mit dem Fahrrad oder per Anhalter, wenn er irgendwohin musste. Er hatte den Begriff „man sollte" vor Kurzem aus seinem Wortschatz gestrichen, und dies hatte ihn zu einem glücklicheren Menschen gemacht. Er fand die Marktwirtschaft und den mit ihr einhergehenden anonymen Warentausch langweilig. Er stellte sich gerne eine Farm vor, auf der kein Geld den Besitzer wechselte, sondern nur guter Wille und Gefälligkeiten. Er hatte eine Theorie, der zufolge man am Anfang etwas verschenken musste – vorzugsweise etwas Bedeutendes, Wertvolles, vielleicht im Wert von tausend Dollar. Zunächst, sagte er, würde es den Leuten Unbehagen bereiten, so etwas Großes geschenkt zu bekommen. Sie würden versuchen, sich erkenntlich zu zeigen, indem sie dir auch etwas Wertvolles schenken. Und dann gibst du ihnen irgendetwas anderes, und sie geben dir im Gegenzug ebenfalls etwas, und ziemlich bald wird niemand mehr das eine gegen das andere aufrechnen. Die Dinge fließen einfach von dem Ort, an dem sie im Überfluss vorhanden sind, dahin, wo sie benötigt werden. Das Ganze findet persönlich statt, es ist befriedigend, und alle fühlen sich gut dabei. Dieser Typ ist komplett durchgeknallt, dachte ich. Aber was ist, wenn er recht hat?

Schließlich ließ ich die Schlauchteile und den Schraubenzieher fallen und bat ihn, doch bitte nicht einfach immer weiterzugehen, sondern sich mit mir hinzusetzen, damit ich mich konzentrieren konnte. Ich musste am nächsten Morgen wieder fahren, und alles, was ich bisher hatte, waren ein paar wirr hingekritzelte Notizen und ein wunder Schritt. Er blieb stehen, sah mich an und lachte.

In der letzten Stunde, in der es noch hell war, gingen wir über die oberen Felder, an einem Teich vorbei und in einen dichten Wald, in dem Backenhörnchen umherhuschten und ihre letzten Runden des Tages drehten. Wir setzten uns auf den Stamm einer umgestürzten Eiche, und die plötzliche Stille war, wie wenn man nach einer langen Seereise das Schiff verlässt. Wenn Mark jemandem die Geschichte unserer Beziehung erzählt, ist dies der Moment, der für ihn den Anfang von allem dargestellt hat. Als er da auf dem Stamm saß und meine Fragen beantwortete, sagt er, habe er in seinem Kopf auf einmal eine Stimme gehört, eine hartnäckige, nervende kleine Stimme, lästig wie eine Art mentale Stechmücke, die immer wieder sagte: „Diese Frau wirst du heiraten.“

Er tat sein Bestes, die Stimme zu ignorieren. Er war nicht auf der Suche nach einer Freundin. Er hatte gerade erst eine lange Beziehung beendet. Außerdem war Hochsommer. Er hatte eine Farm, um die er sich kümmern musste. Darauf musste er sich konzentrieren. Das Letzte, was er gebrauchen konnte, war diese Stimme, die ihm sagte, dass er von einer Frau gefunden worden war. „Du wirst diese Frau heiraten“, beharrte die Stimme, „und wenn du genügend Mumm in den Knochen hättest, würdest du sie jetzt sofort fragen.“

Während Mark überlegte, ob er mir einen Heiratsantrag machen sollte oder nicht, erwog ich verschiedene erzählerische Möglichkeiten. Mark würde einen interessanten Protagonisten abgeben. Er war belesen, konnte sich gut ausdrücken und schien über schauspielerische Fähigkeiten zu verfügen, wie ein Naturtalent, das mühelos ein aufmerksames Publikum unterhalten konnte. Er lieferte zweifellos jede Menge gute Zitate und hatte originelle Ideen. Sein ausdrucksstarkes Gesicht und seine langen Arme und Beine gefielen mir. Mir ging durch den Kopf, dass ich vielleicht nicht nur eine Reportage für eine Zeitschrift über ihn schreiben sollte, sondern vielleicht gleich ein ganzes Buch. In dem Fall würde ich natürlich viel Zeit auf der Farm verbringen müssen, aber ich könnte meine Wohnung untervermieten und in der Gegend vielleicht eine günstige Bleibe finden. Oder vielleicht auch in einem Zelt zwischen seinen Möhren hausen.

Als es dunkel war, geleitete er mich zurück zu meinem Auto. Er redete erneut von seinem Zuhause, das er sich aufbauen wollte. Es würde ihn glücklich machen, sagte er, in Holzeimern sein eigenes Wasser zu schleppen und Kleidung aus Wildleder zu tragen, das er selber gegerbt hatte. „Und wie sähe die passende Frau dazu aus?", fragte ich. Ich konnte mir nur schwer eine Frau vorstellen, die zu Marks Zukunft passte. In meinen Ohren klangen die Eimer nach Schwerstarbeit und das Wildleder abstoßend. Später erzählte mir Mark, dass er diese Frage für wilde Flirterei gehalten hatte. Keiner von uns konnte sich erinnern, was er geantwortet hatte.

Bevor ich losfuhr, belud Mark meine Rückbank mit Gemüse, Eiern, Milch, Schweinefleisch und Butter, als ob er mich mit Vorräten für eine Expedition in eine unwirtliche trostlose Ödnis ausstattete. Auf der Rückfahrt dachte ich an ihn und an die Zeit, die ich auf den Feldern damit zugebracht hatte, das Unkraut in seinen Brokkolireihen zu entfernen und die Steine zwischen den Tomaten wegzuharken. Es war eine höllische Plackerei gewesen, aber ich wollte mehr davon. Was stimmte nicht mit mir? Ich schob es auf einen Anflug von kreativer Energie. Ich hatte in der Vergangenheit schon öfter falsch gelegen und Faszination für Liebe gehalten, doch diesmal war es das erste Mal, dass ich mich anders herum irrte.

Es war bereits nach Mitternacht, als ich wieder in der Stadt ankam. Ich parkte in zweiter Reihe vor dem Haus, in dem sich mein Apartment befand, und lud die Kisten mit all den Sachen aus, die Mark mir mitgegeben hatte. Es war eine laue Sommernacht, und die Bars und Restaurants in meinem Viertel waren mit jungen Menschen bevölkert, die sich zurechtgemacht hatten, um sich ins Nachtleben zu stürzen. Marks rustikale Holzkisten voller agrarischer Produkte, die da auf dem Bürgersteig standen, sahen aus wie etwas aus einer anderen Zeit. Ein Mann, den ich aus dem Hundepark kannte, kam vorbei. Typischerweise kannten wir zwar die Namen unserer Hunde, wussten aber nicht voneinander, wie wir hießen. „Wow", sagte das Herrchen von Bear. „Einkaufen gewesen?", fragte er. „Nein", erwiderte ich. „Ich war auf dem Land." Ich dachte an Marks Konzept über die Großzügigkeit und hielt ihm ein Dutzend Eier hin. Bear schnupperte an einer der Gemüsekisten, sein Herrchen sah mich verwirrt an. „Es sind biologische Eier", erklärte ich ihm. Er ging weiter und hielt die Eier behutsam vor sich. Ich verdrehte die Augen, setzte mich wieder in mein Auto und drehte auf der Suche nach einem Parkplatz eine Runde um den Block.

Ich wohnte an der East Third Street, direkt gegenüber dem Hauptsitz der Hell's Angels. Meine Wohnung war ein kleines, lichtdurchflutetes Apartment, und an Sonntagen saß ich morgens gerne mit einem Kaffee draußen auf der Feuertreppe und blickte hinab auf einen ummauerten Friedhof mit Grabsteinen aus dem Neunzehnten Jahrhundert, über denen Rubinien ihre Blätterdächer ausbreiteten. Ich wohnte dort, seitdem ich nach New York City umgesiedelt war, und war eingezogen, als das East Village noch nicht komplett luxussaniert war und überall noch jede Menge Junkies herumhingen. Meine Miete betrug fünfhundert Dollar. Bei den Angels standen immer ein oder zwei Rocker mit verschränkten Armen vor der Tür und bewachten die Motorräder, die dort in einer langen Reihe glänzten. Wenn ich spät abends bei ihnen vorbeiging, musterte mich immer ein gewisser muskelbepackter Angel mit einem Zapata-Schnurrbart von oben bis unten und grummelte mir zu „Komm gut nach Hause", was ich immer ganz beruhigend und in gewisser Weise sogar sexy fand, bis ich eines Tages sah, wie derselbe Kerl einen dürren Kurier mit einem Baseballschläger niederschlug, weil dieser sein Motorrad angefahren hatte, und, selbst als der Kurier schon auf der Straße lag, noch einmal den Schläger hob und mit voller Wucht zuschlug. Ich rannte um die Ecke, bevor ich die Notrufnummer wählte, weil ich Angst hatte, von ihm gesehen zu werden.

In dem Haus, in dem ich wohnte, lebten zur Hälfte Mieter, die schon immer dort wohnten und deren Mieten der Mietpreisbindung unterlagen, und sehr junge Künstler und Hipster, die typischen Vorboten einer Luxussanierung. Im ersten Stock wohnte eine Frau mittleren Alters namens Janet. Sie trug extravagante Perücken und Kleider, die noch aus ihren ruhmreichen Tagen stammten, in denen sie als Sängerin in einem Nachtclub gearbeitet hatte, und sie hing eigentlich immer am Fenster und war sozusagen unser Argus, während ihr Rudel weißer Zwergpudel jaulend im Hinterhof herumtollte. Nichts und niemand betrat oder verließ unser Gebäude, ohne dass sie dazu ihren Kommentar abgab. Ich fand ihre Wachsamkeit durchaus beruhigend, doch wenn der Aufzug nicht funktionierte, musste man an ihrer Tür vorbei, durch die der Geruch nach Pudel drang, begleitet von ihren ständigen an die Hunde gerichteten Zurechtweisungen, doch endlich Ruhe zu geben, und in solchen Momenten kam einem unweigerlich das Wort Verwahrlosung in den Sinn.

Was meine Dates mit Männern anging, so konnte man diese bestenfalls als planlos bezeichnen. Ich ging abwechselnd mit einem Filmregisseur, einem Kunstsammler, einem Autor politischer Bücher und einem Ex auf einen Drink, zum Essen aus oder ins Kino. Und ich vermutete, dass sie alle auch verschiedene Affären am Laufen hatten. Wir waren alle sehr beschäftigt und zugleich sehr verschlossen, was unsere Gefühle anging. Falls die Aussicht auf Liebe in der Luft lag, redete jedenfalls niemand davon. Am wenigsten ich selbst. Mir war zu jener Zeit bereits mehrfach aus Liebeskummer das Herz gebrochen worden, und ich war zu dem Schluss gelangt, dass emotionale Bedürfnisse die Attraktivität einer Frau schmälerten, erst recht jenseits der dreißig. Es war sicherer, dachte ich, die Coole und schwer Ergründbare zu spielen.

Währenddessen versuchte ich, das beklemmende Gefühl zu unterdrücken, das sich meiner bemächtigte. Ich registrierte es zum ersten Mal am Flughafen, als ich von einer Reise nach Hause kam. Auf
der anderen Seite der Zollabfertigung drängten sich jede Menge
Menschen, die Blumen in den Händen hielten, kleine, herausge-
putzte, aufgeregte Kinder dabei hatten und auf ihre Lieben warteten, die nach Hause kamen. Ich hasste dieses Spießrutenlaufen
durch die Menge wartender Menschen, weil keiner von ihnen auf
mich wartete. Ich stand in der Taxiwarteschlange und spürte, wie
sich die Last meiner Einsamkeit auf mich herabsenkte. Ich schloss
die Tür zu meiner Wohnung auf, in der sich seit meiner Abreise
nichts bewegt hatte, nur das Licht, das im Laufe der Tage über
die Wände gekrochen war, und vielleicht ein oder zwei über den
Boden huschende Kakerlaken, und in der die abgestandene Luft
nach Einsamkeit roch. Am nächsten Tag ließ dieses beklemmende Gefühl ein wenig nach, nachdem ich meinen Hund von meiner
Schwester abgeholt und das hektische Treiben der Großstadt mich
wieder aufgesogen hatte. Doch nur ein bisschen. Und wenig später breitete es sich aus, bis das Wort „Zuhause" mich zum Weinen
bringen konnte. Ich wollte ein Zuhause. Mit einem Mann. Einem
Haus. Dem Geruch nach frisch gemähtem Gras, Bettlaken auf der
Wäscheleine und einem Kind, das unter dem Rasensprenger her-
läuft. Dieser bescheidene Wunsch schien für mich unerfüllbar. Was
er ausdrückte, unterschied sich so sehr von dem Leben, das ich lebte, und in den Kreisen, in denen ich mich bewegte, hatte niemand
diese Dinge oder strebte danach, und wenn doch, gab es jedenfalls
niemand zu. Ich dachte, dass ich dieses beklemmende Gefühl einfach hinnehmen und lernen musste, mit ihm zu leben, so wie man
mit dem Schmerz zu leben lernt, der einem noch lange nach der
Heilung zu schaffen macht, wenn man sich ein Bein gebrochen hat,
jenem Schmerz, der es einem ermöglicht, einen Wetterumschwung
vorauszusehen.

Den Rest des Sommers war ich sehr beschäftigt, schrieb Werbetexte, gab Unterricht, hangelte mich von Freiberuflerjob zu Freiberuflerjob und kam irgendwie über die Runden. Ich trank einen Kaffee nach dem anderen, war ausgebrannt, hatte ständig Geldsorgen und fand das ganz normal, wie die meisten Bewohner New Yorks. Die Ausnahme bildete die Zeit, die ich damit verbrachte, an Mark und seine Farm zu denken. Dies machte mich ruhig. Ich wollte alles darüber lernen, womit er sich befasste. Ich kaufte mir „The Gift of Good Land" von Wendell Berry, las das Buch in der U-Bahn und machte mir am Rand Notizen. Wie sieht eine Egge aus? Was ist ein Southdown-Schaf? Als es September wurde, hatte ich entschieden, mein Apartment unterzuvermieten, ein Jahr auf Marks Feldern zu verbringen und darüber zu schreiben. Und dann rief er an und hinterließ eine Nachricht auf meinem Anrufbeantworter.

In den vielen Stunden, in denen ich über ihn geschrieben und an ihn gedacht hatte, war er für mich mehr zu einer literarischen Figur geworden als zu einem wirklichen Menschen. Der Klang seiner realen Stimme verblüffte mich, denn sie klang ganz anders – genau genommen höher – als die Stimme, die ich beim Schreiben in meinem Kopf gehört hatte. Ich musste die Nachricht zweimal abspielen, um den Kern seiner Botschaft zu erfassen, die lautete, dass er mich zu einem Wochenende in einem piekfeinen Ferienressort in die Catskills einladen wollte, in dem es nach alter Schule zuging. Das passte so ganz und gar nicht zu der asketischen, grimmigen Figur des Farmers, als die ich ihn beschrieben hatte, und mein erster Gedanke war, dass ich ein paar Überarbeitungen vornehmen musste.

Dann überlegte ich, ob ich seine Einladung annehmen sollte oder nicht. Er sagte, er habe eine Einladung zu einem All-inclusive-Aufenthalt für zwei Personen erhalten, da er in dem Ferienressort im Jahr zuvor einen Kurs zum Thema „Überlebenstraining im Winter" abgehalten habe. Er ließ mich wissen, dass an besagtem Wochenende in dem Ressort eine Tagung von Köchen und Farmern stattfinde, die seiner Meinung nach für meine Recherchen ganz ergiebig sein könne. Das klang in der Tat nach einer guten Recherchegelegenheit. Die unterschwellige Botschaft entging mir durchaus nicht. Ich war alt genug, um zu wissen, dass ein Mann, der dich einlädt, mit ihm ein Wochenende in einem Hotel zu verbringen, es ziemlich sicher darauf anlegt, dich anzubaggern. Es nicht zu tun, wäre so, als würde man großspurig eine Waffe präsentieren und nie auch nur einen einzigen Schuss abgeben. Doch Mark war so absolut anders als alle Männer, die ich je kennengelernt hatte, dass ich es für möglich hielt, dass er in dieser Hinsicht eine Ausnahme darstellte. Und wenn nicht – immerhin war ich aus New York. Ich würde ja wohl noch mit einem Farmer klarkommen. Ich hatte jedenfalls nicht die Absicht, all meine Pläne wegen eines Techtelmechtels über den Haufen zu werfen, und das Allerletzte, was mir fehlte, war eine Fernbeziehung mit einem Traumtänzer, der nichts von Nägeln hielt. Vorsichtshalber packte ich schäbige alte Unterwäsche ein und verzichtete darauf, mir die Beine zu rasieren.

Ich landete auf der Fahrt aus der Stadt mitten in der Rushhour, kam mit einer vierstündigen Verspätung an und war mit den Nerven am Ende. Mark saß in der Nähe der Rezeption nach hinten gelehnt in einem Stuhl, hatte sich einen riesigen Strohhut über das Gesicht gezogen – den gleichen, den er auf dem Feld getragen hatte – und hielt ein Nickerchen. Der Hut war mit Truthahnfedern besetzt und wirklich riesig. Das passte schon eher zu der Figur, über die ich geschrieben hatte, und im ersten Moment war ich erleichtert, um im nächsten Augenblick angesichts dieser Erleichterung verstört zu sein. Im Rückblick glaube ich, dass dieser Hut exakt der Grund dafür war, dass ich bei unserem ersten gemeinsamen Abendessen in dem Ressort einen zweiten Martini bestellte, was – um der historischen Wahrheit Genüge zu tun – dazu führte, dass ich entgegen meiner besten Absichten letztendlich diejenige war, die ihn anbaggerte.

Jener Abend war der Beginn einer tiefgehenden und wunderbaren Lektion über mögliche Lebensstile. Wie ich erfuhr, hatte Mark nie geraucht, sich noch nie betrunken, niemals Drogen ausprobiert und es nie mit allen möglichen Frauen getrieben. Er hatte sich gesund und überwiegend von Bio-Kost ernährt und war während seines gesamten Erwachsenenlebens immer irgendeiner anstrengenden Arbeit nachgegangen. Er war das am gesündesten lebende Wesen, das mir je unter die Augen gekommen war. Einige Menschen wünschen sich den Weltfrieden oder dass es keine Obdachlosigkeit mehr gibt. Ich wünsche jeder Frau, dass sie irgendwann in ihrem Leben mal einen Liebhaber hat, der nie geraucht und nie übermäßig viel getrunken hat und der nicht davon abgestumpft ist, zu viele Frauen geküsst und zu viele Pornos gesehen zu haben. Einen mit jenen anmutigen Muskeln, die von ehrlicher Arbeit stammen und nicht aus dem Fitnessstudio. Einen, der sich nicht der animalischen Seite der menschlichen Natur schämt.

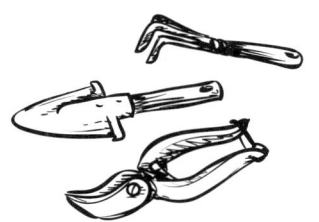

Nach diesem Wochenende hörte ich auf, so zu tun, als ob ich recherchierte, und gestand mir ein, dass sich mein Leben einem grundlegenden Wandel unterzog. Ich verwarf die Idee mit dem Buch und verbrachte lange Wochenenden auf Marks Farm. Ohne Stöckelschuhe, ohne Notizbuch. Mir eröffneten sich zwei neue Welten. Die eine Welt war die Arbeit. Ich sammelte Eier ein, fütterte die Hühner und arbeitete bis zur Erschöpfung auf den Feldern. Als Reisejournalistin war ich um die ganze Welt gereist und hatte alles gemacht, was Leute in ihrem Urlaub so tun und wofür sie ihr Geld ausgeben, aber ich konnte mir keinen Ort vorstellen, an dem ich lieber gewesen wäre und nichts, was ich lieber getan hätte, als warme Eier aus einem Nest zu nehmen.

Die andere Welt war das Essen. Mark konnte kochen. Na gut, mit den Zutaten, die ihm zur Verfügung standen, hätte jeder kochen können – Gemüse, an dem noch die Erde haftete, alle möglichen Kräuter, die direkt vor seiner Tür wuchsen, und Eier, Milch und Fleisch von einer Qualität, die man in keinem Geschäft geboten bekam. Aber Mark konnte wirklich kochen. Als er elf war, hatte seine Mutter die Nase voll davon, dass die Familie ständig an ihrem Essen herummäkelte, egal, was sie zubereitet hatte. Also trat sie kurzerhand in den Streik, und Mark und seine kleine Schwester begannen, für die Familie zu kochen. Am Anfang ging das manchmal in die Hose, und es gab Abende mit klumpigen Makkaroni mit Ketchup oder einem jämmerlichen Mischmasch von Übriggebliebenem. Doch in jenem Alter war Mark schmächtig, hyperaktiv und wuchs in einem Tempo, das ihn Monat für Monat einige Zentimeter in die Höhe schießen ließ. Er hatte ständig Appetit. Hunger ist ein guter Lehrer, und Mark legte sich ins Zeug. Er las „Mastering the Art of French Cooking", und je besser seine Kochkünste wurden, umso ehrgeiziger wurde er. Er übte wie besessen, bis er perfekte Sushiröllchen zubereiten konnte, und als er sich in der Middle School in ein Mädchen verknallt hatte, verwöhnte er es mit einem siebengängigen Menü. Schließlich ließ er die Kochbücher links liegen und verließ sich auf seine eigenen Kochkünste, wobei er ein paar einfache Prinzipien beherzigte: Achte darauf, dass deine Messer immer schön scharf sind, koste alles, und geize nicht mit Salz. Seine Liebe zum Essen war Teil der Motivation, die ihn schließlich dazu brachte, sich der Landwirtschaft zu widmen. Die einzige Möglichkeit, sich Essen in einer Qualität leisten zu können, die seinen Ansprüchen genüge, sagte er, bestehe darin, entweder Banker zu werden oder es selber anzubauen, und um als Banker zu arbeiten, könne er nicht lange genug still sitzen.

Und so kam ich also in den Genuss einer Haute Cuisine hoch zwei. Er kochte für mich, um mich zu verführen, als Teil des Balztanzes, sodass ich niemals mehr von einem Mann beeindruckt sein würde, der mich einfach nur zum Essen in ein Restaurant ausführte. Und so war es eine Hirschleber, die letztlich besiegelte, dass ich mich in ihn verliebte.

Es war etwas später im gleichen Herbst, noch vor dem ersten Frost, aber die Jahreszeit war schon weit fortgeschritten, und es war eine klare, kalte Nacht. Der Mond ging auf, wenn auch nur als schmale Sichel, und mein Leben in der Stadt lag noch so kurze Zeit zurück, dass das Funkeln der Sterne am tiefschwarzen Himmel für mich noch etwas vollkommen Neues war. Mark sperrte seine Hunde in seinem Mobilheim ein und holte sein Gewehr von einem hohen Regalbrett herunter. Ich hatte noch nie ein Gewehr in der Hand gehabt und war überrascht, wie schwer es war. Ich fuhr mit der Hand über den glatten, hölzernen Schaft und erschauerte.

Einen Nachtspaziergang zu machen, ist etwas völlig anderes, als einen Nachtspaziergang mit einem Gewehr zu machen. Wir schlichen den Pfad neben den Erdbeeren entlang, wo der Hirsch gegrast hatte, setzten leise einen Fuß vor den anderen und atmeten kaum. Die Luft um uns herum fühlte sich spannungsgeladen an und vibrierte förmlich. Der Wildbestand war in jenem Jahr besonders hoch, und die Tiere hatten es trotz der aufwendigen Elektrozäune und der beiden Hunde geschafft, auf Marks Felder vorzudringen. Er hatte die entsprechende Lärmbelästigungsgenehmigung, die es ihm gestattete, außerhalb der Saison und sogar nachts zu jagen. Mark jagte nicht aus Spaß, sondern um seine Pflanzen zu schützen und seine Fleischvorräte aufzufüllen.

Ich trug die Taschenlampe, Mark das Gewehr. Ich habe keine Ahnung, wie lange wir bereits da draußen gewesen waren und uns in einem Zustand angespannter Trance bewegt hatten, als er mir irgendwann wortlos das Gewehr reichte. Ich nahm es entgegen und presste mein Auge ans Visier. Es war, wie durch ein Teleskop mit einem Fadenkreuz zu blicken. Ich schwenkte das Gewehr herum in die Richtung, in der sich die Anpflanzung zur Begrenzung des Feldes befand, und erblickte im fahlen Mondschein eine Gruppe von drei Tieren, zwei junge Hirsche mit dürren Geweihen und eine junge Hirschkuh. Ich wurde schlagartig von allen möglichen Emotionen erfasst. Da war die Ehrfurcht, die man in der Gegenwart eines großen, schönen Tieres verspürt, einer freien und wilden Kreatur, außerdem eine gehörige Dosis Adrenalin, und dann war da noch ein begieriges Gefühl, bei dem es sich, wie mir mit einer gewissen Erschütterung bewusst wurde, um eine Art Lust zu töten handeln musste. Meine Hände begannen sofort so stark zu zittern, dass ich mein Armband gegen den Schaft des Gewehrs klappern hörte. Ich senkte das Gewehr und reichte es Mark, der anlegte und abdrückte. In der Dunkelheit konnte ich die Umrisse der beiden Tiere nur erahnen, die in den Wald davonhuschten.

Die Hirschleber war schwerer als sie aussah, von fester Konsistenz, und als ich sie unter kaltes Wasser hielt, barg sie immer noch die Wärme des Lebens. Ich sah zu, wie Mark sie in dünne Scheiben schnitt, diese mit ein wenig Mehl bestäubte, Salz und Pfeffer dazugab und sie in eine Pfanne mit brutzelnder Butter legte, in der bereits einige klein geschnittene Schalotten glasig gebraten waren. Er eilte nach draußen aufs Feld, kam mit einer Handvoll verschiedener Kräuter zurück, zerkleinerte sie grob und warf das Kräutergemisch in die Pfanne. Die Leberscheiben waren noch ganz leicht rosa, als er sie aus der Pfanne nahm und auf einen Teller legte. Dann gab er einen großzügigen Schuss von dem Weißwein, den ich mitgebracht hatte, in die Pfanne, und fügte etwa einen Becher Sahne hinzu, die er von einem Fünf-Liter-Krug Milch abgeschöpft hatte. Nachdem das Sahne-Wein-Gemisch eine Weile geköchelt hatte und dickflüssig geworden war, legte er die Leberscheiben zurück in die Pfanne und wendete sie einmal. Dann arrangierte er sie sorgfältig auf zwei angewärmten Tellern und beträufelte sie mit der Sahnesoße. Den Tisch hatte er mit zwei Kerzen und einem Einmachglas mit Wildblumen dekoriert. Außerdem gab es selbst gemachtes Brot, winterfestes Blattgemüse und eine Holzschale mit köstlich aussehenden Äpfeln.

Meine Mutter ist einer jener Menschen, die Leber aus tiefstem Herzen hassen. Ich hatte von ihr die Vorstellung übernommen, dass Leber etwas war, was es um jeden Preis zu meiden galt, und mein Leben bis zu jenem Moment verbracht, ohne auch nur jemals ein Stück davon probiert zu haben. Vermutlich war das ein nicht zu unterschätzender Segen, denn auf diese Weise war es mir erspart geblieben, eines jener nicht so frischen Exemplare zu essen, die im Supermarkt verkauft werden und zu einer klebrigen Paste zerkocht sind, was genau der Grund dafür ist, dass Leber so einen schlechten Ruf hat. Außerdem trug meine Unbeflecktheit, was das Essen von Leber anging, zu dem freudig überraschten Genus bei, den ich empfand, als ich an jenem Abend zum ersten Mal in meinem Leben konzentriert ein Stück kostete. Die Textur erinnerte mich an die von Waldpilzen, fest aber zart, der Geschmack war kräftig, aber auch nicht übermächtig, das typische Wildaroma durch die Zugabe des geschmacklich vertrauten Sahne-Wein-Gemischs ausgeglichen, aber noch erkennbar. Und da war noch etwas, etwas Urwüchsigeres, eine Art heftiges Verlangen, das meinen Körper dazu brachte zu schreien: „ISS DAS, ICH BRAUCHE ES!“ Das war für mich der erste Hinweis darauf, dass unserem Appetit eine Weisheit innewohnt, dass gesund und lecker miteinander einhergehen, wenn man nur den ganzen Lärm ausblendet, der industriell erzeugte Lebensmittel begleitet, und seinem inneren Essbedürfnis lauscht. Unterm Strich sind wir eben doch Tiere, dafür geschaffen, das zu mögen, was gut für uns ist, und insofern macht es durchaus Sinn, dass ein verkümmerter, aber noch vorhandener Teil von uns eigentlich irgendwo an einem Lagerfeuer kauern und sich mit schmatzenden Lippen über irgendwelche nährstoffreichen Innereien hermachen will. Das mag auch der gleiche tiefe innere Teil von mir gewesen sein, der mir nahegelegt hat, Mark zu lieben. Sei kein Dummkopf, sagte mir dieser Teil. Der Mann ist ein Jäger, er baut Nahrungsmittel an, er ist kräftig, gesund und groß. Er wird dich ernähren, und seine Gene machen die Kleinwüchsigkeit und Schwächlichkeit deines eigenen biologischen Erbes vielleicht wett. LIEBE IHN.

Diese Stimme war in Pennsylvania deutlich klarer als in Manhattan, als Mark mich das erste Mal besuchte. Er kam mit dem Bus, und ich holte ihn am Busbahnhof Port Authority ab. Er trug einen fleckigen, roten Rollkragenpullover, eine ziemlich abgetragene Carhartt-Jacke und den allgegenwärtigen riesigen Strohhut. Einen New Yorker bringt so schnell nichts aus der Fassung, aber dieser Hut teilte den Fußgängerstrom in der City wie eine Haifischflosse das Wasser und sorgte immer wieder für Menschenansammlungen, da die Leute stehen blieben und staunten. Ich stellte mit einer gewissen Befriedigung fest, dass Mark in der Stadt, in der ich lebte, zumindest so fehl am Platze wirkte wie ich auf seiner Farm.

Ich hatte mich auf seinen Besuch gefreut, doch gleich nach seiner Ankunft wurde mir bewusst, dass ich keine Ahnung hatte, was ich in der Stadt mit ihm anfangen sollte. Er hasste Bars, und Cafés konnte er nichts abgewinnen, was meine täglichen und nächtlichen Aufenthaltsplätze schon einmal ausschloss. Ich versuchte, ihm meine Gewohnheit näher zu bringen, am Sonntagmorgen mit reichlich Kaffee und der Times zu Hause abzuhängen, aber er konnte damit nichts anfangen, und mit einem rastlos umhertigernden Mark fühlte sich mein Apartment bedrückend klein an. Die Restaurants, in die ich ihn ausführte, beeindruckten ihn nicht im Geringsten, denn in Anbetracht dessen, dass das Essen in seinem Mobilheim im Großen und Ganzen besser war, hielt er die Preise für geradezu obszön. Seine Beine waren zu lang, als dass er es sich auf einem Sitz im Kino bequem machen konnte. Die lässige Coolness meines Viertels und seiner Bewohner ließ ihn genauso kalt, die beeindruckenden Jobs und Leistungen meiner Freunde waren ihm egal. In diesem Rollkragenpullover und mit diesem Hut konnte ich ihn auch auf keine der Partys mitnehmen, zu denen wir eingeladen waren. Blieben also noch Buchhandlungen, die ihn zumindest ein bisschen interessierten, und flippern, was den Teil in ihm ansprach, der darauf angelegt war, sich mit anderen zu messen. Er fuhr gerne Taxi, weil der Fahrer oft aus irgendeinem Bauerndorf in einem Winkel der Welt stammte, in dem die Zeit stehen geblieben war, und Mark ihn in eine lebhafte Diskussion über muslimische Schlachtmethoden, die Feinheiten des Eselgeschirrs oder spezielle Strategien bestimmter Dörfer zur Bekämpfung von Rattenplagen in Kornspeichern verwickeln konnte. Einmal hielt ein griechischer Taxifahrer an, stellte das Taxameter aus und beschrieb ihm in allen Einzelheiten, wie in seinem Dorf Schafe gehäutet wurden, indem ihnen ein Schlitz in eines ihrer Beine geritzt wurde und man es aufblies wie einen Ballon. Einige Wochen später probierte Mark die Methode aus, und sie funktionierte. Ich erfuhr bei diesen Gelegenheiten, dass es zwischen mir und Mark eine tiefere kulturelle Kluft gab als zwischen ihm und einer willkürlichen Auswahl an Taxifahrern aus Dritte-Welt-Ländern.

Aber es gab immer reichlich Essen. Als der Farmbetrieb wegen des nahenden Winters zusehends weniger beschäftigungsintensiv war, kam Mark jedes Wochenende. Wenn er vor meiner Tür stand, hatte er immer die mir inzwischen vertrauten Kisten dabei, die mit Kürbissen alter Sorten, Herbstgemüse, Bündeln getrockneter Kräuter und Wurzelgemüse gefüllt waren. Das Telefonbuch wurde oben auf das Bücherregal verbannt. Mark befreite meinen Ofen von einem Mäusenest und fand heraus, dass er funktionierte. Er beförderte von irgendwoher Teller und Gläser zutage, von denen ich vergessen hatte, dass ich sie besaß, warf eine Decke, die mir meine Schwester aus Indien mitgebracht hatte, über meinen Schreibtisch und verwandelte ihn in einen Esstisch.

Als ich im November eines Abends von einer Unterrichtsstunde, die ich gegeben hatte, nach Hause kam, hatte Mark meine Möbel umgestellt. Mein Bett stand mitten im Raum und war mit frischer weißer Bettwäsche bezogen, mein zum Tisch umfunktionierter Schreibtisch stand am Fenster, sodass man von ihm aus einen Blick auf den Friedhof hatte. In der Mitte des Tischs stand ein dampfender Topf Suppe. Es war eine Rübensuppe, was nach dem unromantischsten Essen der Welt klingt, nur dass die Suppe perfekt war, weil sie aus einer japanischen Rübenart namens Hakurei gemacht worden war, die so süß und mild ist, dass die Rüben schmecken wie knackige weiße Äpfel. Weitere Zutaten waren Marks gute selbst gemachte Hühnerbrühe und farmfrische Sahne. Ich trug den Nachtisch bei: Eine Flasche sehr guten Portwein und eine Tafel der besten Bitterschokolade, die ich finden konnte. Es war ein einfaches Hin und Her zwischen dem Tisch und dem Bett, und ich erinnere mich gedacht zu haben, dass alles so viel einfacher wäre, wenn wir jene Hälfte unserer Beziehung, die unser Dasein in der Stadt ausmachte, einfach in dieses kuschelige Dreieck zwischen Herd, Tisch und Bett hätten packen können. Ich besitze ein Foto von jenem Abend, das ich von uns beiden im Bett gemacht habe. Ich habe die Kamera auf Armeslänge vor mich gehalten, wir sitzen beide in der Ecke, hinter uns sieht man die unverputzte Backsteinwand meines Zimmers. Wenn ich das Foto heute betrachte, raubt mir die Anmut seines wie gemeißelten Körpers und seiner großen schwieligen Hände auf meiner Brust immer noch den Atem.

In jener Nacht erzählte er mir, dass er die Farm in Pennsylvania aufgeben wolle. Ihm gehöre das Land nicht, deshalb könne er dort kein Haus bauen, und nachdem er mich kennengelernt habe, mache es keinen Sinn mehr dortzubleiben. Er wünsche sich, dass ich die Stadt verlasse, meine Mietwohnung aufgebe und mit ihm nach einem geeigneten Stück Land suche, um uns dort gemeinsam ein Zuhause und eine Farm aufzubauen.

Wir hatten uns im Sommer kennengelernt, waren seit Herbst zusammen, und es war noch nicht einmal Winter. Ich glaubte ihn zu lieben, aber ich kannte ihn noch nicht einmal richtig. Und er bat mich, alles aufzugeben und hinter mir zu lassen, die Freundschaften, die ich geschlossen hatte, all die Menschen, die ich kannte und die einen ähnlichen Hintergrund, eine ähnliche Bildung und ähnliche Interessen hatten wie ich. Der bloße Gedanke daran, meine Schwester zu verlassen, deren Wohnung in SoHo nur fünf Gehminuten von meiner eigenen entfernt war und deren Nähe für mich den größten Vorzug meines Lebens in der Stadt darstellte, brach mir das Herz. Wie sollte ich es aushalten, nicht nah genug bei meiner Schwester zu sein, um mich jederzeit kurzfristig mit ihr auf einen Kaffee oder ein paar Drinks treffen zu können und besserwisserisch unsere letzten Beziehungsdramen zu sezieren? Und dann waren da die Kurse, die ich gab, und meine beruflichen Kontakte. Auch wenn sie insgesamt eher dürftig waren, war es trotzdem etwas, woran ich festhalten sollte. Und er bat mich, die einzige Brücke hinter mir zu verbrennen, die mir ein Zurück nach Manhattan gestatten würde, wenn die Dinge zwischen uns nicht funktionierten: Mein erschwingliches Apartment.

Er würde natürlich auch eine Menge aufgeben. Er hatte sich in Pennsylvania einen gewissen Ruf erworben, sich einen festen Kundenstamm aufgebaut und ein Netzwerk unerlässlicher Kontakte. Außerdem hatte er in die Infrastruktur seiner Farm investiert. Aber er war sehr zielstrebig und schien sich seiner Sache absolut sicher.

Was er mir in Aussicht stellte – ein Zuhause – fühlte sich so heimelig an, dass es mich regelrecht zum Vibrieren brachte. Er beschrieb es mir so anschaulich – zwanzig Hektar gute Erde, ein Farmhaus mit rustikalen Holztischen in einer großen Küche, einen schönen Obstgarten, Kühe und Pferde auf der Weide, im Hof herumrennende Hühner –, dass ich mir das Ganze deutlich vorstellen und es beinahe anfassen konnte. Ich erzählte ihm ganz verwirrt, dass ich schon mal mit einigen meiner Freunde zusammengewohnt hatte und es mir als eine schlechte Lösung erscheine, die all die Spannungen einer Ehe mit sich bringe, ohne dass man etwas von den ehelichen Vorteilen habe. Aber ich will ja auch gar nicht dein Freund sein, entgegnete er, als handelte es sich um die größte Selbstverständlichkeit der Welt. Ich will dein Ehemann sein.

Ich dachte wieder einmal, dass er entweder verrückt sein musste oder recht hatte und schätzte die Chancen, dass eines von beidem zutraf, in etwa gleich groß ein.

Als Mark wieder auf seine Farm zurückgekehrt war, traf ich mich mit meinem Freund James in der *Ace* Bar an der *5th Street*, um eine Runde zu flippern. Es war vier Uhr nachmittags, und die Bar war bis auf die dünne tätowierte Barkeeperin, in die James sich verguckt hatte, und zwei stumpf aussehende Alkoholiker, die einander auf Barhockern gegenübersaßen, leer. James und ich waren in der Bar nachmittägliche Stammgäste, und niemand hatte etwas dagegen, dass ich Nico mitbrachte, meine große Schäferhund-Mischlingshündin, die im Raum umhertollte, alle Anwesenden zur Begrüßung abschleckte und ihre Hundeleine durch abgestandene Bierpfützen hinter sich herzog. Der Flipperautomat hieß „The Simpsons", mein Lieblingsflipper, und ich hatte gerade „Multiball" und spielte mit mehreren Bällen gleichzeitig, während ich James von meinem Wochenende berichtete, sodass die Neuigkeit, dass ich die Stadt verlassen würde, um mit einem Farmer zusammenzuziehen, immer wieder vom Gebimmel der Bumper und dem Klappern der Flipperhebel unterbrochen wurde. James und ich saßen sozusagen im selben Boot, wie waren beide Freiberufler und keine Grünschnäbel mehr. Wir entstammten beide dem gleichen Mittelstandsmilieu, dessen Konventionen, Regeln, Geschmack und Vorhersehbarkeit wir hinter uns gelassen hatten. Ich glaube, wir waren hin- und hergerissen, das, was wir aus unserem Leben gemacht hatten, als Abenteuer zu sehen oder es für ein Desaster zu halten, und die Gegenwart des jeweils anderen bereitete uns einen gewissen Trost. Als ich ihm erzählte, dass ich die Stadt verlassen würde, glaubte er mir nicht.

Das Gleiche passierte, als ich es meinem Freund Brad erzählte. Er war gerade im Begriff, seine Freundin zu heiraten und im Grunde geneigt, an die Liebe zu glauben, doch meine Geschichte schien seine Vorstellungskraft dann doch zu übersteigen. Ich konnte es ihm nicht verdenken. Es klang ja selbst für mich nicht wirklich real, bis ich es vier- oder fünfmal erzählt hatte. Meine Schwester war einfach nur sauer. „Du lässt mich im Stich", sagte sie. Ich glaube, der Einzige, der sich über die Nachricht riesig freute, dass ich zum Monatsende ausziehen würde, war mein Vermieter. Das East Village boomte, und er würde die Wohnung renoviert und die Miete satt erhöht haben, bevor auch nur der Türknauf von meinem letzten Händedruck erkaltet wäre.

Mark und ich verbrachten Thanksgiving im nördlichen Teil des Bundesstaates New York, zusammen bei meiner Familie. Ich hatte meine Neuigkeiten ein bisschen abgewandelt und ihnen zwar von meiner Absicht erzählt, mein Apartment aufzugeben, die Stadt zu verlassen und zusammen mit Mark nach einer Farm Ausschau zu halten, unsere Heiratspläne jedoch unterschlagen. Meine Schwester hatte Mark bereits in New York kennengelernt und war ihm mit gemischten Gefühlen begegnet. Sie hatte ihre Vorbehalte sicher verbreitet. Ich würde ihn meinen Eltern und meinem Bruder Jeff und seiner Frau Dani vorstellen, die in Virginia lebten. Jeff ist Marineoffizier, Pilot und knapp zwei Jahre älter als ich. Während seiner früheren Jahre beim Militär war es sein Job, auf dem Deck eines Flugzeugträgers zu stehen und landende Flugzeuge sicher nach unten zu bringen, also Abwägungen zu treffen, die über Leben und Tod der anfliegenden Piloten entschieden. Mit anderen Worten, er ist ein ernster, logisch denkender und absolut zuverlässiger Mensch ohne allzu viele irritierende Marotten. Wir hatten jede Menge Essen dabei. Ich war von jenem Eifer beseelt, der Frischbekehrte auszeichnet, und wollte ihnen unbedingt all die tollen Gemüsesorten und Früchte zeigen, die mein Freund angebaut hatte – Rosenkohle, die noch auf Stängeln saßen, Süßkartoffeln, Rote Bete und Winterkürbisse, deren Fruchtfleisch die Farbe reifer Mangos hatte. Mark hatte seinen amischen Freunden in jener Woche geholfen, Truthähne zu schlachten, und er hatte uns einen mitgebracht, und dazu auch noch ein Glas von seiner selbst gemachten gelben Butter. Ich hatte ganz vergessen, wie peinlich sauber die Welt meiner Mutter ist, bis wir mit diesen Kisten bei ihr hereinmarschierten, die rundum mit Ackererde beschmutzt waren und an deren Böden welke Blätter hafteten. Es schien so, als würden wir jede Oberfläche kontaminieren, auf die wir sie stellten, weshalb mein Vater Mark in die Garage dirigierte, während meine Mutter mich leise fragte, ob ich wirklich sicher sei, dass es unbedenklich sei, den Truthahn zu essen, der in einer tropfenden weißen Einkaufstüte verpackt war und dessen kopfloser Hals obszön herausragte. Ich hatte auch vergessen, dass meine Mutter es vorzog, wenn ihre Nahrungsmittel möglichst umfangreich verpackt waren, sodass jegliche Assoziationen im Hinblick auf ihre Herkunft weitgehend verschleiert wurden. Als wir Kinder waren, kaufte sie nie braune Eier, weil ihr die zu sehr „nach Bauernhof" aussahen.

Mark selbst sah auch nicht sehr viel vertrauenswürdiger aus als der Truthahn. Er kam sozusagen direkt vom Acker, wo seine letzte Tätigkeit darin bestanden hatte, das Gemüse zu ernten, das wir mitgebracht hatten. Er hätte einen Haarschnitt und eine Rasur vertragen können und hatte ein abgetragenes T-Shirt an, das er auf links trug. (Er ist der Überzeugung, dass T-Shirts genau so getragen werden sollten, wie sie aus der Waschmaschine kommen – auf links oder eben richtig herum. („Auf diese Weise trägt man sie jedes zweite Mal richtig herum. So tragen sie sich gleichmäßiger ab.") „Er hat ein sehr nettes Lächeln", räumte meine Mutter ein, als wir alleine waren. Mark schlief im Gästezimmer und ich in meinem Mädchenzimmer, in dem ich meine Kindheit verbracht hatte, umgeben von meinen alten Büchern und meinem gerahmten College-Diplom, das mich von der Wand vorwurfsvoll anzustarren schien. „Dafür habe ich dich nicht ausgebildet", sagte es.

Am Morgen des Thanksgiving-Tages überließ Mom diesem Fremden ihre Küche, diesem großen, wild aussehenden Mann, und Mark legte los und gab sich voll und ganz der Zubereitung des Essens hin. Er fing um sechs Uhr morgens an, als alle noch in ihren Betten lagen, durchstöberte die Schubladen nach Utensilien und richtete sich in der Küche häuslich ein. Um sieben, als einer nach dem anderen aus seinem Zimmer kam und auf der Suche nach Kaffee in der Küche eintrudelte, kochte er sich die Seele aus dem Leib, war mit sechs Gerichten gleichzeitig beschäftigt, Überbleibsel von Zutaten flogen um ihn herum wie Holzspäne um eine Kettensäge. In seinem Eifer hatte er *Moms* makellose Küche in ein Schlachtfeld verwandelt, die Wand war voller Sahnespritzer, der Fußboden mit Kartoffelstücken übersät. Ich achtete darauf, dass der weiße Teppich, der in der Nähe der Küche lag, von der roten Bete verschont blieb, und um Schlag zwölf Uhr mittags öffnete ich den Wein und schenkte *Mom* ein großes Glas ein.

Um drei Uhr kam der Truthahn aus dem Ofen, und er war ein wahres Prachtstück mit krosser Haut, perfekt braun gebacken und würdig, das Motiv für ein doppelseitiges Foto in einem Kochbuch abzugeben. Mark hatte seine Essenszubereitungen früh abgeschlossen und war mit Dad und Jeff in den Garten hinter dem Haus gegangen, um Brennholz zu hacken. Ich betrachtete durch das Fenster seinen kräftigen Körper, sah zu, wie er die Axt auf das Holz niedersausen ließ wie eine Naturgewalt, niemals überhastet und ohne Pause. Er hackte einen kompletten Baum klein und kam dann zurück in die Küche, um die Bratensoße zu machen, indem er das Bratenfett in die Pfanne gab, Mehl einrührte und anschließend Hühnerbrühe, Wein und Kräuter hinzugab. Dani kam an den Herd, um die Soße zu probieren, und ihre Augen weiteten sich. „Von dieser Bratensoße werden meine Nippel hart", flüsterte sie mir zu. Dann setzten wir uns alle an den Tisch, und das Essen hatte auf die ganze Familie diese magische Wirkung.

Es war ein einfaches Essen, ohne viel Drum und Dran, eben jene Art von Küche, die das Essen für sich selber sprechen lässt. Meine Mutter erklärte den Truthahn zu dem besten, den sie je gegessen hatte und stellte klar, dass sie ab sofort nur noch biologische Kartoffeln kaufen werde. Für Mark ist Essen ein Ausdruck von Liebe – von Lebensfreude, eine Art Liebeserklärung an die Menschen, die einen umgeben – und zwar von der Aussaat bis zu dem Moment, in dem es auf den Tisch kommt. Ich glaube, die Mitglieder meiner Familie konnten schmecken, wie tief seine Zuneigung reichte, und zwischen dem Kürbiskuchen und noch einem weiteren Glas Wein kamen sie zu dem Schluss – obwohl er offen über seinen Wunsch redete, in einer Welt ohne Geld zu leben und in einem Haus ohne Nägel zu wohnen –, dass es möglich, jedenfalls nicht komplett ausgeschlossen war, dass ich doch nicht völlig verrückt geworden war. „Na ja, er ist der Beste, den sie bisher mit nach Hause gebracht hat", hörte ich meine Mutter meiner Schwester beim Kaffee zumurmeln. Es war kein perfekter Anfang, aber sie hatten beschlossen, ihm eine Chance zu geben.

Mark begleitete mich zurück in die Stadt, um mir beim Packen und beim Umzug zu helfen. Ich war total aufgeregt und fühlte mich genauso wie immer in den Sekunden kurz vorm Abheben, wenn ich in einem startenden Flugzeug saß, das mich irgendwohin ganz weit weg bringen würde. Wir gingen all meine Sachen durch und verteilten sie auf zwei Haufen: Einen großen, mit all den Dingen, von denen Mark sagte, dass ich sie in meinem neuen Leben nicht benötigen würde, und einen kleinen mit Sachen zum Mitnehmen. Mein Bett, für das ich einen Haufen Geld ausgegeben hatte und das mir ans Herz gewachsen war, wollte ich nicht zurücklassen, doch Mark sagte: „Mach dir deshalb keine Sorgen. Ich baue dir ein neues, und es wird viel schöner sein als dieses und vor allem viel spezieller, weil es handgearbeitet sein wird." Also schleppten wir mein Bett nach unten in die Wohnung von Janet, halfen ihr dabei, ihr eigenes, das nach Pudel roch, rauszuschmeißen, warfen die Schlüssel in meine Wohnung und zogen hinter allem die Tür zu.

Wir fuhren anderthalb Stunden am Hudson entlang Richtung Norden nach New Paltz, wo Mark aufgewachsen war und wo seine Eltern und seine Schwester immer noch lebten. Wir mieteten von seinen Eltern eine Haushälfte in dem Haus, in dem seine Groß-mutter bis zu ihrem Tod gelebt hatte. Es lag in einer Biegung an einer gewundenen Bergstraße und verfügte hinter dem Haus über eine alte Scheune, die mit Familienhabseligkeiten vollgestopft war – Blaupausen von den Plänen der Hochhäuser in Manhattan, die Marks Großvater entworfen hatte, Kisten mit Unterlagen und massive Möbel. Hinter der Scheune begann der Wald, und hinter dem Wald erhoben sich die Shawangunk Mountains, auf denen sich die zerklüftete, rüsselartige Felsformation Bonticou Crag erhob. Ein paar Tage nach unserem Einzug machte Mark mit mir eine Wanderung auf die felsigen Berge hinter dem Haus. Es war Januar, die Felsen waren mit Schnee und Eis überzogen, und meine Hündin Nico, die es gewohnt war, sich auf Bürgersteigen fortzubewegen, musste richtig klettern, um mit uns Schritt zu halten. Als wir oben ankamen, machte Mark, der vor Nervosität beinahe stumm geworden war, mir einen offiziellen Heiratsantrag. Ich sah einen Falken, der unter uns in der klaren, kalten Luft seine Kreise zog. Der Wind war peinigend, der Blick spektakulär. Ich sagte: „Ja!". Als ich meine Familie anrief, um die Neuigkeit mitzuteilen, fiel es meinen Eltern schwer, ihr Unbehagen angesichts dessen, was sie eine „vorschnelle Entscheidung" nannten, zu verbergen, und mein Bruder fragte tatsächlich: „Wen heiratest du denn?" Meine Schwägerin betonte die Vorzüge einer langen Verlobungsphase, da sie einem Paar gestatte, einander wirklich auf den Zahn zu fühlen, und meine Schwester Kelly sagte ohne Umschweife, wenn es das sei, was ich wolle, solle ich es ruhig machen, denn eine Scheidung sei schließlich immer eine Option.

Das Haus in New Paltz war eigentlich nur als Zwischenstation gedacht, als Basislager, von dem aus wir nach der Materialisierung von Marks Vision Ausschau halten wollten, die er mir präsentiert hatte – Land, ein Farmhaus und einen Obstgarten. In meiner vorflugartigen Aufgeregtheit hatte ich mir vorgestellt, dass der Aufenthalt in dieser Zwischenstation von kurzer Dauer sein würde. Die schlechte Nachricht war, dass es eine absolut schlechte Zeit war, um nach etwas Geeignetem zu suchen. New Paltz erlebte einen wahren Ansturm von Menschen, die New York nach den Anschlägen vom elften September den Rücken kehrten, und der Boom der Immobilienpreise war in vollem Gange. Die Preise für Land schossen in die Höhe. Die Farmen, die wir besichtigten, wurden für 62.500 Dollar pro Hektar verkauft, und der dort vorhandene Ackerboden war nicht gerade von einer Güte, die zum Prahlen Anlass geboten hätte. Es sah so aus, als ob uns ein höllisch langer Zwischenaufenthalt bevorstünde.

Es war das erste Mal, seitdem Mark das College beendet hatte, dass er keine Farm zu bewirtschaften hatte, und ohne die ständige harte physische Arbeit wurde er angespannter als ein Border Collie ohne eine zu hütende Herde. Der obsessive Teil in ihm gedieh ungehemmt weiter. Er wollte ohne Elektrizität leben, aber da er aus dem Haus, das seinen Eltern gehörte, schlecht sämtliche Kabel herausreißen konnte, beschloss er, dass wir einfach keinen Strom benutzten. Er kaufte Dutzende von Kerzen und rastete jedes Mal aus, wenn ich einen Lichtschalter betätigte. Aus einem Eimer voller Torfmoos, einem Klositz und einer Holzkiste zimmerte er eine Komposttoilette zusammen und stellte sie mitten ins Wohnzimmer. Als ich protestierte, baute er widerwillig eine Stellwand auf. Er lernte, Wolle zu spinnen und brachte damit unzählige Stunden zu, bis er feines, dünnes Garn herstellen konnte. Ein Nachbar hatte draußen einen Holzofen stehen, den Mark übernahm und in dem er jede Woche vierzig Laibe Vollkornbrot buk, die er den Nachbarn wie Ziegelsteine auf die Eingangsstufen ihrer Häuser warf. Er fuhr mit seinem Fahrrad bis nach New Jersey und zurück.

Einen Monat nach unserer Verlobung luden wir meine Eltern ein, uns zu besuchen, damit sie Marks Eltern kennenlernten. Mein Vater ist ein eingefleischter Republikaner und Veteran der Air

Force, und nach seiner Pensionierung haben sich seine politischen Ansichten mehr und mehr nach rechts entwickelt. Er glaubt nicht an die globale Erwärmung, die er für ein Hirngespinst extremer Umweltschützer oder ein Verschwörungsszenario der UNO hält und in jedem Fall für ein Thema, das seiner Meinung nach allein die liberalen Medien hochgekocht haben. Meine Mutter ist zwölf Jahre jünger als er und gehört somit der gleichen Generation an wie Marks Eltern, doch als sie meinen Vater geheiratet hat, ist sie direkt von Elvis und Tellerröcken zu Martinis und Unterhaltungsmusik übergegangen und hat die Beatles komplett übersprungen. Sie wäre zutiefst beschämt, wenn man sie ohne gemachte Betten, abgestaubte Möbel oder frische Staubsaugerspuren auf sämtlichen Teppichen antreffen würde. Sie hat sich in der Öffentlichkeit noch nie ohne Make-up oder eine sorgfältig zurechtgemachte Frisur gezeigt.

Während meine Eltern das waren, was Marks Eltern Spießer nannten, waren Marks Eltern für meine Eltern das, was sie Spinner nannten. Marks Eltern hatten New York City in den späten Sechzigern den Rücken gekehrt, sich ein Stück fruchtbares Land in den Catskills gekauft und gelernt, Gemüse anzubauen und sich davon zu ernähren. Sie lebten in einer umfunktionierten Scheune und hatten bis zu Marks Geburt nicht einmal eine Innentoilette. Marks Vater ist ein ausgebildeter Ingenieur, doch er wurde Schreiner und ein Aktivist, der sich in seiner Umgebung für alle möglichen Verbesserungen einsetzt. Marks Mutter ist zutiefst naturverbunden. Wenn man ihren Gefrierschrank aufmacht, findet man normalerweise ein totes Waldmurmeltier oder einen unglücklichen, gegen eine Fensterscheibe geflogenen Vogel, die darauf warten, von der Hobbyforscherin seziert zu werden. Während einer Party habe ich einmal erlebt, wie sie ihre Gitarre hervorgeholt – und ohne eine Spur von Ironie – eine Runde Kum Ba Ya zum Besten gegeben hat.

Beim Abendessen zur Feier unserer Verlobung las Marks Mutter zu unseren Ehren ein selbst geschriebenes Gedicht vor, das sie

„Bomben fallen auf Irak" genannt hatte und das meine Eltern, die auf der anderen Seite des Tisches saßen, mit eisigem Schweigen quittierten. Die schlechte Stimmung, die uns sechs überkam, war so hartlaibig wie das Brot, das wir aßen. Mark war gerade voll in seiner Kein-Elektrisches-Licht-Phase, und nach dem Essen tastete sich mein Vater nach draußen zu seinem Auto und holte meiner Mutter die Taschenlampe, damit sie den Weg ins Bad fand, wo sie unwirsch das Licht anschaltete.

Die Wochen schleppten sich hin und wurden zu Monaten. Wir schliefen auf einer Matratze auf dem Boden, und Mark schien keine Eile zu haben, mir das versprochene tolle Bett zu bauen. Jedes Mal, wenn ich mich hinlegte, spürte ich eine kleine Welle der Bitterkeit in mir hochkommen. Ich versuchte, meine zunehmende Resignation zu überwinden, indem ich mir die Vision vor Augen hielt, die mich aus der Stadt getrieben hatte – das Farmhaus, den Obstgarten, die Weiden voller glücklicher Tiere – und beschloss, dass ich die Zwischenstation gut nutzen konnte, ein paar Fertigkeiten zu erlernen, die sich in meinem neuen Leben als nützlich erweisen würden. Ich las Bücher über die Imkerei und beschaffte einen Bienenstock. Mark half mir, im Hinterhof einen Hühnerstall zu bauen, und ich durchforstete die Kleinanzeigen, bis ich gefunden hatte, was ich suchte: „Acht Plymouth Rock Hühner suchen ein gutes Zuhause. Kostenlos abzugeben."

Die Hühnerschar war mit einem Hahn gekommen, einem Biest von der gemeinen Sorte. Er hatte die riesigen Sporen eines ausgewachsenen Prachtexemplars und war von hinterhältiger Natur. Er war als Bonus dazugegeben worden, entpuppte sich jedoch als gewaltige Belastung. Er attackierte gerne von hinten, und einmal versperrte er mir in einer Ecke des Gewächshauses den Weg und traf mich so heftig mit seiner Spore am Schienbein, dass es blutete. Er machte mich so nervös, dass ich nur noch mit einem Besen aus dem Haus ging. Mark fand das albern. „Er wiegt fünf Pfund", sagte er. „Ich denke, du kannst es mit ihm aufnehmen."

Ich durchforstete die Hühner-Chatrooms und erfuhr, dass das einzige wirkliche Heilmittel zum Kurieren der Gemeinheit eines gemeinen Hahns darin besteht, diesen in einen *Coq au vin* zu verwandeln. Mark hielt ihn an den Füßen mit dem Kopf nach unten vor mich, und ich hielt ihm das Messer mit der großen scharfen Klinge an den Hals, aber die Vorstellung, ihm die Kehle durchzuschneiden, ließ mich schwach werden. Als ich es schließlich vollbrachte, führte ich den Schnitt nur halbherzig aus, was ihm keinen so gnadenvollen Tod bereitete, und das Geflattere und Gekreische, das ich provoziert hatte, indem ich es vermasselt hatte, verfolgte mich hinterher. Ich beschloss, dass ich, wenn ich so etwas jemals wieder machen sollte, in der Lage sein wollte, es richtig anzugehen. Also hörte ich mich um und fand im Dorf zwei Frauen, die im Begriff waren, ihre ganze Hühnerschar zu schlachten, die sie in einem Hinterhof hielten. Ich fragte sie, ob ich dabei sein dürfe, um etwas von ihnen zu lernen, und sie willigten ein.

Jana und Suri waren zwischen fünfzig und sechzig, trugen Birkenstockschuhe und Batikklamotten und waren seit ihren Kommunezeiten alte Freundinnen. Sie waren keine Farmerinnen, hatten jedoch immer einen Teil ihrer Lebensmittel selber angebaut. Anders als Mark, der solche Dinge sehr nüchtern anging, hielten die beiden das Schlachten für einen heiligen Akt und begleiteten das Ganze mit einer improvisierten Zeremonie. Als ich eintraf, zündeten sie ein Bündel Salbei an und schwenkten es um mich herum, sodass der Rauch mich einhüllte. Dann hängten sie ein Laken zwischen den Hühnerstall und den Hackklotz, damit die noch lebenden Hühner nicht sehen mussten, was ihnen blühte.

Jana zog ein Huhn an den Füßen aus dem Stall, und bevor sie es auf den Baumstumpf legte und ihm mit einem Beil den Kopf abschlug, wiegte sie es in den Armen wie ein Baby. „Danke, Huhn", intonierte sie. „Danke, dass du uns dein Fleisch gibst, damit wir unsere Familien ernähren können. Wir sind dankbar. Du ernährst uns. Und jetzt lass deine Seele hinaufliegen zu Vater Sonne." Zong!

Auf diese Weise fanden zwei oder drei Hühner ihr Ende, und dann reichte sie mir eins. Ich hielt das Huhn an den Füßen vor mich, sodass wir uns Auge in Auge gegenüber waren. Es spreizte die Federn, dann hörte es auf zu flattern und erschlaffte irgendwie. Ich räusperte mich. Ich brachte es nicht über mich, seine Seele Vater Sonne anzuvertrauen, doch ich spürte das Gewicht dessen, was ich im Begriff war zu tun – einer gesunden, empfindsamen Kreatur das Leben zu nehmen, die viel lieber weiter leben würde, wenn sie die Wahl hätte – und fühlte mich ihm verbunden, sehr verbunden. „Äh, Huhn", sagte ich. Die merkwürdigen Augen blinzelten mich aus dem schlabberigen, maskenartigen Gesicht träge an. „Tut mir leid. Ich hoffe, es geht schnell. Vielen Dank." Zong.

Ich machte an jenem Tag Fortschritte im Schlachten von Hühnern. Jana und Suri waren sehr nett zu mir und gaben mir das erste Huhn, das ich getötet hatte, mit nach Hause, damit ich es in den Ofen schob. Ich bereitete es mit der Ehrfurcht derjenigen zu, die seine ganze Geschichte kennt, aß es und beschloss, dass man seine Ehrerbietung gegenüber dem Huhn mit einem zeremoniell angezündeten Salbeibündel genauso bekunden konnte wie mit der sorgfältigen Zubereitung und dem Genuss einer köstlichen Salbeifüllung.

In der Zwischenzeit kamen wir unserem Ziel, eine Farm zu finden, keinen Schritt näher. Laut Mark brauchten wir ein großes Stück gutes Land, von dem wir leben konnten, das wir genau so bewirtschaften konnten, wie wir wollten, und auf dem wir die Möglichkeit hatten, uns ein Haus zu bauen, in dem wir für immer wohnen bleiben konnten. Er wollte, dass es uns einfach so zum Nulltarif zufiel. Es würde sich schon ergeben, erklärte er mir, da er seit seiner Kindheit von etwas umgeben sei, das er eine magische Sphäre nannte, eine Art Aura des Glücks, die dafür sorgt, dass die richtigen Dinge zum richtigen Zeitpunkt passieren. Ihm war immer Gutes zugefallen, und mit der Farm würde es auch so sein. Er glaubte, dass es nicht länger als neun Monate dauern würde, jedenfalls wenn ich seine magische Sphäre nicht mit meinen praktischen Ideen und meinem Pessimismus eintrübte. Es war eine Situation, die dazu angetan war, mich zur Verzweiflung zu bringen.

Je länger die Suche dauerte, desto öfter ärgerten wir uns über einander. Der erste Rausch des Verliebtseins hatte sich abgekühlt, und wir entdeckten, wie ausgesprochen verschieden wir doch waren. Er musste feststellen, dass ich hinter meiner bohemehaften Fassade ein ziemlich berechenbares Produkt meiner Mittelschichterziehung war. Ich glaubte an die wohltuende Erbaulichkeit von Maniküren oder eines Paars neuer Schuhe. Und ich entdeckte unter Marks proteischem Äußeren eine Schicht unbeirrbaren Hippietums nach der anderen. Wie ich zum Beispiel erfuhr, hatte er sein zweites Studienjahr am College komplett barfuß verbracht, auch während des ganzen im Osten Pennsylvanias nicht gerade behaglichen Winters. Ich nahm zur Kenntnis, dass der von keinerlei Deo übertünchte Schweißgeruch, der seinen Achselhöhlen entstieg, andere Mitfahrer in einem Auto veranlasste, die Fenster herunterzukurbeln. Und ich vermutete, dass wir, wenn wir uns in einem anderen Moment unseres Lebens begegnet wären, so schnell wie möglich voreinander Reißaus genommen hätten.

Zwei Dinge retteten uns. Ich bekam mehrere aufeinanderfolgende Aufträge zum Schreiben von Reisereportagen, was dafür sorgte, dass wir einige Monate lang auf verschiedenen Kontinenten weilten. Und dann betrat ein großzügiger und enthusiastischer Mann namens Lars Kulleseid Marks magische Sphäre. Er war der Vater eines Freundes von Marks Schwester, und noch bevor wir uns nach unserem ersten Treffen voneinander verabschiedeten, bot er uns an, uns pachtfrei ein großes Stück gutes Land zu überlassen, das er ziemlich weit oben im Norden am Lake Champlain besaß. Wir könnten es gerne so bewirtschaften, wie wir es für geeignet hielten, und er habe nichts dagegen, dass wir uns dort ein festes Zuhause und eine Farm aufbauten. Es waren auf den Tag neun Monate vergangen, seitdem wir mit unserer Suche begonnen hatten.

Wir sahen die Essex Farm zum ersten Mal an einem stürmischen Tag im September. Wir hatten in Poughkeepsie den Bummelzug in Richtung Norden bestiegen und im Gepäckwagen unsere Fahrräder und unsere Campingausrüstung dabei. Wir rumpelten den Hudson entlang, passierten den Adirondack Park, fuhren am Lake George vorbei und erreichten schließlich den verwaisten Bahnhof von Westport am Ufer des Lake Champlain. Die Blätter der Bäume in den sich im Westen erhebenden Adirondack Mountains begannen sich bereits zu verfärben, und die Sommerresidenten aus New York und Boston hatten ihre Häuser entlang des Sees bereits verrammelt und waren zurückgekehrt in die Stadt. Wir radelten die bewaldete Straße am Seeufer entlang Richtung Norden, vorbei an einem bunten Gemisch aus schlichten Farmhäusern, bescheidenen Sommer-Cottages und luxuriösen Anwesen.

Lars arbeitete als Anwalt in Manhattan und hatte die zweihundert Hektar große Farm acht Jahre zuvor als Anlage gekauft, da er, wie er sagte, das Land mochte und es den Jungen in ihm ansprach, der viele glückliche Kindheitssommer auf dem Bauernhof seiner Großmutter in Norwegen verbracht hatte.

Seit er das Land besaß, hatte sich ein Verwalter darum gekümmert. Lars hatte die Farm nicht so oft besucht, wie er gedacht hatte, weshalb er erwogen hatte, sie zu verkaufen, doch dann waren wir ihm über den Weg gelaufen, und unsere grob umrissenen Pläne, was wir aus dem Land machen könnten, hatten ihn ausreichend begeistert, um uns das Farmhaus, die Scheunen, das Land und die Ausstattung ein Jahr lang pachtfrei zu überlassen, falls das Land unseren Ansprüchen genügte.

Wir folgten Lars' Wegbeschreibung und radelten durch das kleine Dörfchen Essex, vorbei an den Häusern aus den 1850er Jahren,
die aussahen, als wären sie aus einem Geschichtsbuch dorthin gesetzt worden, vorbei an dem malerischen Fähranleger, der in einem
alten Steinhaus untergebrachten Bibliothek und den wenigen an
der Main Street gelegenen Geschäften, die wegen des Saisonendes
allesamt geschlossen waren. Das Gelände der Farm begann gleich
westlich des Dorfes, direkt hinter der Feuerwache. Bei unserem
ersten flüchtigen Blick in der Dämmerung sahen wir überwucherte
Felder und einen Streifen Stacheldrahtzaun, der dringend repara-
turbedürftig war. Einige Leute mähten wie wild Heu, zwei Traktoren tuckerten gegen die zunehmende Dunkelheit an.

Wir entdeckten die Zufahrt zwischen zwei steinernen Torbö-
gen, am rechten hing ein verblasstes grünes Schild, auf dem „Essex Farmen" stand. Die Zufahrt war von jungen Ahornbäumen gesäumt, deren Blätter sich bereits rot verfärbt hatten, und das Gras
war ordentlich gemäht, doch die weiße Farbe des etwa vierhundert
Meter weiter gelegenen Farmhauses blätterte ab, und das Dach
hing durch. Eines der vorderen Fenster war eingeschlagen, was das
Haus aussehen ließ, als wäre es auf einem Auge blind. Wir hielten
vor dem Haus an, um uns zu orientieren, und plötzlich schoss ein
kräftiger schwarzer Pitbull aus der Garage, gefolgt von zwei weißen Schäferhund-Mischlingen. Der Pitbull wurde von seiner Kette
zurückgerissen und offenbarte ein Paar riesige Hoden. Die weißen
Hunde schienen weniger gemeingefährlich; sie verhielten sich eher
demütig und wuselten um unsere Beine herum. Aus dem geöffne-
ten oberen Fenster drang der Lärm eines im Fernsehen übertrage-
nen Footballspiels, doch auf unser Klopfen machte uns niemand
auf. Wir folgten weiter der langen Zufahrt, die auf beiden Seiten
von Gebäuden gesäumt war, die kurz davor waren, in sich zusam-
menzufallen. Am Ende der Zufahrt sank ein mit alten Brottrans-
portkörben aus Plastik vollgestopfter Schulbus immer tiefer in die
Erde ein.

Wir schoben unsere Fahrräder in das Getreidesilo. Der Boden war von einer fünf Zentimeter dicken Schicht alten Getreides bedeckt, und als wir die Tür öffneten, durchschnitt das Licht den Staub und schreckte ein ganzes Bataillon Ratten auf, die davonhuschten und die Flucht ergriffen. Wir ließen die Fahrräder stehen und gingen zu Fuß weiter, nach Osten zurück in Richtung See. Wir kamen auf eine kleine Anhöhe und konnten sehen, dass die Farm ein Mosaik aus offenen Feldern und mehreren Baumschulen bildete – Fichten, Sumpfeichen, Linden und Rotahorn, die alle in schnurgeraden Reihen angepflanzt worden waren. Das Land war eben und teilweise leicht sumpfig. Wir bauten unser Zelt unter einer Lebensbaumgruppe auf. Die weißen Hunde waren uns gefolgt und bettelten um Aufmerksamkeit.

Als das Zelt aufgebaut war, war es beinahe dunkel, und wir hatten Hunger. Wir holten unsere Fahrräder und fuhren noch einmal zurück in das Dörfchen Essex. Ich war hundemüde, litt noch unter Jetlag, da ich gerade erst von einer Asienreise zurückgekehrt war, und das Einzige, was ich noch dringender benötigte als Schlaf, war etwas zu essen. Aus irgendeinem Grund hatten wir nicht daran gedacht, uns Proviant mitzunehmen, und mein Blutzucker sank unter das Level, das erforderlich war, um meine Körperfunktionen aufrechtzuerhalten. Ich war hungrig wie ein Wolf. Ich lechzte so dringend nach etwas zu essen, dass mein Hunger mich regelrecht wütend machte. Während Mark loszog und unsere Optionen erkundete, setzte ich mich vor dem Rathaus auf eine Bank. Als er zurückkam, legte er vorsichtig den Arm um mich, bevor er mir die schlechte Nachricht unterbreitete: Der einzige Ort, an dem man etwas essen konnte, war das Dorfgasthaus, doch dort würde man uns trotz der leeren Tische, die ich durchs Fenster sehen konnte, nichts servieren, da wir nicht reserviert hatten. Es gab keine Geschäfte, und bis zum nächsten Dorf waren es gut acht Kilometer, überwiegend bergauf. Inzwischen war es vollkommen dunkel, und ich glaubte nicht, dass ich es, ohne etwas gegessen zu haben, zurück zur Farm schaffen würde, geschweige denn bis in das nächste Dorf. Ich kochte förmlich vor Wut und hasste jeden noch so malerischen Winkel dieses Ortes, der so klein und so bescheuert war, dass man in ihm tatsächlich glatt verhungern konnte. In diesem Moment hasste ich auch die Farm. Sie war ein Müllabladeplatz und sumpfig, und im Sommer wurde man dort wahrscheinlich bei lebendigem Leib von Mücken gefressen. Ich überlegte, ob ich wohl verhaftet werden würde, wenn ich auf der Bank übernachtete, und kam zu dem Schluss, dass ich verhaftet werden wollte, weil die Polizei mich mit einem Auto ins Gefängnis fahren und mir etwas zu essen geben würde. Und wahrscheinlich sogar etwas absolut Akzeptables wie Erdnussbuttersandwiches. Die einzige Ampel des Dorfes blinkte endlos auf einer verwaisten Straße vor sich hin.

Wir saßen da wie in einem Gemälde mit dem Titel „das Elend", als wir auf einmal vom grellen Scheinwerferlicht eines Autos erfasst wurden, das direkt vor unserer Bank einparkte. Aus dem Wagen stieg ein Mann mit silberfarbenem Haar, der eine zugedeckte Auflaufform in der Hand hielt. Er lächelte uns freundlich an, nahm unsere Fahrräder zur Kenntnis und fragte uns, woher wir kämen und wohin wir wollten. Mark erzählte ihm, dass wir in Poughkeepsie losgefahren waren und auf der Essex Farm zelteten. „Schön", sagte er. „Haben Sie Hunger?" Selbst in meinem Zustand der Verzweiflung lag mir ein „Nein danke" auf der Zunge, das jener typischen Gewohnheit der Städter entsprang, jeder unerbetenen Freundlichkeit grundsätzlich erst einmal zu misstrauen. Doch Mark hatte die Essenseinladung bereits angenommen, und der Mann führte uns über die Straße in das Untergeschoss einer großen Steinkirche. Er öffnete eine Tür, und uns empfing das Geklapper von Besteck und lautes Gerede und Gelächter, das sich über einem Meer von grauen Schöpfen erhob.

Es sah aus, als ob wir in irgendein Seniorentreffen hineinplatzten, doch das war mir egal, denn ich hatte einen Blick auf die langen Tische erhascht, die an der Wand standen und mit Essen beladen

waren. Ich sah Teller mit geschnittenem Schinken, gebackene Bohnen in Tomatensoße, Kartoffelpüree und leuchtende Götterspeisedesserts in allen möglichen Farben, die mit Früchten gespickt und
Klecksen pastellfarbener Sahne dekoriert waren. Der Mann, der
uns mitgebracht hatte, bat um allgemeine Aufmerksamkeit, und
fünfzig faltige Gesichter wandten sich zu uns um. Er stellte uns als
zwei Fahrradfahrer vor, die auf einer langen Tour unterwegs waren
und nichts gegen ein kleines Abendessen einzuwenden hätten, woraufhin die versammelte Menge in Applaus ausbrach. Im nächsten
Moment führte mich irgendjemand am Ellbogen durch die Menge zu den kalorienbeladenen Tischen, drückte mir einen Teller in
die Hand und schenkte mir ein Glas Eistee ein. Ich fragte mich
einen Moment lang, ob ich das alles nur träumte oder ob es sich
um eine Art grausame Fata Morgana handelte, doch kurz darauf
saß ich und aß. Es waren Speisen nach Großmutterart, solche, die
dazu bestimmt waren, den Magen eines Grabenaushebers oder eines Landarbeiters zu füllen. Ich aß Maismehlbrötchen mit Hackfleischsoße, grüne Bohnen mit Mandelstiften und eine gebratene
Hähnchenkeule. Es gab auch eine Kanne mit heißem Kaffee und
einen ganzen Tisch, auf dem ausschließlich Desserts bereitstanden.

Als mein peripheres Sichtfeld wieder funktionierte und ich wieder sprechen konnte, erfuhr ich, dass wir in die Hundertjahrfeier
der Methodistenkirche von Essex hineingestolpert waren. Wie sich
herausstellte, gab es in Essex nicht viele junge Familien, und diejenigen, die es gab, gehörten der Episkopalkirche an. Alle Anwesenden in dem Untergeschoss kannten sich bestens, die meisten waren
in irgendeiner Weise miteinander verwandt. Viele der Menschen,
die ich an jenem Abend kennenlernte, sollten in unserem künftigen Leben eine wichtige Rolle spielen. Der Mann, der uns auf der
Bank angetroffen und mitgenommen hatte, war Wayne Bailey. Einige Jahre später strickte seine Frau Donna unserer neugeborenen
Tochter einen rosa Pullover mit einer weißen Paspel und eine dazu
passende Mütze. Die kleine runzlige Frau, neben der wir saßen,

war Pearl Kelly. Sie erzählte uns an jenem Abend, dass sie eine begeisterte Fahrradfahrerin gewesen sei und bis zu ihrem neunzigsten Geburtstag, als sie ihr Bein nicht mehr über die Stange heben konnte, hin und wieder von ihrem Haus bis zum Fähranleger geradelt sei, um eine Vergnügungsfahrt auf dem See zu unternehmen. Drei Jahre später molk ich gerade eine Kuh, als ihre Schwiegertochter in unsere Scheune kam und mir erzählte, dass sie gestorben sei. Sie hatte ihr ganzes Leben lang Landwirtschaft betrieben, nur einer Katzensprung von uns entfernt die Straße hinunter. Ihr Gemüsestand ist immer noch da, allerdings blättert die Farbe ab, und der Firstbalken beugt sich zusehends den Gesetzen der Schwerkraft.

Als wir in jener Nacht zur Farm zurückkehrten, waren wir satt, in jeder Hinsicht aufgewärmt und hatten diverse in Servietten eingewickelte Kuchenstücke dabei. Eine solche allgemeine Freundlichkeit war mir völlig unbekannt. Ich hatte nicht geglaubt, dass Gemeinschaften wie diese in einem Land, das vor lauter Technologie, Mobilität und Arbeit vereinsamt, überhaupt noch existierten. Dies war ein Ort, an dem die Nachbarn füreinander da waren, an dem Wohlbefinden ein Gemeinschaftsprojekt war, und ich verspürte erneut dieses ans Herz gehende Gefühl von Sicherheit, das ich empfunden hatte, als ich zum ersten Mal auf Marks Felder voller essbarer Pflanzen geblickt hatte. Es war ein rührseliges, durchaus ernstes Gefühl, gegen das sich ein kleiner Teil von mir sträubte, doch schließlich gab auch dieser Teil nach und beugte sich.

Am nächsten Morgen machten wir uns in kaltem Nieselregen mit einer Schaufel, die wir im Geräteschuppen gefunden hatten, auf den Weg. Für jemanden, der es gewohnt war, in einem Achtundzwanzig-Quadratmeter-Apartment zu wohnen, von dem aus der Blick nicht weiter ging, als bis auf die andere Seite einer Avenue, und deren größte Maßeinheit zum Bestimmen von Entfernungen ein Häuserblock ist, sind zweihundert Hektar unvorstellbar riesig, keine Farm, sondern ein Lehnsgut, ein Nationalstaat. Auf Lars' Karte war das Anwesen ein großes Quadrat, das auf allen vier Seiten auf einer Länge von etwa tausendsechshundert Metern von Straßen gesäumt wurde und aus dem hier und da einzelne Stücke und Parzellen herausgeschnitten worden waren, die im Laufe der Jahre verkauft worden waren.

Während wir gingen, verfiel ich in eine düstere Stimmung, was ich auf das Wetter zu schieben versuchte und auf die Tatsache, dass ich noch keinen Kaffee bekommen hatte, doch die Wahrheit war, dass ich mich zu früh gefreut hatte und die Farm im trüben Morgenlicht enttäuschend war. Sie hatte absolut nichts von der Farm, die ich mir vorgestellt hatte. Die Farm in meiner Vorstellung war ein wenig hügelig, verfügte über einen bunten Fleckenteppich aus Feldern und Äckern und über gut instand gehaltene Gebäude. Sie war weder so riesig noch so abgelegen. Und sie war definitiv nicht sumpfig.

Wir gingen zuerst in Richtung Norden, unsere Füße hinterließen Matschabdrücke auf der durchnässten Erde. Wir stiegen über einen wackligen Zaun, durchquerten ein mit Buschwerk bewachsenes Wäldchen und fanden uns auf der zwanzig Hektar großen Heuwiese wieder, die am Abend zuvor gemäht worden war. Die groben Stoppeln drückten von unten gegen die Sohlen meiner Stiefel. Mark stieß die Schaufel in den Boden, und die Erde unter der Grasnarbe bestand aus purem Lehm. Ich wusste genug, um mir darüber klar zu sein, dass das nicht gut war. In einem regenreichen Jahr würde die lehmige Erde die Wurzeln ertränken, in einem trockenen würde sie rissig und so hart werden wie Zement. Eine derart schwere Erde würde unter dem Gewicht der Maschinen zusammengepresst und der Sauerstoff herausgedrückt. Marks Stimmung sank auf den gleichen Tiefpunkt wie meine.

Wir gingen zurück zu den beiden Hauptscheunen, verfallende rote Gebäude mit höhlenartigen Heuböden. Im unteren Bereich der östlich gelegenen Scheune war die Decke so niedrig, dass Mark sich ducken musste, um sich an den Balken nicht den Kopf zu stoßen. Die westliche Scheune war luftiger und geräumiger, die dicken Balken handgearbeitet. Beide Scheunen waren für die Milchviehhaltung ausgestattet, die westliche zum Melken, die östliche mit Anbindeställen für Kälber und Färsen. Die Scheunen hatten seit Jahrzehnten keine Tiere mehr beherbergt, doch die Melkaufzeichnungen waren noch vorhanden. In einem Karton stapelten sich die Karten mit den Namen längst verstorbener Kühe. Die einzelnen Namen waren sorgfältig in Blockbuchstaben oben auf den Karten vermerkt. Als wir in der westlichen Scheune auf dem Heuboden durch die vertrockneten Heuhaufen stapften, fanden wir einen versteckten Vorrat an leeren Bierflaschen und verblichene alte Packungen Kool-Aid-Getränkepulver. Die Dächer auf den beiden Hauptscheunen waren intakt, doch der westlichen Scheune war ein großer Betonanbau hinzugefügt worden, dessen Leichtmetalldach lose im Wind herumklapperte. An einigen Stellen regnete es durch, und es hatten sich traurige kleine Wasserfälle gebildet.

Wir stiegen über einen weiteren klapprigen Zaun und fanden uns in einem merkwürdigen Wald aus Hunderten Reihen verkümmerter Fichten wieder, die in Plastikblumentöpfen wuchsen. Nachdem die Milchwirtschaft aufgegeben worden war, hatte die Farm eine Baumschule beherbergt, und die Bäume wuchsen seit zwanzig Jahren vor sich hin. Ihre Wurzeln waren durch die Löcher in den Böden der Blumentöpfe gedrungen, und auf diese Weise hatten die Bäume überlebt, aber nur so eben. Bei dem künstlich angelegten Fichtenwäldchen gab es auch ein verfallenes Gewächshaus, durch dessen Dachreste aus druckbehandeltem Holz und verfaulertem Sperrholz Tannen und Lebensbäume wuchsen. Dieser Bereich der Farm hatte etwas Apokalyptisches, die Lebenskraft der Bäume überwucherte langsam und still jegliche geradewinklige Hinterlassenschaft menschlicher Anstrengungen.

Während die Farm überwiegend eben war, erhob sich nach Westen hin eine steile Anhöhe, die mit gut zwanzig Hektar Wald bedeckt war. Wir fanden eine Piste, die zwischen den Bäumen hindurchführte, und Mark wies mich darauf hin, dass es sich bei den meisten der Bäume um gesunde, ziemlich große Zucker-Ahorne handelte. Er suchte die Stämme ab, bis er an den Stellen, an denen die Bäume angezapft worden waren, alte Narben entdeckte, und somit wussten wir, dass wir durch den für die Sirupgewinnung genutzten Ahornwald der Farm gingen. Auf dem Weg zurück nach unten kamen wir an der Zuckerhütte vorbei, einer Konstruktion mit drei Wänden, die allesamt zusehends nachgaben. Jemand hatte die Hütte als Unterstand für Kühe benutzt, weshalb der Boden mit altem Kuhdung übersät war. Vom baufälligen Dach war Regenwasser in den Verdampfer getropft, der vollkommen verrostet und nur noch Schrott war.

Die südlichen Felder sahen wir zuletzt. Diese Felder erstreckten sich entlang der am meisten befahrenen Straße, und die Hälfte der Fläche war von überwuchernden Baumschulen in Beschlag genommen – Tannen, Sumpfeichen und Linden –, die in eng beieinanderstehenden Reihen angepflanzt worden waren. Mark stieß die Schaufel erneut in den Boden, hob ein wenig Erde aus und langte mit der Hand in das kalte Loch. Die Schaufel hatte keinerlei Steine zutage befördert, die Erde hatte die Farbe von Kaffee, und ihre Konsistenz erinnerte nicht im Entferntesten an den Lehm, mit dem wir es zuvor zu tun gehabt hatten. Er drückte die Erde in der Hand zusammen, strich mit dem Daumen darüber, roch an ihr und streckte schließlich seine Zunge heraus und probierte sie. Es war Sand-Schlick-Lehmerde, die so fruchtbar und gut war, dass sie einen Farmer vor Freude zum Weinen bringen konnte, und das Areal erstreckte sich an der südlichen Grenze der Farm über gut vierhundert Meter, bevor die Erde wieder in puren Lehm überging.

Ich glaube, in diesem Moment verliebte Mark sich in das Land, und zwar mit derselben Gewissheit und genauso spontan, wie er sich in mich verliebt hatte. Von diesem Augenblick an stand für ihn außer Frage, dass dies unser Zuhause werden würde. Obwohl es mir heute schwerfällt, es mir vorzustellen, musste er mich dazu überreden. Es war weder die Abgelegenheit, die mir missfiel, noch der Lehm. „Die Farm fühlt sich an, als hätte sie keine Seele", sagte ich, als wir wieder im Zug saßen und zurückfuhren. „Das liegt nur daran, dass sie nicht genutzt wird", entgegnete Mark. „Sie schläft nur. Du wirst sehen." Wir hatten keine Zeit, lange nachzudenken. Es war bereits Spätherbst, und wenn wir im nächsten Frühling irgendetwas anbauen wollten, brauchten wir den Winter, um alles zu planen und vorzubereiten. Ich erwog die andere Option, die uns blieb – noch ein Jahr in New Paltz zu bleiben und weiterzusuchen – und beschloss, es zu versuchen.

TEIL 2

WINTER

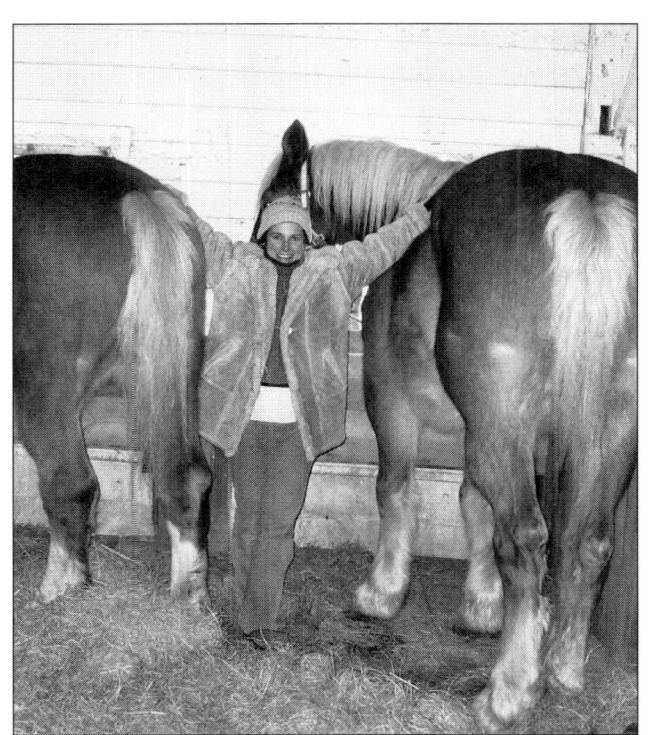

Wir verließen New Paltz und fuhren Richtung Norden. Im kleinen Laderaum meines Autos befanden sich, eingequetscht zwischen unseren Kisten und Taschen, meine Hündin Nico, die Hühner und der summende Bienenstock, dessen Öffnungen mit Klebeband verschlossen waren. Der Hund beäugte den Bienenstock, die Hühner beäugten den Hund, und wenn die Bienen nicht nervös waren, waren sie die einzigen nicht aufgeregten Insassen des Autos. Als wir in den Adirondack Park hineinfuhren, ließ der Verkehr schlagartig nach, und um uns herum erhoben sich die mit Kiefern bewachsenen Berge, deren Gipfel bereits mit Reif überzogen waren. Das Licht wurde dünn und fahl, die Werbetafeln verschwanden, die Landschaft wurde wilder, die Häuser standen immer weiter auseinander, bis sie schließlich vollends aus unserem Blickfeld verschwanden. Und dann waren wir da.

Im Laufe der Wochen, in denen wir wieder in New Paltz waren und uns die Aufregung um den bevorstehenden Umzug in Beschlag nahm, war die Farm in unserer Vorstellung immer besser geworden. In der Theorie war es ein Abenteuer. Von Nahem betrachtet war es beängstigend. Marks Freund Rob, der uns beim Umzug half, fuhr mit seinem großen Lieferwagen hinter uns her. Rob ist Gemüsefarmer, jemand, der hart arbeitet, und ein Optimist. Als er sah, in welchem Zustand sich die Farm befand und wie groß die Felder waren, wurde er sehr still.

Das Farmhaus war bis zum Frühling vermietet, also brachten wir unsere Sachen in ein möbliertes Haus, das wir im Dorf gemietet hatten und das in angenehmer Weise den Geist des neunzehnten Jahrhunderts verströmte, jedoch nur über eine ziemlich klägliche Isolierung verfügte. Rob, der mit der Großzügigkeit eines Farmers gesegnet war, hatte uns etliche Tüten Winterkürbisse, Kartoffeln, Möhren, Lauch und Zwiebeln mitgebracht, was wir alles im Keller lagerten. An jenem Abend schneite es, was für diese Jahreszeit recht früh war, und Rob, Mark und ich bereiteten uns aus angeschwitzten Zwiebeln, gewürfeltem Kürbis und Kartoffeln eines jener schlichten, wohltuenden Abendessen zu, die dazu beizutragen vermögen, dass sich ein neues Heim wie ein Zuhause anfühlt. Nachdem wir das Geschirr abgewaschen hatten, saßen wir noch bei einer Flasche Wein zusammen und redeten über unsere Pläne. Wir fingen mit der Farm bei Null an, und die Ackerfläche war groß und gut genug, um uns jegliche Nutzung zu ermöglichen, die uns in den Sinn kam. Zusammen verfügten wir über achtzehntausend Dollar an Ersparnissen, was nicht gerade viel war, doch Lars' Angebot, uns die Farm ein Jahr lang pachtfrei zu überlassen, beinhaltete das Land, die Gerätschaften und ein Haus zum Wohnen. Genau wie die Größe der Farm selbst war die schiere Vielfalt der sich bietenden Möglichkeiten so berauschend wie beängstigend.

Mark hatte lange darüber nachgedacht, was für eine Farm wir aufbauen wollten. Er hatte seine Erfahrungen auf Gemüsefarmen gesammelt, und über den Anbau von Gemüse wusste er am meisten. Seine Farm in Pennsylvania funktionierte nach dem sogenannten CSA-Modell, einem Modell solidarischer Landwirtschaft, bei dem Verbrauchergemeinschaften zu Beginn der Saison Anteile an der Farm erwerben und dafür jede Woche eine Zuteilung der auf der Farm gewonnenen Produkte erhalten. CSA steht für *Community Supported Agriculture* – von der Gemeinschaft unterstützte Landwirtschaft –, und das Modell, das ursprünglich aus Japan stammt, ist in den 1980er Jahren über Europa in die USA gekommen. Diese Wirtschaftsweise bietet für einen Farmer jede Menge Vorzüge. Sie ermöglicht ihm, all die sonst üblichen Zwischenhändler zu umgehen und eine direkte Marktbeziehung zu seinen Verbrauchern aufzubauen. Da die CSA-Mitglieder im Voraus bezahlen, ist das Einkommen berechenbar, und das Geld fließt genau dann, wenn die Farmer es am dringendsten benötigen, nämlich zu Beginn der Anbausaison. Außerdem kam das Modell der solidarischen Land-

wirtschaft Marks Vorbehalten gegenüber der anonymen Geld-
wirtschaft entgegen. Er kannte die Menschen, die seine Produkte
aßen, sie kannten ihn, und sie lernten die anderen Mitglieder der
Gemeinschaft kennen, sodass die Verteilung der Produkte mehr
einem geselligen Beisammensein glich als einem Einkauf in einem Lebensmittelgeschäft. Mark gefiel das Modell, doch er hatte
zusehends den Eindruck gewonnen, dass es nicht ausreichte. Die
Farmen, die nach dem CSA-Modell funktionierten, konzentrierten
sich im Wesentlichen auf die Gemüseversorgung und verzichteten
auf die Nahrungsmittel, die uns tatsächlich den Großteil unserer
Kalorien liefern, nämlich Getreide und Mehl, Milchprodukte, Eier
und Fleisch. In Pennsylvania hatte er versucht, den Mitgliedern
seiner Verbrauchergemeinschaft einige dieser Produkte zur Verfügung zu stellen, indem er sie von benachbarten Farmen beschaffte,
doch das Unterfangen erwies sich als ein logistischer Alptraum,
und die ständigen Telefonate und Fahrten zum Beschaffen der Produkte raubten ihm die Zeit, die er auf seiner eigenen Farm zum
Anbau benötigte. Seitdem er Pennsylvania verlassen hatte, fragte er
sich, wie es wohl wäre, das CSA-Modell ein wenig auszuweiten und
den Mitgliedern nicht nur eine wöchentliche Ration an Gemüse zu
liefern, sondern auf unserer Farm die komplette Palette an Lebensmitteln zu produzieren, um sowohl unsere Mitglieder als auch uns
selbst umfassend versorgen zu können.

Eine der großartigen und zugleich äußerst lästigen Eigenschaften von Mark besteht darin, dass er, wenn er sich erst einmal etwas
in den Kopf gesetzt hat, dies nach allen Seiten dreht und wendet. Er
erwägt alle nur denkbaren Möglichkeiten, dehnt sie bis zu einem
schon absurd scheinenden Punkt aus, schrumpft sie wieder ein,
wägt sie unter den verschiedensten Voraussetzungen ab und beugt,
wenn es sein muss, jegliche Logik, um sie in eine gegebene Situation hineinzupressen. Ganz egal, was er auch gerade tut oder sagt
oder denkt, im Hintergrund seines beeindruckenden Gehirns ist
die Idee immerzu präsent und wird mit Details angereichert. Teile

dieser Idee treten mitunter in einem plötzlichen Anfall von Gesprächigkeit zutage wie die Spitze eines Eisbergs, doch das große Ganze bleibt verborgen, bis sich die Idee eines Tages in ihrer Komplettheit offenbart, voll ausgeformt, und er sie unbeirrbar verficht. Als wir in Essex ankamen, war seine Vorstellung von einer CSA-Farm, die die komplette Lebensmittelpalette produzierte, ausgereift. Er wollte eine Farm aufbauen, die so diversifiziert war, dass sie einen Supermarkt ersetzen konnte, jene Art von Farm, auf der unsere Urgroßeltern groß geworden waren, jedoch groß genug, um nicht nur eine Familie zu versorgen, sondern eine ganze Gemeinschaft. Wir würden alles produzieren, was unsere Mitglieder benötigten, angefangen mit dem Essbaren – einer Auswahl an Fleischsorten, Eiern, Milch und Milchprodukten, Getreide und Mehlen, Gemüse, Früchten und mindestens einer Art von Süßungsmittel –, doch wir würden unser Angebot auf alles ausweiten, was eine Farm sonst noch zu bieten hatte, wie zum Beispiel Brennholz und Baumaterialien, aber auch die Möglichkeit zu sportlichen Betätigungen und sonstigen Freizeitaktivitäten. Die Farm selbst sollte ein sich selbst unterhaltender Organismus sein und so viel wie möglich produzieren, angefangen bei ihrer eigenen Energie über den benötigten Kompost zur Erhaltung der Fruchtbarkeit der Erde bis hin zu sonstigen erforderlichen Ressourcen. Er wollte, dass wir den Farmbetrieb so organisierten, dass jeder von uns das erledigte, was er gerne tat. Für ihn hieß das, so viel physische Arbeit wie nur irgend möglich, also zum Beispiel melken mit der Hand anstatt mit der Melkmaschine, ganz egal, ob das für den Rest der Welt irgendeinen Sinn ergab oder nicht. Ihm gefiel nach wie vor die Idee einer geldfreien Wirtschaft, doch er erkannte an, dass er Kapital benötigte, zumindest in der Startphase. Die Mitglieder würden uns im Voraus einen festen Betrag bezahlen, doch es würde einen gestaffelten Tarif geben, der sich nach ihrem Einkommen richtete und der für besonders einkommensschwache Mitglieder bei Null lag. Um bis zum Frühling eine derart diversifizierte Farm aufzubauen, würden wir uns ziemlich ins Zeug legen und uns unsere Infrastruktur aufbauen und herausfinden müssen, wie wir sechs verschiedene Nutztierarten halten und sie unter Berücksichtigung der zur Verfügung stehenden Weiden und Heufelder und des anstehenden Fruchtwechsels beim Gemüse- und Getreideanbau in den Farmbetrieb integrieren konnten. Wir mussten den Geldzufluss und die anstehenden Arbeiten kalkulieren. Er kam zu dem Schluss, dass wir mit einer Milchkuh beginnen mussten. Doch als Erstes stand eine große Aufräumaktion an. Als er aufhörte zu reden, schüttelte Rob einfach nur den Kopf.

Ich verstand zu jenem Zeitpunkt noch nicht genug von der Landwirtschaft, um zu erfassen, wie kühn sein Plan war. Und ich hatte immer noch ein wenig von meiner städtischen Überheblichkeit, die mir das Gefühl gab, dass mir etwas so Schlichtes wie das Betreiben einer Farm mit meiner Ausbildung und meiner Weltgewandtheit ja wohl nicht allzu schwer fallen dürfte. In abstrakter Hinsicht übte die Vorstellung einen beinahe literarischen Reiz auf mich aus. Sie hatte etwas Romantisches und beschwor jene Vision von einem Zuhause in mir herauf, an die ich mich geklammert hatte, als ich die Stadt verlassen hatte. Sie klang so, als würden wir eine traditionelle Familienfarm aufbauen, nur dass wir eben eine ziemlich große Familie ernähren würden.

In Wahrheit hätte ich wahrscheinlich jedem Vorhaben zugestimmt, sofern es meinen Lieblingsbestandteil von Marks Plan beinhaltete, die Farm energieunabhängig zu machen: Arbeitspferde. Er hatte bisher noch nie welche auf seiner Farm eingesetzt, jedoch auf anderen Farmen ein paar Male mit ihnen gearbeitet. Er war kein großer Freund des Traktors. Ihm missfielen der Dieselgeruch und der Motorenlärm. Er konnte der Zeit, die er auf einem Traktor sitzend verbrachte, nichts abgewinnen, und er hasste es, sie zu reparieren. Ihm gefiel die Vorstellung, dass man alles, was man mit einem Traktor machte, auch mit Tieren erledigen konnte, und dass diese darüber hinaus auch noch ihren eigenen Treibstoff ernten konnten. Er hatte genug gut gehende amische Farmen gesehen, um zu wissen, dass der Einsatz von Arbeitstieren absolut keine versponnene Idee war, sondern dass Arbeitspferde im richtigen Umfeld und bei einer entsprechenden Größe der Farm durchaus Sinn machten.

Der bloße Gedanke daran, noch einmal in meinem Leben Pferde zu besitzen, war, wie an einen Ort zu denken, an dem du warst, als du noch jung warst und dein Leben unbeschwert, ein Ort, an dem du so glücklich warst, dass die bloße Erinnerung daran dir beinahe Schmerzen bereitet. Meine Pferdeverbundenheit war mir angeboren, und in all meinen frühen Kindheitserinnerungen spielen Pferde eine Rolle. Mit sieben bettelte ich so lange, bis ich Reitstunden nehmen durfte, und als ich vierzehn war, kauften meine Eltern mir eine kräftige kleine Morganstute. Ich hielt sie im Stall eines Nachbarn, bis zu dem es von unserem Haus gut anderthalb Kilometer waren, und sie bot mir während meiner Pubertät einen Ausgleich zu all dem Unangenehmen und Furchtbaren, das mit dieser Lebensphase verbunden ist. Ich hatte noch nie ein Pferdegespann gefahren und noch nie ein Pferd für irgendeine Arbeit eingesetzt, aber was Pferde anging, fühlte ich mich ziemlich sicher. Ich wusste, wie sie ticken. Ich hatte für dieses ungewisse neue Leben und für diesen unwiderstehlichen Mann, an dessen Zurechnungsfähigkeit ich manchmal zweifelte, alles mir Vertraute aufgegeben – meine Freunde, die Stadt, die Regeln städtischer Umgangsformen. Die Aussicht auf Pferde war zumindest eine Art Anker, an dem ich mich festhalten konnte.

In den Nebengebäuden hatte sich im Laufe von Generationen all der Kram angehäuft, den die Ahnenreihe der bescheidenen Farmer für aufbewahrenswert befunden hatte: Ausgeschlachtete Maschinen, mit Dreck überzogene Metallstücke, sechzig mal einen Meter zwanzig große Teile zerbröselnder, verfaulender Sperrholzplatten. In einer Ecke der Werkstatt stand ein Farbeimer voller verbogener Zehnpenny-Nägel, die auf den Tag warteten, an dem jemand die Zeit

haben würde, sie gerade zu schlagen. Es gab haufenweise Einzel-
teile von diversen Generationen von Melkmaschinen, Zitzengum-
mis, Eimer, Teile von Vakuumpumpen und einen Schuppen voller
von der Sonne ausgebleichter Fünfzehn-Liter-Plastikblumentöpfe,
die der Zeit entstammten, in der die Farm als Baumschule genutzt
worden war, und die zu brüchig waren, um noch genutzt werden
zu können. An einem Nagel in dem schiefen, aus Holzpfählen kon-
struierten Anbau, den wir als Geräteschuppen nutzten, hing ein
Kumt, dessen Strohpolsterung an einigen Stellen herausquoll – ein
Überbleibsel des letzten Arbeitseinsatzes von Tieren auf der Farm.
Um die Gebäude herum hatten sich Metallstücke angesammelt wie
Sand auf einem Riff: Die Ladeklappe eines Pick-ups, ein wie aus ei-
nem Cartoon stammender Teil einer Kette mit zwanzig Zentimeter
dicken Gliedern, mehrere Verkehrsschilder, aus denen mit einem
Schweißbrenner einzelne Teile herausgeschnitten worden waren.
Wir brachten lange Tage damit zu, all diese Hinterlassenschaften
zu durchforsten, füllten das Schulbuswrack mit dem Metall für den
Altmetallsammler und einen Müllcontainer mit dem nicht mehr
verwertbaren Unrat. Die noch brauchbaren Geräte, die nur einer
Reparatur bedurften, legten wir auf einen Haufen, unter anderem
Äxte, Blätter von Feldhacken, Breithacken und Harken mit hand-
gemachten Griffen aus Eschenholz. Ich lernte ein paar köstliche
neue Worte: U-Klammer, Hammerkopf, Schmiernippel.

Zwei kleine Gebäude waren nicht mehr instand zu setzen, ihre
Böden waren komplett durchgefault. Eines hatte das Büro der Farm
beherbergt, und es befand sich über einem mit Wasser gefüllten
Keller, auf den man durch ein Loch im Boden hinabblicken konnte.
Das andere hatte als Unterkunft für den angeheuerten Gehilfen ge-
dient, als die Farm noch als Milchbetrieb genutzt worden war. Wir
rissen die Gebäude ein und ließen die Fundamente mit Hilfe eines
Baggers auffüllen.

Der Boden gefror, und all das Gerümpel, das wir bis dahin nicht
sortiert hatten, gefror ebenfalls. Wir machten in dem Zweihundert-

Liter-Fass, das in der Werkstatt als Holzofen diente, ein Feuer und richteten sie mit den Dingen, die
wir aufgehoben hatten, und mit den Sachen, die wir mitgebracht
hatten, ein. In einer Ecke richtete Mark seine Schmiede ein und
arrangierte die Zangen, Hämmer, Schmiedeteile und Stanzwerk-
zeuge verschiedenster Formen und Größen auf einem Regal neben
seinem alten Amboss und einem Kübel voller verstaubter Kohlen.
Er machte sich daran, die kaputten Geräte zu reparieren, die Funken und der Geruch nach Versengtem stiegen vom Glühofen auf,
begleitet vom dumpfen Klang des Hämmerns auf weichem Metall.
Er brachte mir die unterschiedlichen Farben der Hitze bei – dunkel
kirschrot, strohhell, pfauenbläulich –, und ich lernte, ein glühendes
Stück Metall mit einer Zange über den Amboss zu halten und unbeholfen darauf einzuschlagen, während es sich verformen ließ wie
Lehm. Ich sah ihm gerne bei der Arbeit zu, wie er schwitzte, wie
sein Arm sich geschmeidig hob und senkte und der Hammer mühelos niederging, während er seine Aufmerksamkeit abwechselnd
auf den Glühofen und den Amboss richtete.

Als wir in der Westscheune Platz geschaffen hatten, kauften wir
umgehend eine Milchkuh. Sie stammte von einer Milchfarm, die
von uns aus gut drei Kilometer entfernt die Straße hinunter lag,
der Sayward Farm, einem Vater-Sohn-Betrieb, der die schlechten
Jahrzehnte überlebt hatte, indem er nicht auf Expansion gesetzt
hatte, sondern klein geblieben war. Ich hatte Bücher über Kühe gelesen – auf meinem Nachttisch lagen „The Family Cow" und „Ju-
liette de Bairacli Levys Complete Herbal Handbook for Farm and
Stable" – und brannte darauf, mein neues Wissen in Form scharf-
sinniger Fragen anzuwenden. Ich wusste, dass wir nicht auf den
Kauf schwarz-weißer Kühe aus waren. Dies waren Holstein-Kühe
– große, leistungsstarke Milchproduzenten. Die Vorherrschaft der
Holstein-Rinder ist inzwischen so ausgeprägt, dass automatisch
davon ausgegangen wird, dass es sich um Holstein-Kühe handelt,

wenn die Rasse in einer Werbung oder einer Unterhaltung nicht ausdrücklich erwähnt wird.

Alle anderen Milchkühe werden als „farbige Rassen" zusammengefasst. Unter ihnen gibt es die Ayrshire-Rinder, die rötlichgrau gefärbt sind und ziemlich nervös; die Brown Swiss, große, hübsche Kühe mit dem Ruf, nicht besonders intelligent zu sein; Guernsey-Rinder, die als robust und sanftmütig gelten; und Jersey-Rinder, kleine Kühe, die relativ wenig Milch produzieren, dafür aber eine, die sehr fett und nährstoffhaltig ist. Die meisten Milchfarmen in unserer Gegend haben ein paar „farbige Rassen" in ihrer Herde, um das Milchfett und den Nährstoffgehalt ihrer Milch zu erhöhen, was in der Molkerei einen Bonus einbringt. Die Shields molken ein paar Jersey-Kühe, und dies waren die Kühe, für die wir uns interessierten.

Billy Shields führte uns in den Freilaufstall. Wir sahen ein altes Mädel mit hervorstehenden Schulterknochen und einem langen, verschrumpelten Euter, eine schokoladenfarbene Färse, die argwöhnisch aus der Wäsche guckte, und dann war da noch Delia– eine zierliche Jersey-Kuh mit dunklen Augen, rehbraun und mit großen weißen Flecken gescheckt wie eine Weltkarte untergegangener Kontinente. Ihr Gesicht war fein gezeichnet, ihre Ohren weich und ladylike, und sie stand ein wenig abseits vom Rest der Herde, die Hufe tief im Mist eingesackt. Als Mark ihr Euter anfasste, betrachtete sie ihn mit einem duldsamen, mütterlichen Blick. Sie hatte zwei Kälber geboren und war somit eine Zweitkalbskuh. Sie war in der Mitte ihrer Laktationsperiode und gerade zum dritten Mal trächtig. Den sie betreffenden Aufzeichnungen zufolge war sie eine gute Milchkuh und produzierte achtzehn Kilo am Tag – knapp neunzehn Liter, womit sie eine verlässliche, wenn nicht sogar sensationelle Milchproduzentin war. Ich prüfte die Teile ihres Körpers im Hinblick auf meine neuen Kenntnisse, die ich mir aus den Büchern angeeignet hatte. Ihr Euter sah fest aus und war gut mit ihrem Körper verbunden. Ihre Beine waren gerade und in gutem Zustand. Sie war registriert und im besten Alter. Die Shields wollten sich von ihr trennen, weil sie in ihrer Milchkuhherde ein wenig unterging. Die Holstein-Kühe überragten sie und waren einige Hundert Kilogramm schwerer als sie, weshalb sie am Futtertrog immer herumgestoßen wurde.

Delia kam am nächsten Tag in einem Pferdeanhänger auf unserer Farm an, ein Knotenhalfter um den Kopf. Wir führten sie in die Scheune und ließen sie in dem großen Stall frei, den wir für sie vorbereitet und dessen Boden wir dick mit Stroh ausgelegt hatten. Sie ging langsam alle Begrenzungen ab, schnupperte an den Wänden, und dann hob sie den Schwanz und schiss. Der schwere Geruch ihres Dungs vermischte sich mit nach fermentiertem Gras riechendem Kuhatem und dem trockenen und staubigen Geruch des Strohs, und die alte Scheune, die so lange geschlafen und keinem Lebewesen mehr als Unterstand gedient hatte, erwachte zu neuem Leben, um ihrem Bestimmungszweck zu dienen.

Als ich Delia das erste Mal molk, machte mich die Intimität des Augenblicks beinahe verlegen. Ich hatte die Anweisungen in „The Family Cow" gelesen, doch war es mir wirklich gestattet, diese langen, ledrigen, Zitzen anzufassen, die da intim zwischen Delias Hinterbeinen verborgen waren? Bei der Milchabgabe sind Hormone im Spiel, vor allem Oxytocin, dasselbe Hormon, das stillenden Müttern diesen glasigen, liebestrunkenen Ausdruck verleiht. Als ich ihr Euter mit warmem Wasser wusch, sah Delia mich mit genau diesem Ausdruck an, ein braunes Auge ruhig auf mich gerichtet, während ihr Unterkiefer mahlend wiederkäute.

In einer dunklen Ecke des Stalls entdeckte ich einen handgearbeiteten vierbeinigen Melkschemel, dessen Sitz durch den häufgen Gebrauch so glatt war wie ein Stück Treibgut. Ich platzierte ihn neben ihr und rieb mir wie eine Gynäkologin die Hände, um sie zu wärmen. Die Hitze, die ihrem Euter entwich, war elektrisch, und die weißen Härchen, die es zierten, erinnerten mich an den weichen Flaum auf der Wange einer Frau. Ich legte die Hand um eine pralle

Zitze, umfasste sie oben mit Daumen und Zeigefinger, legte die anderen Finger um die Zitze und drückte mit einem Finger nach dem anderen von der Mitte zum kleinen Finger hin die Milch heraus, bis ich die leere Zitze in der Faust hielt. Die Milch spritzte in einem unregelmäßigen Strom heraus, tropfte auf mein Handgelenk und durchnässte den Ärmel meiner Jacke, als ob sie wie durch magnetische Kräfte von dem Eimer zurückgewiesen würde, der zwischen meinen Füßen stand. Delia stand mit der Geduld eines großen Felsblocks da und käute wieder. An meinem dritten Melktag stank der Ärmel meiner Jacke wie etwas, das sich eingerollt hat und in einem warmen Loch gestorben ist. Am fünften Tag hatten meine Finger die Tanzschritte gelernt, und die Milch landete mit einem rhythmischen Plätschern auf dem Boden des Eimers, doch meine Hände hatten sich zu kleinen arthritischen Klauen verkrampft, bevor ich auch nur mit dem Melken der vorderen Zitzen fertig war. Dann ließ Delias Milchabgabereflex nach, und so sehr ich auch drückte, die Milch kam nur noch tröpfchenweise, und ich schickte sie mit noch halbvollem Euter und von meinem Pressen und Zerren rissigen Zitzen zurück in ihren Stall. Es verging ein ganzer Monat, bis ich sie einigermaßen passabel melken konnte und die Milch schnell genug in den Eimer floss, um eine Schaumkrone zu bilden. Zu diesem Zeitpunkt passte mein Verlobungsring mir nicht mehr, und meine Unterarme sahen so kräftig aus wie die von Matrosen. Das Melken wurde für mich zu einer Art physischer Meditation. Es war nie einfach und keineswegs immer angenehm, aber es war eine rhythmische, berechenbare, sanfte und ruhige Arbeit. Mark molk am Abend, ich am Morgen, wenn ich die Scheune in jener heiligen Zeitlücke betrat, in der die tiefe Dunkelheit der Nacht in das erste Tageslicht überging. Der Strom in der Scheune funktionierte nicht, sodass ich mich darin übte, mich beim Arbeiten auf meinen Tastsinn zu verlassen, bis ich eines Morgens blind und mit bloßer Hand in den Kornbehälter langte und eine Maus über meine Hand huschte. Ich fand eine Laterne, hängte sie an einen Balken, und die

Fledermäuse, die von ihrer Nachtschicht heimkehrten, flatterten in den fahlen Schein des Lichtes und wieder heraus. Als ich mit Delia fertig war, war die Sonne ganz aufgegangen, und sie hatten sich auf ihre Ruheplätze zwischen den Dachsparren verzogen, über den Nestern, die die Schwalben im Frühling mit Küken füllen würden.

Das Melken war nur die halbe Arbeit. Die Milch in dem Eimer enthielt Schmutzpartikel, Kuhhaare und abgelöste trockene Hautfetzen vom Euter und den Zitzen. Wir besaßen kein richtiges Milchsieb, deshalb filterten wir die Milch durch ein altes T-Shirt, das mit einem Gummiseil an einem Edelstahltrichter befestigt war. Wir besaßen auch keinen Milch-Entrahmungsseparator, wenn wir also Rahm haben wollten, gossen wir die Milch in einen Tank, der Mark in der Scheune aufgestellt hatte, und warteten, bis sie sich gesetzt hatte. Am Boden des Tanks befand sich ein Ventil, das aus dem abgeschnittenen Kopf einer Wasserflasche improvisiert und mit einem durchsichtigen Plastikschlauch verbunden war. Wenn der Rahm sich oben in dem Tank abgesetzt hatte, ließen wir die entrahmte Milch nach unten in einen Eimer laufen, bis wir im Plastikschlauch den Rahm sahen. Dann stellten wir schnell einen anderen Eimer unter den Schlauch und fingen den Rahm auf. Anschließend packten wir die komplette schmutzige Ausrüstung auf den Vordersitz unseres Autos, brachten sie in das Haus im Dorf und reinigten sie in einer briefmarkengroßen Spüle. Es war ein sehr aufwendiges System.

Irgendwie schafften wir es, über diese ersten Melkwochen hinwegzukommen, ohne bei Delia eine Mastitis auszulösen – eine Infektion des Milchgangs und eine Geißel aller milchgebenden Säugetiermütter – oder selber krank zu werden. Ich lernte, Butter zu machen, indem ich Rahm in einem großen Einmachglas schüttelte, bis sich Klümpchen formten, hellgelbe Inseln in einem See aus weißem Schaum. Ich kaufte Bücher über die Herstellung von Käse und eine Flasche Lab. Wenn Mark mit der Abendmilch nach Hause kam, wählte ich ein interessant erscheinendes Rezept aus und experimentierte. Meine ersten Versuche galten der Herstellung einfacher Hüttenkäse, bei denen ich einfach einige Tropfen Lab in die noch warme Milch gab. Zwanzig Minuten später war die Milch aufgrund irgendeines geheimnisvollen alchemistischen Prozesses fest genug, um sie in Würfel schneiden zu können. Die blassgelbe Molke sickerte aus den Käsebruchwürfeln heraus, und ich erhitzte diese vorsichtig, um ihnen noch mehr Molke zu entziehen, bis der Käsebruch eingeschrumpft und fest geworden war. Dann löffelte ich ihn in ein Mulltuch, salzte ihn, ließ ihn abtropfen, und schon hatten wir für eine ganze Woche ausreichend Hüttenkäse. Als ich mit der Herstellung von Hüttenkäse vertraut war, erweiterte ich mein Repertoire. Ich machte ein paar Kugeln Provolone und hängte sie zum Reifen hinter die Kellertür, doch sie waren so köstlich, dass wir sie allesamt jung verputzten.

 Das Farmhaus war in zwei Wohnungen unterteilt, die günstig an ständig wechselnde junge Leute vermietet worden waren. Drinnen roch es nach Haschisch und Raid-Insektenspray. In der unteren Wohnung lebte ein ruhiges, blasses Paar. Die junge Frau und der junge Mann sahen einander so ähnlich, als wären sie Geschwister, und die beiden konnten erst vor relativ kurzer Zeit die Highschool verlassen haben. Lisa rauchte lange, dünne Zigaretten und hielt die Wohnung sauber und ordentlich. Troy besaß eine Sammlung John-Deere-Spielzeugtraktoren und alle möglichen Farmgerätschaften im Miniaturformat, die er auf den Fensterbänken und auf dem Couchtisch arrangiert hatte, und vor der Kellertreppe lag ein John-Deere-Fußabtreter. Troy entstammte einer Farmerfamilie, die keine Farm mehr besaß. Er arbeitete auf dem Bau und half nebenbei weiter unten an der Straße auf der Milchfarm der Shields beim Melken. Er erzählte uns, dass er im Jahr zuvor erwogen hatte, sich im kleinen Maßstab wieder selber der Landwirtschaft zu widmen und in seiner Freizeit ein paar Ersatzfärsen aufzuziehen. Seine Vorbereitungen waren sogar

so weit gediehen, dass er in der Westscheune für sein Vorhaben Platz geschaffen hatte, doch ein Verwandter hatte ihm das Ganze wieder ausgeredet und ihn überzeugt, dass es zu riskant und ein aussichtloses Unterfangen sei.

Troys Geschichte und die kleinen Spielzeugtraktoren erinnerten mich an all die ländlichen Gegenden, die wir im Laufe unserer Suche nach einem geeigneten Stück Land gesehen hatten, an die ungenutzten Farmen auf fruchtbarem Boden, an die leeren Getreidesilos, die am Horizont in den Himmel ragten, und an die über Generationen hinweg gewonnenen Kenntnisse, das spezielle Wissen um lokale Besonderheiten und das Gefühl dafür, an einen Ort zu gehören, was alles mit dieser Generation endgültig verloren gehen würde. Ich war zu dem Schluss gekommen, dass die vorherrschende Erklärung für den Niedergang der Farmen – „die jungen Menschen wollen einfach nicht mehr so hart arbeiten" – eine Lüge war. Die Kräfte, die dafür verantwortlich waren, waren stärker als dieser Umstand. Es waren Jahrzehnte fehlgeleiteter Agrarpolitik und landwirtschaftlicher Denkschulen sowie der schädliche Einfluss von Armeen von Landwirtschaftsberatern, die den Farmern eingehämmert hatten, sich zu vergrößern, intensiver zu melken, von der ersten Begrenzungsanpflanzung bis zur letzten alle verfügbaren Flächen zu bebauen. Es war die aus dieser fehlgeleiteten Agrarpolitik resultierende Überdimensionierung der Maschinen und der Schulden. Es war die gewaltige Last dieser Schulden bei sinkenden Milchpreisen, Zahlen, die nicht aufgingen, ganz egal, wie hart oder wie lange du auch arbeitetest. Es war das schlechte, regenreiche Jahr, das dich erledigte, der Zwang, deine Kühe auf einer Auktion zu versteigern, der Wildwuchs, der sich nach und nach auf deinen der Bank gehörenden Feldern ausbreitet, zuerst in Form von Pappeln, gefolgt von buschigen Zedern. Das Dach der Scheune, das anfängt durchzuhängen, und niemand ist da, um es zu stützen. Das Haus, in dem du groß geworden bist, und das auf einmal leer steht und gelangweilte, geile Jugendliche anzieht, die

die Fenster einschlagen, auf der verlassenen Couch Sex haben und ihre Initialen und das Datum ihres Besuchs auf den einstmals makellosen Wänden hinterlassen. Wenn du als junger Mann auf deiner Suche nach einem festen, wenn auch schlecht bezahlten Job immer wieder auf solche Orte stößt, ist es kein Wunder, dass du schnell zu dem Schluss kommst, dass die Landwirtschaft ein aussichtsloses Unterfangen ist und die einzige Hinterlassenschaft dessen, wo du eigentlich herkommst, aus einer Reihe Spielzeugtraktoren besteht, die dich zumindest nicht in einen allzu großen Schuldenberg gestürzt haben.

Die obere Wohnung war an einen Typen namens Roy Reynolds vermietet, der zwischen zwanzig und dreißig war. Er hatte kurz geschnittenes Haar und einen spärlichen Bart, den er sich hatte wachsen lassen. Sein Nacken war so fleischig, dass er seine Kopfhaut nach oben drückte, was auf seinem Hinterkopf abstrakte Formationen entstehen ließ. Seine Augenlider wurden von Fettpolstern nach unten gedrückt, und er hatte die Angewohnheit, wenn er mit einem redete, den Kopf nach hinten zu legen und die Arme vor der Brust zu verschränken, sodass du nie wusstest, ob er dich abfällig anstarrte oder dich einfach nur aufmerksam betrachtete. Draußen trug er bei jedem Wetter ein dünnes weißes Unterhemd, das über seinem Gürtel ein paar Zentimeter von seinem Bauch entblößte. Wenn die Temperatur unter den Gefrierpunkt fiel, fügte er seinem Outfit eine pinkfarbene Webpelzmütze hinzu, mit der er nicht etwa harmloser erschien, sondern die ihn irgendwie noch bedrohlicher aussehen ließ.

Roy hatte bis zum Jahr zuvor seine eigene Milchfarm bewirtschaftet. Er war sehr ambitioniert gewesen, und seine Farm, die von einem wohlhabenden Partner finanziert worden war, war sehr schnell sehr groß geworden. Roy erzählte uns, dass er dreihundert Holstein-Kühe gemolken hatte, als er und sein Partner sich überworfen hatten, und als sein Partner sich aus dem Geschäft zurückgezogen hatte, hatte Roy mit dreieinhalb Millionen Dollar

Schulden dagestanden. „Sie haben meine Farm zwangsversteigert", erzählte er uns. Wenn da irgendeine Spur von Trauer gewesen sein sollte, war sie hinter einer dick aufgetragenen Härte verborgen. „Ich bin nie in der Dunkelheit aufgewacht und habe gedacht, ,Verdammt, ich wünschte, ich könnte jetzt aufstehen und dreihundert Kühe melken'", sagte er. Seit dem Bankrott schlug er sich als Lastwagenfahrer durch.

Wenn es uns irgendeiner der Mieter übelnahm, dass wir sie allesamt aus dem Haus warfen, sobald ihre Mietverträge abgelaufen waren, war der Einzige, der dies zeigte, Duke, der Pitbullterrier. Wenn wir auf dem Weg zu den Ställen an ihm vorbeigingen, starrte er uns von seiner Hundehütte aus finster an, und hin und wieder raste er erneut mit voller Geschwindigkeit auf uns zu, bis er von seiner Kette zurückgerissen wurde. Er gehörte Lisa und Troy, und mit ihnen war er verspielt, rollte sich auf den Rücken und bettelte darum, an der Brust gekrault zu werden. Die beiden unterwürfigen weißen Hunde gehörten Roy. Sie waren herumgestreunt, und er hatte sie an einer Fernfahrerraststätte aufgelesen. Den Rüden hatte er Turbo genannt, die Hündin Fried. Sie lebten das ganze Jahr draußen, liefen frei herum und kamen immer wieder zurück zum Haus, um sich an dem großen Sack Trockenfutter gütlich zu tun, den Roy aufgerissen für sie in der Garage bereitstellte, womit er den Ratten genauso eine Freude bereitete wie den Hunden.

Eines Tages fuhr Roy an einem kalten, bedeckten Tag vor unserem gemieteten Haus im Dorf vor und informierte uns, dass wir einen Tierarzt verständigen müssten. „Eurer Milchkuh ist etwas passiert", brachte er schleppend hervor. „Meine Hunde haben was damit zu tun."

Wir hatten Delia vor ihrem Stall ein kleines Gehege gebaut, damit sie tagsüber nach draußen gehen konnte, wenn ihr der Sinn danach stand, und dort fanden wir sie. Sie stand reglos da, ihr Kopf hing fast bis auf den Boden. Ihre weichen Ohren waren zerfetzt und hingen wie blutige Schnüre schlapp an den Seiten ihres Kopfes herab. Ihre Augen waren geschwollen, beinahe geschlossen, und aus ihrem Gesicht tropfte aus zwei Dutzend Wunden Blut auf den gefrorenen Boden. Ihr Euter war eingerissen, ihr Bauch und alle Beine waren mit Bisswunden übersät. Ich konnte nicht glauben, dass ein Tier so schwer verletzt sein konnte und immer noch stand. Es tat weh, sie so zu sehen.

Duke war durchgedreht. Niemand hatte je von einem Hund gehört, der am helllichten Tag eine gesunde Kuh attackierte, doch genau dies war passiert. In meiner Vorstellung trifft er sie alleine in ihrem Gehege an und umkreist sie, woraufhin Delia ihren hornlosen, ungeschützten Kopf senkt und Duke nach ihrer Nase schnappt und Blut fließen lässt. Dann kommen die weißen Hunde dazu, angestachelt vom Blutgeruch, von dem ausrastenden Duke und dem Muhen der leidenden Kuh. Als Roy und Troy das Spektakel hörten, trieften die drei Hunde bereits vor Blut.

Der Tierarzt traf ein, David Goldwasser, ein kleiner, freundlicher Mann, der sich bedächtig bewegte und müde aussah. Ich erwartete, dass er uns raten würde, Delia einzuschläfern, doch er sagte, dass Kühe von allen großen Tieren die widerstandsfähigsten seien und er glaube, dass sie wahrscheinlich durchkommen werde. Die Kälte sei gut, weil sie das Risiko einer Infektion mindere und sie nicht von Fliegen gequält werden würde. Er schor das Haar um ihre Wunden herum und verband und nähte die schlimmsten. Ihre Ohren waren nicht mehr zusammenzuflicken, weshalb er eine Schere nahm und sie kurzerhand abschnitt. Zurück blieben zwei kümmerliche wachsartige Stummel, die seitlich von ihrem Kopf abstanden wie die harten Blüten einer seltsamen tropischen Pflanze. Sie stand ruhig da und ließ alles über sich ergehen, staunte stumm über ihren Schmerz, und als wir an jenem Abend ihr prall gefülltes Euter melken mussten, wobei wir uns bemühten, ihr verletztes Gewebe so behutsam wie nur irgend möglich zu behandeln, hob sie kein einziges Mal abwehrend einen Huf.

Alle drei Hunde wurden erschossen. Als im nächsten Frühling der Schnee schmolz, fand ich ihre Halsbänder im Matsch neben der Garage. So ticken die Menschen auf dem Land. Gnade wird nicht gewährt. „Was wäre gewesen, wenn sie ein Kind attackiert hätten?", fragten sie. Für Roy Reynolds war es das letzte Quäntchen Ärger, das ihm diese weißen Hunde in einer endlosen Reihe von Unannehmlichkeiten beschert hatten und das das Fass zum Überlaufen brachte, weshalb er dem Ganzen unsentimental ein Ende bereitete, doch Troy musste diese riesige Bestie von einem Pitbull geliebt haben. Denn als wir bei ihm anklopften, um seinen Anteil zur Begleichung der Tierarztrechnung einzufordern, den zu bezahlen sie alle drei bereitwillig angeboten hatten, hatte er ganz rote Augen.

 Das Dörfchen Essex, das angesichts des nahenden Winters bereits in einen Schlummerzustand verfallen war, hatte die Anwesenheit von Neuankömmlingen zur Kenntnis genommen und war erwacht, um uns willkommen zu heißen. In einer einzigen Woche klopften zwei Dorfbewohner an die Tür unseres gemieteten Hauses und überreichten uns zum Einzug tatsächlich Präsentkörbe, und drei andere kamen, um uns zu der abendlichen Mitbringparty in der St. John's Episcopal Kirche einzuladen. Ich wusste gar nicht, was ich von einer derartigen Freundlichkeit halten sollte. In der Stadt klopfen die Nachbarn einzig und allein aus dem Grund an deine Tür, um sich über den Lärm zu beschweren, den du machst. Mir kam in den Sinn, dass die kulturellen Unterschiede zwischen Land und Stadt im gleichen Staat – im gleichen Bundesstaat! – größer sind als die zwischen Städten auf unterschiedlichen Kontinenten. In Istanbul, Rom oder Rangun hätte ich mich heimischer gefühlt. Hier war ich eine wirklich Fremde, passte mich jedoch im Laufe der Zeit an.

Das Dorf hatte siebenhundert Einwohner, von denen etwa vierhundert das ganze Jahr über dort lebten. Jeder, den wir trafen, kannte unsere Geschichte, wobei der Wahrheitsgehalt variierte, und alle kannten die Farm besser als wir. „Wie läuft eure Baumpflanzmaschine?", fragte Dave Lansing, der Chef der örtlichen Feuerwehr. Wir hatten keine Ahnung. „Ich habe gehört, dass sie kaputt ist", erklärte er. Die Doyenne der Stadt besuchte uns, eine elegante Dame, die unter dem entwaffnenden Namen Frisky bekannt und Oberhaupt einer großen Familie war, die ihr Vermögen mit der Holzfällerei gemacht und die örtliche Bibliothek gestiftet hatte. Sie lud uns zu sich nach Hause zum Abendessen ein, das mit einem Sherry begann und mit pochierten Birnen endete und zu dem wir definitiv underdressed erschienen. In der darauffolgenden Woche lernten wir ein paar Leute unseres Alters kennen, die uns in ihre stromlose Hütte einluden, die sie sich selbst ein paar Kilometer außerhalb des Dorfes im Wald zusammengezimmert hatten. Sie machten eine Party aus dem Event, luden auch noch andere junge Paare ein, und nach dem Essen wurden die Babys zum Schlafen auf das Bett gelegt, die Fiedeln ausgepackt, und die Hütte füllte sich mit Musik, wie in einer Episode von „Unsere kleine Farm", nur mit Bier.

Jeden Tag kamen Leute auf die Farm, um sich vorzustellen und ihre Neugier zu befriedigen. Sie hatten in groben Zügen von unseren Plänen gehört und wollten sich selber ein Urteil darüber bilden, ob die Situation so aussichtslos war, wie sie schien. In einem der neueren Nebengebäude hatten wir einen richtigen Holzofen installiert. Es handelte sich um eine gut isolierte Blockhütte, die Lars für seinen Verwalter als Büro errichtet hatte. Mit ein paar Holzscheiten konnte man sie den ganzen Tag warm halten, und wenn es draußen kalt war, aßen wir dort Mittag und empfingen Besucher. Als ich eines Tages von irgendeiner Besorgung zurückkam, fand ich Mark mit Neal Owens in der Hütte vor, einem Mann, der so groß war, dass er die Möbel und den ganzen Raum zwergenhaft aussehen ließ. Seine Größe wurde dadurch ausgeglichen, dass er eine gewisse Schüchternheit und bescheidene Höflichkeit ausstrahlte. Er hatte gehört, dass wir uns für Arbeitspferde interessierten und ein paar Ausrüstungsgegenstände mitgebracht, die schon viel zu lange ungenutzt bei ihm herumlagen: Ein paar gut aussehende Kumte und Teile eines Geschirrs, die er uns leihweise zur Verfügung stellen wollte. Seine Familie lebte schon so lange in der Gegend, dass südlich von uns eine Straße nach ihr benannt worden war. Die Farm, auf der sein Vater und sein Großvater groß geworden waren, lag direkt hinter dem nächsten Hügel, doch die Familie hatte sie verkauft. In jeder Generation hatte die Familie Farmer hervorgebracht, und auch Neal und sein Bruder Donald hatten eine Milchfarm betrieben, bis sie aufgrund einer Kombination aus Schulden und Pech bankrott gegangen waren. Damals waren sie Mitte zwanzig gewesen. Inzwischen hatten sie selber Kinder, zusammengenommen drei Jungen, und Neal, Donald und Neals Frau Tammy lebten zusammen mit den Kindern und deren Großeltern in einem gemieteten Haus. Tammy hatte zwei Jobs, während Neal sich um die Kinder kümmerte und in Teilzeit arbeitete. Er baute zum Beispiel die örtliche Landwirtschaftsausstellung auf und diente als Hundefänger der Stadt. Das Haus, das sie gemietet hatten, verfügte auch über eine Scheune und etwas Weideland, und die Jungen hielten eine Schar Ziegen, Hunde, Kälber, Ponys, Kaninchen, Hühner und Gänse, deren Zusammensetzung sich ständig änderte und die sie Neal zufolge tauschten wie andere Kinder Baseballkarten: Einen Ziegenbock für fünf Kaninchen, oder sie versteigerten auf einer Auktion sämtliche Hühner, um für ein Projekt der Landjugendorganisation *4H* ein Kalb kaufen zu können.

Bevor Neal an jenem Tag aufbrach, hatten wir die vorläufige Vereinbarung mit ihm getroffen, dass seine Familie im kommenden Jahr unser Heu machen würde. Neal und Donald hatten Heu gemacht, seitdem sie Kinder waren, und sie kannten sich mit den Gerätschaften aus. Ihr rüstiger, über siebzigjähriger Vater, würde mit anpacken. Sie sollten unsere Traktoren benutzen und unser

Land abernten, und wir würden ihnen das Heu zu einem ermäßigten Preis abkaufen.

Auch Shane Sharpe und Bud Campbell kamen in jenem Herbst an einem Nachmittag während eines Wochenendstreifzuges durch die nähere Umgebung bei uns vorbei. Shanes Sohn Luke, ein stämmiger Teenager mit Down-Syndrom, saß eingeklemmt zwischen ihnen im Führerhaus. Shane und Bud hatten immer ihre Kühlbox voller Busch-Bier auf der Ladefläche von Shanes Pick-up dabei, sodass sie während ihrer Unterhaltungen, die sich jedes Mal ergaben, wenn sie irgendwo anhielten, immer ein Bier griffbereit hatten. Shane besaß einen Zulieferbetrieb für die Rüstungsindustrie, der so gut lief, dass er sich mit vierzig aus dem Tagesgeschäft zurückgezogen hatte. Er genoss in der Gegend den Ruf eines technischen Genies und war jene Art Typ, der in unsere Werkstatt spaziert kam, wo Mark seit Stunden vor sich hin brummelnd mit irgendeinem Werkzeug hantierte, von dem ich nicht einmal wusste, wie es hieß, mit einem Blick die Situation erfasste und dann einen knappen, tiefgründigen Vorschlag machte, der den Schleier der Verwirrung lüftete und eine schlichte, elegante Lösung für das Problem bot. Seitdem er sich aus dem aktiven Arbeitsleben verabschiedet hatte, vertrieb er sich mit seiner Sägemühle oder mit seinen Arbeitspferden die Zeit oder tat Freunden einen Gefallen, bei denen etwas repariert werden musste, und wenn er sonst nichts zu tun hatte, traf man ihn stets in seiner Werkstatt an, wo er geduldig einen 1950er Chevy Pick-up restaurierte, den er paradiesapfelrot spritzen wollte. Außer Leuten in Büchern ist Shane der einzige an Gicht leidende Mensch, der mir je begegnet ist. Seine Ärzte hatten ihm gesagt, dass die Gicht sich bessern werde, wenn er mit dem Trinken aufhöre, und gelegentlich hatte er kurze Täuschungsmanöver in diese Richtung angestellt. Bud, der Schreiner war und allein lebte, gab nicht einmal vor, mit dem Trinken aufhören zu wollen.

Es war Shane, der dem Gerücht ein Ende bereitete, das im westlich von uns gelegenen Tal umging und von Dale Rangers Scheune ausgegangen war. Dale tolerierte beim abendlichen Melken das Trinken von Alkohol, weshalb es ihm nur selten an bereitwilligen Helfern mangelte. Ich glaube, es kam in Umlauf, da ich zu jener Zeit noch in den typischen Stadtklamotten herumlief, die ich bei meinem Umzug mitgebracht hatte, eng geschnittenen Blusen und kniefreien Röcken, und dazu Stiefeln mit kleinen Absätzen, und das in einem Dorf, in dem schon Lipgloss als ein gewagtes Accessoire gilt, das nur bei ganz besonderen Anlässen gestattet ist. Irgendjemand war zu dem Schluss gekommen, dass ich eine ehemalige Edelprostituierte aus New York City sei, und dieses Gerücht wurde von den Männern in Dales Scheune voll und ganz geglaubt und weiträumig verbreitet, bis Shane uns kennenlernte und Bericht erstattete, dass ich keinesfalls eine ehemalige Prostituierte sei und sogar einen Hochschulabschluss hätte, worauf Bud Campbell Shane zufolge entgegnet hatte: „Was weiß ich, hatte nur so was gehört."

Wir lernten auch Thomas LaFountain kennen, einen großen, kräftig gebauten Mann mit funkelnden blauen Augen, der die örtliche Fleischerei betrieb, in die Jäger im Herbst ihr erlegtes Wild brachten, um es zerlegen zu lassen. Thomas war ein schwerer Trinker und ein notorischer Kneipenraufbold gewesen, bevor sein Arzt und seine Frau sich zusammengetan und ihm verkündet hatten, dass er entweder das Trinken aufgeben oder alleine sterben müsse, woraufhin er es von heute auf morgen ein für allemal bleiben gelassen hatte.

Thomas und Shane waren ziemlich lange die einzigen Männer, die mich direkt ansprachen. Die anderen fuhren vor, kurbelten die Fensterscheiben ihrer Pick-ups herunter und fragten „Ist Mark da?" oder „Is der Boss da?", warteten schweigend, bis Mark erschien, richteten alle Fragen, Kommentare und Anliegen an ihn und ignorierten mich komplett. Bevor sie wieder wegfuhren, sagten sie „Dann bis später, Mark", selbst wenn ich die ganze Zeit dabei gestanden und versucht hatte, meine Meinung ebenfalls einzubringen. Mark ist so viel größer als ich, dass niemand auch nur

Blickkontakt zu mir herstellte. Doch dann kreuzten Thomas oder Shane eines Tages auf, als Mark nicht da war, und anstatt sofort wieder wegzufahren, erkannten sie meine Existenz tatsächlich an und kurbelten das Fenster ihres Pick-ups herunter, um sich mit mir zu unterhalten, und auf einmal wurde mir bewusst, dass ich keinen blassen Schimmer hatte, was ich ihnen eigentlich erzählen sollte, denn mir fiel kein Thema ein, das von gemeinsamem Interesse sein könnte, und ich wurde nervös und faselte irgendwelches dummes Zeug daher, das mir gerade in den Kopf kam, bloß um das Schweigen zu füllen. Beide begegneten meiner Verlegenheit durchaus höflich.

Ich brauchte fast ein ganzes Jahr, um zu begreifen, dass das Reden an diesem Ort nicht gezwungenermaßen einem bestimmten Zweck dienen musste. Man durfte einfach nur über das Wetter reden oder genüsslich irgendwelche längst bekannten Dinge durchkauen. Genau genommen ist es absolut in Ordnung, überhaupt nicht zu reden. Das erfuhr ich, als ich in Thomas' Metzgerei war und Teile von einem Schwein einpackte, das er für uns zerlegt hatte. Es war gerade Jagdsaison, Thomas hatte jede Menge zu tun und arbeitete bis spät in den Abend hinein. Sein Kühlraum war voller ausgenommener toter Tiere, vor der Tür des Kühlraums wuchs ein immer größer werdender Haufen Rehrippen. Poop Henderson kam herein, ein Mann zwischen fünfzig und sechzig mit einem grauen Bart, der so lang ist, dass er ihn sich vorne unter den Hosenbund stopfen könnte, und einer schwarz gerahmten Brille mit dicken, trüben Gläsern. Poop lebt bei seiner Mutter und verlässt nur selten das Tal. Sein Leben spielt sich im Wesentlichen in dem Dreieck zwischen dem Haus seiner Mutter, Thomas' Metzgerei und Dales Scheune ab, und normalerweise hat er immer ein paar Dosen Busch dabei, die er sich in seine Hemdtaschen stopft. Poop und Thomas tauschten einen einsilbigen Gruß aus, und Poop nahm eines seiner Biere aus seiner Tasche, ließ sich neben dem Fleischberg auf einem Stuhl nieder und sah zu, wie Thomas die Schulter eines

Rehs auslöste, die Gewürze für seine Würste abmaß, Salz, Pfeffer, Salbei und das gewürzte Fleisch durch den Fleischwolf drehte, wobei im Hintergrund leise der örtliche Countrysender dudelte. Keiner von beiden sprach ein Wort, bis Poop sich nach einer Stunde von seinem Platz erhob und sagte „Also, dann", was mit einem „Alles klar" beantwortet wurde, und den Laden verließ. Dies zählte als Besuch und als normaler Umgang zwischen Freunden und Nachbarn.

Die Leute, die wir kennenlernten, prophezeiten uns allesamt, wenn auch in verschiedenen Abstufungen, dass wir scheitern würden. Sie sagten, niemand in der Gegend sei an lokalen oder biologisch produzierten Lebensmitteln interessiert, und selbst wenn, könne sich diese niemand leisten. Und wenn wir tatsächlich Abnehmer für unsere Produkte fänden, würden wir dennoch scheitern, weil der Boden unserer Farm zu feucht sei und dort nichts gedeihen würde. Und wenn es uns doch gelänge, etwas anzubauen und unsere Produkte loszuwerden, wäre es nur eine Frage der Zeit, bis wir scheitern würden, da Landwirtschaft nun einmal Landwirtschaft sei. Einige Leute sprachen solche Dinge unverblümt vor uns aus, andere gaben es uns durch die Blume zu verstehen, doch egal, wie sie es auch hervorbrachten, ich verspürte jedes Mal einen Anflug von Beklommenheit, den ich zu unterdrücken versuchte, bis Mark und ich wieder allein waren. Ich hatte keinerlei Erfahrungen im Hinblick auf das, was wir vorhatten, und somit auch keinen Maßstab, um einschätzen zu können, ob ich eher Marks Optimismus vertrauen sollte oder dem allgemeinen Pessimismus. Für den Fall, dass wir scheitern sollten, hatte ich keinen Plan B. Es war nicht etwa so, dass ich einfach zurückspazieren konnte in mein altes Leben. Zum einen hatte ich keine Wohnung mehr und würde zum anderen nicht das erforderliche Geld für die Kaution aufbringen können, um eine neue zu mieten, da wir alles Geld, das wir besaßen, für solche Dinge wie Kühe ausgaben, die nicht gerade als die liquidesten Mittel betrachtet werden konnten. Eines Tages brachte uns Trudy, eine ältere Nachbarin, eine Kiste voller Töpfe, Pfannen und anderer Haushaltsgeräte, die sie in ihrer Küche zusammengesucht hatte. Es waren gute emaillierte gusseiserne Töpfe, und wir nahmen sie dankbar an. Später kam ein anderer Nachbar vorbei und fragte uns, ob Trudy uns die Töpfe und Pfannen gebracht habe. „Sie dachte, ihr seid arm", stellte er vergnügt fest. „Sie dachte, ihr seid, na ja, ihr wisst schon, bedürftig. Ich habe versucht, ihr zu erklären, dass ihr aus freien Stücken bedürftig seid." Diese Bemerkung zog mich tagelang herunter. Ich sah die Gesichter meiner Mitschüler aus der Grundschule, die als „bedürftig" gegolten hatten, Kinder mit erschöpften Gesichtern und verkrusteten Rotzbärten in abgetragener Kleidung, und blickte in den Spiegel, um festzustellen, ob ich auch so aussah.

Wenn wir unter uns waren und über unsere Zukunft redeten, fragte ich Mark manchmal, ob er wirklich glaube, dass wir eine Chance hätten. Natürlich hätten wir eine Chance, stellte er klar, aber selbst, wenn unser Projekt scheitern sollte, sei dies ganz egal. So wie er die Dinge sah, waren wir bereits erfolgreich, da wir uns einer schwierigen Herausforderung stellten und etwas machten, was uns etwas bedeutete. Solche Dinge misst du nicht mit Begriffen wie Erfolg oder Scheitern, sagte er. Du ziehst deine Befriedigung daraus, schwierige Dinge auszuprobieren und dich dann der nächsten schwierigen Herausforderung zu stellen, ganz egal, was dabei herauskommt. Es komme einzig und allein darauf an, ob du dich in eine Richtung bewegst, die du für die richtige hältst. Das klang in meinen Ohren ziemlich obskur.

Diese Unterhaltung wiederholte sich etliche Male und immer nach dem gleichen Schema – ich war voller Sorge und Mark gelassen –, bis wir eines Tages beisammensaßen und unsere Ausgaben überprüften. Ich war kurz davor, in Tränen auszubrechen und fühlte mich, als taumelten wir am Rande eines Abgrunds entlang.

Ich verlangte ja gar nicht von ihm, mir zu garantieren, dass wir reich werden würden. Ich wollte nur, dass er mir versicherte, dass wir zahlungsfähig bleiben würden, dass wir, wie ich es ausdrückte, über die Runden kämen. Mark lachte. „Was ist denn schon das Schlimmste, was uns passieren kann?", fragte er. „Wir sind kluge Menschen, die etwas können. Wir leben im reichsten Land der Welt. Es gibt Essen und Unterschlupfmöglichkeiten und Gutherzigkeit im Überfluss. Wovor, um alles in der Welt, sollten wir Angst haben?"

Er verdeutlichte mir seine Ansicht, indem er mir von einem sehr speziellen Moment in seinem Leben erzählte. Er war einundzwanzig gewesen und hatte gerade am Swarthmore College seinen Abschluss in Agrarwissenschaften gemacht, einem Hauptfach, das dort gar nicht angeboten wurde, das er sich jedoch selbst zusammengestellt hatte, indem er eine Auswahl an Biologie-, Chemie- und Wirtschaftsseminaren belegt hatte. Er wollte wissen, wie die Landwirtschaft in den verschiedenen Gegenden der USA funktionierte und wie das Leben auf dem Land aussah, und er wollte es aus der Nähe sehen. Also belud er sein Fahrrad mit einem Zelt und einer Montur Wechselkleidung, brach am Haus seiner Eltern in New Paltz auf und radelte in Richtung Westen. Es war Sommer, und er kündigte seiner Großmutter an, Weihnachten bei ihr in Kalifornien verbringen zu wollen.

Er nahm nur sehr wenig Geld mit, zum einen, weil er zu jenem Zeitpunkt nur über sehr wenig Geld verfügte, aber auch, weil er glaubte, dass Geld sein Abenteuererlebnis beeinträchtigen würde. In der ersten Woche führte ihn seine Tour zwei Tage lang durch ein schwierig befahrbares Baugebiet in New Jersey, und der Lärm der Lastwagen und die Hitze, die vom Asphalt aufstieg, machten ihm schwer zu schaffen. Eines späten Nachmittags sah er einen Fahrradfahrer, der ihm auf der anderen Seite der Straße entgegenkam und die gleiche Ausrüstung dabeizuhaben schien wie er selber.

Er hieß Carl, war in Seattle losgefahren, und machte die gleiche Tour wie Mark, nur in entgegengesetzter Richtung. Carl führte Mark vor Augen, was für eine furchtbare Tour ihm bevorstand, was für ein furchtbares Land die USA waren, voller engstirniger Menschen und patrouillierender Polizisten, die einen nur schikanieren wollten und nach einem Anlass suchten, einem das Leben schwer zu machen. Dann zogen sie weiter, Carl in Richtung Osten, mit der Adresse von Marks Eltern in der Tasche, und Mark in Richtung Westen.

Mark schaffte es an jenem Tag über die Grenze nach Pennsylvania, und am Abend erreichte er eine Kleinstadt am Delaware River. Er hielt nach einem Platz Ausschau, an dem er sein Zelt aufschlagen konnte – inzwischen vorsichtig und auf der Hut vor der Polizei. Er sah einen Park mit einem Basketballplatz, auf dem zwei junge Väter Bälle auf den Korb warfen, während ihre kleinen Kinder im Gras spielten. Mark fragte sie, ob sie glaubten, dass er sein Zelt in dem Park aufschlagen könne, und sie erwiderten, dass sie nicht wüssten, was dagegen spräche. Er baute sein Zelt in der Nähe eines kleinen Wäldchens auf und entledigte sich im Schatten der Bäume seiner Kleidung, um sich mit etwas Wasser zu waschen, das er eigens zu diesem Zweck mitgebracht hatte. Als er aufblickte, sah er einen Mann, der auf ihn zukam und irgendetwas in der Hand hielt. Mark ist kurzsichtig und sein erster Gedanke war, dass es sich um einen Polizisten handelte und er da nackt unter den Bäumen stand, in der Nähe kleiner Kinder, und wahrscheinlich verhaftet und als Sexualstraftäter angeklagt werden würde. Als er sich seine Hose angezogen hatte, sah er, dass es doch kein Polizist war, sondern einer der beiden Väter, die auf die Körbe geworfen hatten, und dieser ihm einen Teller mit gebratenem Hähnchen und Süßmais brachte und dazu ein großes Glas Eistee. „Ich dachte, Sie könnten vielleicht Hunger haben", sagte er.

Der Rest seiner Tour verlief genauso: Er traf viele gute Menschen, die ihm etwas zu essen gaben, ihm einen Platz zum Schlafen anboten und ihm mit Freundlichkeit begegneten, mit aufrichtiger Freundlichkeit. Am Ende eines jeden Tages hielt er nach einem gewissen Typ Farm Ausschau. Sie musste über einen Garten verfügen, der weder zu groß noch zu gepflegt sein durfte, jedoch in gutem Zustand war und ohne jeden Hauch von Hoffnungslosigkeit. Er klopfte an die Tür eines solchen Farmhauses und fragte, ob es in Ordnung sei, wenn er irgendwo auf dem Gelände sein Zelt aufschlage. Er wurde nie abgewiesen, kein einziges Mal. In neun von zehn Fällen öffnete sich die Tür, im nächsten Moment sprach er zusammen mit der Familie am Abendbrottisch das Tischgebet, und kurz darauf fand er sich eingemummelt in einem Bett im Gästezimmer wieder. Oft blieb er einen Tag oder zwei Tage, arbeitete auf der Farm und lernte auf diese Weise auf seinem Weg alle möglichen unterschiedlichen Farmen und Arten von Familien kennen, die auf Farmen lebten. Er sah Mastbetriebe und Zitrusplantagen. Er befreite auf einer kleinen Bio-Gemüsefarm die Bohnenpflanzen vom Unkraut und fuhr auf einem Mähdrescher durch ein Hunderte Hektar großes Getreidefeld, wobei das Korn aus der Maschine strömte wie ein geschmeidiger goldener Fluss. Er machte irgendwo mitten im Land Halt, um sich bei der örtlichen Handelskammer ein paar Karten zu besorgen, und der Mann, der ihn bediente, ging nach draußen zu seinem Auto und kam mit einem Päckchen neuer Socken zurück. „Bitte", sagte er. „Auf so einer Tour braucht man immer gute Socken." Er verbrachte vier oder fünf Tage bei einer Familie in Indiana, die Getreide und Bohnen anbaute. Die Frau, Connie, betrieb in der Stadt einen Schönheitssalon, und nachdem Mark etwas zu essen bekommen und sich ausgeruht hatte, nahm sie ihn mit in die Stadt, setzte ihn in ihrem Salon auf einen Stuhl und wusch ihm das Haar, zweimal, weil das Wasser nach dem ersten Waschen noch braun war. Und dann verpasste sie ihm einen neuen Haarschnitt. Connie schickt ihm immer noch Weihnachtskarten, denen sie Fotos von ihren Enkeln beilegt. Ich habe die Fotos gesehen, deshalb weiß ich, dass es wahr war.

Diese Geschichte entpuppte sich als Balsam für meine Sorgen. Diese Geschichte und die einzige abweichende Meinung in unserer näheren Umgebung. Shep Shields war unser direkter Nachbar. Er lebte gleich hinter dem Hügel und hatte sein ganzes Leben als Farmer gearbeitet. Er war von kleiner Statur, und seine Beine waren von jahrzehntelanger harter Arbeit so in Mitleidenschaft gezogen worden, dass sich die Knie kaum noch beugen ließen. Wenn er ging, stakste er von Seite zu Seite wippend vorwärts, was aussah, als wäre er ein mechanisches Spielzeug. Die Hand am Griff seines Gehstocks war von Arthritis verkrüppelt, doch er fütterte immer noch jeden Morgen eine Herde Mastrinder. Wie er mir erzählte, liebte er Arbeitspferde, Hunde und schöne Frauen, wenn auch nicht zwingend in dieser Reihenfolge. Den traurigen Zustand seines Köpers schrieb er der Tatsache zu, dass er als Kind zu hart gearbeitet hatte, da er bereits im zarten Alter von zehn Jahren angefangen hatte, vierzig Kilogramm schwere Milchkannen auf einen Lastwagen zu hieven. Als wir ihm von unserem Vorhaben berichteten, sagte er nicht, dass es zum Scheitern verurteilt sei. Er sagte auch nicht, dass wir Erfolg haben würden, aber er nickte uns aufmunternd zu und bestärkte uns, indem er feststellte, dass wir uns auf dem richtigen Weg befänden. Er hatte alle Veränderungen der Landwirtschaft in den zurückliegenden achtzig Jahren erlebt, hatte die Einführung des Traktors, der Melkmaschine, des Milchkühltanks und all der Chemikalien, Medikamente und sonstiger Verfahren miterlebt, die darauf zugeschnitten waren, die Erfordernisse der Massentierhaltung zu befriedigen, und er hatte über all diese Neuerungen nachgedacht und deren Auswirkungen gesehen. Wenn er ein junger Mann wäre und noch mal ganz von vorne anfangen würde, so sagte er, würde er wieder mit Pferden arbeiten, das Ganze einfach und klein halten und sich Produkten widmen, die man essen könne, vielleicht eine Handvoll guter Jersey-Kühe halten und deren Milch für die Herstellung von Butter oder Käse verwenden. Sich auf den lokalen Markt beschränken. Den Eigenbedarf decken und den der

Bewohner der näheren Umgebung, wie man es gehandhabt hatte, als er ein kleiner Junge gewesen war.

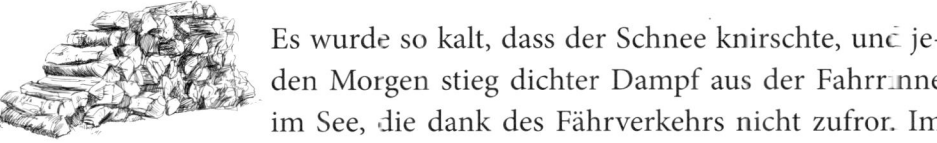

Es wurde so kalt, dass der Schnee knirschte, und jeden Morgen stieg dichter Dampf aus der Fahrrinne im See, die dank des Fährverkehrs nicht zufror. Im Inneren unseres kalten Hauses sanken die Temperaturen im Keller von Tag zu Tag. Wir isolierten die Wasserrohre mit speziellem Klebeband und ließen den Holzofen auf Hochtouren laufen, doch er wärmte schockierenderweise nur einen winzigen Bereich direkt vor dem Ofen. Eine Woche lang kletterte das Außenthermometer nie über minus zwölf Grad. Auf der Farm erfroren den Hennen die Kämme und wurden schwarz, und der angeblich „frostsichere" Hydrant fror komplett ein. Wir schleppten das Wasser in Eimern aus dem Pumpenhaus herbei, wobei wir sorgfältig darauf achteten, uns die Hände nicht nass zu machen. Ich lernte, wie schwer Wasser ist. Etwa ein Kilo pro Liter, also achtzehn Kilo pro Eimer und somit sechsunddreißig Kilo pro in beiden Händen ausbalancierter Wasserladung. Die Griffe der Eimer schnitten trotz meiner dicken Handschuhe tief in das Fleisch meiner Hände, meine Schultern wurden dank neuer Muskeln kräftiger und runder.

Der Farmbetrieb kam wegen der Kälte nahezu vollends zum Erliegen. Ich hatte seit Jahren keinen richtigen Winter mehr erlebt, und mir war ständig kalt, ganz egal, was ich mir auch anzog. Meine Füße wurden zu tauben Klötzen, meine Hände taten weh. Zwischen den Melkzeiten und den unvermeidlichen Routinearbeiten zogen wir uns in unser Haus im Dorf zurück, streiften unsere steif gefrorenen Klamotten an der Tür ab und schürten eifrig das Feuer. Unser Bett befand sich nicht mehr in Reichweite der wohligen Wärme, die der Holzofen verströmte, weshalb ich morgens unter den Bettdecken hervorschoss und mit meinen Klamotten in der Hand zum Ofen stürmte, wobei ich jedes Mal, wenn ich einen Fuß auf den eiskalten Boden setzte, zusammenzuckte. An den Abenden las Mark mir vor dem Schlafengehen „Jenseits von Eden" vor, bevor wir uns mit dicken Mützen und Wollsocken unter drei Bettdecken einmummelten.

Doch es gab jede Menge Arbeit, die man auch drinnen erledigen konnte. Wir mussten uns in das Netzwerk der ortsansässigen Farmer einklinken, denn trotz ihres Rufs, großen Wert auf ihre Unabhängigkeit zu legen, sind Farmer darauf angewiesen, miteinander zu kooperieren. Sie helfen einander bei der Arbeit, leihen sich gegenseitig Maschinen und tauschen Kenntnisse, ihre Erzeugnisse und Informationen miteinander aus. Neben seinen Werkzeugen und seinen Traktoren hatte Mark in Pennsylvania auch all seine freundschaftlichen Beziehungen zu den Farmern aus seiner Nachbarschaft zurückgelassen, die er sich mühsam aufgebaut hatte und die unerlässlich sind, wenn während der Erntesaison ein defektes Teil geschweißt werden muss oder einem am Ende des Winters das Heu ausgeht und man darauf angewiesen ist, zu einem erschwinglichen Preis ein paar Ballen erstehen zu können, um es bis zum Frühling zu schaffen. Wie mit allem anderen fingen wir auch in dieser Hinsicht bei null an. Mark verbrachte viele Stunden am Telefon, knüpfte Kontakte und verabredete sich zu Kennenlerntreffen.

Gleichzeitig hielten wir Ausschau nach einem Pferdegespann. Mark rief seine amischen Freunde in Pennsylvania an und bat sie um Rat. Sie erklärten uns, dass wir ein ganz spezielles Gespann benötigten. Die Pferde müssten ruhig und unkompliziert sein, gut ausgebildet und an jegliche Art von landwirtschaftlichen Maschinen gewöhnt, zudem müssten sie schon eine Menge Arbeit auf dem Buckel haben, aber auch noch ein paar nutzbringende Jahre vor sich. Wenn ansonsten sämtliche Eigenschaften identisch seien, solle man Wallache Stuten vorziehen.

Bei der Suche nach einem solchen Gespann trifft man auf zwei Arten von Schwierigkeiten. Da ist zunächst einmal die Knappheit. Der Markt für Arbeitspferde ist klein und spezialisiert und bei Weitem nicht so groß wie der für Warmblüter. Wo auch immer

Geld in Arbeitspferde investiert wird, dient dies in der Regel reinen Showzwecken. Das sind dann die Pferde, die auf irgendwelchen Umzügen oder Jahrmärkten große Wagen ziehen oder diese massigen Schlachtrösser, die bei sogenannten „Horse Pulls" zum Einsatz kommen, jenen Wettkämpfen, bei denen die Teams sich darin messen, gewaltige Gewichte über kurze Distanzen ins Ziel zu zerren. Züchter stellen ihre Aufzucht natürlich auf die Typen von Pferden ab, die sie verkaufen können, weshalb die meisten auf dem Markt befindlichen Arbeitspferde einem der eben genannten Typen entsprechen. Erstere sind langbeinige, langhalsige, die Beine hoch anhebende protzige Pferde voller nervöser Energie. Letztere sind muskulös und unglaublich kraftstrotzend, doch sie sind häufig schlecht ausgebildet, weisen körperliche Makel auf und wurden von ihren Besitzern nicht immer gut behandelt – eine Kombination, die sie unberechenbar macht und potenziell sogar gefährlich sein kann.

Ruhige, erfahrene, gesunde Arbeitspferde sind rar und werden fast nie verkauft. Ein amischer Mann oder ein Farmer, der ernsthaft mit seinen Pferden arbeiten und sie auch einsetzen will, bildet diese für seine Zwecke aus, anstatt sie zu kaufen, und wenn dabei ein gutes Exemplar herauskommt, behält er es und nutzt es, so lange es nur irgend geht. Wenn so ein Pferd zum Verkauf angeboten wird, dann normalerweise, weil irgendetwas mit ihm nicht stimmt, zum Beispiel, weil es über ein unberechenbares Temperament verfügt oder gesundheitlich angeschlagen ist.

Ein paar Dutzend Anrufe hatten zu einer einzigen vielversprechenden Adresse geführt, einem Händler auf der uns gegenüberliegenden Seite des Sees. Wir nahmen die Fähre nach Vermont und fuhren zur Farm der Carpenters. Sie betrieben eine große Milchfarm, hatten aber auch schon immer mit Pferden gehandelt und galten als ehrlich, eine bei Pferdehändlern eher selten anzutreffende Eigenschaft.

Es schneite, als wir vor Carpenters Farmhaus vorfuhren, einem niedrigen, an einer Schotterpiste gelegenen Haus, das von der langen roten Scheune überragt wurde, die sich direkt neben dem Wohnhaus befand. Jim Carpenter kam heraus und begrüßte uns. Er war schlicht gekleidet, trug einen flachen Hut und hatte diesen kuriosen, bei den Mennoniten üblichen Bart. Er führte uns in seine Scheune, die voller Pferde war. Es waren die größten Pferde, die ich je gesehen hatte; ihre muskelbepackten Buge ragten aus den geraden Boxen in die Stallgasse hervor, es gab schwarze, braune und rötliche, und sie überragten mich alle.

Jims Sohn, der Anfang zwanzig sein musste, stand bei einem Hengstfohlen, das an beiden Seiten mittig in der Stallgasse angebunden war, einem Percheron, gut gebaut und mit einem schwarzen Fell ausgestattet, das glänzte wie ein Paar neue Stiefel. Es trug Zaumzeug über dem Halfter, und die Zügel waren an einem Trainingsgeschirr zur Gewöhnung an das Gebissstück festgeschnallt, einem Lederriemen, der um den Rumpf des Tieres gelegt war.

Das Fohlen testete das Gebissstück und kaute auf ihm herum, die Ohren halb angelegt, nicht nervös, aber auch nicht richtig entspannt. Jims Sohn löste die beiden Riemen, mit denen das Fohlen angebunden war, und führte es an uns vorbei auf die Koppel, auf der bereits einige andere Pferde träge herumstanden. Jim erklärte uns, dass dies seine Methode sei, mit der Ausbildung seiner jungen Pferde zu beginnen, nämlich sie mit einem Trainingsgeschirr zur Gewöhnung an das Gebissstück nach draußen zu lassen und ihnen dort in der sie beruhigenden Anwesenheit ihrer Artgenossen so viel Zeit zu lassen, wie sie benötigten, um sich daran zu gewöhnen.

Dann holte Jims Sohn eine stämmige Rotschimmelstute aus einem der Anbindeställe am Ende der Stallgasse, während Jim ihren Gespannpartner herausführte, ebenfalls eine Stute. Die beiden sahen einander so ähnlich, dass ich mir etwas einfallen lassen musste, um sie auseinanderhalten zu können. Es handelte sich um Brabanter, wie Jim uns erklärte, acht Jahre alt, gut ausgebildet und

mit guten Manieren. „Aber Pferde sind Pferde", stellte er klar, „und da gibt es nicht so was wie absolute Gewähr." Vater und Sohn striegelten die Pferde, legten ihnen die Kumte an und rückten sie behutsam auf ihren Schultern zurecht, wobei sie überflüssige Bewegungen vermieden und ruhig zu Werke gingen, jedoch zugleich die gebotene Eile an den Tag legten, von der Pferdekenner wussten, dass diese dazu beitrug, die Pferde ruhig zu halten. „Ich hatte hier mal so 'nen Typen, der in die Arbeit mit Zugpferden einsteigen wollte", fuhr Jim fort. „Seine Frau hatte Bammel vor Pferden, deshalb wollte er ein bombensicheres Gespann." Er nahm ein schweres Ledergeschirr von dem Haken neben der Box der Stute. „Ich hatte gerade ein Gespann Wallache, das ich ihnen vorführen konnte. Ein eingespieltes Team. Die Art von Pferden, mit denen sogar Frauen oder Kinder klarkommen." Er hob die Zugstränge über seinen Kopf, hakte sie behutsam in die Zugstrangstutzen des Kumts ein und legte der Stute den Rest des Geschirrs auf den Rücken, wo es in einem undurchschaubaren Gewirr liegen blieb, während er vor das Pferd trat und den Kumtriemen festschnallte. „Der Typ kam vorbei, um sich das Gespann anzusehen. Es waren wirklich gute Pferde." Er trat hinter die Stute, zog ihr das Geschirr über die Kruppe, und das Ledergewirr fiel genau so, wie es gehörte. Dann führte er ihren gestutzten Schweif durch den Schweifriemen und schnallte den Bauchgurt zu. „Also habe ich das Gespann vor den Wagen gespannt, und dann sind wir los, die Schotterzufahrt runter." Er griff zum Zaumzeug, das er am Genickstück umfasste. Die Stute senkte die Nüstern, und er zog ihr das Zaumzeug über den Kopf, verschnallte den Kehlriemen und hakte die Kinnkette unter der Kinngrube ein. Sein Sohn hatte währenddessen der anderen Stute das Geschirr angelegt und führte sie neben ihre Gespannpartnerin. Dann schnallten Vater und Sohn die Leinen an den Kandaren ein. „Wir erreichten das Ende der Schotterpiste, da wird einer der Gäule plötzlich von einer

Biene gestochen, und die beiden gehen voll durch. Der Typ hat so einen Schreck gekriegt, dass er hinten vom Wagen runtergesprungen ist. Hat sich den Kopf an der Wagenkante aufgeschlagen und war tot. Einfach so. Es waren gute Pferde. Haben mir nie irgendwelche Schwierigkeiten bereitet. Tja. So was wie absolute Gewähr gibt's eben nicht. Na los, auf geht's, Mädchen!"

Es hatte aufgehört zu schneien, und die Luft war spürbar kälter geworden. Der Wind wirbelte die frisch gefallenen Flocken auf und blies Schneewolken über das offene Feld. Die Stuten schienen die nervöse Energie des Windes aufzunehmen und zerrten an ihren Gebissstücken. Jim stieg neben dem Pferd über die Deichsel eines robusten Schlittens, der in der Zufahrt wartete, und sein Sohn befestigte das Nackenstück am Geschirr, hob die Deichsel hoch, steckte sie in den dafür vorgesehenen Ring und hakte die Zugketten am Ortscheit ein. Jim hatte die Leinen in der Hand, und als wir alle im Schlitten saßen, sagte er etwas zu den Pferden, und sie gingen bereitwillig los. Die Zufahrt war vereist, und die Stuten tasteten sich vorsichtig voran, um Halt zu finden.

Das Feld auf der anderen Seite der Straße war tief verschneit, und es kostete die Stuten einige Mühe, sich in dem Schnee eine Spur zu schaffen. Jim brachte sie mit einem „Brr" zum Stehen, und sie tänzelten auf der Stelle herum und zogen kräftig an ihren Gebissstücken. „Schnall die Stute tiefer!", wies er seinen Sohn an, der vom Schlitten sprang und zu der widerspenstigen Stute stapfte. Er löste die Leinen vom Ring ihres Gebissstücks und befestigte sie weiter unten an den Armen der Kandare. Ich wusste aufgrund meiner Reiterfahrung, dass Jim dadurch den Zug auf die Zunge der Stute verstärken konnte. Ich betrachtete Jims kräftige Statur und fragte mich, wie um alles in der Welt ich in der Lage sein sollte, diese kraftstrotzenden Pferde zu kontrollieren. Wir setzten uns wieder in Bewegung, doch die Stuten beruhigten sich nicht. Anstatt im Schritt zu gehen, trabten sie nervös dahin. „Sie haben seit dem Herbst nicht mehr gearbeitet", erklärte Jim. „Wenn Sie sie haben wollen, würde ich sie ein paar Wochen lang jeden Tag arbeiten lassen und sie so weit einfahren, dass sie einsatzbereit sind." Doch nachdem er sich ein paar weitere Minuten mit dem Gespann abgemüht hatte, brachte er sie erneut mit einem „Brr" zum Stehen, atmete tief aus und sagte: „Diese Pferde sind nichts für Sie. Gehen sie zu Gary Scharier. Er hat ein Gespann abzutreten, das ich ihm vor ein paar Jahren verkauft habe. Die beiden Pferde sind genau das, was Sie suchen."

 Und das waren sie. Die zwei Pferde waren eingespannt, als wir vorfuhren, ein acht Jahre alter Nachbarjunge von Gary saß auf dem Wagen und hielt die Leinen. Es sah aus wie der Bugspriet eines Segelschiffs. Die Farm lag an einem Hang und war mühsam zu bewirtschaften. Hinter einem Zaun, der aus einer einzigen zugfesten Drahtlitze bestand, kauten ein paar Rinder Silofutter. Gary war in der Scheune, die Schlagseite hatte, und kümmerte sich um ein kleines, ausgemergeltes Kalb, das an Lungenentzündung litt und nach Atem rang. Er teilte uns bedauernd mit, dass er es später hinter dem Stall würde erschießen müssen. Wir stiegen in den Wagen, er redete mit den Pferden, und sie setzten sich in leichtem Schritttempo in Bewegung. Nachdem wir etwa achthundert Meter die vereiste Schotterpiste entlanggefahren waren, sagte Gary: „Wenn Sie die Pferde kaufen wollen, können Sie sie auch genauso gut selber fahren." Im nächsten Moment hielt ich zum ersten Mal im Leben Fahrleinen in den Händen. Es war, als hielte ich etwas Lebendiges in den Händen, zwei zahme Schlangen. Wenn du reitest, kommuniziert dein ganzer Körper mit dem Pferd – deine Fersen, deine Beine, dein Gesäß, dein Gewicht und deine Hände. Außerdem sitzt du auf dem Pferd, befindest dich in einer Position, die dir Macht verleiht. Wenn du ein Gespann fährst, läuft diese Kommunikation – die komplette intensive Zwiesprache mit den Pferden – einzig und allein über ein paar Zentimeter Lederriemen, die du in den Händen hältst, sie sind

deine Verbindung zu den Mäulern der Pferde. Und es sind zwei Pferde, die nichts anderes sehen, als die Straße oder die Schotterpiste vor ihnen. Und jedes von ihnen wiegt eine Tonne. Du bist von hinten fest mit ihnen verbunden, dein Schicksal und das der Pferde hängen untrennbar miteinander zusammen. Ich hatte vermutlich gedacht, Zugpferde wären im Vergleich zu den Pferden, auf denen ich gerne ritt – heißblütige, wilde, die lospreschten wie ein Dragster – langweilig, doch an jenem Tag bekam ich eine Ahnung davon, wie falsch ich mit meiner Annahme lag.

Sam und Silver trafen zwei Wochen später auf unserer Farm ein. Mark und ich hatten die Woche vor ihrer Ankunft damit verbracht, in der Westscheune zwei Anbindeställe zusammenzuzimmern, wobei die bittere Kälte bei jedem Schlag mit dem Hammer Schockwellen in die Ellbogen sandte. Wir legten die Ställe mit einer dicken Strohschicht aus, füllten die Futtertröge mit Heu und waren bereit. Sie stiegen wie Könige aus dem Pferdeanhänger. Dass derartige Kreaturen existieren, bewegt mich. Dass sie für uns arbeiten, bereitwillig und mit ganzem Herzen, ist ein Wunder.

Es waren rötlich-braune Brabanter, Wallache mit flachsfarbenen Mähnen und Schwänzen. Ihre Geschichte lag im Dunkeln, aber sie waren vermutlich vierzehn Jahre alt. Sie waren für die Arbeit auf Farmen, bei Umzügen und „Horse Pulls" eingesetzt, einzeln auf Auktionen erstanden und von Jim Carpenter zu einem Gespann zusammengefügt worden. Silver war der Hingucker von den beiden. Die allermeisten männlichen Pferde werden in jungen Jahren kastriert, um unbeabsichtigte Züchtungen zu vermeiden und sie gefügiger zu machen. Gary erzählte uns, dass Silver bis über sein zehntes Lebensjahr hinaus ein Zuchthengst gewesen sei. Er hatte immer noch den typischen Nacken eines Hengstes, dick, gewölbt und muskelbepackt. Mit seiner breiten Brust, seinen gewölbten Rippen und seinem kurzen Rücken sah er wie geschaffen dafür aus, schwere Lasten zu ziehen. Er wirkte kraftvoll und selbstbewusst, wenn nicht sogar atemberaubend intelligent. Sam war das genaue

Gegenteil von ihm, knochig, sehnig und weise. Er agierte zackiger und zeigte eine Haltung wie ein einfacher Soldat, stramm und ein bisschen angespannt. Sams Ohr schnellte zurück, wenn du mit ihm sprachst, und er vermittelte dir das Gefühl, wie es einige Pferde tun, dass er sein Bestes geben würde, um auf dich aufzupassen, selbst wenn du eine Dummheit begingest. Sie waren beide mehr als einen Meter dreiundachtzig groß, und ich musste auf einen Eimer steigen, um ihnen den Rücken zu striegeln.

Als ich am Morgen mit dem Melken fertig war, führte ich Silver rückwärts aus seinem Stall, legte ihm sein Zaumzeug an, stieg auf einen Stapel Heuballen und sprang auf seinen bloßen Rücken. Es war ein bisschen so, wie auf einem warmen Sofa zu reiten. Als er sich bewegte, hatte ich das Gefühl, von einer Meereswoge getragen zu werden. Das merkwürdige, geringe Gewicht auf seinem Rücken und das unvertraute Gefühl der Beine, die sich um seinen Körper legten, schienen ihn ein wenig zu verwirren, und mir kam in den Sinn, dass er wahrscheinlich noch nie zuvor geritten worden war. Ich brachte ihn zurück und legte Sam das Zaumzeug an, dessen kantiger Widerrist nicht annähernd so bequem war wie Silvers breiter Rücken. Aber Sam war begierig darauf, sich zu bewegen. Wir ritten durch Schneewehen zu der steilen Erhöhung am östlichen Ende der Farm. Vom Gipfel der Anhöhe aus hat man einen guten Blick über den See, und der Wind hatte den gefrorenen Boden vom Schnee befreit. Ich gab Sam eine leichte Hilfe, und er verfiel in einen kurzen Galopp, streckte seine langen Beine und legte mit seinen riesigen Schritten ein ordentliches Stück Strecke zurück. Ich spürte, wie mich ein vertrautes Gefühl der Freude durchströmte, jenes Gefühl, das Pferde mir seit meiner Kindheit gegeben hatten. Sam schien kilometerweit dahinjagen zu wollen, doch bei der Geschwindigkeit hatte ich ein wenig Sorge, dass ich auf seinem bloßen Rücken den Halt verlieren und herunterfallen könnte. Ich bremste ihn ab, bis er wieder im Schritt ging, und lächelte. Er mochte ein Ackergaul sein, dachte ich, aber er hatte die Seele eines Vollblutpferdes.

Eines eiskalten Sonntags kam Mark spät nach Hause und brachte eine Tüte voller kleiner silberner Fische mit. Es waren Stinte, in der Gegend als Eisfische bekannt. Er hatte sie in dem Laden im nächsten Dorf südlich von uns gekauft, dem gegenüber auf dem zugefrorenen See eine kleine Ansammlung von Bretterbuden entstanden war, in denen und um die herum Löcher in das Eis gebohrt worden waren. Ich hatte gesehen, wie die Männer auf Schneemobilen vom Ufer zu den Buden gefahren waren. Hinter sich hatten sie Sixpacks Bier festgeschnallt, die aussahen wie Miniaturpassagiere. „Setz dich und ruh dich aus", sagte Mark. „Ich koche." Er briet in unserer selbstgemachten Butter fein gehackte Zwiebeln an, gab eine Handvoll zerdrückten getrockneten Salbei dazu, und als die Zwiebeln glasig waren, streute er Mehl darüber, um eine Mehlschwitze zu machen, die er zu Ehren der Fischer mit Bier verdünnte. Dann gab er gewürfelte Möhren dazu, Selleriewurzeln, Kartoffeln und ein wenig Fond und schließlich den zerteilten Fisch, und als alles gut durchgekocht war, gab er noch die komplette Ration des von Delias morgendlicher Milch abgeschöpften gelben Rahms dazu. Die Eisfischsuppe war warm und köstlich, und ich aß sie auf Marks Schoß sitzend, die Füße so nah am Holzofen, dass der Dampf aus meinen Socken stieg.

Als wir die Böden unserer Suppenschüsseln auskratzten, zog Mark ein Blatt Papier heraus, das mit Hieroglyphen, Worten, Pfeilzeichen und kryptischen Symbolen vollgekritzelt war. Im ersten Moment dachte ich, es wäre sein neuester Plan für die Farm, doch dann fiel mir eine Liste vertrauter Namen ins Auge. Es war eine Gästeliste. Für unsere Hochzeit. „Oh", sagte ich und rutschte von seinem Schoß. „Wir sind verlobt, wie du vielleicht weißt", stellte er klar, ohne mich direkt anzusehen. „Klar", entgegnete ich. „Das ist mir sehr wohl bewusst." Ich hatte mich inzwischen in meinem neuen Leben eingerichtet, sogar von Tag zu Tag besser, doch in mir hatte ein nervöses kleines Tier begonnen umherzuhuschen und nach einem Ausweg zu suchen. Je uneingeschränkter ich mich zu Mark und diesem neuen Leben bekannte, desto verzweifelter wurde dieses Tier. Was die Liebe und auch viele andere Bereiche meines Lebens anging, hatte mein Verhaltensmuster immer eher dem einer Touristin geglichen und nicht dem einer ansässigen Bürgerin. Ich zog es vor, beim Sprung in ein unbekanntes Gewässer tief einzutauchen, aber schnell wieder herauszusteigen. Ich war kein Hallodri. Ich konnte fest an etwas glauben. Doch bei Persönlichkeitstests erzielte ich in der Kategorie für die Eigenschaft „Offen für Neues" immer eine schwindelerregend hohe Punktzahl. Der Begriff „für immer" macht mir schlicht und einfach Angst. Ich war total begeistert von der Farm. Ich war leidenschaftlich in Mark verliebt. Aber wie ich mich selbst kannte, wusste ich wirklich nicht, ob die Liebe zu irgendjemandem für immer andauern konnte.

Wir waren vorläufig übereingekommen, dass die Hochzeit im Herbst auf der Farm stattfinden sollte, nach der Ernte. Anfang Oktober würde es reichlich zu essen geben, und das Wetter wäre noch gut. Der Termin war uns noch so fern erschienen, doch plötzlich sollte nicht einmal mehr ein Jahr vergehen, er war beinahe schon in Sichtweite. „Warum warten wir nicht bis zum übernächsten Herbst?", schlug ich vor und versuchte es so beiläufig klingen zu lassen, als wäre es mir gerade erst in den Sinn gekommen. „Denk mal an all das, was wir noch zu tun haben." Wir waren bereits seit einem Jahr verlobt, und er wollte sofort heiraten. Er stand mit seiner Schüssel in der Hand auf und ging zur Spüle. „Ich warte nicht noch ein weiteres Jahr", stellte er aus der Küche heraus klar. „Wenn du mich nicht im kommenden Herbst heiraten willst, will ich überhaupt nicht mehr heiraten."

Nichts und niemand kann einem eine bessere Lektion über die Einhaltung von Verpflichtungen erteilen als eine Kuh. Ihr Euter akzeptiert keine Ausnahmen oder Ausreden. Sie muss gemolken werden, oder sie leidet unter der Fülle ihres Euters und wird krank, oder ihr Milchfluss versiegt. Morgens und abends, an Feiertagen, bei gutem und schlechtem Wetter – vom Tag der Geburt ihres Kalbs bis zu dem Tag zehn Monate später, an dem du sie trocken stehen lässt, gibt die Kuh dir den Rahmen vor, in den du deine Tage hineinpressen musst, jenes Zwölfstundenkorsett, das die maximale Dauer deiner Abwesenheit festlegt. Was sie dir für deine zuverlässige Einsatzbereitschaft zurückgibt, ist beeindruckend. Sie ist der Eckpfeiler der Farm, die große Umwandlerin. Sie frisst Gras – jenes allgegenwärtige terrestrische Plankton – und verwendet diesen aus vier Abschnitten bestehenden Trick des Wiederkäuens, um die im Gras enthaltene Zellulose aufzuschließen und energetisch verwerten zu können. Unsere Namen für ihre Mägen haben einen liturgischen Klang – Omasum, Abomasum, Reticulum, und in den alten Bezeichnungen für diese Mägen schwingt eine gewisse Ehrfurcht mit: Haube, im Englischen Königshaube, für den zweiten Magen und Psalter für den dritten. Das englische Wort *Cream* für Rahm ist mit dem Wort Chrisma, Salböl, verwandt. Königliche und heilige Worte für einen äußerst profanen Prozess. Aber es macht durchaus Sinn, wenn man sich vor Augen führt, dass eine Kuh einer Farm jede Menge Produkte beschert. Milch, Käse, Butter, Joghurt, Sahne und die Nebenprodukte – entrahmte Milch, Buttermilch, Molke –, mit denen du deine Schweine und dein Geflügel mästen kannst. Und sie gebärt dir jedes Jahr ein Kalb, das du großziehen kannst (wiederum mit Gras), das eine Familienration Rindfleisch für ein ganzes Jahr liefert. All dies beschert einem eine Kuh.

Ich wurde besser und schneller im Melken, und die Milch tropfte mir nicht mehr die Handgelenke herunter oder spritzte unberechenbar an die Wände der Scheune. Ich lernte darauf zu achten, dass meine Fingernägel immer kurz und glatt geschnitten waren, und jede Zitze behutsam aber gründlich zu melken. Meine Unterarme wurden von Woche zu Woche kräftiger.

 Milch war für mich absolutes Neuland. Abgesehen von dem Milch-Sahne-Gemisch, das ich in meinen Kaffee gab, hatte ich seit Jahren keine Milch getrunken. Ich hatte eine leichte Laktoseintoleranz, und der Gedanke an Milch als Getränk widerte mich irgendwie an. Doch Rohmilch von einer Jersey-Kuh ist eine völlig andere Substanz als das, was ich bisher für Milch gehalten hatte. Wenn Sie keine Kuh besitzen oder nicht jemanden kennen, der eine besitzt, muss ich Ihnen davon abraten, jemals Rohmilch zu probieren, die direkt aus der Zitze einer Jersey-Kuh kommt, denn es wäre grausam, sie einmal gekostet und nicht erneut Zugang zu ihr zu haben. In den USA erinnern sich nur noch wenige Menschen an diese Art von Milch, vor allem ältere Menschen, die mit einer Kuh groß geworden sind. Manchmal besuchen sie unsere Farm auf der Suche nach dem Geschmack aus ihrer Kindheit.

Wenn man sich einmal an die frische Farmmilch gewöhnt hat, registriert man bei der industriell hergestellten Milch jede Menge Schattenseiten. Zum einen ist da der Geschmack nach Karton, und manchmal, zumindest schwach, der Geschmack nach Chemikalien, die benutzt werden, um das Euter zu waschen und die Schläuche der Melkmaschine auszuspülen. Dann ist da die Homogenisierung, deren Allgegenwärtigkeit mir unerklärlich ist. Warum solltest du nicht den Rahm oben auf deiner Milch haben wollen, sodass du ihn morgens direkt in deinen Kaffee geben kannst und die abgeschöpfte Milch zum Trinken übrig bleibt? Und dann ist da die Pasteurisierung, die den Geschmack und die Beschaffenheit der Milch in dem gleichen Maße ändert, in dem Hitze den Geschmack und die Beschaffenheit eines jeden rohen Nahrungsmittels verändert, wenn es gekocht wird.

Frische Rohmilch ist etwas Wunderbares, aber richtig interessant wird es, wenn man sie stehen lässt. Wenn die Milch aus der Kuh kommt, ist sie eine warme, zuckerhaltige, proteinreiche Substanz, ein ideales Medium für das Wachstum von Bakterien. Wenn die Bakterien sich vermehren, säuern sie die Milch, deren Geschmack vom Süßen ins Saure übergeht, und schließlich wird die Milch dick. Wenn in alten Kochbüchern von Sauermilch die Rede ist, ist genau dies gemeint. Wenn man gute, nicht verunreinigte Rohmilch einer gesunden Kuh an einem warmen Ort stehen lässt, sorgen die „wilden" Bakterien dafür, dass sie dick wird und sich zu etwas verfestigt, das immer interessant und fast immer essbar ist. Die Menschen haben sich diese Besonderheit der Milch schon seit sehr langer Zeit zunutze gemacht und spezielle Bakterienstämme mit besonderen gewünschten und vorhersehbaren Eigenschaften gezüchtet. Auf diese Weise verwandeln wir Milch in Joghurt, Kefir und alle möglichen Sorten Käse. Die Pasteurisierung tötet nahezu alle in der Milch enthaltenen Bakterien ab, die gutartigen genauso wie die pathogenen. Ohne die „guten" Bakterien ist pasteurisierte Milch anfällig für jede Art von Fäulniserregern, die sie schlecht werden anstatt säuern lässt.

Ein weiterer Unterschied hat mit der Rinderrasse zu tun. Die Milch, die man im Lebensmittelgeschäft kauft, stammt nahezu mit Sicherheit von einer Holstein-Kuh. Dies sind große Kühe, die in kommerziellen Molkereibetrieben darauf hin gezüchtet und gefüttert werden, eine maximale Milchleistung zu liefern. Doch als generelle Regel gilt: Wenn das Milchvolumen steigt, nimmt der Fett- und Nährstoffgehalt der Milch ab. Es gibt einen alten Farmerwitz über einen Jersey-Kuh-Milchbauern, der sich in seinem Stall eine Holstein-Kuh hält – für den Fall, dass der Brunnen versiegt, damit er noch etwas hat, womit er das schmutzige Geschirr abwaschen kann. Milch von Jersey-Kühen ist viel gehaltvoller als Milch von Holstein-Kühen, sie hat einen höheren Fettanteil und einen höheren Anteil an Nährstoffen. Und weil die Jersey-Kuh das im Gras enthaltene Betacarotin nicht komplett umwandelt, weist der Rahm einen angenehmen warmen gelblichen Ton auf. Wenn man aus so einem Rahm Butter macht, bekommt sie, vor allem im Frühling, eine kräftige gelbe Farbe.

Doch wichtiger noch als die Rasse der Kuh ist die Frage des Futters. Der Geschmack der Milch hängt unmittelbar davon ab, was die Kuh frisst. Am deutlichsten wird dies, wenn etwas falsch läuft und die Kühe etwas fressen, was der Milch einen Stich verleiht. Wenn auf deiner Weide Bärlauch wächst, riecht deine Milch nach Scampi. Katzenminze, Weißer Gänsefuß und Goldrute verleihen ihr ein Aroma von Hummer – nicht unbedingt furchtbar, aber auch nicht gerade das, was du in einem Glas Milch haben möchtest. Wenn du deinen überschüssigen Kohl an deine Kühe verfütterst, musst du es einige Stunden vor dem Melken tun, da deine Milch sonst nach Stinktier riecht. Auch die Beschaffenheit des Butterfetts wechselt abhängig davon, was die Kuh frisst. Butter, die aus Frühlingsmilch gemacht wird, wenn die Kühe auf saftigen Weiden grasen, ist weich und gut zu verstreichen. Im Winter, wenn die Kühe Heu fressen, ist die Butter selbst bei Zimmertemperatur hart und spröde, und man muss sie auf einer Scheibe Brot zerdrücken, anstatt sie streichen zu können. Darüber hinaus gibt es auch noch andere, subtilere Wirkungsweisen. Milch von einer Kuh, die auf einer Weide mit viel Klee grast, schmeckt anders als Milch von der gleichen Kuh, wenn sie auf einer Weide voller Knäuelgräser gegrast hat, und selbst dieselbe Weide liefert abhängig von der Jahreszeit und dem Wetter einen unterschiedlichen Milchgeschmack. Milch besitzt wie Wein einen starken *goût de terroir*, einen Bodengeschmack, und Eigenschaften, die untrennbar mit der Umgebung verbunden sind, in der sie produziert wird. Industriell hergestellte Milch stammt von Kühen, die während der Zeit, in der sie Milch geben, nie eine Weide betreten haben. Statt Gras fressen sie etwas, was TMR genannt wird – die Totalmischration. Diese Art der Fütterung stellt darauf ab, die Milchleistung zu maximieren und gleichzeitig die Kosten zu minimieren und kann zum Beispiel aus Heulage oder Silage bestehen – klein gehäckseltem, konservierte Futter – dem Proteinverstärker wie Soja beigemischt werden oder gemalzte Getreideüberreste aus Brauereien. Wenn du Milch als eine Ware be-

.achtest, als ein unbedeutendes Allerweltsprodukt wie jedes andere, macht die Totalmischration absolut Sinn. Aber wenn du Milch als ein Lebensmittel mit saisonalen und regionalen Eigenschaften ansiehst, erscheint die Totalmischration genauso verrückt wie die Herstellung von Wein aus in Hydrokultur gewachsenen Trauben.

Unser erster Schneesturm begann an einem Freitag. Die Vorhersagen im Wetterradio prophezeiten ein ernst zu nehmendes Unwetter, doch der Morgen dämmerte heran, als würde es ein freundlicher Tag werden. Es war kalt, die Sonne schien schwach durch die hohen Wolken, es schneite ein wenig, die Flocken schwebten gerade nach unten. Wir verbrachten den Morgen auf der Farm und bereiteten uns auf das Schlimmste vor. Wir trieben die Hühner in den Hühnerstall, warfen den Traktor an und zogen den Stall langsam über die Zufahrt an eine geschützte Stelle neben der Westscheune. Dann sperrten wir Delia in ihren Stall, verschlossen sämtliche Türen und Tore der Scheunen und fuhren zurück zu unserem Haus im Dorf und verbrachten den Tag in einem Zustand freudiger Erregung und planten die anstehende Arbeit für das kommende Jahr auf einem Kalender, der mit der Post gekommen war und dessen Deckblatt passenderweise das Bild eines Farmhauses im Kolonialstil zierte. Außerdem zeigte das Motiv eine rote Scheune und drei flauschige Schafe. Der Schriftzug lautete: Mein Land, es ist von Dir, dem süßen Land der Freiheit. Wir trugen für die einzelnen Tage und Wochen ein, was wir jeweils vorhatten, mussten jedoch schon beim Eintragen gewusst haben, dass unsere Vorhaben zu umfassend waren, um in einem einzelnen Jahr bewältigt werden zu können. Für die erste Februarwoche hatten wir vorgesehen: GEWÄCHSHAUS PLANEN – UND BAUEN! In der zweiten Woche dieses Monats planten wir: STAND FÜR DIE AUSGABE DER PRODUKTE BAUEN und FEUERHOLZ für das kommende Jahr schlagen und hacken. An dem Tag im Oktober, an dem wir heiraten wollten, hatte Mark HOCHZEIT eingetragen und direkt darunter, im Quadrat für denselben Tag ANKUNFT VON 50 KÜKEN. Die Buchstaben hatten die gleiche Größe, und das erste Ereignis war vom zweiten lediglich durch zwei ineinander verschlungene Herzen getrennt. Für die folgende Woche hatte er FLITTERWOCHEN eingetragen und dazu, sauber und ordentlich: HONIG SCHLEUDERN.

Wir waren so in unsere Pläne vertieft, dass wir überhaupt nicht mitbekommen hatten, dass es angefangen hatte, richtig zu schneien. Als wir von unseren Planungen aufblickten, stand die Sonne schon tief am Himmel, und Delia musste gemolken werden. Wir waren gerade dabei, Käse zu machen und warteten darauf, dass der Käsebruch hart wurde, also meldete ich mich freiwillig, zur Farm zu fahren. Es waren ja nur gut eineinhalb Kilometer. Wie schlimm konnte das Wetter schon sein?

Ich fuhr im Schritttempo, beugte mich über das Lenkrad und starrte angestrengt aus dem Fenster, um die gelben Straßenmarkierungen erkennen zu können. Mein Auto war das einzige weit und breit. Bevor ich auch nur achthundert Meter weit gekommen war, war vor mir alles dunkel, und ich musste vorsichtig an den Rand fahren und eine dicke Schneeschicht von den Scheinwerfern wischen. Ich erreichte die Scheune, und im gleichen Moment, in dem ich die Scheibenwischer ausschaltete, wurde die Windschutzscheibe auch schon von Schnee zugedeckt.

Delia war in ihrem Stall wohl geborgen und lauschte dem Wind, der um die Ecke der Scheune pfiff. Ich brachte sie zu ihrem Melkstand, molk sie, dankbar für die Wärme ihrer Zitzen, und brachte sie zusammen mit einem Extraballen Stroh zurück an ihren Platz. Ich füllte ihre Tränke auf und öffnete den Strohballen. Dann ging ich nach draußen, um die Pferde einzufangen, die unter den Bäumen Schutz suchten und auf deren Rücken sich der Schnee anhäufte. Als sie in ihren Ställen waren, war mein Auto so tief zugeschneit, dass ich es nicht mehr benutzen konnte, selbst wenn ich so töricht gewesen wäre, es zu versuchen. Also ging ich zu Fuß nach Hause, als der Schneesturm gerade am schlimmsten wütete. Ich fühlte mich wie King Lear, als mir der Wind ins Gesicht blies und ich beinahe blind unter den rauschenden Hemlocktannen herstapfte und die Straße kaum erkennen konnte. Ein Lastwagen kroch im Schneckentempo und wegen der dicken Schneedecke auf der Straße beinahe lautlos vorbei. Das Schneetreiben war so dicht, dass seine Scheinwerfer nutzlos waren, sie warfen kaum wahrnehmbare, nur wenige Zentimeter weit reichende Lichtkegel. Dann verschwand die Straße unter den Schneemassen, und ich musste über mir nach den Stromleitungen Ausschau halten, um mich nicht zu verlaufen. Ich kam schwitzend und in Hochstimmung zu Hause an, dankbar, dass die Farm und ihre Erfordernisse mich mitten in diesen Schneesturm hinausgenötigt hatten. Ich glaube, wenn ich eines Tages alt bin und in Erinnerungen schwelge, werde ich diesen Abend wieder lebendig werden lassen und jedem, der gerade da ist und bereit, mir zuzuhören, davon erzählen.

Der Schneesturm ging die ganze Nacht weiter, doch als der Tag herandämmerte, hatte es aufgehört zu schneien, und der Schnee wurde verweht. Als die Melkzeit nahte, stapften wir mit Schneeschuhen zur Farm. Auf der Straße herrschte absolut kein Verkehr, der untergehende Mond war durch die Wolken gerade noch so zu sehen. Die Zweige der Hemlocktannen wurden durch das Gewicht des Schnees fast bis auf den Boden gedrückt, an manchen Stellen waren die Schneeverwehungen drei Meter hoch. Mein Auto war nur noch als ein weißer Schneebuckel zu erkennen.

Jetzt, da wir Pferde hatten, brauchten wir die entsprechenden Geräte, die sie ziehen konnten. Wir nutzten den Schneetag dazu, eine Liste all der Gerätschaften zu erstellen, die wir im Frühling brauchen würden. Zunächst mal einen Pflug. Sämtliches Land, auf dem wir Gemüse anbauen wollten, war mit einer dicken Grasnarbe überzogen. Wir würden einen Pflug benötigen, um das Land um-

zugraben, und dann weitere Geräte – Mark zufolge eine Scheibenegge und eine Federzinkenegge –, um das umgepflügte Land in ein
geeignetes Saatbeet zu verwandeln, auf dem man etwas anbauen
konnte. Wenn die Feldfrüchte sprossen, würden wir auf irgendeine
Weise das Unkraut im Zaum halten müssen. Das Gerät, das dabei
zum Einsatz kommen musste, war ein zweispännig gezogener Kultivator. Wenn wir mit den Pferden Heu machen wollten, bräuchten
wir Mähgeräte, in die wir sie einspannen konnten. Sam und Silver kamen mit Geschirren, doch wir brauchten die sogenannten
Spielwaagen, über die die Zugketten der Pferde mit den Deichseln
der Geräte verbunden werden, und Nackenriemen, die die Deichsel daran hindern, vorne den Boden zu berühren. Ein Zugschlitten
wäre nett, ein robuster Schlitten mit platter Unterfläche, der über
den Boden gezogen wird, um zum Beispiel einen Pflug aufs Feld
zu ziehen. Ein Vorderwagen wäre noch besser. Das ist eine schlichte, robuste Karre mit zwei Rädern und einem hinten angebrachten Haken, an den man Geräte oder Wagen anhängen und ziehen
kann. Wir würden eine Drillmaschine für die Aussaat von Getreide
benötigen und einen Kartoffelroder. Die Wunschliste enthielt auch
noch andere Geräte, aber dies war das Minimum. Unser Budget
war bescheiden.

Der Traktor hatte erst spät in diese dünn besiedelte Gegend
Einzug gehalten, und viele der dort lebenden Menschen hatten bis
in die 1950er Jahre auf ihren Farmen Pferde eingesetzt. Einige der
ehemaligen Geräte dieser Farmer waren bereits verschrottet oder
an Antiquitätenhändler verkauft worden oder rosteten in den Vor-
höfen als Dekorationsstücke vor sich hin und waren im Sommer
von Geranien umrankt und im Herbst von Chrysanthemen und
Kürbissen. Doch viele dieser Geräte existierten noch, abgestellt
in den hintersten Ecken von Scheunen, und wir erkundeten diese staubigen Winkel. Manchmal fanden wir von Pferden gezogene Geräte, deren Deichseln entfernt worden waren, stille Zeuger
der Übergangsperiode, in der die Farmer ihre alten Geräte an ihre

neuen Traktoren angehängt hatten. Doch wir fanden auch Geräte, die liebevoll komplett weggestellt worden waren, deren bewegliche Teile allesamt eingeschmiert waren, und die sechzig Jahre lang nicht mehr berührt worden waren. Einige dieser Gerätschaften kauften wir, andere wurden uns so überlassen. Shane Sharpe lieh uns eine Scheibenegge, die er sich gekauft, aber nie benutzt hatte. Eine ältere Frau, die vor Kurzem Witwe geworden war, steuerte die alte hölzerne Sämaschine ihres verstorbenen Mannes bei und eine handgekurbelte Futtermühle, die es uns ermöglichen würde, unsere überschüssigen Roten Bete und Möhren an Delia zu verfüttern. Und dann fuhr Thomas LaFountain bei uns vor und hinterließ uns einen Handzettel, auf dem eine Versteigerung angekündigt wurde. Es wurde nicht so klar gesagt, aber der langen Liste von Pferden gezogener Geräte, die aufgeführt waren, konnten wir entnehmen, dass es sich um die Auflösung einer amischen Farm handelte. Eine wahre Goldmine.

Die Farm lag eine dreistündige Autofahrt südwestlich von uns. Wir brachen vor dem Morgengrauen auf. Ein weiterer Schneesturm hatte die Gegend eine ganze Woche lang mit einer dichten Schneeschicht zugedeckt. Die Farm lag auf einer windigen Hochebene mitten im Nirgendwo. Die Schneepflüge waren für das Räumen wichtiger Straßen im Einsatz, und die letzten acht Kilometer waren nahezu unpassierbar und von dicken Schneewehen überzogen. Wir rutschten und schlitterten dahin und waren uns unserer Bodenhaftung weniger sicher als der Mann in dem Schlitten vor uns, der von zwei kräftigen Brabanter Stuten gezogen wurde. Auf dem Schlitten transportierte der Mann eine Kiste mit braunen Hennen und gefleckten Enten. Die langen Haare an der Brust und an den Flanken der Pferde waren mit einer weißen Schicht ihres gefrorenen Atems überzogen. Wir schlitterten auf das Feld, das als Parkplatz diente, und der Mann, der das Schlittengespann lenkte, brachte seine Pferde mit einem „Brr" zum Stehen und fragte uns, ob wir bis zu den Farmgebäuden mitfahren wollten. Seine

Pennsylvaniadeutsch-Vokale waren so gedehnt wie die vom Wind gescheuerte Landschaft.

Wir hatten gehofft, das schlechte Wetter würde zu einer geringen Beteiligung führen und uns gute Geschäfte ermöglichen, doch die Amischen waren unverdrossen. Zwei Familien verkauften all ihre Sachen, weil sie in eine Gemeinde nach Ohio umsiedelten, und es war ein großes Ereignis. Da die Amischen nicht selber Auto fahren, war ich davon ausgegangen, dass es sich um ein lokales Event handeln würde, doch ihre Religion verbot ihnen nicht, bei jemandem mitzufahren, und so waren sie in gemieteten Mini- und Kleinbussen aus allen Winkeln New Yorks und Pennsylvanias angereist, Gruppen erwachsener Männer, die gekommen waren, um etwas zu kaufen, und jede Menge Heranwachsende, die, wie ich annahm, von dem gesellschaftlichen Ereignis angelockt worden waren. Ein Dutzend junger Mädchen der ansässigen Gemeinde verkaufte in makellosen schwarzen Blusen und Schultertüchern und mit exakt in der Mitte gescheitelten Frisuren in einem Bereich der Scheune, der mit Plastikplanen abgetrennt worden war und mit einem großen Holzofen beheizt wurde, Kaffee, Sandwiches und süßen selbst gebackenen Kuchen. Die Mädchen wurden von ein paar jungen verheirateten Frauen mit Babys und von einer ziemlich streng aussehenden älteren Dame beaufsichtigt, die ein steifes schwarzes Bonnet trug. Ein etwa acht Jahre altes Mädchen schien als Babysitterin abgestellt worden zu sein. Es wiegte einen dick eingepackten Säugling auf den Knien und hielt gleichzeitig eine kleine Schar Kleinkinder in Schach und passte auf, dass diese sich nicht dem Ofen näherten, auf dem in heißem Schmalz Doughnuts brutzelten, oder gar darunter krochen.

Die Pferdeausrüstung war in Reihen draußen auf einem Feld aufgestellt worden, und Mark und ich gingen diese Reihen ab. Mark zeigte mir, wonach ich Ausschau halten sollte: Nach behelfsmäßig in der Farmwerkstatt gelegten Schweißnähten, die darauf hinwiesen, dass das betreffende Gerät bereits zu Bruch gegangen und wieder zusammengeflickt worden war, oder nach stark verschlissenen Gelenken, die sich manchmal unter einer frisch aufgetragenen neuen Farbschicht verbargen. Der Wind wehte um uns herum den Schnee auf, und die Temperatur betrug minus zwanzig Grad. Ich hatte am Abend zuvor den Wetterbericht gehört und sämtliche Register gezogen, um mich warm zu halten: Ich trug zwei Hosen, zwei blaue Gänsedaunen-Anoraks übereinander, ein Paar dicke Wollsocken über meinen unzulänglichen Handschuhen und eine russische Armeemütze mit fellgefütterten Ohrenschützern. Die Versteigerung sollte erst in einer Stunde beginnen, und ich hüpfte bereits auf der Stelle und versuchte, in meinen Armen und Beinen zumindest ein bisschen Gefühl zurückzuerlangen. Die amischen Männer waren ebenfalls draußen und inspizierten die Maschinen und Geräte, sie trugen dünne schwarze Wollmäntel, und ihre flachen Strohhüte bedeckten nicht einmal ihre Ohren, doch sie sahen trotzdem irgendwie aus, als wäre ihnen mollig warm. Ich versuchte, die Hüte näher in Augenschein zu nehmen – wie es schien, waren einige mit schwarzem Band verziert, während andere ihre Hüte mit Isolierband umwickelt hatten –, als Mark mich darauf hinwies, dass Grüppchen der männlichen Teenager mich angafften und herumgluckten. Offenbar kicherten sie über mein Outfit, in dem ich zugegebenermaßen aussah wie eine aufgeblasene blaubeerfarbene Pilotin. „Ich denke, sie versuchen zu ergründen, was du bist“, sagte Mark. Es ist schon skurril, wenn ausgerechnet die Amischen denken, dass du komisch angezogen bist.

Ich ließ Mark allein bei den Geräten und ging zurück in den beheizten Teil der Scheune, wo sich vor der Ausgabe der Doughnuts eine Schlange gebildet hatte. Die Amischen bezeichnen ihre nicht-amischen Mitbürger als „Englische“, und inzwischen trafen immer mehr Englische ein, Farmer aus der Gegend mit spröder Gesichtshaut und nach hinten geschobenen Mützen. Sie waren nahezu genauso uniform angezogen wie die Amischen, nur dass ihre Kleidung nicht schwarz war, sondern kariert oder in Tarnfarben gehalten. Bei den älteren Menschen, die an einem Ort und zu einer Zeit groß geworden sein mussten, zu der Geburtsfehler und nicht-tödliche Verletzungen nicht für behandelnswert befunden worden waren, fielen mir alle möglichen körperlichen Fehlbildungen ins Auge: Eine verknorpelte Nase, die aussah wie ein Blumenkohl; eine Narbe, so groß wie meine Hand, die einen kahlen Kopf überzog; ein riesiges behaartes Muttermal an einem wettergegerbten und mit hervortretenden Muskelsträngen durchzogenen Hals, dessen Anblick an Guido Renis Gemälde „Der Sklave von Ripa Grande" erinnerte. Abgesehen von diesen Fehlbildungen sahen die älteren Menschen gesünder aus als die jungen, die zu Übergewicht neigten.

Der Auktionator traf ein, und die Anwesenden strömten zur anderen Seite der Scheune, wo die Haushaltsgegenstände und die kleineren landwirtschaftlichen Geräte auf dem Boden aufgereiht waren oder, wenn es sich um mehrere gleichartige Teile handelte, auf Heuwagen präsentiert wurden. Der Auktionator zeigte auf den ersten zu versteigernden Posten, eine Garnitur unscheinbarer Küchenstühle, und die Menge rückte näher, um sie in Augenschein zu nehmen. Die Haushaltsgegenstände sahen aus wie Dinge, die man auf jedem ländlichen Privatflohmarkt findet – billiger Kram in schrillen Farben –, aber die Atmosphäre glich eher der eines Volksfestes, es war ein heiteres sozio-kommerzielles Event. Kein Wunder, dass Thomas LaFountain zweihundertvierzig Kilometer weit fuhr, um an einer Versteigerung teilzunehmen, selbst wenn er nicht die Absicht hatte mitzubieten. „Was hast du gekauft?", fragten ihn seine Jungen, wenn er nach Hause kam. „Einen Hamburger", lautete seine Antwort.

Der Auktionator begann mit der Präsentation der Stühle, die er so liebevoll beschrieb, als stammten sie direkt vom Küchentisch seiner Mutter. Beim Kauf von etwas handelt es sich um eine einfache Transaktion – will ich diesen Gegenstand zu dem geforderten Preis – doch bei einer Auktion relativiert sich das Ganze: Will ich diesen Gegenstand dringender als der Mann, der neben mir steht?

Wie viel dringender? Es ist eine Party, ein Casino, ein Zirkus oder ein Konzert, und der Auktionator ist der Gastgeber, der Zirkusdirektor, der Dirigent. Die Versteigerung begann, der Auktionator ratterte die gebotenen Beträge ineinander übergehend und kaum verstehbar herunter, eingezwängt zwischen sinnlosen Silben und einigen abgedroschenen Kalauern. Wenn die Abgabe von Geboten ins Stocken geriet, wurde er ernst und brachte die Menge dazu, das Augenmerk auf die Vorzüge eines speziellen Gegenstands zu richten, der gerade zur Versteigerung anstand. Er hatte drei Gehilfen dabei, große, dickbäuchige Männer mit Stöcken, die das Zahlengeleier des Auktionators nach jedem neuen Betrag mit einem lauten, in tiefem Bass ausgestoßenen „HEP!" unterstrichen und jedes Mal, wenn sie ein neues Gebot erblickten, ihren Stock auf den Boden rammten. Die Beobachter waren erforderlich, da das Bieten quasi einem Wettbewerb darin glich, wer sein Gebot am unauffälligsten abgab. Die Gebote wurden platziert, indem der Bieter eine Augenbraue hochzog, kaum erkennbar nickte oder leicht mit der Wange zuckte. Die Beobachter reagierten auf diese winzigen Bewegungen wie ein auf Vögel abgerichteter Jagdhund auf das Flattern eines Flügels. Unsere Freunde, die Owens, die ständig zu Versteigerungen fuhren, hatten uns gewarnt, die skrupellosen Beobachter im Auge zu behalten, die auch auf Phantombieter mit einem „HEP" reagierten, um den Preis in die Höhe zu treiben, und auf den Gebotstreiber zu achten, der sich unter die Menge mischte und garantierte, dass für die wertvolleren Gegenstände ein Mindestgebot abgegeben wurde, wenn sie zu billig verkauft zu werden drohten.

Es war bereits Mittag, als die Haushaltsgegenstände verkauft waren und die Versteigerung des Viehbestands begann. Die Menge der Bietenden dünnte sich ein wenig aus, da die Leute zum Holzofen strömten, um sich heiße Suppe zu holen. Die Kiste mit den Hennen wechselte für fünf Dollar pro Vogel den Besitzer, die Enten brachten jeweils zwei Dollar fünfzig. Die beiden Stuten, die den Schlitten gezogen hatten, standen ebenfalls zum Verkauf, und sie waren stämmig, gesund und gut ausgebildet. Der Auktionator hob hervor, dass die jüngere der beiden Stuten vom männlichen Fohlen eines berühmten Brabanterhengstes abstammte und selber im Juni Nachwuchs erwartete. Somit könne man mit ihr in Wahrheit zwei Pferde zum Preis von einem erstehen. Einer weitverbreiteten Pferdeweisheit zufolge sollst du nie ein Pferd auf einer Auktion erstehen, aber die Gebote kamen nur stockend, und die Versuchung war beinahe zu groß für mich. Mir zuckte ein paar Mal die Hand, aber Mark bedachte mich mit einem Blick, der mir zu verstehen gab, dass er nicht zögern würde, die Hand mit Gewalt unten zu halten, falls es erforderlich sein sollte.

Die Menge strömte zurück, als der Auktionator sich bereit machte, die Maschinen und Geräte aufzurufen. Er begann mit einem von Pferden gezogenen Vorwagen, der mit einem kleinen Motor ausgestattet war, der die PTO-Welle eines jeden gezogenen Geräts mit Strom versorgte, zum Beispiel einer Heuballenpresse oder eines Sternradheuwenders. Der Preis schoss in die Höhe wie eine aufgescheuchte Wachtel und erreichte fünftausend Dollar. Wer hätte gedacht, dass die einfachen Leute so prall gefüllte Brieftaschen hatten? An diesem Tag waren keine guten Geschäfte zu machen. Alle Geräte waren in gutem Zustand, und die amischen Männer wussten, was sie wert waren, und waren mit reichlich Bargeld angereist. Wir lieferten uns einen harten Bieterkampf und bekamen den Zuschlag für einen zweispännig gezogenen Kultivator, doch der Schwingpflug und der Garbenbinder, auf die Mark es abgesehen hatte, erzielten Gebote, die unser Budget weit überstiegen. Wir trösteten uns mit der Erkenntnis, dass die Männer das Geld, das sie ausgaben, mit per Pferd betriebener Landwirtschaft verdient hatten, und wenn sie davon überzeugt waren, dass ein Gerät gutes Geld wert war, musste man damit auch Geld verdienen können. Später bot uns ein Mann, der mitbekommen hatte, dass wir für einen Garbenbinder geboten hatten, einen an, den er wieder instand gesetzt hatte. Wir schlossen den Deal ab und beauftragten ihn außerdem, uns das Gerät zusammen mit dem Kultivator, den wir gekauft hatten und der nicht in unser Auto passte, auf unsere Farm zu liefern.

Bevor sämtliche Maschinen verkauft waren, war ich trotz meines haarsträubenden Outfits starr vor Kälte. Ich suchte mir in der Scheune eine Bank in der Nähe des Holzofens, wo die Mädchen emsig heißen Kaffee ausschenkten. Ich ließ es mir dort mindestens eine Stunde lang gut gehen und fachsimpelte mit einem Grüppchen gebeugter alter Männer über Zugpferde. Dann endete die Auktion, und die amischen Männer strömten herbei. Sie trugen alle das gleiche Brillenmodell – diese etwas zu großen schlichten Drahtgestelle, die immer die Jungen tragen, die in der Highschool die Automechanikkurse belegen – und die mit Gläsern ausgestattet sind, die sich draußen in der Sonne verdunkeln, und als die ganze Schar in den beheizten Bereich der Scheune kam, alle mit langen Bärten, schwarzen Anzügen und verdunkelten Brillen, sah es eher aus, als handelte es sich um ein Treffen zu Ehren der Kultband ZZ Top. Dann kam der Auktionator, diesmal ohne sein Mikrofon und ohne seine Beobachter, und stieg auf den Tisch, auf dem sich das übrig gebliebene Gebäck türmte. „Wir haben hier noch einen ganzen Haufen selbst gebackener Doughnuts", verkündete er. „Was bieten Sie? Höre ich fünf? Fünf? Fünf? Wer bietet Fünf?" Und damit verfiel er wieder in seinen leiernden Singsang. Die Mädchen verkauften all ihr Gebäck, und die amischen Teenager kehrten im Zuckerrausch zurück nach Pennsylvania.

Delia tat ihr Bestes, um sich von ihren Verletzungen zu erholen. Der Schorf hing dick und schwer von ihren Ohrstummeln herab, entlang ihres Nackens zog sich an den Stellen, an denen wir ihr in den Tagen nach dem Zwischenfall Antibiotika injiziert hatten, eine Reihe böser Abszesse. Roy sah sie sich an und sagte uns, dass wir uns keine Sorgen machen müssten. Seine Kühe hätten auch schon unter solchen Abszessen gelitten, mitunter sogar unter sechzig Zentimeter langen. Delia nahm sie hin, wie sie alles hinnahm, was ihr widerfahren war, seitdem sie zu uns gekommen war – geduldig und ruhig. Ihr Euter zumindest war gut verheilt, und sie gab Milch wie verrückt, elf köstliche Liter am Tag.

Wenn zwei Menschen und eine Kuh vorhanden sind, herrscht kein ausgeglichenes Gleichgewicht. Unser Kühlschrank quoll derart mit Milchprodukten in allen möglichen Formen über, dass es keinen Platz mehr für irgendetwas anderes gab. Als ich ihn eines Morgens öffnete, um etwas Sahne herauszunehmen, fiel mir ein Einliterkrug Milch auf die Füße. „So kann es nicht weitergehen", stellte ich an Mark gewandt fest. Er war gerade mit dem Frühstück fertig und durchforstete das wöchentliche Anzeigenblättchen nach brauchbaren Utensilien. „Zwanzig Minuten nördlich von uns ist ein Wurf Ferkel zu verkaufen", sagte er. „Sie könnten etwas von der Milch wegtrinken." Ich schnappte mir das Telefon und wählte, und bevor ich aufgelegt hatte, hatte ich eingewilligt, vier Ferkel zu kaufen. Ein fünftes gab es gratis dazu, weil es, wie die Frau sagte, unter Anfällen litt und irgendetwas mit seinem Nacken nicht stimmte.

Mark hatte an diesem Morgen alle Hände voll damit zu tun die Leitungen im Stromschaltkasten in der Westscheune zu entwirren, also fuhr ich nach Norden, um die Ferkel abzuholen. Als ich ankam, spähte ich über die Seite der Pferdebox auf ihr Lager, wo sie dicht aneinandergedrängt schliefen, und wich zurück. Ich hatte mir kleine Ferkel in der Größe von Chihuahuas vorgestellt, doch sie waren doppelt so groß. Die Kiste, die ich mitgebracht hatte, um sie zu transportieren, war viel zu klein. Wir hatten keinen Pickup, und die Frau, von der ich die Ferkel kaufte, hatte keine Zeit, sie zu transportieren. Also zuckte ich mit den Schultern, breitete im Laderaum meines Hondas eine Tagesdecke aus, zwängte die quietschenden Ferkel hinein und klemmte eine Palette zwischen die Rückbank und den Laderaum. Mit der Tagesdecke machten die Ferkel kurzen Prozess, und sie lag binnen kürzester Zeit zerknüllt und nutzlos in der Ecke, doch die Palette hielt bis zu dem Moment stand, in dem ich in die Zufahrt zur Farm einbog und die Ferkel allesamt über die Lehnen der Rückbank krabbelten wie Invasoren über einen Schutzwall. Der Schweinegeruch im Polster hielt sich in Grenzen, bis die Tage wärmer wurden, doch dann brach er mit voller Wucht hervor und blieb. Wir fischten die Ferkel eins nach dem anderen aus dem Wagen und trugen sie zu Delias Pferch, den Mark in der Mitte mit Holzresten unterteilt hatte. Das missgebildete Ferkel nannten wir Torque.

Für die Schweine war ich verantwortlich. Mark und ich gerieten über jede noch so kleine Entscheidung, die getroffen werden musste, in Machtkämpfe. Keiner von uns wollte die Kontrolle verlieren. Um die Spannungen zu verringern, beschlossen wir, die Farm nach Aufgaben zu unterteilen. Jeder war Kapitän der halben Farm. Als Farm-Managementstrategie war es eine Verlegenheitslösung, aber um unsere Beziehung aufrechtzuerhalten, war es damals unerlässlich. Als wir die Verantwortung für unseren Viehbestand aufteilten, erhielt Mark die Zuständigkeit für unseren Ein-Kuh-Milchbetrieb. Und ich Glückspilz erwischte die Schweine.

Als die Schweine bei uns eintrafen, hatten sie das Stadium süßer, zurückhaltender Ferkel mit Ringelschwänzchen hinter sich und befanden sich bereits in der Phase unersättlicher Gefräßigkeit, in der sie mitunter sogar bedrohlich wirkten. Schweine legen in der Tat eine unheimliche Fressgier an den Tag. Sie können nichts dafür. Wir haben sie zu unbändigen Fressern gezüchtet, die auf ihren kurzen Beinen so schnell wie möglich Fleisch ansetzen sollen. Sie können mehr als ein Pfund am Tag zulegen. Dieses Wachstum wird durch einen unersättlichen Appetit befeuert, und in einer Gruppensituation wetteifern sie zur Fütterungszeit gnadenlos um das Futter, setzen ihre kompakten Körper ein, um zu rempeln, beißen mit ihren scharfen Zähnen und schüchtern einander mit ihrem kehligen Quieken ein. Der schlimmste Teil meines Tages wurde schnell der Moment, in dem ich unbeholfen mit einem Zwanzig-

Liter-Eimer saurer, entrahmter, mit Maismehl angereicherter Milch über die Absperrung ihres Pferchs stieg und durch ein Gewimmel von Schweinekörpern stapfte, die es darauf abgesehen hatten, mich umzustoßen. Öfter als einmal landete ich auf meinem Hintern, saute mich mit saurer Milch und Schweinedung ein und wurde von fünf wilden Bestien herumgestoßen und gebissen.

Einzeln waren sie nicht so bedrohlich, aber nicht weniger anstrengend. Ein Schwein hatte herausgefunden, wie es sich durch die Absperrung zwängen konnte, die den Schweinepferch von dem der Kuh trennte, und als ich eines Morgens auf die Farm kam, fand ich es bei Delia vor. Es gab keine andere Möglichkeit, es zurück in seinen Pferch zu befördern, als es einzufangen und über die brusthohe Absperrung zu heben. Es war, wie eine große, eingefettete Wassermelone einzufangen, eine erschreckend schnelle und eigenwillige, eine, die markerschütternd quieken konnte.

Einmal landete ich in der dunkelsten Woche des Jahres auf dem Boden des Schweinepferchs, als die Temperaturen vorsichtig über den Gefrierpunkt gestiegen waren und der Schnee zu frostigen Matschpfützen geschmolzen war. Ich war alleine auf der Farm, da Mark auf den Bauernmarkt nach Troy gefahren war, um Kontakte zu knüpfen.

Abgesehen von den Routinearbeiten und dem Melken bestand meine einzige Aufgabe des Tages darin, die Schweine aus ihrem Pferch in der Westscheune zu holen, für den sie zu groß geworden waren, und in den geräumigen Anbau der Ostscheune umzusiedeln, in dem ich bereits eine dicke Schicht Stroh ausgelegt hatte. Ich hatte mir ausgemalt, dass das schnell erledigt sein würde und ich anschließend nach Hause fahren könnte, wo ich den Ofen einheizen und den nahezu unvorstellbaren Luxus eines ruhigen Hauses würde genießen können. Ich würde mir ein heißes Bad genehmigen und in einem Buch schmökern. Doch das Ganze hatte einen Haken: Als ich die Aufgabe angehen wollte, wurde mir bewusst, dass ich keine Ahnung hatte, wie ich die Schweine umsiedeln sollte. Sie waren zu groß geworden, als dass ich sie hätte einzeln tragen können. Aus Erfahrung wusste ich, dass sie nicht als Herde herausspazieren würden, und wenn ich sie anschubste, würden sie mich einfach zurückschubsen. Ich fürchtete, wenn ich sie draußen verlieren würde, wären sie weg, wahrscheinlich für immer. Na gut, dachte ich, ich bin ein schlaues Mädchen. Ich werde doch wohl in der Lage sein, fünf Schweine über eine Entfernung von zehn Metern zu befördern. Die Lösung, beschloss ich, bestand darin, einen Laufgang zu bauen.

Ich belud eine Schubkarre mit Sachen aus der Werkstatt, die mir für mein Vorhaben nützlich erschienen: Einem Hammer, einer Säge und – Heureka! – ein paar Wellblechtafeln, neunzig Zentimeter breit und viereinhalb Meter lang. Dann ging ich zurück zu den Scheunen und erkannte mein Problem. Von dem Schweinepferch führte ein Tor auf den Weg zwischen den beiden Scheunen, doch der Zugang zum Anbau der Ostscheune befand sich genau auf der anderen Seite, nämlich auf der südlichen Seite der Scheune. Ich beschloss, aus den Wellblechtafeln einen Laufgang für die Schweine zu bauen, aber das Material reichte nicht aus, um damit bis zur Öffnung des Anbaus zu kommen. Wie auf Bestellung fing es genau in diesem Moment auch noch an zu graupeln. Das Bad und das Buch, worauf ich mich schon die ganze Woche gefreut hatte, schienen auf einmal in weiter Ferne. Ich kam zu dem Schluss, dass ich mir zu sehr den Kopf zerbrach, um eine elegante Lösung zu finden, dabei würde es jede Lösung tun müssen. Ich errichtete schließlich nicht das Taj Mahal, rief ich mir in Erinnerung. Ich versuchte, fünf Schweine über eine Entfernung von zehn Metern umzusiedeln. Also nahm ich die Säge aus der Schubkarre und begann, direkt gegenüber dem Tor des Schweinepferchs ein Loch in die Wand des Anbaus der Ostscheune zu sägen.

Ich sägte, was das Zeug hielt, machte jedoch nur sehr geringe Fortschritte, und der Eisregen tropfte vom Rand des Scheunendachs und rann mir in den Kragen meines Mantels, als ich in der

Zufahrt den Motor eines im Leerlauf tuckerndern Pick-ups hörte. Ich blickte auf und sah Shep Shields auf mich zu humpeln, unseren Nachbarn von der anderen Seite des Hügels. Shep besuchte uns inzwischen täglich und brachte uns kleinere Utensilien aus seiner Scheune, von denen er glaubte, dass sie für uns von Nutzen sein könnten. Manchmal kam er auch mit einem Kuchen, den er im Laden erstanden hatte. An meinem Geburtstag hatte er mich mit einer Topfpflanze überrascht.

Er blinzelte mich durch den Eisregen an. Ich dachte kurz daran, wie ich aussehen musste – nass, mit von der Kälte roten Fingern, und damit beschäftigt, ohne jeden ersichtlichen Grund ein Loch in die makellose Wand eines vollkommen intakten Anbaus zu sägen. „Ich will dir nicht sagen, was du zu tun hast", begann Shep. Dies war, wie ich mitbekommen hatte, im Norden des Landes ein weitverbreiteter Satz. Du giltst nicht als unhöflich, wenn du einen Telefonanruf nicht erwiderst, dich während der Arbeit betrinkst oder nicht zu einer Verabredung erscheinst, doch jemandem zu sagen, was er zu tun hatte, war schlechtes Benehmen und erforderte eine angemessene Entgegnung. Ich wappnete mich. „Ich will dir nicht sagen, was du zu tun hast", wiederholte Shep, „aber die Säge, die du da benutzt, ist eine Eisensäge. Du brauchst eine Holzsäge." Mit diesen Worten humpelte er zurück zu seinem Pick-up und fuhr wieder weg.

Ich musste einer nackten, bitteren Wahrheit ins Gesicht sehen. Ich war gebildet, belesen und weitgereist. Ich konnte an den meisten Orten der Welt bei einem Cocktail-Smalltalk eine gute Figur machen. Aber wenn es um physische Arbeit ging, war ich eine totale Dilettantin.

Nachdem ich die Eisensäge gegen eine Holzsäge ausgetauscht und ein Loch in der Größe eines Schweins in die Wand der Scheune gesägt hatte, konstruierte ich mit Hilfe der rostigen Wellblechtafeln, die ich mit Bindegarn aneinander befestigte, einen Laufgang und öffnete das Tor des Schweinpferchs. Ich wappnete mich für den Ansturm und das Getrampel von fünf Schweinen, doch absolut nichts geschah. Ich hatte sowohl den Laufgang als auch den Anbau an der Ostscheune mit Ködern in Form von altem, in saurer Milch eingeweichtem Brot ausgelegt, doch ausnahmsweise hatten die verdammten Schweine einmal keinen Hunger. Sie hatten keine Lust, ihren molligen, trockenen Pferch zu verlassen, kein Schieben, Bitten oder Fluchen konnte sie dazu bringen, ihre Meinung zu ändern. Ich war durchgefroren, nass und erschöpft, und die Sonne ging bereits unter. Es war an der Zeit, Delia zu melken. So, wie das Tor des Schweinpferchs bei meiner Konstruktion offen gehalten wurde, hätte ich den kompletten Laufgang wieder auseinandernehmen müssen, um es wieder zu schließen, und dazu hatte ich, zumindest in jenem Moment, nicht die geringste Lust. Ich erledigte meine Arbeiten und fuhr in der Hoffnung, dass die Schweine im Dunkeln mutiger und hungriger werden würden und ihren Weg durch den Laufgang in den Anbau allein finden würden, nach Hause.

Nachdem ich mich ausgezogen hatte, schlief ich sofort ein und hatte die ganze Nacht Alpträume von Schweinen. Mark kam erst nach Mitternacht aus Troy zurück, weshalb ich am nächsten Morgen alleine aufstand und auf die Farm fuhr, um Delia zu melken.

Es war noch fast dunkel, als ich vor der Scheune vorfuhr, doch als die Scheinwerfer den Weg zwischen den Scheunen erfassten, konnte ich sehen, dass mein Laufgang Schrott war. Sie hatten ihn total zerstört, und als ich aus dem Auto stieg, sah ich die Abdrücke ihrer Hufe überall auf dem Hof. Ich sah mich um und lauschte intensiv. Kein Lebenszeichen von ihnen. Ich sah in ihrem Pferch und im Anbau nach, doch beide hallten und waren leer. Langsam dämmerte mir, was für ein Schlamassel das war. Inzwischen konnten sie überall sein, im Wald, bei irgendeinem Nachbarn, um dessen halbgefrorenen Rasen auszureißen oder sie konnten auf der Straße entlangspazieren, wo sie einen ernsten Unfall verursachen konnten.

Ich sprang wieder in mein Auto und fuhr mit einem unguten Gefühl zurück zum Haus. Mark lag eingemummt unter den Decken und war im Tiefschlaf. Ich berichtete ihm, was passiert war – in einer strategisch geschönten Version –, und er stieg aus dem Bett und in seine Kleidung, keinesfalls glücklich, aber zumindest raffte er sich auf. Auf dem Weg zur Farm schwiegen wir beide mürrisch.

Die Sonne stand inzwischen am Himmel, und wir konnten die Spuren im schmelzenden Schnee besser erkennen. Bei ihrem Anblick kam mir die Frage in den Sinn, warum man dem Teufel eigentlich nachsagt, einen gespaltenen Huf zu haben, genau wie das Schwein. Mark ging in größer werdenden Kreisen den Hof ab und versuchte herauszufinden, in welche Richtung die Schweine gegangen waren, doch die Spuren schienen nirgendwohin zu führen. Ich wurde zur Scheune geschickt, um einen Eimer Getreide zu holen, mit dem wir sie anlocken wollten, falls wir sie denn jemals finden würden, als ich aus dem Inneren des Anbaus ein vertrautes Grunzen hörte. Ich spähte über das Tor, und eines der Schweine kam unter dem Heu hervor. Im nächsten Moment erhoben sich vier weitere wie Schweine aussehende Haufen aus dem Heu und regten sich, woraufhin das Heu herunterfiel und die Rücken der Schweine sichtbar wurden. Alle waren da, alle wohlauf, und genau da, wo ich sie haben wollte. Mark stand einfach nur da, beobachtete das Ganze und schüttelte den Kopf. Ich bedachte ihn mit einem triumphierenden Lächeln und sagte ihm, dass ich alles unter Kontrolle hätte und er nach Hause fahren und sich wieder ins Bett legen könne. Ich musste dafür sorgen, dass er verschwand, bevor er das Loch in der seitlichen Wand des Anbaus sah, und ich musste mir etwas einfallen lassen, wie ich es reparieren konnte.

Während ich das Loch in der Wand des Anbaus mit unansehnlichen, jedoch für Schweine undurchlässigen überschüssigen Holzresten ausbesserte, war ich gezwungen, mich einem meiner Vorurteile zu stellen. Ich war in dem unausgesprochenen Glauben auf die Farm gekommen, dass konkrete Dinge etwas für dumme

Menschen waren und abstrakte etwas für die Klugen. Ich hatte die Welt, in der körperlich gearbeitet wurde – die Handwerke – für den Ort gehalten, an dem man landete, wenn man nicht intelligent oder ehrgeizig genug war, um mit einem Schreibtischjob klarzukommen. Glaubte ich wirklich, dass ein Mensch, der ein Talent dafür hat, Maschinen oder Gebäude zu reparieren oder mit Kühen umzugehen, weniger geistreich ist, als jemand, der Werbetexte schreibt oder die Gesetze auslegt? Offenbar tat ich das, auch wenn ich das heute kaum noch glauben kann. Ich bestellte mir in der Buchhandlung Fachbücher über das Bauen von Häusern, über die Installation von Wasserleitungen und über Elektrizität und wurde mir darüber klar, dass es war, als würde ich eine Fremdsprache lernen. Die einfachsten Dinge – die Namen unbekannter Werkzeuge und Eisenwaren oder die Namen von Teilen einer Gebäudestruktur – führten mich in eine Sackgasse, die nach Antworten und weiteren Erkundungen verlangte. Es gibt kein besseres Heilmittel gegen Hochmut als einen kräftigen Arschtritt.

Kurz vor Weihnachten besuchte uns meine Freundin Nina, die in Kalifornien lebte, um den Mann, den ich heiraten wollte, etwas näher in Augenschein zu nehmen. Nina und ich hatten uns in unserem ersten Studienjahr an der Uni ein Zimmer geteilt. Wir waren willkürlich zusammengesteckt worden, blieben jedoch auch später gute Freundinnen. Sie und Mark waren einander im Kern nicht unähnlich. Sie sind beide sehr clever, redselig, energiegeladen, leistungsstark, gehen keiner Diskussion aus dem Weg und sind normalerweise davon überzeugt, recht zu haben. Ich spürte sofort eine gewisse Reibung zwischen den beiden. Zwei Menschen, die mich mochten, aber nicht ganz sicher waren, wie sie es anstellen sollten, einander zu mögen.

Ich handelte einen farmfreien Tag für mich aus und nahm mit Nina die Fähre nach Burlington. Es war ein komisches Gefühl, den Bürgersteig entlangzugehen, auf dem es von elegant gekleideten Menschen wimmelte, deren Stiefel nicht mit getrocknetem Dung verkrustet waren. Es war, als wäre ich nach einer anstrengenden Dschungeltour plötzlich in die Zivilisation zurückgeworfen worden. Wir betraten die Geschäfte, und ich betastete gleichgültig die Kleidungsstücke, unfähig, mir vorzustellen, was ich mit ihnen anfangen sollte. Wir sahen uns auch Hochzeitskleider an, doch sie waren so weiß, dass ich davor zurückschreckte, sie anzufassen, weil ich sicher war, dass ich noch Dreck an den Händen hatte. Dann setzten wir uns in einem Café an einen Tisch und bestellten uns Kaffee. Sie sah mich ernst an, in einer Weise, die mir zu verstehen gab, dass sie im Begriff war, mir eine Standpauke zu halten. Aber es ging ihr nicht um meine Beziehung zu Mark. Es war die Hochzeit.

Nina und ich hatten viele Dinge gemeinsam, aber in einigen Dingen waren wir das glatte Gegenteil voneinander. Als ich sie einmal in Kalifornien besucht habe, hatte sie die ganze Woche verplant – mit Spa-Besuchen, Camping-Trips, Restaurantbesuchen, dem Herumstöbern in Buchhandlungen, Besuchen von Weinkellereien – hatte Reservierungen vorgenommen, Karten und eine Reiseroute ausgedruckt und alles in eine Mappe geheftet, die auf dem Beifahrersitz ihres Autos lag, als sie mich am Flughafen abholte. Ich kreuzte mit einer Reisetasche auf, die ich gepackt hatte, während das Taxi bereits am Straßenrand wartete, und trug Flipp-Flopps, weil ich meine anderen Schuhe nicht gefunden hatte. Sie und ihr Mann David hatten zwei Jahre zuvor eine sagenhafte Hochzeit gefeiert, die es nicht an Eleganz hatte missen lassen und allen Gästen Spaß gemacht hatte. Sie kam so leicht und mühelos daher wie jede gute Party, doch in Wahrheit waren ihr anderthalb Jahre strategischer Planung vorausgegangen. Unser Hochzeitstermin stand inzwischen fest, es waren noch neun Monate bis zu dem großen Tag, und bisher hatte ich noch nicht auch nur mit den kleinsten Vorbereitungen begonnen. So wie Nina die Sache sah, hinkte ich dem Zeitplan bereits nahezu uneinholbar hinterher. Sie ist eine durch und durch loyale Freundin und kam zu dem Schluss, dass hier ein Notfall vorlag, der dringend ihres Einschreitens bedurfte. Sie begann behutsam mit ein paar Fragen und kam dann immer mehr in Fahrt.

„Hast du schon einen Barkeeper engagiert? Und was ist mit den Terminvormerkungskarten? Die sollten jetzt wirklich rausgehen. Die Leute müssen planen. Und was ist mit dem Caterer? Die guten sind ein Jahr im Voraus ausgebucht." Sie langte in ihre Handtasche, nahm einen Stift heraus und begann, eine Liste zu erstellen. Ich nippte an meinem Kaffee und merkte, wie mein Blutdruck stieg. „Dixiklos", schrieb sie auf und unterstrich es. Sie hielt inne und tippte mit dem Stift auf den Tisch. „Was ist mit Stühlen?", fragte sie. „Du wirst welche mieten müssen."

An Stühle hatte ich bisher keinen einzigen Gedanken verschwendet. Als wir nach Hause kamen und Nina ins Bett gegangen war, wies ich Mark mit besorgter Stimme darauf hin, dass wir Stühle würden mieten müssen. Unsere Gespräche über die Hochzeit waren bis dahin vage und flüchtig gewesen und hatten meistens beim Melken über Delias Hinterteil hinweg stattgefunden, oder wenn wir in der gleichen Pferdebox landeten, um auszumisten. Wir hatten keine Zeit gehabt, uns in Ruhe hinzusetzen und zu planen. Uns schwebte beiden eine schlichte Hochzeitsfeier vor, die Anfang Oktober auf unserer Farm stattfinden sollte. Wir wollten beide die Verrücktheiten und die Anspannung vermeiden, die Hochzeiten normalerweise mit sich zu bringen scheinen. Wir wollten erlesene Gerichte servieren, deren Zutaten von unserer Farm stammten. Abgesehen davon unterschieden sich unsere Vorstellungen. Mir schwebte eine kleine Feier vor, mit höchstens fünfzig Gästen. Mark dachte eher an dreihundert Gäste. (Auf seinem ersten Entwurf der Gästeliste hatte er seinen Kunstlehrer aus der Mittelstufe, eine Familie aus Indien, bei der er zwei Wochen lang gewohnt hatte, und seinen Kinderarzt aufgeführt.) Mir schwebte Country Chic vor, etwas Stilvolles, vielleicht mit einer eingestreuten Prise Ironie, die auf meinen urbanen Hintergrund anspielte Farm light sozusagen. Mark wollte es echt – er wollte unseren Gästen die Farm und den Dung präsentieren –, und er wollte eine billige Feier, nicht weil er ein Typ war, der sich mit Billigem zufriedengab, sondern weil er jede Art von Verschwendung hasste und wir, wie er zutreffend hervorhob, gerade einen neuen Betrieb gründeten und unser Bankkonto in schwindelerregendem Tempo in Richtung rote Zahlen rutschte.

„Was spricht denn gegen Ballen?", entgegnete er. „Warum können die Leute nicht auf Strohballen sitzen?" Ich versuchte, mir vorzustellen, wie meine Mutter und ihre Freundinnen in ihren Talbot-Kleidern auf Ballen hockten und ihnen das Stroh in ihre Hintern stach. Meine Mutter hatte meinen überstürzten Wegzug aus der Stadt immer noch nicht verkraftet, und meine Blitzverlobung ebenso wenig. Sie hatte einen flüchtigen Einblick in unser Leben auf der Farm erhalten, und was sie gesehen hatte, beunruhigte sie. Was sie wollte – abgesehen davon, dass wir, wenn es nach ihr ginge, am besten gar nicht heirateten –, war eine unter den gegebenen Umständen so normale Hochzeit, wie nur irgend möglich, korrekt, und in reinlicher Umgebung, mit einer großen offenen Bar. Keine Strohballen.

Unser Streit, der daraufhin entbrannte, wurde laut, zog sich hin und endete mit einem Unentschieden. Am Ende kamen wir überein, dass wir keine Zeit für solche Streitereien hatten und künftig, wenn einer von uns ein brisantes Thema aufbrachte, das in eine zeittötende Diskussion auszuarten drohte, der andere „Stühle!" sagen konnte und die Auseinandersetzung damit sofort bis zur Schlafenszeit beendet war, wenn wir sowieso zu müde sein würden, uns zu streiten. Die Folge war, dass wir überhaupt nicht mehr über die Hochzeit redeten, bis sie unmittelbar vor der Tür stand.

Solange ich so tun konnte, als wäre ich eine Art Austauschstudentin, die dazu bestimmt war, irgendwann wieder in ihr Heimatland zurückzukehren, ging es mir gut – sehr gut sogar. Ich begegnete der Farm mit demselben Gefühlsmix, mit dem ich auch Mark begegnet war, als wir uns kennengelernt hatte. Faszination, Vernarrtheit, Verzweiflung und Liebe. Aber die Arbeit war so hart, und die Umstände waren mir so fremd, dass ich nur in der Gegenwart leben konnte. Wenn ich weiter in die Zukunft dachte als an den nächsten Tag, wurde mir mulmig. Ein Ausflug in die Außenwelt verunsicherte mich und warf mich aus der Bahn. Weihnachten blieb Mark auf der Farm, um Delia zu melken, und ich fuhr weg, um ein paar Tage im Kreis meiner Familie zu verbringen, hatte aber die Absicht, an Heiligabend zurück zu sein, damit Mark den Feiertag nicht würde allein verbringen müssen. Meine Eltern hatten in Florida ein Haus gemietet, und mein Bruder, seine Frau, meine Schwester und ich besuchten sie dort. In Florida war es sonnig, sauber und komfortabel, es gab einen Swimmingpool und wir schliefen morgens lange und bereiteten uns mit den Zutaten, die wir im Supermarkt kauften, unkomplizierte Gerichte zu. Wir hatten weder Routinearbeiten zu erledigen noch sonst irgendwelche Verpflichtungen. Abends tranken wir Cocktails, legten irgendetwas auf den Grill, spielten Spiele und unterhielten uns. Nach ein paar Tagen, die ich auf diese Weise verbracht hatte, fühlte ich mich wie ein neuer Mensch, die Farm und die mit ihr verbundenen Probleme waren in den Hintergrund getreten. Auf der schneereichen Rückfahrt vom Flughafen erlaubte ich mir, ein wenig in die Zukunft zu blicken und mir vorzustellen, wie es mit Mark auf der Farm wäre, wenn alles organisiert und eingespielt sein würde und wir nicht mehr so unglaublich hart würden arbeiten müssen. Vor meinem inneren Auge erhaschte ich einen flüchtigen Blick auf diese althergebrachte, wärmende, ans Herz gehende Vorstellung von einem Zuhause. Ich hörte im Autoradio Weihnachtslieder und schwelgte in einem Anfall von Sehnsucht.

Als ich zu Hause ankam, hatte ich mich in einen vorübergehenden Anfall von Heimweh und Sehnsucht hineingesteigert. Ich war entschlossen, mich voll und ganz einzubringen und das Zuhause mit Mark zu erschaffen, nach dem ich mich sehnte, und zwar mit Hilfe dessen, was uns zur Verfügung stand, was auch immer es war. Wir würden unsere Feiertagsbräuche haben, und wir würden noch an diesem Abend damit beginnen. Ich sah uns gemeinsam ein grandioses Weihnachtsessen zubereiten, als Vorlage für alle weiteren Heiligabende, die in unserer Ehe noch kommen würden. Ich platzte durch die Tür, bereit, mich leidenschaftlich in die Einführung von Familienbräuchen zu stürzen, doch ich fand das Haus dunkel vor. Im Ofen brannte kein Feuer, niemand war zu Hause. Der Milcheimer stand noch in der Spüle, im Flur standen dreckige Stiefel, die nach Dung stanken, auf dem Esstisch lag ein Kuhhalfter. Auf einmal kamen mir dieser Ort und das Leben, das ich gewählt hatte, klein und schmutzig und elend vor, und ich wollte überhaupt nicht da sein. Ich öffnete die Flasche Scotch, die ich Mark als Geschenk mitgebracht hatte, goss mir einen Drink ein und schlang, ohne meinen Parka auszuziehen, kalte Essensreste herunter. Ich war zu deprimiert, den Ofen einzuheizen.

Mark kam erst nach Hause, als ich im Begriff war, ins Bett zu gehen. Er hatte sich eine Decke um die Taille gebunden und trug ein scheußliches, mottenzerfressenes Lammfell und einen Hirtenstab. Er war kurzfristig rekrutiert worden, um bei der Aufführung der Weihnachtsgeschichte in der St. John's Kirche den Joseph zu spielen und war nach seinem kurzen Moment im Rampenlicht genauso angetan von sich wie die Schauspieler, die ich irgendwann in New York nach ihrem Auftritt im Theater erlebt hatte. Es sei keine Sprechrolle gewesen, sagte er, aber er habe das Beste daraus gemacht und glaube, dass sein Vollbart und sein ungepflegtes Haar der von ihm gespielten Figur einen Hauch Authentizität verliehen hätten. Er hatte einen tollen Abend gehabt, neue Freundschaften geschlossen und konnte absolut nicht verstehen, warum ich so aufgebracht war, nur weil er nicht daran gedacht hatte, mir eine kurze Mitteilung zu hinterlassen, wo er war. Wir nahmen im Bett noch einen Drink, als die Kirchturmuhr Mitternacht schlug, und ich heulte an seiner Brust, aufgewühlt von Emotionen, die ich nicht benennen und die er nicht verstehen konnte, aber er hielt mich die ganze Zeit glücklich im Arm.

 Mit dem Beginn des neuen Jahres fing Delias Ohr an zu stinken. An der Basis eines ihrer Stummelohren formte sich ein mit Eiter gefüllter Riss, und als ich näher heranging, um ihn zu untersuchen, wich ich angesichts des Gestanks, der mir entgegenschlug, angewidert zurück. Ich brachte jeden Morgen eine Flasche warmes Wasser und etwas Jod mit, band sie mit einem Halfter an einem Pfosten in ihrem Stall fest, tupfte den stinkenden Schorf ab und versuchte, den Riss weit genug zu öffnen, um den Eiter abfließen zu lassen. Wenn sie mich kommen sah, schüttelte sie den Kopf, aber das war auch schon das äußerste Zeichen ihres Protests. Die Wunden füllten sich mit Granulationsgewebe, jenen rohen, hässlichen Fleischwärzchen, die den ersten Schritt der Heilung bilden.

Der Betreiber der Milchfarm, auf der wir Delia erstanden hatten, rief an und teilte uns mit, dass sie eine weitere Kuh für uns hätten, die sie uns billig überlassen könnten, weil sie die Lieblingskuh ihrer Tochter sei und sie sie nicht zu Fleisch verarbeiten lassen wollten, doch sie könnten sie nicht behalten, weil ihr Euter zu tief herabhänge und die Laufgänge auf ihrer Farm sehr schmutzig seien, weshalb ihre Zitzen, immer wenn sie zum Melken komme, schmutzverkrustet seien. Sie war halb Jersey-Kuh, halb Holstein-Kuh und lieferte viel Milch. Sie hieß Raye. Als ich gut zwanzig war, habe ich ein Jahr in Mexiko gelebt. Als ich dort ankam, konnte ich nur sehr schlecht Spanisch. Wenn ich mich mit jemandem unterhielt, war ich oft völlig verloren, klammerte mich an jedes vertraute Wort, das aus dem Mund meines Gegenübers kam, und versuchte, die wenigen Worte, die ich verstand, zu irgendetwas Sinnvollem zusammenzufügen. Und wenn der Wortschwall meines Gesprächspartners versiegte und dieser mich ansah, als erwarte er eine Antwort, sagte ich ausnahmslos „Si". Diese Strategie führte mich manchmal in interessante Situationen, aber sie brachte mich durchaus weiter. Der Rückgriff auf diese „Si"-Strategie ist meine einzige Erklärung dafür, warum wir Raye gekauft haben. Wir hatten sowieso schon zu viel Milch und zu wenig Zeit, aber wir waren ein wenig verloren und leicht zu begeistern, und wenn wir etwas gefragt wurden, war unsere vorgegebene Standardantwort „Si".

Wenn Delia eine Stallgenossin bekommen sollte, bräuchten sie und Raye mehr Platz. An der Westseite der Westscheune war ein großer Schuppen mit einer Schiebetür angebaut worden. Sein Grundgerüst und die äußeren Wände waren noch in Ordnung, aber die billigen Pressspanplatten im Inneren waren verzogen und zerbröselten. Wir verbrachten einen Tag damit, sie abzureißen und das weiche Zeug in einen Müllcontainer zu verfrachten, und einen weiteren Tag damit, die Nägel aus den jetzt nackten Balken zu ziehen. Aus der leeren Birnenfassung zogen wir eine verbrutzelte und getrocknete Fledermaus. Sie musste versucht haben, dort zu schlafen, als der Strom noch funktioniert hatte.

Raye kam an und war das glatte Gegenteil von Delia, nämlich stämmig, pechschwarz und starrsinnig. Sie muhte laut wie eine Tuba. Zur Melkzeit stürmte sie aus ihrem Stall, während ich an ihrem Halfter hing und in etwa so effektiv war wie ein Floh. Wenn ich ihr Euter wusch, hob sie einen Huf in meine Richtung, und eine Woche lang trat sie jeden Eimer um, den ich unter sie stellte, bis ich schließlich herausfand, wie ich den Eimer zwischen meinen Knien festhalten konnte, damit er nicht umfiel. Wenn Raye da gewesen wäre, als Delia von den Hunden angegriffen wurde, hätten diese keine Chance gehabt, beschloss ich. Sie drängte Delia von einer Seite des Stalls zur anderen, aber Delia freute sich, in Gesellschaft einer Artgenossin zu sein. Das Letzte, was ich abends sah, wenn ich die Scheune verließ, war, wie Delia Raye schüchtern leckte und mit ihrer gummiartigen Zunge Schmachtollen in Rayes dickem Winterfell produzierte.

Im Januar kauften wir von einem Farmer, der seinen Betrieb auflöste, eine Herde Mastrinder. Es waren Schottische Hochlandrinder, ungezähmt aussehende Tiere mit massiven Hörnern und dickem, gewelltem Fell, einige rot, einige schwarz, einige silbergrau, mit langen Stirnfransen, die ihnen bis über die Augen fielen. Diverse Leute hielten an und fragten uns, ob wir Yaks züchteten. Wir hatten die Schottischen Hochlandrinder gekauft, weil sie in der Nähe zu einem guten Preis zu kaufen gewesen waren und die Rasse über gewisse Vorzüge verfügte, die unserer Situation entgegenkamen. Es ist die älteste bekannte registrierte Hausrindrasse, deren Erbanlagen sich unter rauen Bedingungen entwickelt haben. Sie sind für ihre Zähigkeit bekannt, geben sich auch mit kargen Weiden zufrieden, kalben leicht, verfügen über gute Mutterinstinkte und gedeihen gut mit Gras anstatt mit Getreide. Ihr äußerst dickes Fell ist zudem ein Vorzug in harten Wintern. Wenn kalte Frühlingsschauer niedergehen, weist ihr Fell das Wasser ab wie das von Schafen. Ihr Nachteil besteht darin, dass sie nur langsam wachsen und mehr als zwei Jahre brauchen, bis sie ihr Schlachtgewicht erreichen. Allerdings war unsere Herde ziemlich wild. Als wir sie entluden, entwischte ein Bullenkalb durch eine winzige Lücke zwischen dem Anhänger und dem Zaun und trabte über die ganze Farm, während seine Mutter schnaubte und versuchte, ein Tor niederzureißen. Das widerspenstige Kalb war weiß und wuschelig wie ein großes Lamm. Wir nannten es Wiley.

Die Samen trafen im Februar ein, sozusagen eine komplette Farm in einer Schachtel. Von all den Geheimnissen, die mir auf der Farm begegneten, schien mir dieses das Rätselhafteste zu sein. Ich konnte mir nicht vorstellen, wie aus einer Schachtel, die so klein und so leicht war, dass ich sie in einer Hand balancieren konnte, tonnenweise Nahrungsmittel entstehen sollten. Mark und ich hatten lange

Abende über den Samenkatalogen gebrütet, die in den dunkelsten Wochen des Winters eingetroffen waren und sich neben unserem Bett stapelten wie Farmerpornohefte. Ich kam zu dem Schluss, dass Jonny's Hochglanzkatalog mit den Vierfarbfotos von mit Airbrushtechnik aufpolierten Produkten für visuell ansprechbare Farmer bestimmt war, während der zusammengestückelte, auf Zeitungspapier gedruckte Fedco Katalog, der mit Strichzeichnungen illustriert war, jedoch über ausführliche Beschreibungen verfügte, für Leute wie mich bestimmt war, die auf Worte abfahren. Wenn es nach mir gegangen wäre, hätten wir in jenem Jahr von jeder im Fedco Katalog angebotenen Varietät eine ausgesät. Allein in der Sektion „Winterkürbisse" unterstrich ich zwölf faszinierende Sorten, darunter Georgia Candy Roaster, Turk's Turban, Pink Banana und eine Sorte namens Galeux d' Eysines, was, wie der Text mir erklärte, bedeutete „mit Kieselsteinen verziert". Die Kräutersektion brachte mich völlig aus dem Häuschen. Warum sollte man nicht ein Päckchen Salzkraut, Sumpf-Scharfgabe, Herzspannkraut und Echtes Johanniskraut bestellen, und dazu ein Päckchen Sumpf-Helmkraut, das dem Text zufolge früher als verbreitetes Heilmittel gegen Tollwut gegolten hatte? Was sollte man bei einem Dollar pro Päckchen schon falsch machen? Der Trick bei den Saatkatalogen besteht darin, dass sie im Winter bei dir eintrudeln, wenn alles noch möglich scheint und die mit dem Anbau verbundene Arbeit noch in so weiter Ferne liegt, dass du sie dir nicht klar vorstellen kannst. Zum Glück durchschaute Mark diesen Trick und hatte meine Liste stillschweigend einkassiert und zerknüllt, sodass die Schachtel, die an unserer Haustür eintraf, Samen von essbaren Produkten enthielt, die Menschen im Allgemeinen mögen, eine vernünftige Anzahl an Varietäten, und nichts, was mit dem Wörtchen -kraut endete. Wir sahen die Päckchen durch und sortierten sie danach, welche Samen direkt auf dem Feld eingesät wurden und aus welchen zunächst im Gewächshaus Setzlinge gezogen werden mussten, und zwar schon in wenigen Wochen. Wir hatten zwar noch kein Gewächshaus, aber dessen Bau stand immerhin auf unserer Liste.

Mitte Februar fuhr Mark nach Pennsylvania, um seine Ausrüstung für die Herstellung von Ahornsirup abzuholen, die er auf seiner ehemaligen Farm in State College gelagert hatte. Er kehrte mit dem Verdampfer zurück, einer schweren, gusseisernen Anlage, die aussieht wie ein ein Meter achtzig mal sechzig Zentimeter großer Metallsarg, in den eine große rechteckige glänzende Edelstahlpfanne eingelassen ist. Wir stellten die Anlage in dem Pavillon unweit der Straße auf und sägten ein Loch in das Blechdach, durch das wir den Rauchabzug schoben. Von Thomas LaFountain liehen wir uns einen Siebenhundertfünfzig-Liter-Safttank, den er in seinem eigenen Ahornwald benutzt hatte, bis er von Eimern auf Plastikschläuche umgestiegen war.

Die Farm begann, Form anzunehmen, wobei diese sich aus verschiedenen Elementen zusammensetzte. Wir hatten die Milchkühe, die Mastrinder, die Schweine, die Hühner, die Samen und die Ausrüstung, um aus dem Saft der Ahornbäume Sirup herzustellen. Wir hatten die einzelnen Elemente an Ort und Stelle, verfügten über alles, was wir benötigten, um unsere Lebensmittel und die unserer bisher noch imaginären Mitglieder zu produzieren. Wir hatten alles, bis auf die Stunden, die uns fehlten, um alles zu bewerkstelligen. Rayes großes Euter war viel schwerer zu melken als Delias handlicher Milchbeutel, und sie produzierte auch viel mehr Milch, sodass die Sonne, ganz egal, wie früh wir auch anfingen, bereits hoch am Himmel stand, bevor die Milch weggestellt und die Melkausrüstung gereinigt war. Und dann waren da die anderen allmorgendlichen Routineaufgaben. Die Pferde mussten mit Streu versorgt und gefüttert, den Schweinen mussten die Essensreste hingeworfen, die Hühner mussten aus ihrem Stall ins Freie gelassen und mit Futter und Wasser versorgt werden. Die Mastrinder waren im Anbau der Ostscheune untergebracht, während sich ihr Heu auf dem Heuboden der Westscheune befand, weshalb wir die Heuballen jeden Tag hinunterwerfen und einzeln von der West- zur Ostscheune schleppen mussten, weil wir noch keine Karre hatten. Da wir nicht genug Schläuche hatten, schleppten wir jede Menge Wasser in Eimern. Die Tage wurden länger, immer gab es irgendetwas zu tun, das keinen Aufschub duldete, und die Liste der zu erledigenden Dinge war am Ende des Tages länger als sie im Morgengrauen gewesen war.

Sämtliches Geld, das wir ausgaben, entstammte unseren Ersparnissen. Der Geldfluss fand nur in eine Richtung statt. Wir kauften für Hunderte von Dollar Material zum Errichten von Elektrozäunen, inklusive Weidezaungeräten, von Hand in den Boden steckbaren Kunststoffpfosten, Hühnerzäunen und Tausenden Metern leitender Kunststofflitzen, die wir verwenden würden, um die Rinder und die Pferde immer wieder auf anderen Weidebereichen grasen zu lassen. Wir brauchten auch weitere Geräte – nicht nur Karren und Schläuche, sondern auch Handwerkzeuge sowie weitere Maschinen, Eimer und Tanks, Heuraufen und Futtertröge. Unser Kontostand näherte sich dem Nullpunkt. Jeden Abend überarbeiteten wir unsere Liste der zu erledigenden Aufgaben und strichen sie auf das Unabdingliche zusammen. Ich versuchte, meinen Wunsch sausen zu lassen, dass es schön werden sollte, und mich stattdessen damit zufriedenzugeben, dass es funktional war, und bekam auf diese Weise einen Einblick, warum der Betrieb einer Farm so aussah, wie er aussah. Auf unserer Farm liefen drei Bauprojekte gleichzeitig, und jeder, der bei uns erschien, wurde sofort eingespannt mitzuhelfen. Meine Freundin Alexis besuchte uns aus New Orleans, wo sie gerade ein Haus renoviert hatte, und wir beauftragten sie damit, die elektrischen Leitungen in den Scheunen neu zu verlegen. Als sie wieder abfuhr, hatten wir Licht in den Scheunen. Als die Tage länger wurden, machten wir uns wieder ans Aufräumen, rissen drei weitere Gebäude ab und karrten die Trümmer weg. Wir hatten zu jener Zeit keinen Tagesrhythmus, keine Routine, und der Farmbetrieb wartete mit derartig vielen Zwischenfällen auf, die sofortiger

Erledigung bedurften – von ausgebüchsten Rindern bis hin zu eingefrorenen Wasserleitungen –, dass die Arbeit sich bis in die Stunden des Tages erstreckte, in denen wir eigentlich hätten schlafen sollen, und trotzdem wurden wir nie mit allem fertig.

Die Mieter zogen gegen Ende des Winters aus dem Farmhaus aus, ein paar Monate vor Ablauf ihres Mietvertrags. Wir zogen ein und mussten feststellen, dass das Haus rattenverseucht war. Auf der ganzen Farm wimmelte es von Nagern, dank mehrerer Tonnen Weizen, die Jahre zuvor im Getreidespeicher zurückgelassen und nie beseitigt worden waren. Wir besaßen keine Möbel und schliefen im Erdgeschoss auf einer Matratze auf dem Boden. Nachts wurde ich oft von dem Rascheln der in den Mauern umherhuschenden Ratten wach. Wir verfolgten die Geräusche bis auf den niedrigen Dachboden, und als Mark nachsah, entdeckte er in der Dachisolierung unzählige Rattennester. Wenn ich nachts in die Küche ging, um mir ein Glas Wasser zu holen, sah ich im Lichtschein einen geschmeidigen braunen Körper und einen langen, dünnen Schwanz über dem Ofen in einem Loch in der Wand verschwinden. Eines Tages war das Telefon tot, und als wir dem Problem nachgingen, fanden wir heraus, dass die Ratten die Leitungen durchgebissen hatten. Ein Teil ihres Invasionsplans, um unser Haus zu erobern, schien darin zu bestehen, uns von der Außenwelt abzuschneiden. Ich befürchtete, dass sie als Nächstes die Stromkabel durchfressen und das Haus mitsamt uns abfackeln würden. Außerhalb des Hauses hatten sie sich bei den Schweinen gemütlich eingerichtet, und einmal erwischte ich sie dabei, wie sie am helllichten Tag nach Speiseresten herumschnüffelten. Ich vermutete, dass sie uns zahlenmäßig um das Hundertfache übertrafen.

Wir stellten Fallen auf, diese Dinger, die aussehen wie überdimensionierte Mäusefallen, mit Federn, die so angespannt waren, dass sie ohne Weiteres den Finger eines Menschen hätten brechen können. Wir stellten die Fallen Nacht für Nacht an den Stellen, an denen die Ratten Löcher in die Wandfaserplatten gefressen hatten, im Inneren der Mauern auf, hörten sie Nacht für Nacht zuschnappen und fanden am Morgen tote Ratten. Meine in der Stadt groß gewordene Hündin Nico hatte keinerlei Interesse daran gezeigt, Ratten zu jagen. Ich hatte auf einer Webseite gelesen, wenn man seinen Hund dazu bringen wolle, Ratten zu jagen, müsse man ihm zeigen, dass Ratten feindliche Wesen seien. Also zog ich mir Gummihandschuhe an, holte eine frische tote Ratte aus einer der Fallen und brachte sie nach draußen. Nachdem ich mich vergewissert hatte, dass Nico zusah, schrie ich die tote Ratte an, schleuderte sie auf den Boden, trat mit dem Absatz meines Stiefels auf ihr herum und schrie anschließend noch mehr auf sie ein. Nico betrachtete das Ganze skeptisch, dann zog sie den Schwanz ein und schlich davon, voll und ganz überzeugt, dass es geboten war, Ratten um jeden Preis aus dem Weg zu gehen. Dann durchschauten die Ratten die Schnappfallen, wir fingen keine mehr, und das Rattengewimmel ließ kein bisschen nach.

Eine andere Webseite empfahl Fassfallen. Wir streuten Getreide auf den Grund eines Hundertneunzig-Liter-Fasses, stellten von außen ein fünf mal zehn Zentimeter dickes Kantholz gegen das Fass, damit die Ratten hineinklettern konnten, und stellten ein weiteres Kantholz in dem Fass auf, damit sie wieder herausklettern konnten. Nach ein paar Tagen nahmen wir das Kantholz aus dem Fass heraus, füllten es bis zu einer Höhe von dreißig Zentimetern mit Wasser und streuten das Getreide auf die Wasseroberfläche. Die Ratten stiegen in das Fass, kamen aber nicht mehr heraus. An einem Morgen erwischten wir auf diese Weise sechs Stück, und im Laufe der folgenden zwei Wochen dürften wir gut zwei Dutzend erlegt haben, doch dann durchschauten sie auch diese Falle und ignorierten das Fass.

Schließlich ging ich ins Tierheim, fragte nach den wildesten, unverträglichsten Insassen und kam mit drei Katzen nach Hause: Zwei Schwestern mit Stummelschwänzen und einer schwarz-weißen. Sie waren nicht gerade die kaltblütigen Killermaschinen, die ich im Sinn gehabt hatte. Sie waren unterentwickelte, unglückselige Kreaturen und nicht viel größer als die größten Ratten. Als ich sie in der Scheune losließ, umkreisten sie meine Beine und schnurrten. Als am nächsten Tag eine Frau mit einer Kiste voller Kätzchen zu uns kam – es hatte sich herumgesprochen, dass wir nach Katzen Ausschau hielten –, nahm ich sie. Ich ging davon aus, dass wir Verstärkung brauchen würden.

Die Kätzchen waren gerade erst von der Mutter entwöhnt und schliefen nachts zusammen in der Scheune, zusammengerollt zu einem flauschigen Knäuel. Am Tag spielten sie mit Papiertüchern auf dem Boden der Scheune, lieferten sich ausgeklügelte Hinterhalte und Scheingefechte und miauten, um aufgehoben und gekrault zu werden. Eine Woche, nachdem sie zu uns gekommen waren, knipste ich morgens in der Scheune das Licht an, doch es ertönte kein Miauen. Ich fand eines der Kätzchen, das kleine graue, kalt und steif neben der Anbindestange der Kühe, und dann sah ich noch zwei weitere. Ich hob das graue Kätzchen auf. Tot fühlte es sich noch kleiner an als lebendig, ein kleines, mit weichem Fell überzogenes Knochengerippe. Mark kam in die Scheune, nahm mir das Kätzchen aus der Hand, untersuchte es, zog am Nacken das Fell auseinander und entdeckte zwei vampirartige Einbisse, die etwa 1,2 Zentimeter auseinander lagen.

„Das war ein Wiesel", stellte er fest. „Sie saugen Blut."

Gleicht denn die ganze Welt einem grausamen Tanz zwischen Fressern und Gefressenen? Ich begrub die armen Dinger im Komposthaufen. Die beiden überlebenden Kätzchen tauchten ein paar Tage später aus ihren Verstecken auf. Wir nannten sie Mink und Marten. Das Wiesel entging unseren Bemühungen, es zu fangen, tötete noch eine Bantham-Henne und all ihre Küken und verschwand durch die gleiche dampfende Erdspalte, aus der es hervorgekrochen war, wieder in die Unterwelt, um uns nie wieder zu belästigen.

Doch die Ratten verschwanden ebenfalls nach und nach, zuerst aus dem Haus und später auch aus den Scheunen. Ich sah nie eine Katze eine Ratte töten, aber die Katzen belagerten die Lieblingsplätze der Ratten, sogar deren Lieblingsschlupfwinkel im Getreidespeicher, oben auf den Getreidesäcken. Vielleicht zogen sich die Ratten zurück, oder sie wurden weniger dreist. Vielleicht fraßen die Katzen auch den Rattennachwuchs. Was auch immer es war, wir gewannen die Oberhand über sie.

TEIL 3

FRÜHLING

Es war ein merkwürdiges Verlobungsverhältnis. Romantisch, aber ganz anders als das, was ich mit dem Begriff in meinem alten Leben verbunden hatte, in dem es beinahe ein Synonym für faszinierende Neugier gewesen war. Mark wusste gar nicht, wie man so eine Beziehung führte. Als er in der dritten Klasse war, schrieb er diversen Mädchen in seiner Klasse lange, hingebungsvolle Liebesbriefe. Die Jungen rempelten ihn auf dem Schulhof an, entwendeten ihm die Briefe aus seiner Tasche und lasen sie auf der obersten Sprosse des Klettergerüsts laut vor. Doch das hielt ihn nicht davon ab, weitere Liebesbriefe zu schreiben. Am meisten hatte es ihm in jenem Jahr ein Mädchen namens Claudia angetan. Er kaufte ihr von seinem Taschengeld ein glänzendes Poster, auf dem im Vordergrund ein weißes Einhorn und im Hintergrund ein Schloss und ein Regenbogen abgebildet war, und als seine Angebetete ihm pikiert erklärte, dass sie das Geschenk nicht annehmen könne, versuchte er, das Poster einem anderen Mädchen anzudienen. Es lehnte ebenfalls ab, also zuckte er mit den Achseln, nahm es mit nach Hause und hängte es in seinem eigenen Zimmer auf. Er war schon damals unerschrocken und blieb so. Es würde ihm nie in den Sinn kommen, sich schüchtern zu geben. Er hatte keine Hintergedanken, plante kein Ausstiegsszenario. Er hatte mir gleich bei unserer ersten Begegnung gezeigt, wer er war, und hatte nie einen Hehl aus seinen Absichten gemacht.

Und so speiste sich unsere Liebesbeziehung aus einer anderen, mir neuen Quelle, nämlich daraus, durch ein gemeinsames Ziel aneinander gebunden zu sein und ein kleines, eingeschworenes Zweierteam zu bilden. Ich stellte mir vor, dass es so vermutlich sein musste, wenn man in einem Erziehungslager eine Beziehung schmiedete oder auf einer einsamen, wenn auch fruchtbaren Insel, ausgesetzt worden war. Beim Aufwachen und Einschlafen redeten wir über unser Vieh, über Samen, anstehende Entwässerungen, Werkzeuge oder darüber, wie wir dem Tag noch eine weitere Minute abringen konnten, indem wir eine unserer Routinearbeiten optimierten und den einen oder anderen Schritt bei ihrer Bewältigung einsparten. Unsere Körper waren völlig ausgelaugt. Manchmal berührten unsere Fingerspitzen einander in dem kurzen Moment zwischen dem Zubettgehen und dem Einschlafen, ein Akt, den wir zynisch „Farmerliebe" nannten. Ich erinnere mich noch daran, gedacht zu haben, dass Kinder, falls wir welche bekommen sollten, im tiefsten Winter gezeugt werden mussten, wenn die Nächte lang waren.

Ich war noch nie in meinem Leben so verdreckt gewesen. Die Arbeit war immer dreckig, dreckiger als alles, was ich in meinem früheren Leben einmal als dreckig bezeichnet hatte, und es kostete zu viel Kraft, dem Dreck aus dem Weg zu gehen. Ich hatte Tag für Tag nicht nur engsten Kontakt mit Dreck, sondern auch mit Blut, Dung, Milch, Eiter, meinem eigenen Schweiß und dem anderer Kreaturen, mit dem Fett von Maschinen und dem von Tieren, mit Innereien und sämtlichen Zuständen der biologischen Zersetzung. Meine Ekelgrenze sank allmählich herab. Dem Gedanken, am Ende eines kühlen Frühlingstages in einem unbeheizten, vom Holzofen weit entfernten Badezimmer ein Bad zu nehmen, und das auch noch mit der Aussicht auf das ohnehin nicht mehr allzu fern liegende morgendliche Melken, konnte ich nicht viel abgewinnen. An manchen Abenden schälte ich mich nur aus meiner äußeren Kleidungsschicht, kroch schnell unter die dicke Daunendecke und ließ die Sachen einfach am Fußende des Bettes liegen, um sie in der Dunkelheit des nächsten Morgens wieder schnell zur Hand zu haben. Meine Stadtkleidung hatte sich so weit gelichtet, dass sie in eine kleine Schublade passte, in der ich die Kleidungsstücke aufbewahrte, die noch nicht ruiniert und für den Gebrauch außerhalb der Farm reserviert waren, was bedeutete, dass sie praktisch nie getragen wurden. Die anderen Stücke waren nach und nach in dem Fach für den täglichen Gebrauch gelandet. Ich entdeckte die wärmenden Eigenschaften von Seide, was meiner Unterwäschekollektion einen ganz neuen Zweck verlieh. An einigen Tagen trug ich bei der Landarbeit einen schwarzen Kaschmirpullover mit V-Ausschnitt, den ich in meinem früheren Leben meinen „Erstes-Date-Pulli" genannt hatte. Damals hatte ich ihn mit einer Vorzugsbehandlung geehrt, mit gepolsterten Kleiderbügeln und chemischer Reinigung. Jetzt war er voller Heu und an den Ellbogen durchgescheuert. Ich ließ mir die Haare wachsen, nicht, weil ich es wollte, sondern weil das Vereinbaren und Einhalten eines Friseurtermins es nie an die Spitze der Prioritätenliste schaffte. Ich vergaß, meine Augenbrauen zu zupfen. Ich blickte fast nie in den Spiegel, und wenn ich es doch tat, sah ich, dass die Arbeit an der frischen Luft mir neue Krähenfüße bescherte, meine Gesichtshaut gerbte und die roten Farbtöne und Sommersprossen hervorbrachte. Ich begann, das Gewicht meiner Stirnhaut zu spüren, meine Wangen hingen an den Seiten meines Mundes herab. Mein neues Leben zeichnete mich. Und es geschah sehr schnell. Zwischendurch verfiel ich immer mal wieder in einen Anfall des Widerstandleistens, in dessen Verlauf ich mir die Augenbrauen zupfte, Feuchtigkeitscremes auftrug und ein Gesichtspeeling machte, dann gab es Perioden, in denen ich meinem alten Ich hinterhertrauerte, das am Horizont zu verschwinden schien, und schließlich fand ich mich damit ab, wie es war.

Der März war eine angespannte und etwas unheilvolle Zeit, wie eine Grenze zwischen zwei verfeindeten Ländern. Es sind nicht die Entbehrungen des Winters, die dir zu schaffen machen, und auch nicht die klamme Nässe des Frühlings, sondern es ist das Niemandsland zwischen den beiden Jahreszeiten. Das Wetter war absolut unvorhersehbar, in manchen Nächten herrschten achtzehn Grad minus, in anderen vier Grad plus, und es stürmte mitunter so heftig, dass der Wind Blechteile von den Scheunendächern abriss und die Pferde auf den Weiden wild wurden. Der Schnee auf den Feldern sah immer trübsinniger und trostloser aus und wich von

Tag zu Tag mehr dem Matsch. Neben der Zufahrt offenbarte der tauende Schnee spitzen Metallschrott. An warmen Tagen war der Matsch vor der Scheune so tief, dass wir mit unseren Stiefeln darin einsanken und festpappten. Die Schlaglöcher wurden zu einer Bedrohung. Der schmelzende Schnee enthüllte zwei kleine Nebengebäude, die unter der Last des Winters schwer gelitten hatten und deren Dächer eingedrückt worden waren. Wir schlichen mit kalten Füßen in nassen Stiefeln umher.

Draußen auf der Weide waren die Hochlandrinder von Milben befallen. Sie kratzten sich mit ihren Hörnern oder schabten sich an den Bäumen und verloren büschelweise ihr Fell. An diesen Stellen kam ihre rosa Haut zum Vorschein. Dann bekamen sie auch noch die Ruhr. Als Erstes erwischte es den größten unserer jungen kastrierten Bullen, ein weißes Exemplar mit einem einzelnen langen Horn. Alle paar Minuten hob er den Schwanz und ließ einen beunruhigenden Schwall wässriger brauner Flüssigkeit hinter sich niederprasseln. Nach zwei Tagen verfärbte sich die braune Flüssigkeit dunkelrot und war mit Schleimfäden und abgelösten Darmteilen durchsetzt. Der Zustand des Bullen verschlechterte sich, sein Fell wurde matt, die mittleren Rippen zeichneten sich ab. Wir konsultierten die Owens, die uns sagten, dass wir nicht viel tun könnten, außer auf die Genesung zu warten, die fünf Tage später begann. Der Bulle erholte sich so schnell, wie es mit ihm bergab gegangen war. Zuerst wurden seine Augen etwas munterer, dann wagte er sich vorsichtig wieder an die etwas härteren Strohstücke heran, und der Schwall aus seinem Gedärm versiegte von einem Strom zu einem Rinnsal. Inzwischen hatte es ein weiteres der Hochlandrinder erwischt, und wir dachten, dass ein wenig Schutz der Herde sicher guttun würde, weshalb wir sie in den Anbau der Ostscheune brachten. Am ersten Tag sahen wir, wie sie einander anrempelten und um das Heu rangen. Am nächsten Morgen stand einer der einjährigen Bullen alleine da, mit Karpfenrücken und zitternd. Er sah aus, als ob ihm mit einer großkalibrigen Kugel in die Rippen geschossen worden wäre. Er war von einem Horn attackiert worden.

Wir riefen bei den Owens an, und Neal und sein Bruder Donald kamen zu uns und sahen sich die Sache an. Das Schicksal des Bullen hinge davon ab, teilten sie uns mit, ob das Horn in das Gedärm eingedrungen war oder nicht. Wenn nicht, werde er wahrscheinlich genesen, wenn doch, gebe es keine Hoffnung für ihn. Donald und Mark drängten ihn mit den Schultern an eine Wand, wobei der Bulle immer noch stark genug war, die beiden großen Männer vor eine ordentliche Herausforderung zu stellen. Donald entnahm der Wunde mit einer Spritze ein wenig Flüssigkeit und roch daran. Ihm stieg der vielsagende Geruch nach Dung in die Nase, ein Hinweis auf verletztes Gedärm. Es blieb uns nichts anderes übrig, als ihn auf der Stelle zu schlachten. Als er gehäutet war und wir ihn aufgehängt hatten, sahen wir um die Wunde herum das infizierte Fleisch. Die Stelle war hellgrün gefleckt, so deutlich und grell, dass es beinahe neonfarben schillerte. Wir schnitten die Stelle heraus und dazu noch ein gutes Stück mehr und warfen das Fleisch auf den Boden. Nico schnappte es sich und schlich damit davon. In den folgenden Tagen sah sie sehr zufrieden aus. Den Rest des Fleisches zerlegten wir in einzelne Portionen, die wir einfroren.

Das kalte, feuchte Wetter bekam auch den anderen Tieren nicht gut. Die Pferde sanken bis zu den Fesseln im Matsch ein und bewegten sich kaum von ihrem Heu weg. Die Schweine waren am schlechtesten dran. Wir hatten sie aus dem Anbau der Ostscheune auf eine Weide umgesiedelt, wo Mark ihnen aus einem runden Glasfaserwassertank, den er in der Mitte auseinandergesägt hatte, einen Unterstand gebaut hatte, den er das „stille Örtchen der Schweine" getauft hatte. Wir legten den improvisierten Unterstand mit mehreren Ballen Stroh aus, und wenn sie alle darunter Zuflucht suchten und sich aneinander kuschelten, hatte sie es behaglich, und aus dem schornsteinartigen Loch in der Decke stieg Dampf auf. Vor dem stillen Örtchen der Schweine war die Weide völlig durchnässt, und sie hatten alles aufgewühlt und in eine einzige Matschlandschaft verwandelt. Es dauerte nicht lange, und sie sahen aus wie platte schildkrötenartige Baumstümpfe, ihre Hufe sanken so tief ein, dass sie beinahe bis zu den Ohren im Matsch standen. Wir zäunten einen angrenzenden, höher gelegenen Bereich der Weide ein, und sie tasteten sich auf dem festen Untergrund vorsichtig voran, wie taumelnde Matrosen, die gerade vom Schiff gegangen sind. Eine braune Jungsau blieb zurück. Sie hatte sich zu sehr an die Grenzen ihres vorherigen Weidebereichs gewöhnt und war nicht bereit, ihn zu verlassen, obwohl der Elektrozaun entfernt worden war. Sie trottete umher und grunzte nervös, während die anderen Schweine das Gras des vergangenen Jahres ausrissen. Wir waren bereits spät dran, um die Kühe zu melken, und überließen sie sich selbst. Es dauerte zwei ganze Tage, bevor ihre Einsamkeit die Oberhand über ihre Angst gewann und sie sich zu ihren Artgenossen gesellte.

Komisch, dass ausgerechnet aus dieser schäbigen, schwierigen Jahreszeit all die Süße fließt, die das Jahr im Norden des Landes zu bieten hat. Wir wurden von einem weiteren Unwetter heimgesucht, das uns dreißig Zentimeter Neuschnee bescherte, dann rissen die Wolken auf, und in der Nacht fror es heftig. Am nächsten Tag stieg die Sonne mit neuer Energie am Himmel auf. Beim Mittagessen hörten Mark und ich, wie sich eine dicke Eisplatte vom Dach des Farmhauses löste, dann folgte das rhythmische Trommeln des von den Dachvorsprüngen tropfenden Schmelzwassers. Und damit änderte sich die Stimmung der gesamten Welt, die uns umgab. Wir hatten die Grenze hin zu freundlicherem Territorium überschritten. Der Saft stieg in den Bäumen auf.

Die Safteimer waren geschrubbt, die Zapfhähne waren bereit und warteten auf ihren Einsatz. Thomas hatte uns einen Siebenhundertfünfzig-Liter-Tank geliehen, den wir auf einem kleinen

Wagen festbinden wollten, den die Pferde durch den Wald ziehen sollten. Alles war bestens, nur dass der Schnee im Wald für die Räder noch zu tief war. Wir brauchten einen Schlitten – einen Transportschlitten, den die Owens „Jumper" nannten –, und wir brauchten ihn schnell. Als der Vater von Neal und Donald Owen noch jung gewesen war, hatte die Familie ihre Farm ausschließlich mit Pferden betrieben, und damals hatten alle Sirup gemacht. Wenn irgendjemand wusste, wie man einen Transportschlitten baute, dann Mr Owens.

Mr Owens fuhr zusammen mit Neal bei uns vor. Er war schon über siebzig und schlank. Neben seinem großen Sohn sah er aus, als wäre sein Körper mit der Zeit von Neals massiger Statur, über die er vielleicht auch einmal verfügt hatte, auf die essentielle Grundfigur der Owens zurückgefahren worden, einer gestählten, heuschreckenartigen Gestalt mit einer knolligen Nase und durchdringenden Augen in dem Blau einer Spode-Teetasse. Anders als die anderen älteren Farmer, denen wir begegnet waren und die bevorzugt Werbekappen und T-Shirts von Lebensmittelkonzernen trugen, war Mr Owens markant gekleidet. Er trug einen Cowboyhut und spitz zulaufende Stiefel mit hohen, abgeschrägten Absätzen und ein schickes Hemd im Westernstil. Die Geldbörse in der Hintertasche seiner Jeans hatte er, im Stil eines LKW-Fahrers, mit einer Kette an einer Gürtelschlaufe befestigt. Mark, Neal und ich führten ihn durch die Werkstatt und die Ostscheune und zeigten ihm alles. Er nahm jedes Detail schweigend in sich auf. Er war auf einer Farm groß geworden, die keine fünf Kilometer von der unseren entfernt an einer Straße lag, die den Namen seiner Familie trug, weshalb er unsere Farm in seinem Leben mit Sicherheit schon eine Million mal gesehen hatte und sie bis in den letzten Winkel und besser kannte als wir. Dann gingen wir alle in die Westscheune, wo Sam und Silver in ihrem Stall standen und ein wenig Heu mümmelten. Ich sah, wie Mr Owen auf einmal munter wurde und sich von unserer Gruppe löste, wo Mark und Neal gerade darüber fachsimpelten, wie viele Heuballen wohl auf den Heuboden passten. Er betastete ein Geschirr, das an einem Haken hing, und ging zu den Pferden. Er betrat den Stall, murmelte ein leises „Brr" und fuhr mit der Hand über Silvers Schulter und hinab über beide Vorderbeine. Dann trat er zurück, um besser sehen zu können, wie Silver gebaut war. Er nickte leicht. „Spannt ihr sie auf diese Weise ein?", fragte er und zeigte erst auf Sam, der das größere Pferd war und in dem Stall an der linken Seite stand, und dann auf Silver, das kleinere, aber kräftigere Pferd, das auf der rechten Seite stand. Ich nickte. „Aber warum denn? Das ist doch die kanadische Art!", rief er. „Wir haben unser größeres Pferd immer auf der rechten Seite eingespannt." Eine Hand an Silvers Flanke, erzählte er mir, dass er sein erstes Pferdegespann als kleiner Junge mit zehn oder elf Jahren bekommen hatte. Die Pferde seines Vaters waren voll ausgewachsene Zugpferde, wohingegen sein erstes Gespann aus zwei Pferden bestand, bei denen es sich jeweils um eine Kreuzung zwischen einem Percheron und einem Morgan handelte, einen Wallach und eine Stute, kleinen Pferden mit guten Hufen und großen Herzen und Hirnen. „Das haben sie von dem Morgan, der in ihnen steckt, weißt du", sagte er. Sie konnten einen ganzen heißen Sommertag lang bei der Heuernte neben dem großen Pferdegespann seines Vaters arbeiten und gaben niemals auf. Seine erste Aufgabe als kleiner Junge hatte darin bestanden, sein Gespann dazu einzusetzen, mit Hilfe eines Greifers loses Heu von den Wagen auf den Heuboden zu transportieren. Der Greifer wurde mit einem Seilzug betrieben, dessen Laufkatze an einer unter dem Dach befestigten Schiene lief. Sein kleines Gespann war so klug, dass er die Leinen entsprechend befestigen und die Pferde alleine arbeiten lassen konnte. Sie wussten, wo sie stehen bleiben mussten, damit Mr Owen, der damals als der kleine Donald bekannt war, die Heuladung auf dem Heuboden entsprechend verteilen konnte, woraufhin die Pferde wieder zu dem Punkt zurückgingen, an dem sie gestartet waren, um den Arbeitsgang zu wiederholen. Während er mir diese Geschichte erzählte, erblühte sein Gesicht mit Leben, als ob er mir von seiner ersten Liebe erzählte. Dann verfiel er wieder in Schweigen, und seine Gesichtszüge wurden wieder ausdruckslos. Wir gingen in den Wald westlich der Scheune. Neal stapfte voran und trampelte eine Spur in den Schnee, dann kam Mark, der eine Kettensäge mit sich schleppte, gefolgt von einem schweigenden Mr Owen, der für sein Alter gut zu Fuß war und seinen Cowboyhut gegen eine Strickmütze getauscht hatte. Wir hielten nach „hardhack" Ausschau, dem in der Gegend gebräuchlichen Namen für Hopfenbuchen, die ein sehr hartes Holz liefern, das sich gut zum Tragen von Lasten eignet und laut Mr Owens das beste Material für den Bau eines Transportschlittens überhaupt ist. Als wir den Hügel, der zum Ahornwald führte, zur Hälfte erklommen hatten, hob Mr Owens orakelhaft die Hand und zeigte auf zwei junge, knapp vier Meter hohe Bäume, deren Wipfel leicht nach vorne gebeugt waren, als hätten sie schon immer danach getrachtet, einmal als Kufen eines Schlittens zu dienen.

Ich rannte zurück zur Scheune, um Silver zu holen, während Mark die Kettensäge zum Einsatz brachte. Als ich wieder auf dem Hügel war, hatte er drei junge Bäume gefällt und von ihren Ästen befreit – die beiden Hopfenbuchenkufen und eine gerade, junge Esche, die dazu bestimmt war, uns als Zugdeichsel zu dienen. Wir umwickelten die Stämme mit einer Holztransportkette und spannten sie hinter Silver ein, der die drei Bäume so mühelos durch den Schnee zu den Farmgebäuden zog, wie ich vielleicht drei Zahnstocher hätte nach Hause befördern können.

In der Werkstatt banden wir die beiden Hopfenbuchenkufen unter hölzernen Verstrebungen fest und bedeckten dieses Grundgerüst mit Pinienbrettern, die einen Meter achtzig mal zwei Meter vierzig maßen, sodass wir eine stabile Plattform erhielten. In der Gegend hatte seit Jahren niemand mehr einen Transportschlitten gebaut, und als sich herumsprach, dass wir dabei waren, einen zu konstruieren, kamen unsere Nachbarn, um zuzusehen. Einige brachten ihre Holzwerkzeuge mit, andere standen am Rand und guckten zu. Der Transportschlitten nahm Form an. Er lag tief am Boden und sah rustikal, aber elegant aus. Seine äußere Form entsprach der Natur der Bäume, aus denen er zusammengezimmert worden war. Mr Owens dirigierte die Arbeiten, gab Anweisungen, wo noch weitere Verstärkungen erforderlich und wie die Kufen zu verzurren waren, damit sie gerade und richtig saßen. Als wir so weit waren, dass wir die Zugdeichsel anbringen konnten, kam es wegen irgendeines Details, auf dessen Durchführung Mr Owens bestand, während die anderen – seine Söhne, Mark und all die jüngeren Männer, die sich inzwischen in der Werkstatt drängten – dieses Detail für unlogisch befanden, zu einer Meinungsverschiedenheit. Mr Owens verfiel daraufhin eingeschnappt in Schweigen und zog sich für den Rest des Tages in seinen Pick-up zurück, weshalb ihm die Einweihung des Transportschlittens entging, was wirklich schade war. Ich positionierte Sam auf der anderen Seite der neuen, aus der Esche geformten Deichsel, Mark hakte die vier Zugketten an der Spielwaage ein, ich nahm mit den Leinen in der Hand auf den nach frischem Holz duftenden Brettern Platz, und die Pferde legten sich ins Zeug. Auf den ersten paar Metern der Zufahrt ging es nur schwer voran, die Rinde schälte sich von den Kufen, doch dann setzten wir auf den Schnee auf, und es ging ab.

Ich hatte bis dahin viele Stunden mit den Pferden verbracht, und nicht nur vergnügliche. Das Anschirren überforderte mich nach wie vor. Es fiel mir ungemein schwer, das über dreißig Kilogramm schwere Gewirr aus Leder und Zugsträngen Tag für Tag hochzuheben und auf dem Rücken der Pferde zu platzieren, und ich musste mich jeden Tag aufs Neue geschlagen geben. Ich konnte den Arm unter dem Schweifriemen und dem Sattel herführen und langsam die Zugstränge herunternehmen, mit jeder Hand einen, wie ich es bei John Carpenter gesehen hatte, und ich konnte das

Ganze auch noch zu den Pferden schleppen und sogar den für die andere Seite bestimmten Zugstrang hoch über meinen Kopf heben und ihn Zentimeter für Zentimeter über den Widerrist schieben. Doch wenn ich dies tat, drückte mir der Rest des Geschirrs mit vollem Gewicht gegen den Hals, schnitt die Blutzufuhr zu meinem Gehirn ab, und ich drohte, ohnmächtig zu werden, weshalb ich den Versuch abbrechen und wieder von vorne beginnen musste, wobei meine Arme mit jedem Versuch schlaffer wurden. Ich hasste es, Mark um Hilfe zu bitten. Stark und groß, wie er war, nahm er das Geschirr so mühelos vom Haken und platzierte es auf dem Rücken des Pferdes, als wäre es aus Garn. Ich verbrachte eine halbe Stunde damit, meine Hirnzellen zu schädigen und meine Kräfte auszulaugen, bevor ich Mark suchte, der darauf beharrte, dass es nur eine Frage der richtigen Technik sei.

Die Schwierigkeiten endeten nicht, wenn das Geschirr erst einmal angelegt war. Ich hatte mich, wieder einmal, von meiner eigenen Selbstüberschätzung hinreißen lassen. Ich war mein ganzes Leben lang auf Pferden geritten, hatte den größten Teil meiner Jugend damit zugebracht, über Pferde zu reden, zu lesen oder an sie zu denken. Ich ging davon aus, all diese Kenntnisse und all mein Wissen nahtlos übertragen und problemlos von einer Reiterin zu einer Gespannführerin umschalten zu können. Ich dachte, anstatt auf dem Pferd zu sitzen, saß ich eben einfach dahinter. Wie ich die Dinge sah, hatte Mark die Erfahrung in der Landwirtschaft und ich die Erfahrung mit Pferden. Wir waren also ein Team, das sich ergänzte, und nichts sprach dagegen, dass wir uns einfach in die Sache hineinstürzten und es packten, von null auf hundert, gleich in der ersten Saison. Als wir gegen Ende jenes ersten Winters unsere Gemüsefelder planten, beschlossen wir, zwischen den Reihen einen Meter Platz zu lassen – ein auf den ersten Blick nebensächlich erscheinendes Detail, nur dass wir uns, wenn wir es erst einmal umgesetzt hätten, selbst den Zwang auferlegten, während der kompletten Saison ausschließlich mit Pferden arbeiten zu müssen, da Traktorräder nun einmal schlicht und einfach nicht zwischen so eng beieinanderliegende Gemüsereihen passten. Als Mark mich fragte, ob ich glaubte, dass wir das schaffen würden, sagte ich ja, doch ich wurde dabei von einem kurzen Schauer unguter Vorahnungen erfasst. Mir waren bereits einige Missgeschicke unterlaufen. Einmal hatte ich vergessen, die Leine an der äußeren Seite von Sams Gebissstück zu befestigen, war auf diese Weise mit ihm über den ganzen Scheunenhof gegangen und hatte meinen Fehler erst bemerkt, als ich Sam nicht dazu bringen konnte, sich auf der richtigen Seite der Zugdeichsel zu positionieren. Ein anderes Mal führte ich die angeschirrten Pferde rückwärts aus ihrem Stall, und während ich meine Handschuhe anzog, um sie aus der Scheune zu führen, musste ich hilflos zusehen, wie Silver sein riesiges Hinterteil herumschwang, bis er Nase an Nase einem völlig perplexen Sam gegenüberstand, der seinerseits rückwärts auf mich zukam. In dieser Konstellation waren meine Leinen nutzlos, und es war pures Glück, dass ich rechtzeitig bei den Köpfen der Pferde war und sie wieder richtig ausrichten konnte, bevor sie sich an den Mäulern verletzten oder sich in den Leinen verhedderten und sich gegenseitig so verrückt machten, dass sie durchgingen. Daraufhin banden wir die Hinterteile der Pferde mit einer lose um ihre Hüften gelegten Kette aneinander – eine Vorsichtsmaßnahme, die wir von Anfang an hätten ergreifen sollen.

Wenn das Gespann dann endlich eingespannt war, erschien es mir reizbarer, als es mir vorgekommen war, als ich es bei Gary gefahren hatte. An kalten Morgen zog Sam so heftig an seinem Gebissstück, dass meine Arme schnell erschöpft waren, und wenn wir anhielten, um etwas auf einen Wagen zu laden, hatte ich alle Mühe, die beiden Pferde ruhig und still zu halten. Damals schob ich es darauf, dass sie sich erst an ihr neues Zuhause gewöhnen mussten, doch heute weiß ich, dass allein meine Unerfahrenheit schuld war. Und eine Reihe Fehler, die ich beging – einige große, dämliche, jedoch überwiegend kleinere Irrtümer im Hinblick auf mein Urteilsvermögen –, die sie dazu brachten, jedes Mal, wenn wir gemeinsam loszogen, ein wenig von ihrem Vertrauen in mich zu verlieren. Sie begannen zu argwöhnen, dass ich nicht geeignet war, sie zu fahren, und, offen gesagt, war ich das auch nicht. Ich hätte aufhören sollen zu versuchen, mit ihnen zu arbeiten, und stattdessen ein Jahr oder zwei Jahre bei einem erfahrenen Gespannführer in die Lehre gehen sollen, doch zu jener Zeit kam so etwas überhaupt nicht in Frage. Wir hatten kein Geld mehr und standen in der Verpflichtung, in der Saison, die direkt vor der Tür stand, Gemüse anzubauen. Also tat ich so, als ob ich die Pferde fahren könnte, und hoffte das Beste.

Seit ihrer Ankunft bei uns spannte ich die Pferde jeden Tag ein und transportierte Holz, Heu oder Dung und erledigte jede erdenkliche Aufgabe, um Erfahrungen zu sammeln, bevor die Anbausaison begann. Ich studierte die Art, wie sie sich bewegten, ihre Vorlieben und Abneigungen und ihre Eigenschaften als Arbeitstiere. Sam war der Streber, zeigte stets vollen Einsatz, trug den Kopf hoch und versuchte immer, ein paar Zentimeter vor Silver zu gehen. Ich spannte Sam vor einen Wagen, um unseren Schutt zur Müllhalde zu bringen, und in dem Moment, in dem wir die Straße erreichten, hob er die Hufe beim Gehen und krümmte den Nacken, als ob er an einem Umzug teilnähme. Ich glaube, das Bild, das er von sich selber hatte, war das eines geschmeidigen, schnellen, stolzen Arabers oder Vollblutpferdes, jedenfalls alles andere als das eines schmalbrüstigen alten Ackergauls. Aber er war gehorsam und willig, ganz egal, wie niedrig die zu erledigende Arbeit auch sein mochte. Silver war der Stämmige, das Gegenteil von Sam. Er war muskelbepackt, hatte den Nacken eines mit Steroiden aufgepumpten Linebackers und ein bisschen etwas von einem Bummler. Da es nicht geboten erschien, Sam zurückzuhalten und Silver anzutreiben, fiel Silver immer weiter zurück, bis seine Seite der Spielwaage auf dem Wagen auflag, seine Zugkette schlaff herunterhing und Sam die ganze Last allein zog. Seine bevorzugte Gangart war melancholischer Schritt, doch wenn er wollte, konnte er die Last der ganzen Welt ziehen. Das erste Mal, dass ich diesen Einsatzwillen bei ihm sah, war, als wir ihn vor einen alten Wagen gespannt hatten, um eine Ladung klein gehacktes Brennholz aus dem Wald zu holen. Es war nass, und der beladene Wagen sank an einer Stelle fast bis zu den Achsen im halb gefrorenen Matsch ein. Ich fuhr das Gespann erst seit einigen Wochen und wusste noch nicht, welche Lasten die beiden Pferde ziehen konnten. Wie ich erfahren sollte, war dies Silvers Fachgebiet, die Art von Arbeit, für die er geschaffen war. Er ließ ein Ohr nach hinten schnellen, lauschte, und als ich die beiden bat zu ziehen, sah ich, wie Silver seine gewaltigen Muskeln anspannte, seine beeindruckenden Schultern in das Kumt warf, sich konzentrierte, sich mit aller Kraft ins Zeug legte und zog, bis der Wagen aus dem Matsch ruckelte. Solange Silver bei uns war, mussten wir weder diese noch irgendeine andere Ladung jemals wieder vom Wagen nehmen.

An dem Tag, nachdem der Transportschlitten fertig geworden war, war es zu kalt, um mit dem Anzapfen der Bäume zu beginnen. Es hatte frisch geschneit, es war klar und sonnig, und die Pferde waren ausgesprochen kribbelig. Sie zappelten nervös herum, während Mark und ich sie vor einen splittrigen Wagen spannten, den wir aus dem wuchernden Unkraut gezogen und wieder instand gesetzt hatten, und als wir uns auf der Farmpiste in Bewegung setzten, hoben sie die Hufe und warfen die Köpfe hin und her. Wir fuhren zur Mitte der Farm, um eine Ladung vergorenes Heu zu holen, das mehrere Jahre lang unter dem Wellblechdach eines großen Unterstands gelagert hatte. Ich saß auf der Ladefläche des Wagens, der dahinrumpelte, zunächst um die Westscheune herum und dann hinauf zu einer ebenen Anhöhe, von der aus man das Feld überblickte, das wir Lange Weide nannten. Die Piste führte weiter den Hügel hinunter, vorbei an einem niedrigen, zugefrorenen Sumpf, der mit Wildspuren übersät war und dann auf ein zwanzig Hektar großes Feld.

Der Unterstand, in dem das Heu lagerte, war der Länge nach zu beiden Seiten hin offen, die seitlichen Wellblechverkleidungen hatten sich teilweise gelöst und klapperten im böigen Wind. Ich fuhr hinein, blieb auf dem Wagen und hielt die Leinen, während Mark die Ballen hochhievte und aufeinanderstapelte. Der Lärm der klappernden Wellblechverkleidungen machte die Pferde nervös, weshalb ich der Ladung, die Mark auftürmte, keine Beachtung schenkte, bis sie bereits fünf aufeinandergestapelte Ballen hoch war. Ich war mir nicht sicher, ob die Pferde so viel Gewicht den steilen Hügel hinaufziehen konnten, der auf dem Weg zurück zu den Farmgebäuden zu überwinden war. „Es gibt nur eine Möglichkeit, das herauszufinden!", stellte Mark klar und stapelte noch eine Lage auf. In den meisten Beziehungen, die ich bisher gehabt hatte, hatte ich mich für den waghalsigeren Part gehalten, für diejenige, die bereit war, bei dem, was man gerade tat, noch ein bisschen weiterzugehen, länger auszubleiben, noch eine Runde zu bestellen. Mir wurde bewusst, dass der Mann, den ich im Begriff war zu heiraten, es gewohnt war, seine Grenze zu finden, indem er bis an den äußersten Rand des Abgrunds ging, abstürzte, sich im letzten Augenblick mit einem Fingernagel festkrallte und wieder nach oben zog.

Bis zu den Farmgebäuden waren es gut eineinhalb Kilometer, und Mark fuhr ganz oben auf dem Heustapel, mehr als dreieinhalb Meter über dem Boden. Ich dirigierte die Pferde vom vorderen Teil des Wagens aus, wo Mark mir aus ein paar Heuballen eine kleine Sitzgelegenheit geschaffen hatte. Die Ladung türmte sich hinter mir auf. Auf dem ebenen, gefrorenen Grund hatten Sam und Silver keine Probleme mit dem Gewicht, doch als wir den Hügel erreichten, legten sie einen Zahn zu. Sie wollten in einen Trab übergehen, um etwas Schwung zu gewinnen und sich das Ziehen ein wenig zu erleichtern. Der Boden war rutschig, und ich hätte darauf bestehen sollen, dass sie im Schritttempo blieben, aber ich wusste es nicht besser, also ließ ich sie gewähren, und sie wurden immer schneller. Auf halbem Weg den Hügel hinauf rumpelten wir durch ein

Schlagloch. Ich spürte, wie die Ladung hinter mir schwankte und hörte Mark hoch über mir aufschreien. Ich blickte mich um und sah den Stapel Heuballen von einer Seite zur anderen schaukeln. Indem ich mich umsah, hatte ich meine Aufmerksamkeit von den Pferden abgewendet, die die Gelegenheit nutzten, noch einen Zahn zuzulegen. Sam befand sich inzwischen in einem leichten Galopp, Silver trabte wie ein Verrückter neben ihm her. Bei der nächsten Unebenheit auf dem Weg kippte die komplette Ladung vom Wagen und Mark mit ihr. Ich brachte die Pferde, die gar nicht begreifen konnten, warum sie plötzlich von ihrer Last befreit waren, mit einem „Brr" zum Stehen. Silver riss den Kopf herum und starrte mich an, Sam stand einfach nur mit angelegten Ohren da und wirkte nervös. Es war sehr still. Ich wusste nicht, ob Mark unter dem Heu lag, oder ob er im Graben gelandet war, ob er tot war oder schwer verletzt, und dann hörte ich ihn hinter dem Heuhaufen lachen, und er richtete sich auf. Er war von oben bis unten mit Schnee bedeckt, und Silver schüttelte leicht den Kopf, als ob der das Ganze ebenfalls lustig fände.

Zucker-Ahorn. Schon das Wort ist schön und klingt süß. Vom Gipfel des Hügels aus sah ich durch die nackten Bäume hindurch, dass sämtliche Felder und Weiden von Zucker-Ahornen gesäumt waren, bis hin zu dem eineinhalb Kilometer entfernten See. Das Farmhaus hatte im Kontrast zu dem blau-weißen Schnee die warme Farbe von Jersey-Sahne, all die harten Kanten und Ecken des Hauses waren durch die Schneedecke geglättet, wie eine alternde Schönheit, die im Kerzenschein vorteilhafter erscheint. Zwischen den Ahornbäumen dämpfte der Schnee das Rauschen der Buchenblätter, das Klirren der Geschirre und unsere Stimmen, und als wir anhielten und mit den Pferden still dastanden, kam ich mir vor wie ein Eindringling im Schlafzimmer der Natur.

Die Sonne schien warm, doch die Schneedecke war tief und dicht, und die Pferde hatten Mühe, sich ihren Weg zu bahnen. Sie mussten die Vorderbeine sehr hoch heben, weshalb sich ihr

Gewicht auf ihre hinteren Partien verlagerte. Sie trugen noch ihr Winterfell und waren schnell in Schweiß gebadet. Wenn wir durch Schneewehen pflügten, rauschte der Schnee über die vordere Kante des Transportschlittens bis zu der Stelle, an der ich saß, wie Wellen, die über den Bug eines Schiffs klatschen. Der Transportschlitten war mit Eimern und deren Deckeln sowie mit einer Kiste kleiner metallener Zapfhähne beladen.

Um ein Zucker-Ahorn-Wäldchen entstehen zu lassen, ist zunächst ein kontinuierlicher Prozess der Eliminierung erforderlich. Über Jahre und Generationen hinweg werden die ebenfalls wachsenden Eschen, Pinien und Birken gefällt, wodurch den Zucker-Ahornen das Monopol über das Sonnenlicht und die Nährstoffe gelassen wird. Unbehindert durch jegliche Konkurrenz, werden die Stämme der alten Bäume so dick, das man nicht einmal zur Hälfte um sie herumlangen kann, und ihre Kronen breiten sich aus und entfalten sich, bis sie diese eleganten, ausgedehnten, vasenartigen Formen annehmen, die Kindern im Kindergarten als Vorbild dienen, wenn sie Bäume malen. Die Springs, die die Farm bis in die 1980er Jahre besessen hatten, waren die letzte Familie gewesen, die diese Bäume genutzt hatte, und sie hatten eine Piste gebaut, die den Zucker-Ahorn-Wald von Norden nach Süden in zwei Hälften teilte, und eine weitere, die den Hügel hinauf von Osten nach Westen verlief. Zusammen bildeten die beiden Pisten ein lang gezogenes Kreuz. Es gab noch einen weiteren, holprigen Weg, der sich durch den südöstlichen Quadranten des Kreuzes schlängelte, wo der Baumbestand der Ahorne am dichtesten war und der Hang am steilsten. Fünf Jahre zuvor war der Ahornwald von einem gewaltigen Eishagelsturm verwüstet worden, der den Norden der USA eine Woche lang heimgesucht hatte. Einige der Bäume waren oben abgeknickt oder ihrer dicksten Äste beraubt worden. Mark und ich hatten ein paar Nachmittage damit zugebracht, die Pisten von herumliegenden Ästen und Baumstämmen zu befreien und über den Weg ragende Zweige nach hinten zu knicken,

Links:
Unsere Pferde beim Arbeitseinsatz
mit dem Zweispänner-Kultivator

Unten:
Brot aus unserem selbst
angebauten Weizen

Ganz unten:
Heumachen mit dem
Balkenmäher

Oben links:
Unsere Legehennen auf
der Weide

Links:
Tomaten so weit das
Auge reicht

Oben:
Unsere Milchkühe lassen
es sich gutgehen

Rechts:
Herbsternte

Links:
Ein Blick über unsere Felder „Lange Weide", „Kleine Freude" und „Monumentfeld", im Hintergrund der Gipfel des „Camel's Hump"

Oben rechts:
Unsere Arbeitspferde im Herbsteinsatz

Links:
Unsere Töchter beim Himbeerenpflücken

Rechts:
Unsere Schweine machen sich über die Reste der Winterkürbisse her

Linke Seite:
Bei der Bestellung des Landes
arbeiten alle mit

Oben links:
Glückliches Schwein im Wald

Oben rechts:
Eines unserer ScheunenLätzchen
im Strohbett

Darunter::
Die hübsche June, Delias Kalb

Links:
Die Kleinen verkosten die
selbst geernteten Früchte
des Spätsommers

Rechts:
Ein herzhafter Sommersalat

Unten:
Unsere Knoblauchernte hängt zum
Trocknen in der Scheune

damit die Pferde passieren konnten, ohne dass ihnen die Zweige in die Augen schlugen. Als Kind hatten Bäume es Mark derart angetan, dass er Blätter und Zweige gesammelt und sie in Alben eingeklebt hatte, wie andere Kinder Baseballkarten sammeln. Er hatte die Ahorne mit hellrosa Bändern markiert, um dadurch hervorzuheben, dass deren Äste immer exakt einander gegenüberlagen, jeder Ast und jeder Zweig hatte immer einen Zwilling, eine Eigenschaft, die, wie er sagte, ansonsten nur noch Eschen und Hartriegel aufwiesen. Die Rinde junger Zucker-Ahorne besaß seinen Ausführungen zufolge das weiche Grau der Farbe von Elefantenhaut, das dann bei älteren Bäumen in einander überlappenden Tönen immer dunkler wurde.

Mark kämpfte sich durch kniehohe Schneewehen von Baum zu Baum. Er bohrte ein acht Millimeter großes Loch in jeden Baum, das leicht nach unten zeigte, damit der Saft heraustropfen würde. Dann schlug er mit einem Hammer einen kleinen metallenen Zapfhahn in das Loch, das bereits vom Saft feucht war, und hängte einen Eimer an den Zapfhahn, den er mit einem dünnen Blechdeckel zudeckte. Auf diese Weise arbeiteten wir uns entlang der Hauptpiste voran. Mark eilte die Hügel hinauf und wieder zurück zum Transportschlitten, um weitere Eimer und Zapfhähne zu holen, während die Pferde und ich uns abmühten, in dem tiefen Schnee voranzukommen. Die kurvige Piste in der südöstlichen Ecke des Waldes war so tief verschneit, dass wir beschlossen, es lieber nicht zu wagen.

Als die Hälfte der Bäume angezapft war, dampften die Nacken der Pferde, und sie keuchten schwer. Silvers Laune schlug um, und er fing an zu bocken, unberührt davon, dass die anwesenden Menschen mindestens so hart schufteten wie er. Am Nachmittag waren wir fertig und hatten einhundertsiebzig Bäume mit Zapfhähnen und Eimern versehen, doch Silver war in den Streik getreten. Er hatte die Ohren an seinen großen Dickkopf gelegt, trat fortwährend mit einem seiner hinteren Hufe gegen die Zugketten und musste mit Engelszungen überzeugt werden, den Transportschlitten auch nur hügelabwärts nach Hause zu ziehen.

Der Pflanzensaft des Zucker-Ahorns besteht überwiegend aus Wasser, sein Zuckergehalt beträgt etwa drei Prozent. Um einen Liter Sirup herzustellen, benötigt man vierzig Liter Saft, und all das Wasser muss dem Saft Tropfen für Tropfen in Form von Wasserdampf entzogen werden. Zur Verwandlung des Saftes von dem einen Zustand in den anderen waren Unmengen von Feuerholz erforderlich. Wir brachten die Pferde in ihre Ställe, legten ihnen Decken über ihre nassgeschwitzten Rücken und machten uns über den Holzhaufen her. Wir hackten einen trockenen Eschenstamm nach dem anderen zu Kleinholz, bis der Stapel aufgeschichteter Holzscheite umstürzte und wir uns völlig erschöpft ins Bett schleppten. Das Letzte, was ich hörte, war der Wetterbericht, der eine eisige Nacht vorhersagte, auf die ein warmer, sonniger Tag folgen sollte. Am nächsten Morgen stürmten wir den Hügel hinauf und inspizierten den ersten angezapften Baum, auf den wir trafen. Der Saft floss üppig, nicht, wie wir erwartet hatten, tröpfelnd, sondern als beständiges Rinnsal.

Am Nachmittag waren die Eimer, die an den ergiebigsten Bäumen hingen, zu drei Vierteln gefüllt, und wir banden den Safttank auf dem Transportschlitten fest und machten uns auf in Richtung Ahornwald. Silver war ausgeruht, hatte sich den Bauch mit Getreide vollgeschlagen und fand sich damit ab, dass es wieder an die Arbeit ging, denn er spürte unseren Eifer. Auf dem Hügel folgte Mark seinen Spuren des Vortags von Baum zu Baum und kam watschelnd zurück, in jeder Hand einen Zwanzig-Liter-Eimer. Er leerte sie in den auf dem Schlitten befestigten Tank, dessen Öffnung mit einem Filter versehen war. Später in der Sirupsaison, wenn es durchgehend warm blieb, würde der Saft schmutzig gelb sein und voller toter Käfer und Falter, die von der tödlichen Süße des Saftes angezogen wurden. Doch der erste Saft der Saison war klar und sauber wie Quellwasser. Mark hielt inne, hielt sich einen großen

Eimer an den Mund und trank unbeholfen. Der Saft rann ihm die Wangen herunter, floss unter seinen Pullover und um seinen Nacken herum. Ich reichte ihm die Leinen, sprang von meinem Platz auf dem Schlitten herunter und tauchte meinen Mund direkt in einen vollen Eimer. Über den Geschmack des ersten Ahornsaftes der Saison, dieses eisige, süße, nach Holz duftende Aroma, könnten Gedichte geschrieben werden.

 Nach drei Stunden fuhren wir den Hügel wieder herunter, in Begleitung eines prall gefüllten Safttanks. Wir füllten ihn mit Eimern in einen Neunhundertfünfzig-Liter-Vorratstank aus Edelstahl um, den wir auf einer stillgelegten Milchfarm ergattert hatten und der im Pavillon an einer Ankerkette von den Dachsparren herabhing.

Es ist überhaupt nicht schwierig, aus Ahornsaft Sirup zu machen. Das Einzige, was dazu erforderlich ist, ist, ihn ausdauernd zu kochen. Der Saft wird dabei immer konzentrierter, bis sein Zuckergehalt irgendwann sechsundsechzig Prozent erreicht, und schon hat man Sirup. Jeder, der über eine Pfanne und ein Feuer verfügt, kann das machen. Doch um den Prozess zu beschleunigen und neunhundertfünfzig Liter auf einmal zu verarbeiten, braucht man ein paar spezielle Geräte.

Der Verdampfer besteht im Wesentlichen aus zwei Teilen, nämlich aus der Brennkammer, in der das Feuer lodert, und der Pfanne, die den kochenden Saft enthält. Unsere Brennkammer ist einen Meter achtzig lang und sechzig Zentimeter breit. Die Pfanne ist aus Edelstahl und verfügt über einen gerillten Boden, wodurch die mit dem Feuer in Kontakt befindliche Oberfläche vergrößert und die Verdampfung beschleunigt wird. Sie ist mit diversen Schwimmern und Ventilen ausgestattet, die dafür sorgen, dass konstant kalter Saft nachfließt, der das verdampfte Wasser ersetzt. In der Innenseite der Pfanne befinden sich Leitbleche, sodass der kochende Saft von hinten nach vorne fließt und dabei zusehends dicker und konzentrierter wird. Wenn er vorne ankommt, kann er in einen separaten Bereich der Anlage weitergeleitet werden, die sogenannte Endverarbeitungspfanne, wo er noch einmal genau unter die Lupe genommen wird. Wenn das Thermometer in der Endverarbeitungspfanne sechs Grad mehr als die Siedetemperatur von Wasser anzeigt, hat man Sirup. Um auf Nummer sicher zu gehen, kann man sich auch noch eines Hydrometers bedienen, mit dem man die Dichte messen kann. Allerdings gibt es keinen großen Spielraum für Fehler. Wenn der Sirup zu dünn ist, wird er sauer. Wenn man ihn zu dick werden lässt, kristallisiert er in den Einmachgläsern. Nachdem man den fertigen Sirup abgezapft hat, gießt man ihn noch durch einen dicken, filzartigen Filter, um den sogenannten Zuckersand zu entfernen, eine körnige mineralische Substanz, die entsetzlich schmeckt und den Sirup eintrübt.

Es war eine perfekte Woche, um Sirup zu machen. In den Nächten sanken die Temperaturen deutlich unter den Gefrierpunkt, während der Tage wärmte es sich bis zu vier Grad auf. Wir spannten die Pferde gegen Mittag an und drehten unsere Runden. Am Ende der Woche war der Schnee weitgehend geschmolzen, und wir versetzten den Tank vom Transportschlitten auf einen Wagen.

Ich bediente gerne den Verdampfer. Mark war emsig damit beschäftigt, hölzerne Saatkisten zusammenzunageln, damit wir mit dem Aufziehen unserer Setzlinge beginnen konnten, deshalb war es eine stille, einsame Arbeit, die zwei Stunden vor Tagesanbruch begann. In der Stadt war ich nie ein Morgenmensch gewesen, doch auf der Farm hatte ich gelernt, es zu lieben, draußen zu sein, bevor die Sonne aufging. Ich hatte dann das Gefühl, mit den nichtmenschlichen Dingen, die mich umgaben, ein Geheimnis zu teilen, mit den Vögeln, die sich um diese Zeit noch nicht in den Bäumen rührten, mit den Bäumen, ja sogar mit dem Matsch, der still auf dem Boden lag. Ich nahm mir Proviant mit, um bei Kräften zu bleiben: Einen Kaffeedrücker mit einer Ration gemahlener Espressobohnen, die ich nicht mit Wasser sondern mit kochendem Saft aufbrühte, was ein elektrisierendes Getränk ergab, das in kleinen Portionen getrunken werden musste; außerdem ein paar Eier und einen Salzstreuer. Thomas LaFountain hatte mir beigebracht, die Eier eins nach dem anderen in die Endverarbeitungspfanne fallen zu lassen, wo sie aufgrund der Hitze platzten und der sich verdickende Saft in die Risse in der Eierschale einsickerte und die hart gekochten Eier dunkler und süßer werden ließ, die mit einem langen Löffel herausgefischt und heiß mit einer großzügigen Prise Salz verspeist wurden. Außerdem nahm ich mir einen Teller saure Gurken mit, als Gegenmittel für den Fall, dass ich versehentlich eine Überdosis Süßes zu mir nahm.

Summend stellte ich die Ventile am Verdampfer ein und leerte den Aschekasten der Brennkammer. Dann arrangierte ich zusammengeknüllte Zeitungen und die ersten Holzscheite des Tages. Als ich mich umwandte, um ein Streichholz zu suchen, flatterte plötzlich ein Vogel aus der Brennkammer und flog so dicht an meinem Gesicht vorbei, dass ich den Luftzug seines Flügelschlags an meinen Wangen spürte. Ich sah einen schwarzen Flügel vorbeiflattern, hörte ein aufgeschrecktes Zwitschern, und weg war er. „Glück gehabt!", rief ich hinter ihm her und hielt ein brennendes Streichholz an das Papier.

Die Hitze baute sich schnell auf, und nach zwei oder drei Minuten stieg von der Pfanne, die voller Saft war, Dampf auf, ein süßer Nebel. Nach einigen weiteren Minuten begann die Oberfläche der Flüssigkeit zu blubbern, und der aufsteigende Dampf verwandelte sich in eine dichte Rauchsäule, die nicht mehr durch das Loch im Dach abziehen konnte. Der Dampf zog über die Dachsparren, breitete sich in dem Raum unter dem Dach aus und bildete dicke Wolken, die an den Balken zu kleinen Tröpfchen kondensierten, die mir, als die Sonne aufging, auf den Kopf tropften.

Endlich hatte ich auf der Farm etwas gefunden, womit ich mich auskannte. Im Haus beschwerte Mark sich immer darüber, dass ich den Kamin zu sehr einheizte. Und da hatte er nicht ganz Unrecht.

Ich hatte Löcher in die dicke Stahlauskleidung des Holzofens gebrannt, und einmal hatte ich ein Zimmer so überheizt, dass eine Kerze geschmolzen war, die auf dem Regal neben dem Ofen stand. Mark friert grundsätzlich nie. Er ärgerte sich über meinen verschwenderischen Umgang mit dem Brennholz und setzte sich demonstrativ, und obenherum nur mit einem T-Shirt bekleidet, so weit wie möglich vom Ofen weg. Wenn es mir behaglich warm war, schwitzte er. Als Kompromiss legte ich mir im Haus etwas Zurückhaltung auf, aber beim Verdampfer kommt es genau darauf an, ihn so zu befeuern, wie ich es mag, denn es gilt, in ihm ein flammendes Inferno zu entfachen. Ich legte alle paar Minuten dünne, lange Holzscheite nach, die in Feuer aufgingen wie Essstäbchen. Die Vorderseiten meiner Oberschenkel brannten nach kurzer Zeit von der Hitze und verfärbten sich rosa.

Ich verfiel in einen Arbeitsrhythmus, der mich voll in Beschlag nahm. Holz nachlegen. Jegliche Verunreinigung von der Oberfläche des in der Pfanne blubbernden Safts abschöpfen. Wenn es zu heftig schäumt, wie ein Topf Haferbrei, der kurz davor ist, überzukochen, ein Scheibchen Schweinefett dazugeben, damit der Schaum verschwindet. Den Saftpegel in der Pfanne im Auge behalten. Einen Blick auf das Thermometer in der Endverarbeitungspfanne werfen. Holz nachlegen. Abschöpfen. Wenn das Feuer erst einmal brennt, kannst du den Verdampfer nicht mehr verlassen, nicht mal für einen kurzen Moment. Wenn dir der Saft ausgeht oder ein Ventil verstopft und sämtliche Flüssigkeit aus der Pfanne verdampft, fressen sich die Flammen durch das dünne Metall und zerstören deine teure Ausrüstung. Mir ist dies nie passiert, aber ich war gewarnt worden, dass es passieren kann. Kurz vor Mittag war der Saftpegel im Vorratstank ziemlich tief. Ich hörte auf, Holz nachzulegen und ließ das Feuer ausgehen. Fünfzehn Liter Sirup befanden sich wohlbehalten in Einmachgläsern. Kein schlechtes Resultat für die Arbeit eines Vormittags.

Anfang April trieben die Ahornbäume Knospen, und der Wald nahm eine leicht rötliche Färbung an. Nach dem Knospen wird der Saft sauer, sodass die Sirupsaion zu Ende war. Wir hatten einhundertneunzig Liter Sirup für unsere Mitglieder hergestellt, genug für uns alle, um uns an einer wahren regionalen Süßequelle gütlich zu tun. Anstatt uns kalte Nächte zu wünschen, sehnten wir uns jetzt nach Wärme und danach, dass alles grün wurde. Im Keller des Farmhauses war die Auswahl an Gemüse, mit der uns Rob zu Beginn des Winters eingedeckt hatte, auf ein paar verschrumpelte Möhren, Kartoffeln und Zwiebeln zusammengeschrumpft, und es würde noch Wochen dauern, bis der Boden warm genug sein würde, um die ersten saftig-grünen Pflänzchen sprießen zu lassen. Ich suchte überall in der Küche nach etwas Brauchbarem fürs Abendessen, doch das Einzige, was ich fand, war ein Stück geräucherter Speck, der von unserem letzten Schwein übrig war, das wir geschlachtet hatten. Wir hatten kein Brot im Haus, nur einen halben Beutel Reis aus dem Lebensmittelgeschäft. „Magere Ausbeute", stellte ich an Mark gewandt fest. „Daraus könntest nicht mal du ein anständiges Essen zubereiten." Er ging mit der Schrotflinte nach draußen, ich hörte einen einzigen Schuss, und kurz darauf kam er mit vier schlaffen Tauben in der Hand über die Zufahrt zurück.

Ich nahm eine in die Hand. Sie war noch warm und weich Ich denke, die Allgegenwärtigkeit von Tauben in der Stadt hatte mich gegenüber ihrer Schönheit blind gemacht. Wenn sie selten wären, dachte ich, würden wir sie auf Gemälden verewigen und ihre Färbung rühmen, ihr schieferfarbenes Gefieder, das zum Kopf hin ins Lavendelfarbene übergeht, den angedeuteten Regenbogen um den Hals. Als ich noch ein Stadtmensch war, hätte man mich nicht einmal gegen Bezahlung dazu bringen können, eine Taube anzufassen, geschweige denn zu verspeisen, doch nachdem ich inzwischen am eigenen Leib erfahren hatte, wie viel Mühe es kostete, Tiere als Fleischlieferanten zu halten und großzuziehen, war ich dankbar, dass in diesem Fall die Natur die Aufzucht für uns übernommen hatte. Darüber hinaus wusste ich, was diese Tauben gefressen hatten, und dabei handelte es sich nicht um vertrocknete Krümel aus der schaurigen Mülltüte einer älteren Dame. Ich hatte mit eigenen Augen gesehen, wie sie sich den ganzen Winter über mit dem sehr teuren biologischen Mais und Weizen vollgestopft hatten, mit dem wir die Schweine und Hühner fütterten. Sie waren beinahe zu fett zum Fliegen, und sie hatten sich derart vermehrt, dass sie ganze Bereiche des Scheunendachs einnahmen, wenn ihr Schwarm landete. Sie nisteten unter dem Dach der Ostscheune, außer Reichweite der Katzen, die sie von unten mit nervös hin und her wedelnden Schwänzen beobachteten.

Mark zeigte mir, wie man die Brust einer Taube rupfte, anschließend mit einem Fuß auf die Schwanzfedern trat und diese festhielt, mit zwei Fingern durch die Haut unter dem Brustbein fuhr und ruckartig riss. Die Brust löste sich mit einem leisen, saugenden Geräusch vom Körper und offenbarte die Eingeweide. Wir nahmen die Herzen und die Lebern heraus und legten sie in eine Schüssel. Mark befreite die Beine von Federn und schnitt sie ab, den Körper häuteten wir, sodass wir ihn nicht rupfen mussten. Köpfe, Innereien und Flügel warfen wir den Katzen hin, die uns bereits gierig umkreisten.

Drinnen entfernten wir die Knochen von den fleischigen Brüsten und wuschen sie. Es waren acht Stück, jede so groß wie eine Walnuss und dunkelrot. Ich setzte einen Topf Wasser auf, um Reis zu kochen, rupfte ein paar hängen gebliebene Federn von den Beinen und schnitt die Füße ab. Die Beine, die kleinen Herzen, die Rückenteile und die Lebern landeten zusammen mit einer Zwiebelscheibe und einer halben Möhre in einem anderen Topf. Dann gab ich noch eine Prise getrockneten Thymian dazu, bedeckte das Ganze mit Wasser, stellte es auf den Herd und ließ es köcheln, um Brühe zu erhalten. In einem großen Topf briet ich klein gehackte Zwiebeln an, während Mark die Taubenbrüste in papierdünne Baconscheiben wickelte. Dann schob er die Taubenbrüste unter den Grillrost, wo der Bacon beim Garen zerfloss und in das Fleisch einzog. Ich machte eine dunkle Mehlschwitze, die ich mit der Taubenbrühe anreicherte und gab die klein gehackten Innereien. Salz, Pfeffer, eine Handvoll getrockneten Salbei, ein paar zerdrückte Wacholderbeeren, die ich von den Bäumen hinter der Scheune gepflückt hatte, sowie einen Schuss Bourbon Whiskey und Ahornsirup dazu. Die Speise wurde aus zusammengesuchten Zutaten komponiert wie ein Outfit, das man sich in einem guten Second-Hand-Laden zusammenstellt. Das Resultat war zugleich elegant und extravagant. Mark belud unsere Teller mit Reis, garnierte diesen mit einer Schicht gebratener Zwiebeln, dann folgten für jeden vier Taubenbrüste, und das Ganze wurde mit einem großzügigen Löffel voll dunkelbrauner, glänzender Soße übergossen. Die Taubenbrüste unterschieden sich geschmacklich so sehr von Hühnchen, wie man es sich nur irgend vorstellen konnte, und dennoch war es Geflügel. Sie waren von einer dichten Struktur, hatten die Farbe von Rindfleisch und einen intensiven Wildgeschmack. Im Ergebnis war es ein Gericht, das dazu angetan war, das Ende der Sirup-Saison zu feiern und es war von uns so passend zur Jahreszeit ausgewählt, wie andere Menschen den Wein passend zu den Gängen ihres Menüs wählen. Der süße Schuss Sirup und der rauchige Bacon beschworen den holzgefeuerten Verdampfer herauf, und der Bourbon lieferte die feierliche Note.

 Eine Farm ist ein manipulativer Ort. Dass etwas fertig ist, gibt es nicht. Die Arbeit strömt unaufhörlich herbei wie das Wasser eines Flusses und versiegt nie. Es gibt nur Dinge, die jetzt getan werden müssen, und solche, die auch noch später erledigt werden können. Die Drohung, mit der die Farm dich auf Trab hält, bis du wirklich nicht mehr kannst, ist diese: Mach es jetzt, oder irgendeine lebendige Kreatur wird schlapp machen, leiden oder sterben. Genau genommen ist es Erpressung.

Wir rackerten uns eine Woche lang unter Hochdampf ab, um die Arbeit aufzuholen, die während der Sirupherstellung liegen geblieben war. Und als das Wochenende kam, hatten wir immer noch einen Bullen zu schlachten. Wir waren kurz vor der totalen Erschöpfung und hatten beschlossen, uns einen halben freien Tag zu genehmigen, die Fähre nach Vermont zu nehmen und dort Mittag zu essen, wenn wir den Bullen geschlachtet und aufhängt hätten. Ich malte mir aus, wie ich mich hinsetzte und mich bedienen ließ – eine verlockende Vorstellung. Wenn wir um elf fertig wären, wären wir immer noch rechtzeitig zum abendlichen Melken zurück.

Sobald es hell genug war, um ausreichend sehen zu können, trieben wir die Rinderherde von der Weide auf eine provisorische Koppel, die wir mit Hilfe eines Elektrozauns eingerichtet hatten. Unser Bulle trottete an der Begrenzung der Koppel entlang, schnupperte und brüllte laut. Er war ein massiver gescheckter Highlandbulle namens Rupert mit schläfrigen Augen und Hörnern, die so dick waren wie die Stämme kleiner Bäume an der Basis. Es regnete unaufhörlich, und es hatte schon die ganze Nacht geregnet. Als die dreißigköpfige Herde umhertrottete, verwandelte sich die Koppel, die wir mit Hilfe unseres mobilen Elektrozauns abgegrenzt hatten, in Windeseile in eine einzige Matschlandschaft. Mark war ins Haus gegangen, um das Gewehr zu holen, während ich in meiner tropfenden Regenkleidung und meinen Stiefeln dastand und die Tiere betrachtete. Eine der Kühe wurde brünstig, ein nervöses, reizbares Individuum namens Parker. Sie war halb Hochlandrind, halb Lakenvelder Rind. Irgendwie hatte sie von beiden Seiten ihrer Vorfahren eine Ladung neurotischer Gene mitbekommen und konnte springen wie ein Pferd. Wenn wir die Herde irgendwohin trieben, trotteten alle Rinder gemächlich in die von uns gewiesene Richtung, nur Parker nicht, die bockte und trat und mit voller Kraft losstürmte, manchmal mit dem Kopf zuerst direkt gegen den Zaun. Kurz nachdem sie zu uns gekommen war, fehlte eines Morgens die Hälfte von ihrem Schwanz. Der verbliebene Schwanzstummel sandte noch einen Sprühnebel Blut aus, wenn sie sich damit über ihren Rücken wedelte. Das bauschige Schwanzende entdeckte ich im Gras. Wir konnten es uns nur so erklären, dass einer ihrer Artgenossen ihr auf den Schwanz getreten sein musste, als sie geschlafen hatte, woraufhin sie sich festgesetzt gefühlt haben musste und in Panik ausgebrochen war. Jetzt wurde ausgerechnet diese neurotische Kuh mit dem verstümmelten halben Schwanz auf unserer rutschigen, matschigen Koppel brünstig, und das war weiß Gott nicht gut. Rupert beschnupperte sie von hinten. Er hatte die Lippen in dieser halb pornografischen, halb komischen Position des Flehmens nach hinten gerollt und stieß Kühe und Kälber aus dem Weg. Parker war noch nicht in der Phase der Hochbrunst, der sogenannten stehenden Brunst, in der sie Paarungsversuche des Bullen freudig akzeptieren würde. Stattdessen stürmte sie von einer Seite der Koppel zur anderen, brüllte laut und zog eine Pheromon-Duftspur hinter sich her. Der Ausdruck in ihren Augen wirkte noch verrückter als sonst, ein irres Funkeln.

In der Hoffnung, dass ein kleiner Imbiss allen Beteiligten guttun würde, beschloss ich, zur Scheune zu gehen und eine Ration Heu zu holen. Auf halbem Weg hörte ich ein Krachen, gefolgt von einem vielstimmigen Kuhgebrüll. Der Eckpfosten – ein fünf mal fünf Zentimeter dicker Eichenpfahl – war geborsten, und ein Teil des Elektrozauns lag knisternd und Funken sprühend auf dem nassen Boden. Parker stand an der Lücke, die sich im Zaun geöffnet hatte, Rupert direkt hinter ihr. Parker schätzte die Situation einen Moment lang ab, und dann – weil sie nun mal Parker war – sprang sie. Rupert folgte ihr, stemmte seinen schweren Körper mit seinen stämmigen Beinen in die Luft, und als Nächstes sprangen zwei ältere Kühe mitsamt ihren Kälbern hinter ihm her, getrieben von ihrem Herdeninstinkt. Eines der Kälber verhedderte sich mit einem seiner Hinterbeine in dem knisternden Zaun, die Kunststofflitze spannte sich an und zerriss. Somit existierte auch diese kleine Barriere nicht mehr, und die Herde strömte ungehindert in den nicht eingezäunten Bereich. Im ersten Moment wussten sie nicht, was sie mit ihrer plötzlich erlangten Freiheit anfangen sollten, und ich dachte, dass es mir vielleicht gelingen würde, sie durch die Lücke im Zaun zurück auf die matschige Koppel zu treiben und sie dort in Schach zu halten, bis Mark wieder da war, doch sie gewannen ihre Willenskraft zurück, vereinten sich zu einem Meer aus Fell und Hörnern und strömten die Zufahrt hinunter in Richtung Straße.

Sie waren beinahe auf der Höhe des Hauses. Mark kam gerade mit dem Gewehr heraus, als sie auf ihn zudonnerten. Sie erblickten ihn und bogen nach rechts ab, auf den Rasen vor dem Haus. Dieser war auf drei Seiten begrenzt, auf einer Seite von dem Haus, auf einer von einem Graben und auf der dritten von einem stabilen Weidenzaun. Der Weidenzaun verfügte über ein Tor, das offenstand, also mussten wir die Herde nur auf das Tor zutreiben. Wir dachten beide an eine Geschichte, die in diesem Frühling die Runde gemacht hatte. In Westport, dem Städtchen südlich von uns am See, war eine Rinderherde ausgebrochen. Diese Rinder waren tagelang umhergeirrt, hatten Gärten und Blumenbeete verwüstet und wurden immer wilder und unbeherrschbarer, bis der Eigentümer schließlich einen Jäger herbeigerufen hatte, der die Tiere allesamt erschossen hatte. Es war ein Totalverlust gewesen, denn die Tiere waren so mitgenommen gewesen, dass sie nur noch vergraben werden konnten. Es waren ebenfalls Hochlandrinder gewesen.

Also trieben wir die Herde behutsam in Richtung Tor, versuchten, ihnen die einzige Fluchtroute zu versperren, die an der Seite des Hauses vorbeiführte, und ließen die Führungstiere einen Blick auf das saftige Gras der Weide werfen. Sie muhten und liefen umher, unsicher, welche Richtung sie einschlagen sollten, und dann ging der gute alte Rupert durch das Tor, gefolgt von Parker und einigen weiteren Kühen und ihren Kälbern. Daraufhin drängte die ganze Herde auf das Tor zu, und Mark und ich lächelten uns über ihre Rücken hinweg an. Die Herde verteilte sich ruhig auf der Weide, und wir hatten es beinahe geschafft, als Parker den Anstoß gab, dass plötzlich die Anarchie ausbrach. Sie bockte, raste rempelnd den Zaun entlang und machte die anderen mit ihrem Verhalten ebenfalls wild. Es dauerte nicht lange, und sie zog eine ganze Herde galoppierender Kühe hinter sich her. Wenn die Situation nicht so ernst gewesen wäre, wäre sie komisch gewesen. Sie sahen aus wie eine Truppe wohl beleibter Matronen bei einer Sauftour durch Tijuana. Auf unserer Seite des Zauns stand immer noch eine Gruppe von fünf Bullen im Stau und wartete auf Durchlass, doch sie kamen nicht durch, und schließlich wurden sie von ihrem Herdentrieb überwältigt und galoppierten hinter den Kühen her – natürlich außerhalb des Zauns und in Richtung Straße.

Mark und ich beratschlagten atemlos, was wir tun sollten, und beschlossen, dass er am besten bei den Rindern auf der Weide blieb. Sie waren es gewohnt, seiner Stimme zu folgen, wenn er sie auf frische Weideplätze führte, sodass sie ihm womöglich folgten und dadurch vielleicht die entlaufenen Bullen zurück zur Scheune lockten. Ich sollte gleichzeitig Plan B ausführen, der darin bestand, die Bullen auszutricksen, zwischen sie und die Straße zu gelangen und sie am Zaun entlang zurück und durch das Tor zu treiben. Es gab keine Zeit, um große Pläne zu schmieden. Ich schnappte mir einen dicken Stock und rannte los. Die Bullen liefen vorübergehend durch den Graben und zwischen den Bäumen hindurch und verloren einen Moment lang die Kühe aus dem Blick, was mir die Gelegenheit verschaffte, eine Position ein paar Meter vom Zaun entfernt einzunehmen. Dann erblickten sie die Kühe wieder, die um die Ecke der Weide bogen, und stürmten auf mich zu.

Bis dahin hatte ich ein paar Dinge darüber gelernt, wie man mit Rindern umgeht, wie sich eine Herde bewegt und warum sie sich so bewegt, wie sie sich bewegt. Um sie einzuschüchtern, hatte ich gelesen, musst du so groß wie möglich erscheinen und die Tiere direkt ansehen, geradeaus und mit beiden Augen, wie ein Raubtier es tun würde. Du musst vollkommen überzeugt sein, dass sie dir gehorchen werden und darfst unter keinen Umständen auch nur den

Hauch von Zweifel oder Angst erkennen lassen. Es ist erlaubt, mit lauter, tiefer Stimme „Brr!" zu rufen, aber schreien solltest du nicht. Genau an diese Ratschläge dachte ich, als die Bullen auf mich zugerast kamen, der größte ganz vorne, flankiert von den anderen in einer pfeilförmigen Formation, und so stand ich da, fest und selbstbewusst und breitbeinig, die Arme und den Stock vor mir ausgestreckt, und rief laut und mit tiefer Stimme „Brr!", als der Bulle, der die anderen anführte, den Kopf senkte und in mich hineinrannte.

 Es war das erste Mal während meines Lebens auf der Farm, dass mir meine Erfahrung half, die ich auf der Highschool als Cheerleaderin gesammelt hatte. Der Bulle traf mich direkt unter der Hüfte, und als er den Kopf hob und mich in die Luft warf, zog ich das Kinn an, warf die Beine nach vorne und vollzog einen Pike. Ich glaube, ich legte einen Auerbachsalto hin, denn ich landete sitzend und war zwar leicht benommen, jedoch vollkommen unverletzt. Die anderen Bullen blieben abrupt stehen und starrten. Auf dem Boden sitzend hörte ich Mark laut auf die Herde einreden. „Na los! Komm schon, Chef! Na los!" Die Bullen hörten es ebenfalls, genau wie die Herde innerhalb des Zauns, und wundersamerweise gehorchten sie. Ich klopfte mir die Erde ab und folgte den Bullen zurück über den Graben zu dem offenen Tor, wo sie sich freudig zu dem Rest ihrer Herde gesellten.

Wir verbrachten mehrere Stunden damit, den Zaun der Koppel wiederherzustellen, rammten neue Eckpfosten in den nassen Boden und errichteten eine Laufgasse ohne Elektrozaun, durch die wir die Herde zurück auf die Koppel schleusten. Wir schafften es noch, die Kühe zu melken und die Pferde zu füttern, bevor wir uns ins Bett schleppten. Der Bulle, den wir eigentlich hatten schlachten wollen, gewann noch eine Woche Aufschub, und unser Mittagessen im Restaurant war nur noch ein Wunschtraum, der sich in nichts aufgelöst hatte, wie der zu Ende gegangene Tag.

Irgendetwas passierte immer. Unsere Truthahnküken trafen ein, und ein blutrünstiger Waschbär lernte, die Tür zu ihrem Gehege aufzuhebeln. Dann hörte eines der Schweine auf zu fressen, blieb ausgestreckt im stillen Örtchen der Schweine liegen und war mit rautenförmigen Flecken übersät. Es litt an Rotlauf, einer Krankheit, die in unserer Region eigentlich nicht vorkommt, doch sie wurde mit den Geflügelküken eingeschleppt, die aus dem Mittleren Westen stammten. Wenn man diese dringlichen Angelegenheiten unseren kümmerlichen menschlichen Bedürfnissen gegenüberstellte – dem Wäschewaschen, dem Abstauben der Möbel oder der Planung deiner bevorstehenden Hochzeit –, war klar, was wichtiger war. Aber wenn du nicht aufpasst, kann eine Farm dich dazu bringen zu denken, dass du nicht einmal mehr Zeit hast, das Gemüse zuzubereiten, das du selber angebaut hast. In jenem Frühling gab es Wochen, in denen Mark und ich mit unserer Arbeit so spät fertig wurden und so erschöpft waren, dass wir ins Dorf fuhren und uns eine Tüte Chips und eine schlabberige Pizza mit geschmacklosem Belag kauften. Ich konnte mit schmutziger Kleidung leben, den Hochzeitsplanungen ging ich sowieso aus dem Weg, und das Abstauben der Möbel hatte ich noch nie als eine vorrangige Aufgabe betrachtet, doch wenn das Ganze nicht einmal mehr darauf hinauslief, dass wir unser selbst erzeugtes Essen aßen, machte es keinen Sinn mehr, überhaupt weiterzumachen. Wir hatten ein ernstes Gespräch, in dem es ums Eingemachte ging, und waren uns in diesem Punkt einig. Von da an achteten wir darauf, uns wenigstens einmal am Tag eine gute Mahlzeit zuzubereiten, normalerweise zum Mittag. Außerdem führten wir die Regel ein, an Sonntagen grundsätzlich nicht auf der Farm zu arbeiten, und setzten sie auch um. Natürlich gab es unerlässliche Pflichten, wie das morgendliche und abendliche Melken, aber die Stunden dazwischen waren für uns reserviert, dafür, ein Paar zu sein.

An manchen Sonntagen verspürte ich das dringende Bedürfnis, von der Farm wegzukommen und etwas Entspannendes, Vertrautes zu machen. Die Dinge, die mir in meinem früheren Leben Spaß gemacht hatten, waren dünn gesät. In unserem Dorf gab es keine Cafés, keine Buchhandlungen und keine kleinen interessanten Kneipen zu entdecken. In der Stadt war ich im Durchschnitt zweimal die Woche im Kino gewesen. Von der Farm war es fast eine Stunde Autofahrt bis zum nächsten Kino, das sich zudem im hintersten Bereich eines Einkaufszentrums in unmittelbarer Nachbarschaft einer Fressmeile mit schmierigen Fastfood-Restaurants befand und in dem ausschließlich schlechte Horrorfilme und furchtbare Highschool-Komödien gezeigt wurden, ergänzt um den obligatorischen Kinderfilm. Dennoch lechzte ich alle paar Sonntage derart nach Unterhaltung, dass ich den Dung von meinen Stiefeln kratzte, Mark ins Auto nötigte und Richtung Norden brauste. Mark fährt schon aus Prinzip nur äußerst widerwillig Auto, und er setzte bei diesen Gelegenheiten einen gespielt nachsichtigen Ausdruck auf und beantwortete meine Fragen einsilbig, um zu betonen, was für ein Opfer er brachte, doch sobald wir im Kino saßen und die Vorfilme liefen, saß er mit offenem Mund da und war völlig gebannt, ganz egal, wie furchtbar der Film auch sein mochte. Wie mir bewusst wurde, hatte er im Gegensatz zu mir und den meisten von uns keine Unempfindlichkeit gegenüber bewegten Bildern entwickelt. Seine Eltern hatten keinen Fernseher besessen, und nach ET hatte er filmmäßig nicht mehr viel gesehen. Man könnte ihn vor die Popcornwerbung setzen, sie ihm in einer Endlosschleife vorführen, und er wäre gefesselt. Es hatte etwas von einer Entweihung. Letztendlich war ich diejenige, die die Filme irgendwann leid war. Sie ließen mich auf der langen Fahrt nach Hause mit einem Gefühl der Leere zurück.

Die Angewohnheit aus meinem früheren Leben, die ich zuletzt ablegte, war das Shoppen. Ich spürte, wie sich der Drang danach, etwas zu kaufen, während der ganzen Woche in mir aufbaute wie ein beginnender und immer heftiger werdender Juckreiz. Ich rede nicht von dem Verlangen, mir Kleidung, Schuhe oder ande-

ren Kram zu kaufen, mit dem sich Menschen eindecken, die das
Shoppen als Freizeitbeschäftigung betreiben. Ich rede von diesem
merkwürdig tröstlichen Erlebnis, das damit verbunden ist, an glän-
zenden neuen Produkten vorbeizuflanieren, von diesem täglichen
Tausch von Geld gegen Güter. In der Stadt besteht der überwie-
gende Teil deiner Umgebung aus zu verkaufenden Objekten, und
es ist nahezu unmöglich, deine Wohnung zu verlassen, ohne irgendetwas zu kaufen – eine Zeitung, eine Tasse Kaffee oder einen
leuchtenden Strauß Blumen auf dem koreanischen Markt. Wenn
mehrere Tage vergingen, ohne dass ich etwas kaufte, ohne dass ich
ein Geschäft oder irgendwelche Produkte sah, ohne dass ich auch
nur das Auto startete, um ein bisschen Benzin zu verbrennen, wurde ich von schmerzhaften Entzugserscheinungen heimgesucht. Die
einzigen Einkaufsgelegenheiten im Umkreis von sechzehn Kilome-
tern von der Farm waren ein Lebensmittelladen und eine Eisenwa-
renhandlung, und an Sonntagen suchte ich Ersteren auf, schob einen Einkaufswagen durch die in Neonlicht getauchten Gänge und
ließ mich von Kaufhausmusik berieseln. Doch immer öfter kam es
vor, dass ich nichts fand, was wir wirklich brauchten, nichts, was
ich wirklich haben wollte, und so blieb der Wagen leer, bis ich die
Kasse erreichte, wo ich mir die aktuelle People-Ausgabe kaufte und
die dicke vertraute Sonntagsausgabe der New York Times. Immer
öfter zog ich es vor, auf der Farm zu bleiben und unsere Sonntage
dort zu verbringen, mit Mark über die Weiden zu spazieren und
mich damit zufriedenzugeben, dass das vertraute Triumvirat, das
aus unserem Bett, dem Ofen und dem Esstisch bestand, die Herr-
schaft über unsere Zeiteinteilung übernahm.

Wir versuchten, dieses große sperrige Projekt aus den Gegeben-
heiten herauszumeißeln, es von einer theoretischen Vorstellung zu
etwas real Existierendem zu machen. Diese Idee, an die wir uns
klammerten – eine Farm aufzubauen, eine bisher noch unbekann-
te Anzahl von Menschen, die ein Jahr bei uns Mitglieder wurden,
umfassend mit Lebensmitteln zu versorgen, und dabei gleichzeitig

die Seele dieses alten Stückes Land wiederzubeleben –, war entweder ein kühnes oder ein dummes Unterfangen, je nachdem, was für ein Verhältnis man zum Risiko hatte. Die Verwirklichung dieser Idee erforderte den schlagartigen Aufbau einer höchst komplexen Farm sowie vielfältige Investitionen in die Infrastruktur. Was den Anbau von Gemüse anging, verfügte Mark über umfassende Erfahrungen, aber im Hinblick auf die Viehhaltung rangierten unsere Kenntnisse irgendwo zwischen kärglich und nicht vorhanden. Der Umgang mit Arbeitspferden war völlig neu für uns, wir wussten nichts über pferdegezogene Geräte und hatten uns trotzdem in eine Situation manövriert, in der wir von ihnen abhingen. Soweit wir wussten, gab es kein Vorbild für unser Modell, eine Rundumversorgung mit Lebensmitteln anzubieten. Wir hatten weder eine Ahnung, wie wir die Preise festlegen sollten, noch wussten wir, ob wir unsere Produkte überhaupt würden verkaufen können. Wir hatten keinerlei Reserven, auf die wir im Notfall zurückgreifen konnten, da wir all unsere Ersparnisse ausgegeben hatten, und wir hatten sie so gründlich geplündert, dass wir unsere Kontostände auswendig kannten. Als der Boden sich zu erwärmen begann, waren sie irgendwo im mittleren zweistelligen Bereich angelangt. Die Farm, auf die wir hinarbeiteten, war zu diesem Zeitpunkt nichts weiter als ein Hirngespinst, und bis zur Verwirklichung unserer Pläne war es ein weiter Weg, doch wir beide liebten sie bereits, so wie Eltern ein Baby schon vor seiner Geburt lieben. Ich war ein Neuling, völlig ahnungslos auf diesem Gebiet, doch in meinem Leben hatte mir noch nie etwas so am Herzen gelegen.

Ich liebte auch meine Arbeit, trotz ihres Übermaßes. Die Welt war mir immer verstörend chaotisch erschienen, die Vielfalt der Wahlmöglichkeiten hatte mich ganz irre gemacht. Ich stellte fest, dass ich viel besser damit klarkam, mein Hauptaugenmerk auf den Ackerboden zu richten. Zum ersten Mal in meinem Leben sah ich eine direkte Verbindung zwischen dem, was ich tat, und dem, was aus meinen Taten folgte. Ich wusste, warum ich tat, was ich tat, und war davon überzeugt, dass das, was ich tat, richtig war. Ich spürte, wie sich die Kluft zwischen dem Menschen, der ich zu sein glaubte, und der Art und Weise, wie ich mich verhielt, zu schließen begann und das, was mich ausmachte, sich allmählich dem Zustand der Authentizität näherte. Ich spürte, wie sich mein Körper veränderte und sich dem anpasste, was ich von ihm verlangte. Ich konnte das Geschirr auf Sams Rücken hieven, ohne mir dabei selbst die Luft abzuschnüren. Ich konnte mit Leichtigkeit zwei volle Zwanzig-Liter-Eimer tragen und mit ihnen den Gang der Scheune entlangwatscheln wie eine chinesische Bäuerin. Ich hatte mich immer zu einer funkelnden Wundertüte hingezogen gefühlt, die sofortige Belohnung versprach, und begann jetzt etwas über den inneren Frieden zu lernen, den du finden kannst, wenn du dich einer unendlichen Herausforderung stellst.

Doch warum, um alles in der Welt, bringt Leidenschaft immer Konflikte hervor? Als die Farm begann, Formen anzunehmen, stritten Mark und ich erbittert um alles und jedes. Wir stellten fest, dass wir unterschiedliche Wünsche, unterschiedliche Ängste und unterschiedliche Visionen für die Farm hatten. Wir waren beide ausgesprochene Dickköpfe und verloren kostbare Tageslichtstunden, indem wir darüber stritten, wie ein Zaun für die Schweine zu bauen war oder ob die Pferde die Nacht in ihrem Stall verbringen sollten oder draußen. „Aber die Landwirtschaft ist meine Kunst", stellte Mark schließlich fest, wenn wir beide zutiefst frustriert und beinahe in Tränen aufgelöst waren. Das erschien mir zunächst lächerlich überheblich. So, wie wir schwitzten und uns im Dreck suhlten, konnte von alldem doch nichts weiter entfernt sein als Kunst. Doch später, als ich auf vielen Farmen gewesen war und viele Farmer kennengelernt hatte, musste ich ihm in diesem Punkt recht geben. Eine Farm ist eine Ausdrucksform, eine physische Manifestation des Innenlebens des Farmers, der sie betreibt. Ob es dir gefällt oder nicht – die Farm offenbart, wer du bist. Und das ist Kunst. Doch als Trumpfkarte taugte dieses Argument trotzdem nicht. Wenn diese Farm ein Kunstwerk war, musste es durch die Zusammenarbeit von zwei Gleichberechtigten erschaffen werden.

Ich bin eine passiv-aggressive Disputantin und ziehe es vor, der direkten Konfrontation aus dem Weg zu gehen und stattdessen den mit ihr einhergehenden Groll zu pflegen. Mark hingegen ist ein erbitterter Argumentierer der alten Schule. Wenn es eine Meinungsverschiedenheit gibt, verbeißt er sich darin, dreht und wendet sämtliche Argumente so lange nach allen Seiten hin und her, bis der wahre Knackpunkt bloßgelegt ist. Auf diese Weise erfuhr ich, dass unsere Meinungsverschiedenheiten ihre Ursache immer wieder in zwei unterschiedlichen Grundängsten hatten, die uns umtrieben. Mir machten vor allem Geldsorgen zu schaffen – die Angst vor Armut und Schulden. Wie es aussah, würde unsere Gewinnmarge im besten Fall äußerst kärglich ausfallen, und ich befürchtete, dass wir Sklaven der Zinslast zu werden drohten. Und wenn unser Projekt scheitern sollte, wollte ich nicht mit einer Schaufel aus einem Haufen unbezahlter Rechnungen ausgegraben werden müssen, die mich erdrückten. Ich hatte ein paar Erfahrungen mit Schulden gemacht und wurde von einer tiefsitzenden Furcht geplagt, diese Erfahrungen noch einmal durchmachen zu müssen. Mark hingegen hatte ein freundliches, unbeschwertes Verhältnis zu Geld, das vor allem auf der Tatsache beruhte, dass ihm ziemlich egal war, ob er welches hatte oder nicht. Wie ich ihm gegenüber feststellte, könnte er glücklich und zufrieden auf einer Parkbank leben. Aber seine Erfahrungen mit Geld waren auch deutlich erfreulicher als meine. Um mit dem Betrieb seiner Farm in Pennsylvania beginnen zu können, hatte er einen Kredit aufgenommen, den er vorzeitig zurückbezahlt hatte. Und von seinen mickrigen Einkünften aus der Farm hatte er sogar noch ausreichend Ersparnisse abzwacken können, um mir auszuhelfen, den letzten Teil meiner Schulden abbezahlen zu können, bevor ich die Stadt verlassen hatte und mit ihm nach New Paltz gezogen war. Er hatte keine Angst vor Schulden, sondern davor, dass wir an Arbeitsüberlastung zugrunde gingen. Er hatte schon Menschen erlebt, denen dies passiert war, als die bewirtschaftete Fläche ihrer Farm immer größer geworden war und das Tempo des Arbeitstakts sich beschleunigt hatte, bis sie überrollt und erdrückt worden waren. Er befürchtete, dass wir so von Arbeit erdrückt werden würden, dass es keinen Spaß mehr machte oder seine Freiheit, die Farm so zu betreiben, wir er es wollte, eingeschränkt werden würde. Diese Freiheit, stellte er klar, bedeutete ihm mehr als sogenannte Sicherheit. Er zitierte gerne einen Farmer, bei dem er gelernt und der ihn gewarnt hatte, dass biologisch betriebene Farmen meistens nicht daran scheitern, dass sie pleitegehen, sondern aufgrund von Überarbeitung oder Scheidung. Was den ersteren der angeführten Gründe anging, war ich nicht sicher, aber wenn wir weiter so stritten wie bisher, waren wir auf jeden Fall auf dem besten Weg, Kandidaten für letzteren zu werden, und das, bevor unsere Hochzeit auch nur stattgefunden hatte.

In einer Angelegenheit waren wir uns allerdings einig: Es war an der Zeit, dass wir ein paar Mitglieder gewannen. Wir entwarfen einen Handzettel und hängten ihn gegenüber dem Rathaus an das Infobrett der Gemeinde. Wir boten ab Anfang August eine umfassende Versorgung mit Lebensmitteln an, die Rinder-, Schweine- und Hühnerfleisch, Eier, Milch, Gemüse, diverse Mehl- und Getreidesorten sowie Bohnen und unseren wunderbaren Ahornsirup umfasste. Bis August würden wir brauchen, um die Farm so weit in Schuss zu bringen und ausreichende Mengen an Gemüse ernten zu können. Mitglieder, die sich bis August anmeldeten, würden jede Woche auf die Farm kommen und sich ihre Fleisch- und Milchration abholen können und dazu, je nach Verfügbarkeit, diverse Gemüsesorten und andere Produkte. In der Atempause zwischen dem Ende der Sirupsaison und dem Beginn der Feldarbeit richteten wir unser ganzes Augenmerk auf das Marketing.

An dieser Front hatten wir einige Hindernisse zu überwinden, die allesamt gegen uns in Stellung gebracht waren. Wir waren neu in dieser kleinen, konservativen Gemeinde, die in den zurücklegenden Dekaden die Pleiten gut gehender Farmen erlebt hatte. Wir setzten auf das radikale Konzept einer einjährigen Mitgliedschaft, bei der man sich für alles oder nichts entscheiden musste – ein Konzept, das selbst in den in landwirtschaftlicher Hinsicht fortschrittlichsten Winkeln des Landes unerprobt war. Und wir verlangten von den Leuten, Tausende von Dollar für ein Versprechen lockerzumachen, dessen Einlösung alles andere als garantiert war. Bei dem Preis, den wir verlangten, konnten es sich die meisten Bürger unserer Gemeinde nicht leisten, unsere Produkte zusätzlich zu ihrem üblichen Einkauf im Lebensmittelladen zu erwerben. Sie würden sich also, genau wie ich, von dem vertrauten, wohltuenden Erlebnis verabschieden müssen, einen Einkaufswagen durch die Gänge zu schieben. Die zentrale Frage in der Küche wäre nicht mehr, „Was will ich essen?", sondern, „Was ist gerade da?" Die in der Küche zu verbringende Zeit – des Planens, des Vorbereitens, des Zubereitens – würde sich exponentiell ausdehnen. Darüber hinaus ist die frostfreie Anbausaison in unserer Gegend nur hundert Tage lang. Um verderbliche Obst- und Gemüsesorten außerhalb der Saison genießen zu können, muss man sich also die Zeit nehmen, sie einzumachen oder einzufrieren, wenn sie frisch und reichlich vorhanden sind. Wenn man die Zeit dafür hat, ist das eine befriedigende Arbeit, die sogar Spaß macht, aber wenn man einen Vollzeitjob hat und sich um seine Kinder kümmern muss, erscheint sie einem schnell schweißtreibend und lästig. Das Wichtigste aber ist: Die Produkte einer Farm unterscheiden sich grundlegend von dem, was die meisten Leute heutzutage für Lebensmittel halten. Sie kommen nicht vorgeschnitten und vorgekocht als Fertiggerichte in diesen bunten Schachteln und Tüten daher, darauf abgestimmt, unsere niedersten Bedürfnisse anzusprechen. Wir verkaufen das glatte Gegenteil davon: Nackte, unverarbeitete Produkte, die frisch aus der Erde kommen.

Ich wusste aufgrund meiner eigenen Erfahrung in unserer Küche, dass einige Produkte, die wir herstellten, sich sozusagen von alleine verkaufen würden, wenn wir die Leute nur dazu kriegen konnten, sie einmal zu probieren. Du konntest nicht ein Kotelett probiert haben, das von unseren auf der Weide großgezogenen Schweinen stammte, und dich jemals wieder mit einem zufriedengeben, das aus der Massentierhaltung stammte. Das Gleiche traf für unsere Eier zu, deren hellorange Dotter in der Pfanne strammstanden. Doch andere Produkte würden sich schwerer verkaufen lassen. Das Fleisch von mit Gras gefütterten Rindern ist geschmackvoller, aber auch deutlich zäher als das der mit Mais gemästeten Rinder, das die US-Amerikaner gewöhnt sind. Wir experimentierten herum und ließen die Hälften drei, vier oder sogar fünf Wochen lang im Kühlraum hängen, bevor wir sie zerlegten. Dies verlieh dem Fleisch nicht nur eine butterartige Textur, sondern auch einen markanten Geschmack, den ich liebte, andere Leute jedoch als unangenehm empfanden. Außerdem redeten wir über komplette Tiere, und sowohl aus ethischen als auch aus ökonomischen Gründen mussten wir sämtliche Teile verwenden, von der Zunge bis hin zu den Hoden. Wir würden den Leuten also abverlangen, Dinge zu essen, die sie nicht kannten, und von denen sie nicht wussten, wie man sie zubereitete. Wir verteilten Kostproben der köstlichen Milch unserer Jersey-Kühe, die ich so lecker fand, und mussten feststellen, dass sie sich für einige Gaumen zu sehr von der im Laden gekauften Milch unterschied, um sie akzeptieren zu können, erst recht, wenn diese Gaumen das Trinken von fettarmer oder entrahmter Milch gewohnt waren. Außerdem konnten wir nicht die gleichbleibende Konsistenz der Lebensmittel bieten, an die die Leute sich beim Einkauf im Supermarkt gewöhnt hatten. Konnten wir also wirklich erwarten, dass die Leute ihre Gewohnheiten so radikal änderten und auch noch gutes Geld dafür bezahlten?

Auf unserer Habenseite konnten wir verbuchen, dass wir Mark hatten, der es immerhin geschafft hatte, mich allein mit seiner Überzeugungskraft dazu zu bringen, alles, was ich kannte, hinter mir zu lassen und ihm zu folgen. Er glaubte mindestens mit der gleichen Überzeugung an die Farm, die wir aufbauten, wie er an unsere Beziehung glaubte, und wenn er an etwas glaubt, ist das ansteckend – die Gabe eines jeden guten Verkäufers. Auf seiner Farm in Pennsylvania hatte er eine Vermarktungsmethode angewendet, die wir jetzt seine Drogendealer-Methode nannten, und die darin bestand, alle möglichen Produkte erst einmal zu verschenken und die Leute dazu zu bringen, etwas davon zu probieren, damit sie erfuhren, wie gut es war, und sie davon abhängig wurden und wiederkamen, um mehr zu bekommen. Zu Beginn der Anbausaison würden wir uns also mit einer Kiste unserer Produkte an der Straßenkreuzung im Dorf aufbauen und vorbeikommenden Autofahrern Salatköpfe in die Hand drücken.

Außerdem hatten wir Glück mit unserem Timing. Wir kamen genau zu jener Zeit in Essex an, als die Welle der Rückbesinnung aufs Lokale gerade an Kraft gewann und Konzepte wie „direkt vom Produzenten zum Verbraucher" erstmals zu hören waren. Köche und Gastrojournalisten begannen, ihr Augenmerk auf Lebensmittel zu richten, die auf kleinen Farmen produziert wurden. Die Idee des biologischen Anbaus war selbst im Hinterland bis zur breiten Masse vorgedrungen. Wir registrierten einen kleinen aber beständigen Strom an Erkundigungen von Leuten, die wissen wollten, woher ihre Nahrungsmittel kamen, die Lebensmittel essen wollten, die frei von Hormonen und Antibiotika waren, Lebensmittel, deren Herkunft sie mit eigenen Augen überprüfen konnten. Ein anderer Teil unserer Gemeinde – wirklich aus der Gegend stammende ältere Leute – machten sich nicht viel aus den neuen Modewörtern, doch der Geschmack von Produkten, die von einer Farm vor Ort stammten, war ihnen vertraut, da sie selber damit groß geworden waren und sie sie vermissten.

Die Bewohner unseres kleinen Dorfes trugen beträchtlich dazu bei, dass unser Projekt einen guten Start hatte. Sie nahmen uns an. Ich spürte, dass sie uns den Herbst und den Winter hindurch beobachteten, um zu sehen, ob wir ernst zu nehmen waren. Sie waren freundlich gewesen, hatten sich ihr Urteil jedoch vorbehalten. Im Frühling sahen sie uns reinklotzen und stellten fest, dass wir uns anstrengten und nicht nur große Töne spuckten. Sie hielten sich selber für Underdogs, die ihr Dasein fernab der geschäftigen und mächtigen Städte dieser Welt fristeten, an einem so kleinen Ort, dass sie oft vergessen wurden. Als wir ein Teil von ihnen wurden, fühlten sie sich, glaube ich, verpflichtet, uns zu unterstützen, von Underdog zu Underdog sozusagen. Einige von ihnen wurden Mitglieder, andere halfen uns auf unterschiedliche Weise, mit Werkzeugen, Ratschlägen oder indem sie uns einfach ein paar Stunden bei unseren Arbeiten halfen. Einige wurden Stammgäste. Liz Wilson kam regelmäßig am Freitag, half uns, die Milchkrüge auszuwaschen und kochte unser Mittagessen. Unsere Nachbarn John und Katharine kamen ebenfalls einmal in der Woche und halfen uns beim Säubern der Scheune, beim Transport von Heuballen oder bei irgendeiner schweren Arbeit, die gerade oben auf unserer Prioritätenliste stand. Thomas half uns beim Zerlegen von geschlachtetem Vieh, wenn wir nicht nachkamen, selbst wenn sein eigener Kühlraum voller geschlachteter Tiere hing, die auf sein Messer und seine Säge warteten. Die Owens kamen, wenn eines unserer Tiere krank war oder sich verletzt hatte. Don Hollingsworth, einer der weißhaarigen Bürger des Ortes, die uns damals im Herbst bei der Mitbringparty in der Kirche willkommen geheißen hatten, war ein wahrer Meister jeglicher Holzarbeit, und wann immer uns etwas aus Holz kaputtging, nahm er es mit in seine Werkstatt und brachte es uns besser als neu zurück. Wenn wir mit irgendeinem Problem in der Werkstatt nicht weiterkamen, kam Shane Sharpe, entweder alleine oder in Begleitung von Luke, und wies uns den Weg zu einer Lösung. Die einzige Gegenleistung, die er verlangte, wenn das defekte Gerät wieder zusammengesetzt war und wieder wie geschmiert lief, waren ein Bier und die Gesellschaft von jemandem, mit dem er es gemeinsam trinken konnte. Lars kaufte die ersten beiden Anteile. Er wohnte vier Autostunden von uns entfernt, und wir wussten alle, dass er die Anteile aus Mitleid gekauft hatte und niemals den ihm zustehenden Gegenwert dafür erhalten würde. Dann klopfte Barbara Kunzi an unsere Tür. Sie hatte sechzehn Jahre lang ein paar Kilometer von uns entfernt eine Farm betrieben, bis mehrere aufeinanderfolgende Dürrejahre ihren Brunnen hatten versiegen lassen und sie gezwungen gewesen war, die Farm zu verkaufen. Da sie im großen Stil Flaschentomaten angebaut hatte, kannte sie sich in der Landwirtschaft bestens aus und hatte jeden Grund, an der Durchführbarkeit unseres Vorhabens zu zweifeln, doch sie setzte sich an unseren Küchentisch und stellte uns einen Scheck aus. Als der Boden aufgetaut war, hatten wir sieben Mitglieder, und unser Bankkonto klang nicht mehr ganz so hohl wie eine leere Spardose, wenn wir eine Einzahlung machten.

Das kleine Geldpolster, so bescheiden es auch war, schien dazu beizutragen, die Spannungen zwischen Mark und mir abzubauen. Nachdem wir nun Mitglieder hatten, die wir mit Lebensmitteln versorgen mussten, war unsere Richtung klar, und wir hatten ein gemeinsames Ziel. An jedem Freitag würden zwischen vier und sieben Uhr nachmittags unsere Mitglieder auf die Farm kommen und ihre Rationen abholen. Egal, was während der Woche passierte – seien es Verletzungen, durchgehende Tiere oder sonstige Desaster – am Freitag musste alles für die Ausgabe an die Mitglieder bereit sein.

In der ersten Woche bauten wir in einem der neueren Gebäudeteile, dem nach vorne hin offenen Pavillon mit einem guten Zementboden, der sich im vordersten Bereich der Farm befand, einen Ausgabestand in Minimalausführung auf. Das Einzige, was wir anzubieten hatten, waren Milch, Fleisch, Eier, Ein-Liter-Einmachgläser mit unserem ersten Ahornsirup, der sich großer Beliebtheit erfreute, und Gläser mit weißem Schweineschmalz, die stehen blieben. Mark beschloss, dass Schweineschmalz ein neues Image benötigte und wurde ein begeisterter Schweineschmalz-Anpreiser. In der folgenden Woche pries er die gesundheitsfördernden Eigenschaften und die kulinarischen Vorzüge von Schweineschmalz und verteilte Kostproben von mit Schweineschmalz zubereiteten Pies oder in Schweineschmalz angebratenem Gemüse. Noch bevor der Frühling vorüber war, stand Schweineschmalz hoch im Kurs.

Ich denke lieber gar nicht darüber nach, wie viele Gesetze wir bei diesen ersten Verteilungsaktionen gebrochen haben. Wir hatten noch kein Milchhaus, geschweige denn eine Zulassung als Melkbetrieb, ja nicht einmal einen speziell für die Milch bestimmten Kühlschrank. Wir hatten auch keine Schlachterei. Mark zerlegte die Rinder- oder Schweinehälften nach Bestellung draußen unter freiem Himmel, wobei er immer wieder schnell einen Blick auf die Illustrationen in unserer abgegriffenen Paperpack-Ausgabe von „Butchering Livestock and small Game" warf. Schon bei den ersten Verteilungsaktionen unserer Produkte brachten unsere Mitglieder eine fröhliche, ausgelassene Stimmung mit auf die Farm, wenn sie mit leeren Körben, Kisten und Taschen zu uns kamen, um mit gefüllten Behältnissen wieder abzufahren. Die meisten waren bereits miteinander befreundet, und diejenigen, die es noch nicht waren, freundeten sich schnell miteinander an, während sie sich über Gerichte austauschten, die sie in der vorangegangenen Woche zubereitet hatten, und einander Rezepte oder Lagerungsmethoden empfahlen. Es war ein fröhliches Beisammensein, als ob wir jede Woche auf einem Dritte-Welt-Markt eine Cocktailparty ausrichteten.

Die ersten Verbesserungen verdankten wir unseren nächsten Nachbarn, Harry und Dot Everhart, einem Farmerehepaar im Ruhestand, das seit sechzig Jahren verheiratet war. Sie hatten jahrzehntelang die Molkerei auf der South Farm betrieben, bis der Besitz – ein wunderschönes, direkt am See gelegenes Anwesen – an einen bekannten Politiker verkauft wurde, der es als Urlaubssitz nutzen wollte. Der Geschichte zufolge, die wir im Dorf gehört hatten, hatten die neuen Besitzer den Everharts in Anbetracht der vielen Jahre, die sie auf der Farm gelebt hatten, angeboten, dort wohnen zu bleiben. Der einzige Haken bestand darin, dass Harry seine Waffen würde abgeben müssen. Darauf bestand der Sicherheitsdienst. Die Everharts packten daraufhin in aller Ruhe ihre Sachen und zogen gegenüber von uns in ein gepflegtes neues Fertighaus.

Harry kam alle paar Tage bei uns vorbei, entweder mit seinem Pick-up über die Zufahrt oder mit seinem Quad und mit Dot auf dem Rücksitz direkt über die Felder. Er war ein wandelndes Lexikon für jene Art von Spezialkenntnissen, die man nur erwirbt, wenn man sein ganzes Leben an ein und demselben Ort eine Farm betrieben hat. Mark löcherte ihn mit Fragen über den besten Zeitpunkt, um zu pflügen und auszusäen, über Wetterlagen, Böden, Futtersorten oder die in der Gegend anzutreffenden natürlichen Feinde der Haustiere. Wie Shep Shields hatte Harry als junger Mann mit Pferden gearbeitet, doch im Gegensatz zu Shep war er kein Fan von Arbeitspferden, und es machte ihn nervös mitansehen zu müssen, dass eine Frau die Pferde fuhr. Er hatte Angst, dass ich dabei verletzt werden könnte. „Dein Gespann erscheint mir ziemlich stürmisch", stellte er missbilligend fest. Insbesondere mochte er Sam nicht. „Das Beste, was du mit diesem starrköpfigen Gaul machen kannst, ist, ihn zu erschießen."

Harry arbeitete auf der Mülldeponie, die von uns aus nur ein Stück weit die Straße hinunter lag. Nahezu jeder Bewohner unserer Stadt brachte einmal in der Woche etwas auf die Mülldeponie, und es war bei uns der Ort, der einer Begegnungsstätte am nächsten kam. Harry hielt für uns die Augen auf und stellte Dinge zur Seite, von denen er glaubte, dass wir mit ihnen noch etwas anfangen konnten. Er brachte uns einen großen Gefrierschrank und einen geräumigen Kühlschrank. Beide Geräte waren leicht ramponiert, aber noch nicht so alt, und sie funktionierten perfekt. Außerdem brachte er uns Tische und Regale, bis Mark und ich zu dem Schluss kamen, dass unser Pavillon nicht mehr wie ein Dritte-Welt-Markt aussah. Er sah jetzt mindestens wie ein Zweite-Welt-Markt aus.

Gegen Ende April waren unsere ersten Samen schön aufgegangen. Sie sprossen in aufgereihten, mit Erde gefüllten Saatkisten, die in der sonnigen, verglasten Veranda der Farm standen. Im März hatten wir während der Pausen bei der Sirupherstellung Zwiebeln gesät und hatten jetzt zehntausend kleine grüne schwertblattförmige Triebe, die danach trachteten zu wachsen. Als Nächstes war der Lauch dran, dann die Kräuter, Brokkoli, Paprika, Tomaten, Blumen, Salate – fünf Sorten –, Weißkohl und Grünkohl. Ich begann zu verstehen, was mit dem Begriff „im Farmmaßstab" gemeint war. Das Säen glich dem Betrieb einer kleinen, matschigen Fabrik. Die Topferde, die wir verwendeten, wurde in Tausend-Kilo-Säcken geliefert. („Wenn sie eine ganze Tonne wiegen", stellte meine Freundin Alexis fest, „kann man dann überhaupt noch von Säcken reden?") Wir rührten Wasser in kleine Mengen von Topferde, bis es ein- oder zweimal tropfte, wenn man eine Probe des Erde-Wassergemischs in der Faust zusammendrückte. Wir liehen uns von einem Nachbarn einen Pflanzballenausstecher, eine raffinierte, an einem langen Griff befestigte Stanzform, mit deren Hilfe wir aus der eingeweichten Topferde kleine Würfel herausstachen. In die Mitte eines jeden Würfels steckten wir die Samen, von denen einige so winzig waren, dass man blinzeln musste, um sie überhaupt sehen zu können. Dann bestreuten wir die Saatkisten mit weiterer Topferde und gossen sie. Ich liebte diese filigrane Arbeit im blassen Frühlingslicht. Es bereitete mir Freude, mir vorzustellen, was aus den Samen werden würde, und ich mochte den Kontrast zur normalen Farmarbeit, die immer nur für große Männer zugeschnitten zu sein schien.

Die Nächte waren noch gefährlich kalt für empfindliche kleine Setzlinge. Als im Wetterradio vor Nachtfrost gewarnt wurde, öffneten wir die Fenster zwischen dem Haus und der Veranda und heizten das Feuer im Holzofen an. Wir kauften Kastenventilatoren, um die warme Luft zu verteilen. Die Veranda war derart mit Saatkisten überfüllt, dass es so war, als würde man Twister spielen, wenn man sich zwischen ihnen hindurchmanövrieren musste, um die Setzlinge zu gießen. Und irgendwann reichte der Platz gar nicht mehr. Die Tomaten, die in den Ecken der Veranda wuchsen, bekamen nicht genug Licht und gerieten zu hoch und zu dünn. Wir stapelten auf dem Rasen vor dem Farmhaus Heuballen zu Rechtecken auf und bedeckten diese mit alten Fenstern, die Harry für uns auf der Mülldeponie aufgetrieben hatte. Das Frühbeet armer Leute. Wir versetzten unsere langen, dürren Tomaten nach draußen und drückten die Daumen.

Mark war es nicht gewohnt, auf diese Weise zu improvisieren. Auf seiner Farm in Pennsylvania hatte er für die Startfinanzierung einen Zwanzigtausend-Dollar-Kredit zur Verfügung gehabt, der es ihm gestattet hatte, die erforderlichen Geräte zu kaufen und ein Gewächshaus zu bauen. Wegen meiner Angst vor Schulden, und weil unser Projekt, eine Farm aufzubauen, die eine Rundumversorgung bot, neu war und noch nirgendwo den Praxistest bestanden hatte, hatten wir uns darauf geeinigt, in unserem ersten Probejahr nur auf unsere Ersparnisse zurückzugreifen. Da wir diese bis zur Pflanzphase bereits komplett ausgegeben hatten, versuchten wir uns irgendwie zu behelfen und übertrieben es dabei mitunter. So genehmigten wir uns erst in der Mitte unserer zweiten Saison den Kauf einer zweihundertfünfzig Dollar teuren Gartenkarre, eines Geräts also, das für die alltägliche Arbeit auf einer Farm für den Transport schwerer Sachen so essenziell ist, dass ich mir heute überhaupt nicht mehr vorstellen kann, wie wir ohne sie ausgekommen sind. Wir hatten zu wenige Schläuche, was bedeutete, dass wir unsere knapp bemessene Zeit damit verbringen mussten, sie ständig an irgendwelchen Wasserhähnen abzunehmen und sie an anderen wieder anzuschließen oder das Wasser sogar in Eimern umherzuschleppen. Und mit unserem zusammengeschusterten Frühbeet hatten wir uns verkalkuliert. Als die Tomatenpflanzen bereits zu gut entwickelten Setzlingen herangewachsen waren, fiel die

Temperatur eines Nachts unerwartet stark. Am Morgen hingen sie allesamt schlapp herunter, ihre empfindlichen Blätter und Stängel hatten die dunkelgrüne Färbung frostgeschädigter Pflanzen angenommen. Es war inzwischen zu spät, noch einmal von vorne zu beginnen, und der Kauf pflanzfertiger Setzlinge kam bei unserem Budget nicht infrage.

Wir wurden von einer anderen Farmerin gerettet, von Beth Spaugh. Sie hatte ihren Job als landwirtschaftliche Beraterin der County-Verwaltung einige Jahre zuvor an den Nagel gehängt, weil Gott ihr, wie sie sagte, nahegelegt hatte, Landwirtschaft zu betreiben. Sie hatte die kleine Anbaufläche, die ihr Haus umgab, in einen Gemüsegarten und einen Hühnerstall verwandelt und sich mit Hilfe ihres Glaubens, harter Arbeit und purer Hartnäckigkeit eine Nische geschaffen, von der sie leben konnte, indem sie auf den Bauernmärkten in der Gegend Gemüse und Eier verkaufte. Als sie von unseren frostgeschädigten Tomaten hörte, kam sie bei uns vorgefahren, die Ladefläche ihres Pick-ups voller kräftiger, prachtvoll gediehener Tomatensetzlinge. Sie habe zu viele gesät, sagte sie, und diese seien übrig. Sie wusste, dass wir kein Geld hatten und überließ sie uns gratis.

Eine derartige Großzügigkeit begegnete uns in unserem ersten Jahr immer wieder. Ich denke, andernfalls hätte unser Farmprojekt das erste Jahr nicht überlebt. Die Geschenke wurden uns stillschweigend gemacht, um uns nicht in Verlegenheit zu bringen. Als Billy Shields zu uns kam, um unsere Kuh Raye künstlich zu befruchten, lehnte er jede Bezahlung ab. Als wir ihn drängten, etwas zu nehmen, sah er weg. „Ich helfe gerne einem jungen Farmerpaar auf die Sprünge", stellte er klar, und damit war die Sache erledigt. Ich wusste, dass Thomas LaFountain unser Fleisch zu einem Sonderpreis in seinem Kühlraum lagerte, und ich vermutete, dass Dr. Goldwasser, unser Tierarzt, uns zu wenig berechnete, wenn wir ihn kommen ließen. Als wir im nächsten Frühling immer noch kein Gewächshaus hatten, ließen unsere Nachbarn, Mike und Laurie

Davis, uns ihres benutzen, obwohl sie auch gerade ihr eigenes solidarisches Landwirtschaftsprojekt starteten und wir somit ihre direkten Konkurrenten waren.

Die Tomaten von Beth Spaugh gediehen in unserem Frühbeet, und als die Frostgefahr vorüber war, waren sie mit kleinen gelben Blüten übersät. Auf der Fahrt von ihrer Farm zu unserer waren die Kennzeichnungsschildchen der Setzlinge verschüttgegangen, sodass die Sorten querbeet durcheinander waren, als wir sie auf dem Feld einpflanzten – Strauchtomaten vermischt mit Kirschtomaten und Fleischtomaten, die zum Füllen bestimmt waren und ihrerseits neben einer leuchtend gelben Sorte wuchsen, die frech wie Pfirsiche aussahen. Wir hatten nie wieder so ein schönes, wild aussehendes Tomatenfeld, und der Ertrag war außerordentlich gut, als ob selbst die Pflanzen geneigt waren, uns zu helfen, wenn sie konnten.

Lassen Sie sich von niemandem einreden, Gemüse anzubauen sei kein Gewaltakt. Das gedämpfte Geräusch des Pflugs, der durch die Wurzeln fährt, hat beinahe etwas Obszönes, wie das Geräusch einer Faust, die auf Fleisch trifft. Bevor wir etwas anpflanzen konnten, mussten wir die Erde malträtieren.

Das Pflügen ist der grundlegendste Akt der Bodenbearbeitung, der erste und gröbste Schritt beim Vorbereiten der Erde für die Aussaat. Er erfordert eine unglaubliche Anstrengung. Stellen Sie sich vor, Sie müssten einen Graben ausheben, dreiundzwanzig Zentimeter breit, fünfzehn Zentimeter tief und achtzehn Kilometer lang. So viel Erde wird bewegt, wenn man nicht mal einen halben Hektar umpflügt. Die Aufgabe des Pflugs ist es, durch die Erde zu fahren, sie aufzureißen und zu wenden, sodass die Oberfläche von der gewendeten Erde zugeschüttet wird. Es gibt Pflüge für neue Böden, für Stoppelböden, für hügelige Böden, für Lehmböden, für mit Mist gedüngte Böden und für Sandböden. Der einfachste von Pferden gezogene Pflug ist der Einschar-Schwingpflug, ein schweres, zugespitztes Stück Stahl mit Griffen an der Seite, die der Spitze gegenüberliegt, und einem Bügel, an dem vor dem Pflug die Pferde

eingespannt werden. Wenn der Schwingpflug gut gearbeitet und gut eingestellt ist und die Pferde kräftig und gut ausgebildet sind, ist das Pflügen ein pures Vergnügen. Dann schiebt sich der Pflug durch die Ackerkrume wie durch Butter, und die Furche öffnet sich hinter dir wie eine dunkle lange Welle. Unser erster Pflug war ein uraltes Relikt, das Shep Shields im hintersten Winkel seiner Scheune gefunden und uns geliehen hatte. Es war ein verrostetes Teil mit eingerissenen Griffen, und die Schar, das gebogene Metallstück, das den Boden wendet, war total verdreht. Das Sech fehlte, das scharfe Messer, das vor der Schar die Erde durchschneidet. Unser erster Versuch, dieses Monstrum einzusetzen, erwies sich als ein absoluter Fehlschlag.

Sam und Silver hatten seit drei Wochen nicht mehr richtig gearbeitet, seit dem Ende der Sirupsaison. In der Zwischenzeit hatten sie Getreide gefressen und die ersten grünen Spitzen des wachsenden Grases, was ihnen die Energie von Kindergartenkindern verlieh, die zu viel Kuchen in sich hineingestopft hatten. Wir luden den traurig aussehenden Pflug auf unseren Zugschlitten und setzten uns in Bewegung zum hinteren Teil der Farm. Dort gab es ein vier Hektar großes Feld, das im Jahr zuvor an einen anderen Farmer verpachtet worden war, der dort Mais angebaut hatte, sodass die Erde auf diesem Feld locker war. Wir hatten nicht vor, es in jenem Jahr zu nutzen, deshalb erschien es uns als eine gute Fläche zum Üben, bevor wir versuchten, die harte Krume der Felder zu pflügen, auf denen wir unser Gemüse anbauen wollten.

Auf alten Gemälden sieht man in der Regel einen einzelnen Mann hinter dem Pflug. Er hält die Griffe des Pflugs mit den Händen, in jeder Hand einen, und führt die Pferde mit den Leinen, die hinter seinen Schultern verknotet sind. Wir waren bisher kaum darin geübt, die Pferde mit zwei Händen zu führen, geschweige denn mit den Schultern, weshalb wir beschlossen, die Arbeit aufzuteilen. Ich führte die Pferde, und Mark lenkte den Pflug. Ich hatte es etwas besser erwischt, weil ich mich von den Griffen des Pflugs fernhalten konnte, wohingegen Mark sie ständig in den Magen gerammt bekam. Sam war auf der rechten Seite eingespannt, als sogenanntes Furchenpferd, dessen Aufgabe es war, durch die weiche Erde der frisch ausgehobenen Furche zu gehen und dabei nicht von der geraden Linie abzuweichen. Sam begriff, was von ihm erwartet wurde und hielt sich korrekt in der vorgegebenen Spur, doch der Pflug gehorchte nicht. Er grub sich tief in die lockere Erde ein und zwang die Pferde, mit aller Kraft zu ziehen, und dann schob er sich hoch, kam ganz aus der Erde, und die Pferde, die sich auf einmal gegen nichts mehr stemmten, schlingerten nach vorne. In der Erde auf diesem Feld gab es so gut wie keine Steine, doch als wir das Pech hatten, auf einen der wenigen zu stoßen, blieb der Pflug stehen und ließ sich nicht mehr bewegen. Wir mussten die Pferde zurück dirigieren, den schweren Pflug mit der Hand ausgraben und zu dem letzten steinlosen Bereich der Furche ziehen oder ihn ganz aus der Furche herauszerren, mit den Pferden und dem Pflug um den Stein herumgehen und wieder von vorne anfangen.

Mark war davon überzeugt, dass es grundsätzlich mein Fehler war, wenn etwas schiefging. Die Pferde waren zu schnell, und er wollte, dass ich sie anhielt, ihr Tempo zu drosseln, doch sie waren im Getreiderausch und unwillig, so langsam zu gehen. Sie zerrten an ihren Gebissstücken, bis meine Arme sich anfühlten, als wären sie so lang gezogen worden wie die Arme von Affen. Wenn Mark wollte, dass ich die Pferde ein kleines bisschen nach rechts lenkte, sagte er „Rechts!", ließ mir jedoch überhaupt keine Zeit, um zu reagieren, und sagte noch einmal „Rechts!", und dann war ich auch schon zu weit rechts, und er blaffte „Links!" Bevor wir die erste Furche fertig hatten, wollte ich ihn bereits umbringen. (Wenn ich in die Zukunft hätte blicken können, hätte ich dies gesehen: Spätfrühling, ein sonniger Nachmittag, ich bin im siebten Monat mit unserer Tochter schwanger und fahre das Gespann für Mark, der den Pflug lenkt, aber nicht, weil es zu diesem Zeitpunkt noch erforderlich gewesen wäre, dass wir die Aufgaben zu zweit erledigten, sondern aus dem purem Vergnügen, zu erleben, wie die eingeübten Pferde ihre Arbeit verrichten und der Pflug sich geschmeidig durch die Erde schiebt und wir das Ganze genießen, so wie andere Paare ihre Freude daran haben, einen Walzer zu tanzen. Doch das lag in ferner Zukunft, und bis dahin hatten wir noch einen beschwerlichen Weg des Übens vor uns.)

Wir machten den halben Vormittag unbeirrt weiter, bis wir uns schließlich eingestanden, dass es hoffnungslos war. Wir hatten nur ein kleines Zeitfenster, in dem trockenes Frühlingswetter herrschte, und in dem Tempo, in dem wir vorankamen, würden wir ein ganzes Jahr brauchen, um die zwei Hektar Land umzupflügen, die wir benötigten.

Wir engagierten unseren Nachbarn Paul mit seinem großen Traktor und seinem fünfscharigen Pflug, und innerhalb von ein paar Stunden pflügte er das Land für unsere Gemüseäcker um, zwei Hektar auf fünf Feldern mit der guten Erde, die sich auf dem Streifen parallel zur Straße befand. Ich ging in der Furche hinter ihm her, voller Ehrfurcht angesichts der riesigen Räder des Traktors und des tiefen Tuckerns seines Motors und war völlig fasziniert von der zerstörerischen Kraft des hinter ihm angehängten Pfluges. Am Ende einer jeden Furche hob sich der Pflug automatisch an, und die fünf Scharen, die jetzt von der Erde befreit waren, blitzen wie Schwerter. Er wendete, die Scharen sanken wieder in den Boden ein, und die weiche grasige Oberfläche, die eine vielfältige Flora und Fauna beherbergte, wurde von einem Schwall nackter Erde nach dem anderen ersetzt. Die Möwen wurden in Scharen von dem Geräusch des Traktors angelockt, denn sie wussten, was es zu bedeuten hatte. Am Grund der Furche wanden sich die aufgeschreckten Würmer und bohrten sich wieder in die Erde, um sich in Sicherheit zu bringen.

Wir gaben den neuen Feldern zivilisierte Namen: Das Feld beim Farmhaus tauften wir „Hausfeld", das zwischen zwei Hainen gelegene hieß fortan „Pinienfeld". Das Feld am Ende unserer langen Zufahrt wurde zum „Briefkastenfeld". Das Feld mit der besten Erde nannten wir nach einem neben ihm stehenden Felsblock, der wie ein Obelisk aussah, „Monumentfeld". Und das Feld, das aus einer Heuwiese entstanden war und von einem Bach begrenzt wurde, hieß einfach „Kleine Freude". Jedes dieser Felder maß in etwa viertausend Quadratmeter. Vom Fenster in der oberen Etage konnte ich die frisch gezogenen Furchen sehen, die in der späten Nachmittagssonne in ein rotes Licht getaucht waren.

Am nächsten Morgen gingen Mark und ich unsere neuen Felder ab, zählten Schritte und nahmen Maß. Die Erde war bearbeitet, aber noch nicht völlig aufgelockert. Beim Pflügen wird die Ackerkrume gelockert und die Grasnarbe untergegraben, aber die Oberfläche ist noch sehr uneben. Auf unseren neuen Feldern pappten die Grasnarbe und die Erde noch in ihrer alten Form zusammen, erhoben sich wie kleine Wellen vom Boden, lehnten aneinander und zogen sich wie eine lange Kette kleiner Hügel über den ganzen Acker. Zwischen ihnen ragten vereinzelt noch Grasbüschel hervor. Zum Glätten des Saatbeets ist die Egge da. Ein antik klingendes Wort, in dessen englischer Version „harrow" noch die Bedeutung „Pein" mitschwingt.

Auf der Farm gab es eine Egge, aber es war ein modernes Gerät, ein Monstrum, dazu bestimmt, von einem Traktor gezogen zu werden. Zum Glück lieh Shane Sharpe uns seine von Pferden gezogene Scheibenegge. An dem Tag, nachdem wir gepflügt hatten, rollten wir sie auf die Zufahrt und spannten Sam und Silver vor der Egge ein. Es war ein einfaches Gerät, ein ein Meter achtzig langer Metallrahmen, der auf einem Dutzend leicht gewölbter Metallscheiben rollte. Die Scheiben waren auf zwei hintereinander befindlichen Scheibenbalken verteilt, deren Ausrichtung zueinander verstellt werden konnte, sodass die Scheiben, wenn die Egge über die Farmpisten bewegt wurde, in gerader Linie hintereinander liefen, wohingegen sie auf dem Feld so zueinander ausgerichtet werden konnten, dass sie ein V bildeten. Die Scheiben durchschnitten die Oberfläche des Ackerbodens, lockerten die Erde weiter auf und zerkleinerten vorhandene Klumpen. Jede Scheibe wirft etwas Erde nach innen, sodass Haufen und Furchen geglättet werden und Unkraut vernichtet wird. Auf dem Rahmen war ein harter Traktorsitz festgeschraubt und dahinter war eine behelfsmäßige metallene Ablage angebracht, die man mit Steinen beschweren konnte, um das Gewicht zu erhöhen.

Ich fand sofort Gefallen an der Egge. Für eine derart unerfahrene Fuhrfrau wie mich war es eine sinnvollere Aufgabe. Wenn die Pferde und ich es nicht hinbekamen, uns in einer absolut geraden Linie über den Acker zu bewegen, zogen wir eine interessante Spur hinter uns her, setzten aber nicht gleich das Ergebnis der ganzen Arbeit aufs Spiel. Ich entspannte mich, und die Pferde entspannten sich ebenfalls. Das beständige gleichmäßige Ziehen schien sie zu beruhigen. Auf dem „Kleine-Freude"-Feld war es absolut still, bis auf den beständigen eindringlichen Ruf eines Reisstärlings und das leise, sehr ferne Schreien eines Hahns. Nico, die uns gefolgt war, hielt mit den Pferden Schritt und trottete in ihrem Schäferhundtrab neben ihnen her. Ein Keilschwanz-Regenpfeifer versuchte verzweifelt, Nico dazu zu bringen, ihn zu jagen, indem er dicht über dem Boden umherflatterte, doch Nico richtete nur die Ohren auf Ich vermutete, dass wir das Nest des Vogels am Tag zuvor mit dem Pflug zerstört hatten. Ich versuchte, mir einen Moment lang eine Möglichkeit der Nahrungsmittelerzeugung vorzustellen, die nicht mit Leid verbunden war, und kam auf Thoreau*, der in der Nähe des Teichs auf einem kleinen Beet Bohnen anbaute. Doch dann fiel mir ein, dass er jeden Tag ins Dorf spazierte und seine Mutter besuchte, um bei ihr Mittag zu essen.

---

* Henry David Thoreau, amerikanischer Schriftsteller. Sein Buch *Walden oder Leben in den Wäldern* (engl. Originaltitel *Walden; or, Life in the Woods*) aus dem Jahr 1854 wurde zum „Klassiker aller Alternativen". [Anm. d. Hrsg.]

Die Furchen glätteten sich hinter uns und wurden gleichmäßig. Als ich anhielt, um einen Stock zu entfernen, der sich zwischen den Scheiben verklemmt hatte, fühlte sich der Boden unter meinen Füßen federnd an, wie ein riesiges Trampolin. Für die Pferde, die nach ihrer Pause nicht mehr in Form waren, war es ein gutes Training.

 Jedes Mal, wenn wir das Ende des Feldes erreichten, hielten wir inne und ruhten uns aus, und dann standen sie da und keuchten, während der Schweiß von ihren Bäuchen auf die nackte Erde tropfte wie Balsam oder Weihwasser.

Im Mai hatte ich das Gefühl, dass der Frühling unter dem Einfluss von immer mehr Sonne mit Siebenmeilenstiefeln voranschritt. Für soziale Verpflichtungen blieb uns jetzt keine Zeit mehr. Anrufe blieben unerwidert. Unsere ganze Aufmerksamkeit gehörte dem Land und seinem sich ändernden Rhythmus. Abends ritt ich mit Sam auf die andere Seite der Farm und sah nach der Rinderherde, zählte Köpfe. Bei jedem Ritt sah ich neue Pflanzen knospen oder blühen oder aus dem Boden sprießen. In den Wäldern kamen zuerst die Waldlilien und dann der Ostamerikanische Hundszahn, die Walderdbeeren und die Veilchen. Eines Abends war der Pflaumenbaum im Obstgarten unseres Nachbarn mit schneeweißen Blüten übersät. Dann entfalteten die knorrigen alten Apfelbäume im Ahornwald – Relikte eines Vorhabens eines Farmers vor unserer Zeit – ihre anmutigen Blätter.

Sobald das Eggen mit der Scheibenegge beendet war, rückte eine Front schieferfarbener Wolken heran, und es begann zu regnen, kalt und beständig. Mark und ich gingen an den Rändern der Felder entlang und sahen zu, wie sich das Wasser auf dem Acker in kleinen Rinnsalen sammelte, die die kleinsten Gefälle hinunterrannen und zu Miniaturdeltas zusammenflossen. Die Zeit für die Aussaat und das Umpflanzen der Setzlinge war gekommen, doch in diesem Zustand konnten wir die Felder nicht betreten. Wir würden jegliches Leben aus der Erde herausquetschen, die Luft, die die

Pflanzen so lieben, aus den winzigen Lufträumen pressen und das Saatbeet in einen Zementboden verwandeln. Beim Zubereiten des Frühstücks sah ich nervös aus dem Fenster und wartete darauf, dass das Wetter sich änderte.

Wenn mein alter Freund James eine hübsche Frau sieht, nennt er sie eine scharfe Füchsin. Eine wirklich hübsche Frau ist eine scharfe Füchsin hoch fünf. Daran dachte ich, als ich aus dem Fenster in den Mairegen hinausblickte und die Füchsin über die Weide laufen sah. Ich konnte nicht anders, als sie zu bewundern. Sie bewegte sich leichtfüßig über den Boden, geradezu tänzelnd, ihren Schwanz wie eine Fahne hinter sich her ziehend. Ihr Fell sah aus, als hätte sie es sich gerade im Frisiersalon waschen, mit einer Pflegespülung versehen und föhnen lassen. Ich rannte ans nächste Fenster, beobachtete sie weiter und registrierte, dass die Hühner ziemlich weit auf die Weide vorgedrungen waren und auf dem nassen Untergrund nach Würmern scharrten. Und tatsächlich zerrte die Füchsin an etwas herum, das im Gras lag und halb so schwer war wie sie selbst: Ein fettes schwarzes Huhn, eine unserer besten Legehennen. Wahrscheinlich hatte die Füchsin Junge zu füttern. Ein richtiger Farmer hätte sofort zum Gewehr gegriffen. Das war mir klar, aber ich konnte den Gedanken nicht ertragen, sie zu zerfetzen. Ich schnappte mir den Hund, rannte in Puschen aus dem Haus, stieß einen Kriegsschrei aus, der immerhin bewirkte, dass sich Nicos Nackenhaare aufstellten, und sandte sie aufs Feld, wo sie für eine dreizehn Jahre alte Hündin mit Hüftproblemen einen durchaus passablen Spurt hinlegte. Die Füchsin verschmolz mit der Landschaft, und ich stand im Regen da, mit nassen Füßen und einem toten Huhn.

Wir verbrachten einen Regentag am Küchentisch über einem Plan, auf dem unsere neuen Felder eingezeichnet waren, und einer Liste all der Feldfrüchte, die wir anbauen wollten. Wir hatten mehr Samen bestellt, als wir brauchten, genug, um drei oder viermal so viel zu produzieren, wie wir unserer Schätzung nach benötigten.

Das war unsere Versicherung für den Fall, dass das Wetter uns einen Streich spielte, die Saat nicht aufging, die Mitgliedschaft wuchs oder all dies gleichzeitig geschah. Wir beschlossen, vor allem auf die gängigen Produkte zu setzen, die die Leute normalerweise essen, und nicht zu sehr mit Ausgefallenem zu experimentieren. Und wir hatten vor, unsere Mitglieder während des ganzen langen Winters zu versorgen, der im Norden des Landes herrschte, also würden wir jede Menge Wurzelgemüse brauchen. Wenn wir es gut hinbekamen und zu viel produzierten, konnten wir die Überschüsse immer noch an die Kühe oder Schweine verfüttern.

Auf dem Monumentfeld zeichneten wir Reihen mit Kartoffeln, Weißkohl, Grünkohl, Zwiebeln, Lauch, Markstammkohl, Möhren und Rote Beten ein. Auf dem Pinienfeld sollten Bohnen, Winterkürbisse und Puffmais wachsen, außerdem Melonen und Tomaten. Das frühe Gemüse würden wir auf dem Feld Kleine Freude anbauen: Erbsen, Spinat, außerdem die erste Lage Radieschen und Salate. Nachdem wir all dies geerntet haben würden, würden wir auf diesem Feld Winterweizen anbauen. Das Hausfeld wollten wir für Blumen und Kräuter reservieren.

Es sah aus wie eine richtige Farm, zumindest auf dem Papier. Draußen in der realen Welt war es noch zu nass, um zu säen und zu pflanzen. Zumindest verwandelte der Regen die Weiden in ein saftiges Grün. Die Milchkühe erfreuten sich eines neuen Gras- und Kleeteppichs. Delia, die noch auf der Farm der Saywards künstlich befruchtet worden und bereits trächtig zu uns gekommen war, sollte Ende Mai kalben. Wir hatten acht Wochen zuvor aufgehört, sie zu melken, damit sie sich ausruhen konnte. Kurz bevor wir sie trockengestellt hatten, hatte sie total abgemagert ausgesehen, ihre Hüftknochen ragten spitz hervor, ihre Rippen zeichneten sich ab. Das Kalb wuchs in ihr. Als ich sie zum letzten Mal gemolken und meine Wange an ihre Seite gelegt hatte, hatte ich gespürt, wie es sich bewegt hatte. Delia legte ihre ganze Energie in ihr Kalb und in ihre Milch – mehr sogar, als sie durch ihr Futter aufnahm. „Sie produziert sich die Seele aus dem Leib", stellte Neal Owens fest, als er sie sah. Einige Kühe sind so selbstlos, dass sie sich selber schaden. Die zweimonatige Melkpause und das frische Gras hatten ihr gutgetan. Sie hatte Fleisch angesetzt, und als sie so weit war zu kalben, sah sie so gut aus, wie eine Kuh ohne Ohren überhaupt aussehen kann. Ich hatte ihren Kalbungstermin rot in den Kalender eingetragen, wieder und immer wieder in dem Buch „The Family Cow" das Kapitel über das Kalben gelesen und achtete auf die Anzeichen der unmittelbar bevorstehenden Geburt – ein Anschwellen des Euters und der Vulva, das Einbrechen der Beckenbänder seitlich des Schwanzansatzes, was darauf hinweist, dass sich das Kalb durch den Geburtskanal bewegt.

Natürlich regnete es in der Nacht, in der sie kalbte. Als ich an jenem Abend auf die Weide ging, um Raye zum Melken zu holen, stand Delia etwas abseits allein. Sie graste nicht, ihr Euter war so prall, dass die Zitzen steif abstanden wie vier Finger eines aufgeblasenen Gummihandschuhs. Sie sah zu schwer aus, als dass sie sich noch hätte bewegen können, also ließ ich sie in Ruhe und brachte nur Raye nach drinnen.

Um Mitternacht sah ich noch einmal nach Delia, und sie lag ruhig am Rand der Weide. Ich stellte den Wecker auf drei Uhr, wachte jedoch auf, bevor er klingelte, und stieß Mark an, der aufstand und sich anzog. (Heute sind wir nicht mehr so wachsam. Der Schlaf ist zu kostbar, unsere Kühe haben bei ihren Geburten nie Probleme gehabt, und sie scheinen es vorzuziehen, dabei alleine zu sein. Doch dies war unsere erste Geburt eines Kalbs, und wir waren aufgeregt und ein wenig ängstlich.) Draußen regnete es beständig, aber es war absolut windstill und nicht kalt. An der Scheune gesellten sich zwei der Katzen zu uns und huschten vor uns her wie Elfen.

Auf der Weide hörten wir das tiefe – mir inzwischen so vertraute – Ächzen, das frischgebackene Kuhmütter von sich geben, jenes Geräusch in der Rindersprache, mit dem sie ihre fürsorgende Zärtlichkeit äußern. Im Schein meiner Kopflampe funkelten die Augen der Katzen. Ich suchte das Feld ab und hielt nach der Quelle dieses Lautes Ausschau. Ich erblickte ein weiteres Paar Augen – Raye – und noch eins – Delia – und schließlich, auf dem Boden, ein drittes. Als wir näher herangingen, konnten wir Delia ausmachen, die den Kopf gesenkt hatte und ihr kleines Neugeborenes hingebungsvoll leckte. Das Kalb versuchte aufzustehen, und Delia begleitete die Versuche mit ermutigenden Lauten. Raye muhte ebenfalls. Vielleicht erinnerte sie sich in ihrer langsamen, kuhartigen Weise an ihr eigenes letztes Kalb, das sie zur Welt gebracht hatte. Das kleine Kalb kam wacklig auf die Beine und schien zwar genau zu wissen, wohin es zu gehen hatte, schaffte es jedoch nicht, die Beine dazu zu bringen, ihm zu gehorchen. Delia schien ebenfalls zu wissen, dass sie etwas zu tun hatte, doch sie hoffte, dass es um Gottes Willen nichts mit dem zum Platzen angeschwollenen Ballon zu tun haben möge, der sich unter ihr befand. Jedes Mal, wenn das Kalb auf sie zuwankte, drehte Delia sich weg, sodass sie sich im Kreis bewegten wie zwei Betrunkene. Raye sah interessiert zu, blieb jedoch höflich auf Abstand. Ich ging noch näher heran, warf einen Blick unter den Schwanz des Kalbs und sah den vertikalen Schlitz einer Vulva. Es war also eine Färse. Mark und ich lächelten uns in der Dunkelheit an.

Auf Bauernhöfen gilt das Gegenteil jenes grausamen Kalküls etlicher menschlicher Kulturen, in denen die Geburt männlicher Babys mehr zählt als die von weiblichen. Auf einer Farm reicht das Sperma eines einzigen männlichen Tieres aus, um damit zwanzig oder noch mehr seiner Artgenossinnen zu decken. Zusätzliches Testosteron ist eine Belastung. Es sorgt nur für Probleme: Kämpfe, verletzte Tiere, verletzte Menschen, zerstörte Zäune, unbeabsichtigte Vermehrung. Bei Rinderherden wird diese Regel streng beachtet. Bullenkälber von Milchkühen werden jung geschlachtet und als Kalbfleisch vermarktet. Milchkuhbullenkälber sind unberechenbar, gefährlich wie ein geladenes Gewehr. Wenn sie größer werden, entwickeln sie sich zu sehnigen, dünnen, nicht übermäßig muskulösen Stieren, und auf den meisten Farmen wird es nicht als lohnend angesehen, sie wegen ihres Fleisches großzuziehen. In einer Milchkuhherde schwingt bei der Geburt eines Bullenkalbs immer Traurigkeit mit.

Bei einer Färse ist das anders, ihre Geburt ist ein Grund zum Feiern. Wenn alles gut lief, würde dieses Kalb viele Jahre bei uns verbringen und quasi zu einem vertrauten Mitglied der Familie werden. Es würde das beste Heu, das beste Gras und das beste Winterquartier bekommen. Im Gegenzug würde dieses Kalb, wenn es selbst einmal kalbte und sein Neugeborenes fürsorglich leckte, dieses ebenso wenig behalten dürfen wie jetzt Delia.

Das Kalb würde nur knapp vier Liter Milch am Tag benötigen, doch Delia würde ein Vielfaches dieser Menge produzieren. Wenn wir die beiden beieinander ließen, würde das Kalb zu viel Milch bekommen und wir zu wenig. Auf einigen Farmen werden die Mütter und ihre Kälber jeden Tag einige Stunden zueinander gelassen und rechtzeitig vor dem Melken wieder für einen längeren Zeitraum getrennt, doch wir hatten weder die Zeit noch die erforderliche Infrastruktur, um es so zu handhaben. Wir hatten beschlossen, Delia zusammen mit Raye nach draußen auf die Weide zu schicken und das Kalb mit einer Flasche zu ernähren. Da wir sie ohnehin trennen würden, war es das Beste, es so früh wie möglich zu machen, bevor sie ein Bindungsverhältnis zueinander aufbauen konnten.

Mark wickelte ein Handtuch um das Kalb, hievte es sich auf die Schultern, umfasste mit der rechten Hand die Vorderbeine, mit der linken die Hinterbeine und ging in Richtung Scheune. Wir erwarteten, dass Delia ihm folgen würde, doch sie konnte nicht verstehen, wohin ihr Kalb verschwunden war. Sie beschnupperte das Gras an der Stelle, an der sie es zur Welt gebracht hatte, und fragte sich, ob es wohl noch da, aber unsichtbar war. Sie brüllte eindringlich und rührte sich nicht vom Fleck. Raye hingegen schien zu glauben, dass Melkzeit war und steuerte freudig die Scheune an. Daraufhin setzte sich auch Delia in Bewegung, und ich folgte ihr, sodass wir uns zu einem lustigen kleinen Umzug formierten, der durch die regnerische Nacht zog. Delia ging wegen ihres geschwollenen Euters leicht breitbeinig und zog einen dünnen blutigen Faden hinter sich her. Im gleichen Moment, in dem Delia sich in Bewegung gesetzt hatte, hatte sie aufgehört, nach ihrem Kalb zu brüllen. Von dem Augenblick an war es, als hätte es nie ein Kalb gegeben, als wäre das alles nur ein Traum gewesen. Die Kühe trotteten an ihre üblichen Plätze. Mark hatte vor ihnen frisches, weiches Heu bereitgelegt und beiden einen Eimer mit warmem Wasser hingestellt, wobei er Delias Eimer ein wenig Salz hinzugegeben hatte. Sie trank es in großen Schlucken. Im Licht konnte ich ihr Euter deutlicher erkennen. An den Spitzen ihrer Zitzen glänzten Milchtropfen. In der Luft lag der fleischartige, nach Eisen riechende Geburtsgeruch, der dem Geruch von Blut ähnelt, aber intensiver ist. Die Katzen sprangen hoffnungsvoll herbei und verzogen sich wieder. Delia fraß ein bisschen Heu, hielt inne, sah so aus, als würde sie in sich hineinblicken, und der blutige Faden, der hinten aus ihr heraushing, wurde noch etwas länger und zog sich wieder zurück. Das war die Nachgeburt, die Nel Owens Säuberung genannt hatte. Sie sollte ein bis zwei Stunden nach dem Kalben abgestoßen werden.

Mark machte es der kleinen Färse in ihrem Kälbchenlager gemütlich, das wir eingerichtet hatten, indem wir den Schuppen neben dem Haus mit einer dicken Strohschicht ausgelegt hatten, und sie schlief sofort ein. Ich wusch Delias Euter und tastete ihre Zitzen ab. Sie waren so geschwollen, dass ich sie mit zwei Fingern kaum umfassen konnte. Es strömte immer noch Kolostralmilch aus ihr, die so dick war wie Eierflip und auch dessen Farbe hatte. Es war die Erstmilch, die jede Menge Antikörper der Mutter enthielt und das Kalb mit einer passiven Immunität vor Krankheiten ausstatten würde, bis sich sein eigenes Immunsystem entwickelt haben würde. Ich kostete neugierig. Die Kolostralmilch war salzig und ein wenig bitter und schmeckte überhaupt nicht nach Milch und auch nicht nach etwas, was ich noch einmal kosten wollte. Als ich etwa einen Liter von der

Erstmilch in meinem Eimer hatte, füllte Mark eine Nuckelflasche für Kälber und ging, um die kleine Färse zu füttern. Die Verdauungsorgane eines neugeborenen Kalbs können diese wichtigen Antikörper nur in den ersten vierundzwanzig Stunden nach der Geburt aufnehmen. Je früher und je mehr das Kalb von dieser Kolostralmilch zu sich nehmen würde, umso stärker würden seine Widerstandskräfte gegenüber Krankheiten sein, solange es klein und verletzlich war. Wenn es überhaupt keine bekäme, würde es sterben.

Das große, pralle, zum Platzen gefüllte Euter entspannte sich ein wenig, als ich Delia molk, und sie schien mir dafür dankbar zu sein. Sie sah mich mit geduldigen Augen an, als wäre ich ihr Kalb, das sie vermisste. Ich spürte, wie sie sich innerlich anspannte, und die Nachgeburt kam ein Stück weit aus ihr heraus und hing da. Ich sah die fleischigen Kotyledonen an der Stelle, an der die Plazenta mit Delias Gebärmutter verbunden gewesen war, und die zellophanartigen Schichten der Fruchtblase, in der sich das Kalb befunden hatte. Delia spannte sich noch einmal an, dann stieß sie die Nachgeburt aus, ein Gebilde von vielleicht fünfzehn Pfund. Danach drehte sie sich angespannt um und versuchte, an die Nachgeburt heranzukommen. Ich hob den tropfenden Haufen auf, hielt ihn ihr hin, und sie schlürfte daran und kaute und schlürfte und kaute, bis sie alles verputzt hatte und ihr Maul für das Maul eines Pflanzenfressers irritierend blutig war. Ich habe keine Ahnung, warum ihr innerer Kompass die Kühe anleitet, ihre Nachgeburt zu verspeisen, ob es dem Ziel dienen soll, Wölfe fernzuhalten oder ihr durch die Geburt gerade erst entleertes Inneres erneut zu füllen, aber ich weiß, dass jemand mal einen Horrorfilm darüber drehen sollte.

Als Delia gemolken war und die beiden Kühe wieder auf der Weide waren, stand die Sonne bereits am Himmel. Mark ging ins Bett, um sich noch ein wenig auszuruhen, bevor der eigentliche Tag begann. Ich machte noch einen Abstecher und sah nach dem Kalb, das zusammengerollt auf seinem Strohbett lag. Es war rehbraun mit einem Tupfer weiß über einem der hinteren Hufe, der nach dem langen Bad im Fruchtwasser, in dem er bis vor Kurzem gewesen war, noch absolut sauber und weich war und sich von unten noch rau anfühlte wie ein nagelneuer Schuh mit einer Kreppgummisohle. An den Seiten hatte es weiße Flecken wie seine Mutter, nur dass die Kontinente anders angeordnet waren: Australien befand sich auf der rechten Seite, Grönland auf der linken. Sein Kopf, der aussah wie der eines Rehs, war mit durchscheinenden Ohren versehen. Es streckte seine Hinterbeine, ruhte wieder und zeigte mir seine rosafarbenen Nippel, aus denen sich die Zitzen entwickeln würden. Dann streckte es vorsichtig die Vorderbeine, eins nach dem anderen, und zitterte. Es schien hin und her zu schwanken zwischen dieser neuen Welt und der stillen Welt im Leib seiner Mutter. Es war soeben erst auf unserer Seite angekommen, in der Welt, in der es Licht gab und Zeit, Luft und die Schwerkraft. Meiner Meinung nach ist es das, und nicht das Hinausgleiten und das mit der Entbindung verbundene Platschen, das uns bei Geburten einen flüchtigen Blick auf das Geheimnis erlaubt. Die Neugeborenen tragen die unermessliche Stille des Vorhers, in dem sie sich befunden haben, noch mit sich, und wenn du ganz nahe bei ihnen bist, kannst du diese Stille auch spüren.

Ich nannte sie June. Wochenlang hatte Mark mich, wenn ich erschöpft ins Bett fiel, damit aufgezogen, „Du denkst, das war heute anstrengend? Dann warte erst mal, bis der Juni kommt." Wenn ich zu müde war, um mein Abendessen aufzuessen, schob er mir behutsam den Teller hin und sagte: „Iss. Du wirst es brauchen, denn der Juni kommt bestimmt." Wenn man die Arbeit des gesamten Jahres in einem Venn-Diagramm darstellte, war der Juni der Bereich, in dem sich alle Mengen schnitten. Im Juni gab es noch zu säen und zu pflanzen, gleichzeitig hatte die Ernte bereits im vollen Ausmaß begonnen, und wegen der langen Tage gedieh das Unkraut wie wild. Man musste sich auch Gedanken über das Heu machen, das Gras auf den Weiden wucherte ungehemmt. Vielleicht nannte ich das kleine Kalb June, um die Vorstellung, die der Gedanke an diesen Monat in mir heraufbeschwor, zu mildern, um ihm etwas von seiner Bedrohung zu nehmen, vielleicht aber auch, um ihm etwas von der Kraft dieses Monats mitzugeben, von der vitalen Energie der Sonnenwende.

Beim morgendlichen Melken wirkte Delia apathisch. Ich beratschlagte mit Mark, und wir kamen zu dem Schluss, dass sie wahrscheinlich von den Anstrengungen der Entbindung erschöpft war. Als ich später am Vormittag auf die Weide ging, um den Kuhzaun zu versetzen, hatte sich ihr Zustand deutlich verschlechtert. Ich packte sie am Halfter und versuchte, sie in die Scheune zu bringen, doch sie strauchelte, fiel hin und konnte nicht mehr aufstehen. Sie fühlte sich entsetzlich kalt an, als wäre sie schon halb tot. Ich rannte zum Haus und rief Dr. Goldwasser an. Er war gerade auf einer anderen Farm, versprach aber vorbeizukommen, sobald er konnte.

Ich ging zurück auf die Weide und setzte mich zu ihr. Sie lag zusammengerollt da wie ihr Kalb in der Nacht zuvor, die Vorderbeine angewinkelt, den Kopf zur Seite gedreht, ihre Nase ruhte reglos auf dem Boden. Sie sah aus, als wäre sie bereit für die Reise zurück in die Dunkelheit. Ich achtete auf ihre Atemzüge, die kaum zu sehen waren. Sie atmete flach und langsam. Auf meiner Aufgabenliste standen eine Million Dinge, die ich zu erledigen hatte, aber ich konnte es nicht über mich bringen, sie alleinezulassen. Also ging ich ins Haus, holte die letzte Ausgabe des New Yorkers und las ihr laut irgendwelche Artikel vor.

Dr. Goldwasser traf eine Stunde später ein und kam mit seiner magischen Arzttasche über die Weide. „Sie hat Milchfieber", stellte er fest. Er betastete ihren Augapfel, und das Lid zuckte kaum. „Sie ist dem Tod schon ziemlich nah." Milchfieber ist gar kein Fieber, sondern eine tödliche Stoffwechselstörung, die einige Milchkühe nach dem Kalben befällt. Jersey-Kühe sind besonders anfällig dafür. Sie produzieren auf einmal so viel Milch und entziehen dem Blut dadurch so viel Kalzium, dass das Blut nicht mehr in der Lage ist, das Kalzium, das in den Knochen lagert, zu ersetzen. Der Kalziumspiegel im Blut fällt daraufhin ab. Ohne ausreichend Kalzium im Blut funktionieren die Muskeln nicht mehr. Die Folge ist eine Lähmung, die zuerst die Glieder befällt, dann aber auch auf die Lunge und schließlich auf das Herz übergreift.

In seiner ruhigen, gelassenen Art hievte Dr. Goldwasser Delias schweren Oberkörper auf ihre angewinkelten Knie, sodass er ihren Kopf heben und ihr ein Knotenhalfter anlegen konnte. Er fand die dicke Vene an ihrem Nacken, durch die das Blut immer noch zirkulierte, langsam und träge, und stach die Kanüle ein. Dann befestigte er den von der Kanüle abgehenden Plastikschlauch an einer Infusionsflasche mit einer Kalziumlösung und hielt diese tief unten. „Es darf nicht zu schnell gehen", sagte er. „Wenn man ihr zu schnell zu viel Kalzium verpasst, kann ihr Herz versagen." Ich spürte, dass Delia zitterte und dachte, dass sie nun sterben würde. „Nein", beruhigte mich Dr. Goldwasser. „Das ist ein gutes Zeichen. Es bedeutet, dass die Infusion wirkt." Als die Flasche sich bis zur Hälfte geleert hatte, war das Zittern in ein beständiges heftiges Erbeben ihres ganzen Körpers übergegangen. Er schloss eine zweite Infusionsflasche an den Schlauch an und ließ die Lösung langsam in sie einsickern. Als die zweite Flasche leer war, hievte Delia sich mühsam auf die Beine und sah so verblüfft aus wie Lazarus. Sie zitterte noch eine weitere Stunde lang, denn ihre Muskeln heizten ihren Körper wieder mit der Wärme des Lebens auf, doch lange bevor sie aufhörte zu zittern, graste sie bereits wieder. Ihr kuhty-pischer Gleichmut war wieder hergestellt. Wenn sie am Rande des Todes irgendetwas gesehen haben sollte, hatte es sie jedenfalls nicht so stark aufgeschreckt, als dass sie ihren Appetit verloren hätte.

Die ganze Nacht blies ein Südwind, und am nächsten Morgen stieg die Sonne an einem wolkenlosen, rotkehlcheneierblauen Himmel auf. Sie gewann an Kraft, während sie weiter stieg, verdunstete das

Wasser auf den dunklen Oberflächen der Äcker, festigte den Boden, wärmte ihn. Das Wetter hielt sich, und zwei Tage später inspizierten Mark und ich unsere zwei Hektar umgepflügtes Land. Die höher gelegenen Teile der Äcker waren trocken, doch in den tiefer gelegenen sammelte sich immer noch das Wasser in Pfützen, und unsere Füße sanken ein. Das Wetterradio kündigte für das Wochenende weitere Regenfälle an, und die Setzlinge, die auf unserer Veranda und in unseren Frühbeeten warteten, vergilbten und drückten gegen die engen Begrenzungen ihrer kleinen Erd-Gefängnisse. Wir beschlossen, das Risiko einzugehen und das Saatbeet mit der Federzinkenegge aufzulockern, der letzte Arbeitsgang vor dem Markieren der Reihen, der Aussaat und dem Einpflanzen der Setzlinge.

Das Gefühl, das dich erfasst, wenn du an so einem Morgen mit einem Pferdegespann aus der Scheune trittst, ist so speziell und begeisternd, dass es ein Wort geben sollte, das dieses Gefühl beschreibt. Ich spannte Sam und Silver vor die Federzinkenegge, die aus einem schlichten Rahmen mit S-förmigen Zinken besteht, die sich in die Erde bohren, die obere Schicht auflockern, gleichmäßig verteilen und vorhandene Klumpen zerkleinern. Auf der Federzinkenegge gibt es keinen Sitzplatz. Man muss hinter ihr hergehen.

Wir gingen die Zufahrt hinunter, vorbei am Hausfeld und am Briefkastenfeld. Die Felder zeigten bereits ihre eigene Persönlichkeit, die sie behalten würden, solange sie existierten. Das Hausfeld verfügte über eine gute Entwässerung und eine wunderbare lehmige Erde, doch seine Lage war ungünstig, denn es grenzte direkt an ein Wäldchen, was das Wenden der Pferde am Ende einer Reihe zu einer komplizierten Angelegenheit machte. Auf dem Briefkastenfeld ließ es sich mit den Pferden einfacher manövrieren, doch es war von einem dicken Streifen puren Lehms durchzogen. Nach einem Regen verklumpte die Erde dort um die Hufe der Pferde herum und blieb schwer und vollgesogen auf der Oberfläche liegen,

bis die Klumpen irgendwann zersprangen wie Porzellan und dann
zu hart und zu trocken waren.

Wir bogen auf das Monumentfeld, auf dem unsere Kartoffeln
wachsen sollten. Unser Nachbar Ron hatte uns erzählt, dass am
Rand dieses Feldes einmal ein Haus gestanden hatte. Der Pflug
hatte einige Reste von Backsteinen zu Tage befördert, aus denen
das Haus konstruiert gewesen war. Dieses Land war schon vor der
Amerikanischen Revolution bebaut worden. Das Vieh, die angebauten Feldfrüchte, die Zäune, die Gebäude und die Farmer waren
gekommen und gegangen, hatte den Feldern kurzzeitig ihre Stem-
pel aufgedrückt wie die über sie ziehenden Schatten im Verlauf eines Tages. Du kannst eine Farm nicht wirklich besitzen, ganz egal,
was auch in der Urkunde stehen mag. Sie hat ihr eigenes Leben.
Du kannst sie über alle Maßen lieben, und du bist für sie verantwortlich, doch vor allem bist du mit ihr verheiratet. Ich senkte die
Zinken in die oberste Schicht der Erde. Die Pferde stemmten sich
gegen ihre Kumte und marschierten kraftvoll los. Es fühlte sich gut
an, hinter ihnen herzugehen und den frühlingshaften Geruch der
guten, feuchten Erde und der warmen Pferde einzuatmen.

Wir waren mit dem halben Feld fertig, als ich die Zinken gegen
etwas Metallenes schlagen hörte. Ich brachte die Pferde mit einem
„Brr!“ zum Stehen, bückte mich und hob es auf. Es war ein verrostetes, mit Erde verkrustetes Hufeisen. Es war handgeschmiedet, an
ihm war ein gebogener Nagel festgeschmolzen. Es war in etwa so
groß wie meine Hand mit ausgestreckten Fingern. Wenn Sam und
Silver Hufeisen hätten, würden sie welche in der Größe von Esstel-
lern benötigen. In früheren Zeiten waren die Arbeitspferde auf den
Farmen kleiner gewesen, sie waren zäh und kompakt und wogen
im Vergleich zu unseren Tausend-Kilo-Riesen eher fünfhundert
Kilo. Ich fragte mich, welche Arbeit das Pferd an jenem Tag, an
dem es das Hufeisen verloren hatte, verrichtet haben mochte. Es
könnte ein Tag wie dieser gewesen sein, als der untere Bereich des
Feldes eigentlich noch zu nass gewesen war, um es zu bearbeiten,

sich die Farmer aber trotzdem an die Arbeit gemacht hatten, weil gesät und gepflanzt werden musste, oder weil das Unkraut nicht mehr länger stehen gelassen werden durfte. Ich dachte an den Farmer, der die Pferde gefahren hatte, an den Mann oder den Jungen, der sich über diese steinlose, fruchtbare Ackerkrume genauso gefreut haben dürfte wie ich, jene Art von Ackerboden, von dem ich wusste, dass die meisten Farmer von so etwas nur träumen. Ich stellte mir vor, wie er das Hufeisen suchte, nachdem er gemerkt hatte, dass sein Pferd es verloren hatte, wie er nach diesem dunklen

eisernen U Ausschau hielt, das mit der Erde verschmolz. Und wie er dann aufgab, ins Haus ging, um zu Abend zu essen, und das Hufeisen, das für all die Farmer, die nach ihm und vor mir kamen, völlig unbedeutend war, all diese Jahre unter der obersten Erdschicht darauf gewartet hatte, dass ich es fand und an ihn dachte.

Mark umwarb mich immer noch. Seine Liebe und seine Hingabe an mich schwankten nie, wohingegen meine Liebeskurve auf und ab zu gehen schien wie ein EKG-Diagramm. Die Geschenke, die er mir in jenem Frühling machte, waren bescheiden und gleichzeitig wunderschön. Der Kontrast zwischen der Härte unseres Daseins zu jenem Zeitpunkt und der Zärtlichkeit, die sich in diesen kleinen Gesten ausdrückte, war frappierend. Ein kleiner Strauß Wildblumen, der am Nachmittag auf meinem Kissen lag. Eine kleine Zeichnung des Habichts, den wir beobachtet hatten, als er tief über das sumpfige Feld hinter dem Haus geflogen war. Als die Setzlinge in der Erde waren, musste ich mich mit Fieber ins Bett legen, und er brachte mir einen Teller Walderdbeeren, die er mit einem Ring aus Blumen und Blättern dekoriert hatte, setzte sich auf meine Bettkante und redete und witzelte mit mir, ohne selber auch nur eine einzige Erdbeere zu nehmen.

Als mein Fieber weg war, trat ein Bärenhunger an seinen Platz. Auf den kultivierten Feldern wuchs noch kein Gemüse, aber mein Körper hatte angefangen, nach etwas Frischem, Grünem zu verlangen. Erst zaghaft und höflich und dann nicht mehr ganz so zurückhaltend. Es ist nicht der trostlose Winter, in dem auf unserer Farm Knappheit herrscht, sondern der heitere Frühling. Wir gingen mit einem Korb und einer Küchenschere über den Scheunenhof. Die wildwachsenden Kräuter waren ganz klar die Vorzügler der Saison. Mark schnitt ein paar Brennnesseln ab, die in der fruchtbaren Erde an den Rändern des Hofs wuchsen. Außerdem schnitt er Unmengen von dem allgegenwärtigen Löwenzahn ab, dessen bittere Blätter eine allgemein stärkende Wirkung haben. Ich hatte regelrechten Heißhunger auf Löwenzahn.

Jede Saison hat ihre Delikatessen, selbst die kärglichste. Die Butter, die wir am Ende des Frühlings machten, war unsere beste Butter des ganzen Jahres. In dieser Jahreszeit stehen die Weiden in voller Pracht, und die Kühe sind im siebten Himmel, denn sie können sich ihre Bäuche mit dem schnell wachsenden Gras vollstopfen und werden wegen des kühlen und windigen Wetters noch nicht von Fliegen belästigt. Die Butter, die in dieser Jahreszeit aus der Milch der Kühe entsteht, ist weich, köstlich und hat die dunkle, kräftige Farbe von Altgold.

Mark gab eine ordentliche Portion dieser köstlichen Butter in einen erhitzten Topf, gab eine gewürfelte Zwiebel dazu und, als diese weich war, eine große Ladung der dunkelgrünen Brennnesseln. Sie fielen sofort in sich zusammen und verloren beim Kochen ihre Brennhaare. Sie rochen intensiv nach Grünzeug, ein bisschen wie Spinat, aber ohne die Schärfe und dafür mit einer Spur wilder nussiger Würze. Er gab etwas Knoblauch dazu, dann ein wenig Hühnerbrühe und ein paar Handvoll Reis und ließ das Ganze köcheln, bis die Brennnesselblätter und der Reis gar waren. Dann gab er Salz und Pfeffer dazu und eine Prise Muskat, verrührte alles gleichmäßig und servierte es mit einem Schlag saurer Sahne obenauf und einem Stück von seinem guten Brot, das er neben den Teller legte. Die Löwenzahnblätter wanderten einen Moment lang in den noch heißen Topf. Mit einem Dressing aus etwas Öl und einem Schuss gutem Balsamico-Essig waren sie ein pikanter Begleiter der köstlichen Brennnesselsuppe.

Unsere Mitglieder waren ebenfalls ganz scharf auf Kräuter und Grünes, auch wenn es sich eigentlich nur um Unkraut handelte. Wir spürten die besten Plätze auf der Farm auf, an denen Brennnesseln und Weißer Gänsefuß wuchsen, und ernten von beidem jede Menge.

In der Zwischenzeit rührte ich die Werbetrommel, um den Leuten „Scrapple" schmackhaft zu machen, ein Gericht, mit dem Mark mich durch seine amischen Freunde in Pennsylvania bekannt gemacht hatte. Ich hielt es für das genialste und köstlichste Frühstücksgericht, das ich je gegessen hatte. Als wir das letzte Mal ein Schwein geschlachtet hatten, hatte ich gut hundert Pfund Scrapple gemacht, wurde es jedoch nicht los. Vielleicht, so dachte ich, wussten unsere Mitglieder einfach nicht, was es war oder woraus es gemacht wurde. Deshalb verfasste ich die folgende Mitteilung an die Mitglieder – sozusagen mein eigener Versuch einer Imageaufpolierung.

Verschmäht Scrapple nicht, bloß weil es nach einer Mischung aus „Abfall" und „Innereien" klingt! Scrapple ist ein edles Gericht. Man köchelt die Knochen eines Schweins zusammen mit Fleischresten, die nicht für Würste oder Sonstiges verwendet wurden, so lange, bis alles Fleisch sich von den Knochen gelöst hat. Dann werden die Knochen entfernt und das Fleisch und die Brühe durch einen Fleischwolf gedreht. Das Ganze wird zum Kochen gebracht und feines Mehl dazugegeben (Mais-, Weizen- oder Buchweizenmehl), außerdem schwarzer Pfeffer, Salz und Salbei. Schließlich gießt man die Masse in Formen und lässt sie abkühlen, sodass man schöne braune gelatinöse Klötze erhält.

Die Klötze sodann in dünne Scheiben schneiden, in einer Pfanne etwas Butter oder Schweineschmalz sehr stark erhitzen, die Scrapple-Scheiben mit Mehl bestreuen und in die Pfanne legen. Auf mittlere Hitze herunterdrehen und länger braten, als man annehmen würde. Einmal wenden und die andere Seite braten. Die Scheiben sollten kross braun werden. Zum Frühstück mit Eiern servieren oder dem Beispiel der Amischen folgen und sich ein Scrapple-Sandwich machen!

In meinem Eifer und meinem Frühlingsrausch dachte ich „schöne braune gelatinöse Klötze" klänge verlockend, woraus Sie schließen können, warum Mark für den Verkauf verantwortlich ist.

Wir lernten langsam, aber alles musste schnell gehen. Ein Moment des Triumphs. Es war die Woche, in der das Pflanzen der Kartoffeln anstand. Die Kartoffeln – tausend Pfund – waren bereits in golfballgroße Stücke geschnitten. Jedes Stück hatte mindestens ein Auge, aus den Augen sprossen bereits die weißen Keime. Es war Freitag, und wir hatten den Vormittag und die Mittagszeit damit verbracht, weitere Brennnesseln zu ernten, den Kühlschrank an der Ausgabe mit ausreichend Milch zu füllen und Fleisch zurechtzuschneiden. Während ich am späten Nachmittag die freitägliche Verteilung der jeweiligen Rationen an die Mitglieder zum Abschluss brachte, spannte Mark die Pferde vor den Kultivator, in dessen Mitte ein einzelner langer, gerade nach unten ausgerichteter Zinken angebracht war. Er benutzte ihn, um die Reihen auszuheben, wobei er darauf achtete, dass sie absolut gerade und parallel verliefen, immer exakt einen Meter auseinander. Wenn er unsauber arbeitete, würde dies die spätere Pflege der Pflanzen und die notwendige Anhäufung der Erde unmöglich machen, ohne dabei die vielen Kartoffeln wieder auszugraben, die wir pflanzten. Mark war von Anfang an gut darin, gerade Reihen zu ziehen, was ich als Anzeichen seines aufrichtigen Charakters wertete.

Als der Abend anbrach, übernahm ich das Gespann von ihm, brachte die beiden Pferde in ihre Boxen, wo ich sie angeschirrt stehen ließ und eilte zurück aufs Feld, um Mark dabei zu helfen, die zurechtgeschnittenen Kartoffelstücke in die Reihen zu legen, alle fünfundzwanzig Zentimeter eins. Bevor wir fertig waren, war die Sonne untergegangen, und die Kartoffeln mussten alle noch mit Erde bedeckt werden. Für die kommenden Tage war das Eintreffen einer Regenfront angekündigt, und wir befanden uns bereits fast am Ende des für das Anpflanzen von Kartoffeln geeigneten Zeitfensters. So erschöpft wir auch waren – wenn wir in diesem Jahr Kartoffeln ernten wollten, mussten wir fertig werden.

Mark eilte im Laufschritt zwischen den Reihen entlang und legte weiter Kartoffeln in die ausgehobene Erde, während ich zurück zur Scheune ging. Marks Instruktionen folgend, die er mir hastig zugerufen hatte, baute ich den Zinken aus dem Kultivator aus und ersetzte ihn durch zwei nach innen ausgerichtete, ein V bildende Scheiben, die dazu bestimmt waren, die ausgehobene lockere Erde über die in den Reihen liegenden Kartoffeln zu schieben. Dann ging ich zu den dösenden Pferden und spannte sie erneut ein. Wie wir hatten sie an diesem Tag bereits Überstunden gemacht und erwarteten vermutlich, dass ich sie die Nacht über auf die Weide ließ. Es missfiel mir zutiefst, sie noch einmal zur Arbeit anhalten zu müssen, aber wir hatten keine andere Wahl. Zu jenem Zeitpunkt hielt ich bereits nicht mehr viel davon, Tieren menschenähnliche Gefühle zuzuschreiben – ich vermutete, dass man sie verkannte, wenn man ihnen menschliche Emotionen unterstellte –, doch Sam legte in jener Nacht definitiv eine unverkennbare Zielstrebigkeit an den Tag, stemmte sich gegen seine Kandare, marschierte schnurstracks in Richtung Feld und zog den lustlosen guten alten Silver praktisch mit sich.

Ich hatte den Kultivator bisher noch nie benutzt, doch Mark war eindeutig der schnellere Kartoffelverteiler, weshalb ich den Job der Fuhrfrau übernahm. Die Räder und die Scheiben werden per Fußpedal justiert, also musst du einerseits darauf achten, wohin die Pferde gehen, und andererseits die vorbeiziehende Erde unter deinem Sitz im Auge behalten, und zwar beides gleichzeitig. Du musst darauf achten, dass die Reihe sich genau zwischen den Pferden befindet, sodass die bloß liegenden Kartoffeln komplett mit Erde zugedeckt werden. Ich stellte fest, dass ich nicht gut darin war, die Pferde absolut gerade zu halten, und fragte mich, was das wohl über meinen Charakter sagen mochte.

In unserer kleinen zweiköpfigen Klasse erwies sich eindeutig Sam als der Lieblingsschüler des Lehrers. Entweder hatte er schon früher Arbeitseinsätze in der Reihenkultur gehabt, oder er lernte schnell. Am Ende einer Reihe brachte ich das Gespann mit einem „Brr" zum Stehen, um die schweren Scheiben auszuheben, woraufhin Sam die Ohren anlegte und auf das Kommando zum Wenden wartete. Auf der Weide war Silver der unangefochtene König, doch im Geschirr schreckte Sam nicht davor zurück, sich zu behaupten, wenn er wusste, was zu tun war. Er wies Silver bei den Wendemanövern den Weg, indem er ihn anstubste, legte mitunter die Ohren an und stemmte sich mit Haltung und seinem ganzen Gewicht ins Zeug.

Der Mond ging auf, war jedoch keine Hilfe, denn er war nur eine blasse, schmale Sichel, flankiert von der hell leuchtenden Frühlingsvenus. Als wir zu drei Vierteln fertig waren, war es stockdunkel. Mark sprintete immer noch zwischen den letzten Reihen entlang und verteilte Kartoffeln. Ich konnte nicht mehr sehen, wo die Reihen anfingen und wollte Mark gerade zurufen, dass es keinen Sinn mehr hatte und wir aufhören müssten, als ich merkte, dass Sam genau wusste, was wir taten und in der Dunkelheit besser sehen konnte als ich. Sobald wir ein Wendemanöver vollzogen hatten, ließ ich die Leine locker, und er fand genau den exakten Startpunkt an der nächsten Reihe und positionierte sich dort. Silver richtete sich neben ihm aus. Als ich sie anwies, sich in Bewegung zu setzen, waren die Kartoffeln genau da, wo sie sein sollten, und zogen zwischen meinen Füßen vorbei, blasse weiße Kugeln, umgeben von tiefer Finsternis, und das ganz ohne mein Zutun. Auf diese Weise beendeten wir das komplette Feld, die Rücken der Pferde dampften in der kalten Nachtluft. Bis heute weiß ich nicht, warum sie so bereitwillig für uns arbeiten. Sie sind groß genug, um „rein" sagen zu können, aber sie sagen immer wieder „ja", sogar am Ende eines langen Tages und im Dunkeln.

TEIL 4

SOMMER

Die ersten heißen Tage hielten Einzug und mit ihnen die Fliegen. Große, grünköpfige Fliegen, die die Pferde quälten, und die schwarzen und die Hirschlausfliegen, die uns schikanierten; Stallfliegen, die sich an den Augenwinkeln der Kühe zusammenrotteten, und die Aasfliegen, die überall lauerten und auf vergossenes Blut warteten. Bevor die Fliegenplage zu heftig wurde, schlachteten wir nach der Erledigung der täglichen Routinearbeiten als Erstes die Kuh, die wir Kathleen genannt hatten. Wir hatten bei unseren Mastrindern Trächtigkeitstests machen lassen, und Kathleen ließ sich nicht befruchten, obwohl der Bulle sein Bestes gegeben hatte. Dr. Goldwasser konnte ertasten, dass mit ihren Eierstöcken irgendetwas nicht stimmte, also hatten wir sie zum Schlachten vorgemerkt. Kathleen sah interessant aus. Sie war dunkelbraun, ihre struppige Stirnlocke war von einer hübschen weißen Strähne durchzogen, weshalb sie mich an Susan Sontag erinnerte.

Mark und ich beherrschten die einzelnen Schritte der Schlachtprozedur inzwischen so, wie es die Würde des Tiers erforderte; wir waren ein gut eingespieltes Zweierteam. Sie graste ruhig. Mark tötete sie mit einem gut platzierten Schuss in das X zwischen ihren Augen und ihren Ohren, und sie ging zu Boden. Rinder fallen mit einem gewissen vorbestimmten Momentum, das sie irgendwie schneller und kraftvoller zusammensacken lässt, als es nach dem reinen Gesetz der Schwerkraft eigentlich zu erwarten wäre. Für Schafe gilt das Gleiche. Hühner hingegen flattern ihrem Tod wild und aufgeregt entgegen. Schweine scheiden nicht sanft dahin, sondern laut und unter heftigem Gezappel. Anfangs fragte ich mich, ob die unterschiedlichen Verhaltensweisen, die die Tiere in ihren letzten Lebensmomenten an den Tag legen, etwas damit zu tun haben, was die Essenz ihres Wesens ausmacht, die da zum Vorschein kommt – das aggressive Schwein, die sanftmütige Kuh, die zappelige Henne, – doch inzwischen glaube ich, dass sie einfach nur auf anatomische Besonderheiten zurückzuführen sind, auf die Dicke des Schädels oder die Anlage des Nervensystems.

Mark reichte mir das Gewehr, ich gab ihm das Messer. Er schnitt ihr schnell die Kehle durch, und das warme Blut ergoss sich ins Gras. Sie blutete und trat, doch ihre Gegenwehr war bereits eine reine Farce. Ihr Blick war leer, sie befand sich bereits im Jenseits. Als ihre reflexartigen Bewegungen allmählich nachließen, legte ich eine Kette um eines ihrer Hinterbeine, und in diesem Augenblick trat sie erneut, wie in Zeitlupe, aber absichtsvoll, als ob das Bein wüsste, was ich tat, und sich ein letztes Mal aufbäumte, auch wenn es nicht mehr mit einem Gehirn verbunden war. Ich hielt das Bein einen Augenblick fest und spürte, wie die Kraft aus den großen Muskeln entwich. Das Leben braucht eine gewisse Zeit, um komplett aus einem Lebewesen zu entweichen, als ob es eine Substanz wäre, eine sämige Flüssigkeit, zähflüssiger als Blut, oder der Sand in der Sanduhr einer bösen Hexe.

Du kannst den Tod einer anderen Kreatur nicht mit ansehen, ohne an deinen eigenen zu denken. Ich dachte laut darüber nach, wie es wohl war zu sterben und bombardierte Mark mit Fragen. Glaubst du, sie hatte Schmerzen? Glaubst du, sie hat gelitten? Er glaubte, dass sie keine Angst verspürt hatte. Und er war sich nicht sicher, ob ich überhaupt die richtige Frage stellte. Die Reise ins Jenseits sei nur ein winziger Teil des Ganzen. Und was ihn selber angehe, sagte er, zöge er es vor, irgendetwas spüren, was auch immer, anstatt nur plötzlich in ein großes, endloses Nichts einzutauchen. Ich sagte ihm, dass er mich kompostieren solle, falls ich sterben sollte und wir dann noch zusammen wären. „Und ich hoffe, dass dann irgendein Lebewesen mein Herz und meine Leber frisst", stellte ich klar. Nachdem ich so viele Herzen und Lebern anderer Kreaturen gegessen hatte, war das wohl das Mindeste, was ich tun konnte. Wir befanden uns auf einem Feld in der Nähe der Straße, und es näherte sich ein Paar, das vor dem Frühstück noch eine Power-Walking-Runde absolvierte. Die Frau trug ein leuchtend blaues Sport-Bustier und eine enge schwarze Hose, was sie als Sommergäste outete, Leute aus der Stadt. Wir hievten den Tierkörper an einem Bein auf die Schaufel des Traktors. Der halb abgetrennte Kopf baumelte lose in der Luft. Das Paar blickte in unsere Richtung, erst neugierig, dann entsetzt. „Das legst du am besten schriftlich nieder", stellte Mark klar.

Die Innereien der Tiere waren mir inzwischen so vertraut, dass ich die weitverbreitete Empfindlichkeit gegenüber dem Verzehr anderer Teile als der üblicherweise auf den Tisch kommenden Koteletts und Schnitzel weitgehend abgelegt hatte. Ich hatte alles gesehen, und alle Teile erschienen mir gleichermaßen geeignet. Was für den einen in den Abfall gehört, ist für den anderen eine Delikatesse. Am Anfang aßen Mark und ich weitaus mehr als den uns zustehenden Anteil an den eher unüblichen Teilen der geschlachteten Tiere, denn sie waren bei unseren Mitgliedern damals nicht so beliebt. Inzwischen hat sich das geändert, und wir können uns glücklich schätzen, wenn wir ein Stück Leber in die Finger bekommen, doch damals war unsere Küche ein kulinarischer Spielplatz. Mark probierte und kochte und probierte und kochte, bis er aus Nieren einen fantastischen, pikanten Kidney Pie mit Sahne und Bacon auf den Tisch brachte. Meine eigene Spezialität war Herz, das gehaltvolle, fleischige Symbol der Liebe. An Tagen während der Anbausaison, wenn wir viel zu tun hatten, schnitt ich es gern in dünne Scheiben, briet es kurz an und richtete es auf jedem Teller mit einem Löffel Bratensaft an. Im Winter, wenn unser Leben in etwas ruhigeren Bahnen verlief und niemand etwas dagegen hatte, wenn der Backofen den ganzen Tag auf schwacher Hitze lief, füllte ich ganze Herzen mit getrockneten Kräutern, Pilzen und in Butter gebratenen Brotkrumen und schmorte sie. Außerdem verliebte ich mich ein weiteres Mal in Lebergerichte und experimentierte mit verschiedenen Arten von Pasteten und Terrinen. Ich spürte Kochbücher auf, die im Hinblick auf derartige Spezialitäten jede Menge Wissenswertes zu bieten haben, zum Beipiel Jane Grigsons Klassiker „Charcuterie and French Pork Cooking", das großartig geschrieben ist und eine wahre Fundgrube im Hinblick auf die Zubereitung der eher nicht so gebräuchlichen Teile wie Schweinsfüße und Ohren. Ich las auch „Charcuterie" von Michael Ruhlman und Brian Polcyn, trocken und präzise bis ins kleinste Detail, weshalb ich mir beim Lesen vorkam wie eine Chemikerin. Und dann entdeckte ich „River Cottage Meat Book" von Hugh Fernley-Whittingstall, mein bleibendes Lieblingsbuch, das einem die Verwertung und Zubereitung jeglicher Bestandteile eines Tiers von der Nase bis zum Schwanz nicht nur zugänglich macht, sondern sogar zu etwas, das Spaß machen kann.

Das Buch von Hugh konsultierte ich, als wir zum ersten Mal einen Bullen schlachteten und die Hoden in unserem Kühlschrank auftauchten, sich schwammig anfühlende, von geschlängelten violetten Adern durchzogene Gebilde in der Größe länglicher Softbälle, die von einer weißlichen Haut ummantelt waren. „In rohem Zustand sehen sie nicht besonders appetitlich aus, doch sobald sie zubereitet sind, verlieren sie ihr furchterregendes Aussehen" stellte Hugh beruhigend fest, „und ich glaube, dass die meisten Menschen sie, genau wie Hirn, recht schmackhaft fänden, wenn sie nicht wüssten, was sie äßen." Hughs Anweisungen befolgend, blanchierte ich sie zwei Minuten in kochendem Wasser, häutete sie und legte sie in eine Marinade aus Olivenöl, Essig, grünen Zwiebeln und Kräutern. Was das Häuten anging, war mir nicht ganz klar, was er meinte, denn ich konnte nicht erkennen, was an einem Hoden als Haut zu betrachten war, und was, nun ja, das andere war. Ich schälte eine Hautschicht ab, nur um darunter eine weitere vorzufinden. Vielleicht, dachte ich, ähnelt ein Hoden einer Zwiebel, und wenn ich eine Schicht nach der anderen abschäle, bleibt am Ende nichts mehr übrig. Also ließ ich ein wenig von dem weißen, von lilafarbenen Adern durchzogenen Geschwabbel zurück, und als ich dies in Scheiben schnitt, fand ich heraus, dass das wahre Innere eines Hodens hellbraun ist und eine feine, körnige Konsistenz hat. Wenn Sie mich fragen, erinnert es mehr an Seeigelgonaden als an Prärieaustern, wie die zum Verzehr bestimmten Hoden im Westen Amerikas genannt werden. Ich wendete die Scheiben in gewürztem Mehl, briet sie kurz in einer Pfanne in Butter an und servierte sie zusammen mit Rührei und Toast zum Frühstück. Sie schmeckten interessant, ein bisschen wie ganz frische Kammmuscheln, denen die Scheiben sowohl im Hinblick auf ihre Form als auch auf ihre Größe ähnelten. Ich mochte sie, und Mark liebte sie geradezu. „In Spanien gelten Bullenhoden als besondere Delikatesse und Potenzmittel für Männer", sagt Hugh. Ich schrieb ihm eine Fan-Mail.

Und dann war da noch das Blut. Feste Fleischteile waren eine Sache. Aber ob ich auch mit Flüssigkeiten klarkommen würde, da war ich mir nicht so sicher. Es war eine Art letzte Barriere. Ich schlug nach, was Hugh zu dem Thema zu sagen hatte, und entdeckte sein Blutwurstrezept, das er als „das bestmögliche Bekenntnis Ihrer Absicht, Ihr Schwein restlos zu verwerten", umschrieb.

Wenn Mark und ich ein Schwein schlachteten, nahm ich einen Topf mit aufs Feld und fing knapp zwei Liter Blut auf. Wie im Rezept beschrieben, rührte ich das Blut um, solange es noch warm war, und schöpfte die faserigen Teile heraus, die an meinem Löffel haften blieben. Die verbliebene Flüssigkeit war tiefrot, röter als alles Essbare, das ich je gesehen hatte. Ich briet eine Zwiebel an, fügte Sherry, Sahne, Kräuter, Paniermehl und gewürfeltes Schweinefett hinzu und verrührte alles mit dem Blut. Mark hielt die verknotete Wursthülle für mich, während ich die Mischung hineinfüllte. Jetzt hatte ich ein paar längliche rote Wasserballons, die jedoch noch nicht essbar waren. Ich legte sie in eine Schmorpfanne und pochierte sie bei niedriger Hitze. Einige von ihnen platzten, doch diejenigen, die intakt blieben, verloren schnell ihre schwabbelige Konsistenz und wurden fest, ihre Farbe änderte sich von rot in lavendelfarben. Jetzt sahen sie so aus, als wären sie theoretisch essbar. Wenn sie abgekühlt waren, ließen sie sich in Scheiben schneiden, und die einzelnen Scheiben waren mit weißen, saftigen Fettstücken durchsetzt. Sie waren sehr gehaltvoll, und man aß sie am besten in kleinen Häppchen, doch was ihren Geschmack anging, barg die Blutwurst keine Geheimnisse, denn er war so dezent, dass der Sherry und die Kräuter noch klar herauszuschmecken waren. Sie hatte eine zarte Textur und war ansprechend mousseartig.

Der Sommer schritt voran, und auf den Äckern gedieh jede Menge Gemüse. An Freitagen standen Mark und ich frühmorgens in der kühlen Dunkelheit auf und ernteten erst Kopfsalate, Spinat, Mangold, Rucola und Zuckererbsen und anschließend Rote Bete, Baby-Möhren und Erbsenschoten. Ich hatte noch nie Erbsen direkt vom Feld aus der Schote gegessen und konnte von diesen süßen, grünen, krossen Köstlichkeiten gar nicht genug bekommen. Thomas LaFountain führte mich in die im Norden des Landes typische Zubereitungsweise von Erbsen ein: Die frisch ausgeschoteten Erbsen langsam in Milch vor sich hinköcheln lassen, bis sie heller, aber nicht breiig werden, dann Salz, Pfeffer und ein wenig Butter hinzufügen und zum Schluss einen Zweig Minze oder auch zwei Zweige. Eine Schüssel voller in Milch gekochter Frühlingserbsen ist all die Zeit wert, die wir in das Unkrautzupfen und das Ernten investiert haben.

Wir gruben die ersten neuen Kartoffeln aus, die so groß waren wie Golfbälle und eine helle, dünne, rötlich-pinke Schale hatten. Eine ganze Woche lang taten Mark und ich uns zum Mittagessen an gekochten neuen Kartoffeln mit Butter und Salz gütlich und verputzten dazu schüsselweise frisches Grüngemüse. Wenn wir auf der Steinbank vor unserem Haus aßen und über unsere Felder blickten, sah ich, dass unsere Farm allmählich Form annahm. Die Gebäude waren immer noch schief, die kaputte Fensterscheibe des

Farmhauses war immer noch nicht repariert, aber die Farm vermittelte inzwischen sichtlich den Eindruck, dass sie genutzt wurde, und ihr wohnte ein belebter Geist inne. Sie hat ihre Seele wiedergefunden, dachte ich.

Die Mitglieder, die bisher schon mit Fleisch, Milch und Brennnesseln zufrieden gewesen waren, gerieten ganz aus dem Häuschen, als sie jetzt auch unser Gemüse bekamen. Der Ruf unserer Farm sprach sich herum, und während der Sommer weiter voranschritt, verdoppelte sich die Anzahl unserer Mitglieder erst, und dann verdreifachte sie sich sogar.

Meine Existenz auf der Farm konzentrierte sich zusehends vom Morgengrauen bis in die Dunkelheit auf die Vernichtung von Unkraut. Vor diesem ersten Jahr auf der Farm hatte ich den Begriff „Landwirtschaft" in meinem Kopf unter der allgemeinen Rubrik „Natur" abgespeichert. Wie bei so vielen anderen Dingen auch hatte ich mich da gewaltig geirrt. Wie ich erfahren musste, ist die Landwirtschaft in Wahrheit ein umfassender und andauernder Krieg. Die Farmer befinden sich in einem ständigen Kampf gegen die Natur, um diese hinter die Grenzen ihrer Felder zu verbannen, und die Natur führt einen unaufhörlichen Kampf, um die Felder zu erobern. Innerhalb der Befestigungswälle befinden sich die Sativa, die zarten, verletzlichen Kulturpflanzen, die zu hochgezüchtet und zu zivilisiert sind, um sich zur Wehr setzen zu können. Das Unkraut hingegen hat sich mit der Natur verbündet, es stellt die zähen Fußsoldaten, die bereit sind zur Schlacht. Als wir uns der Sommersonnenwende näherten, liefen beide Seiten zur Höchstform auf, befeuert von Regen und ausdauerndem Sonnenschein. Jeden Morgen ließen Mark und ich bei Sonnenaufgang unsere Blicke über die Felder schweifen und sahen einen frisch grünen Flaum. Auf jeden von uns kamen Hunderte, Tausende, Zehntausende Fußsoldaten in Form von Unkräutern, eine Angriffswelle nach der nächsten, endlos.

Falls Sie sich je fragen sollten, warum Biogemüse teurer ist als das aus konventionellem Anbau, geben Sie dem Unkraut die Schuld. Die Arbeit, die auf einer konventionellen Farm mit einem einzigen Sprüheinsatz erledigt wird, muss auf einer Biofarm kontinuierlich verrichtet werden, und zwar durchgängig vom Keimen bis zur Ernte, indem das Unkraut physisch vernichtet wird. Wenn die kleinen Pflänzchen soeben aus dem Boden gesprossen sind – das Frühstadium nennt sich aufgrund des Aussehens der ersten dünnen Pfahlwurzel Weißer-Faden-Stadium – kann man sie leicht vernichten, indem man sie einfach nur umknickt, wodurch die empfindliche Wurzel der Luft zum Trocknen ausgesetzt ist, oder indem man die nachwachsenden Blätter mit Erde bedeckt, sodass sie aus Mangel an Sonnenlicht zugrunde gehen. Wenn man das Unkraut wachsen lässt – wenn die Pfahlwurzel sich zu einem feinen weißen Netz ausbreitet und die Blätter sich an einem dicker werdenden Stiel ausbreiten –, ist es sehr viel aufwendiger, die Pflanzen zu vernichten. Weit über das Frühstadium hinaus ist unser Handwerkszeug gegen das Unkraut die Hacke. Doch wenn man es noch größer werden lässt, ist die Hacke nutzlos, und das Unkraut muss in den Reihen einzeln von Hand ausgerupft werden.

Zum Glück waren früher einmal alle Bauern das, was wir heute als Biobauern bezeichnen, und die von Pferden gezogenen Werkzeuge, die sie zur Unkrautbekämpfung entwickelt haben, arbeiteten präzise und effizient. Das beste Gerät in unserem Arsenal war der alte, rostige Zweispänner-Kultivator von International, den wir auf der Versteigerung bei den Amischen erstanden hatten. Mark konstruierte aus Rot-Esche eine neue Deichsel für das Gerät und ersetzte ein paar weitere defekte Teile. Wie so viele andere Gerätschaften in jenem Jahr funktionierte auch der Kultivator nicht reibungslos: Das Radlager war nicht in Ordnung, weshalb die Räder sich auf Hügeln und in Kurven schräg stellten und blockierten, aber er war funktionsfähig. Er sah aus wie einer dieser zweirädrigen Sulkys, die beim Trabrennen zum Einsatz kommen, allerdings mit etlichen Ca-

rauf angebrachten Hebeln, Justiervorrichtungen und anderen Apparaturen, um Einstellungen vorzunehmen. Es war eine Art Maschine, die Willy Wonka benutzt hätte, wenn er Biobauer gewesen wäre und nicht der Inhaber einer Schokoladenfabrik.

Ich wurde eins mit diesem wunderbaren Gerät. Sobald die Routinearbeiten erledigt und die Pferde gestriegelt, gefüttert und angeschirrt waren, stieg ich auf. Die Sonne war dann inzwischen aufgegangen und verdunstete den Tau. Auf dem Feld justierte ich die verschiedenen Hebel, mit denen sich die Bodenbearbeitungstiefe und der Winkel der Zinken einstellen ließen. Ziel des Ganzen war, den Boden zu lockern und dabei so nah wie möglich an die Pflanzen heranzukommen, ohne sie jedoch herauszureißen. Die Pferde gingen jedes auf einer Seite der Reihe, und ich stand auf dem Rahmen des Kultivators und bewegte mit den Füßen die Eggenbalken hin und her. Wenn das Unkraut noch im Frühstadium war, war es wie Magie, nach jedem Durchgang Hunderttausende winziger Ackersenf- und Weißer-Gänsefuß-Pflänzchen erledigt zu haben. Es war unglaublich befriedigend, eine Reihe zu beenden und zurückzublicken auf all die kleinen entwurzelt daliegenden welkenden Unkräuter, die nun an der Luft vertrockneten.

Aus dieser Perspektive lernte ich unsere Feinde und deren mannigfaltige Kräfte und Schwächen kennen. Da war der listige Knöterich, der verschwörerische Intellektuelle; dann der Portulak, das trojanische Pferd, das auf unseren Ackergeräten auf den Feldern eindrang und dort zu einem nicht zu unterschätzenden Gegner heranwuchs. Dann war da die Distel, der große Wüstling mit der Keule, langsam und augenfällig, aber schwer bewaffnet, und ihr Timing war absolut genial, denn sie verbreitete ihren Samen während des Höhepunktes der Saison, wenn wir an den anderen Fronten viel zu beschäftigt waren und hilflos zusehen mussten, wie die violetten Blüten sich in weißen Flaum verwandelten, der sich mit dem Wind verteilte. Schließlich war da noch die hübsche, strangulierende Ackerwinde, eine Cousine der Trichterwinde, die Mata Hari der Natur. Sie war meine Nemesis.

Ackerwinden sahen zunächst ganz harmlos aus. Blasse, saftige, verletzlich aussehende Tentakel, die schon bald kleine herzförmige Blätter bildeten. Sie wuchsen zuerst langsam, doch dann schienen sie auf einmal förmlich zu explodieren, die Ranken wuchsen mehrere Zentimeter am Tag, wanden sich um die jungen Nutzpflanzen und versuchten, diese zu ersticken. Ackerwinden waren immun gegen die Zinken des Kultivators, die bei der Bekämpfung der Blattunkräuter so wirksam waren. Ackerwinden ließen sich weder durch Entwurzeln bekämpfen noch durch Zudecken mit Erde Einige der Ackerwinden verfingen sich in den Zinken des Kultivators und wurden aus dem Boden gerissen, und wenn sie schon eine Nutzpflanze umwunden hatten, wurde diese ebenfalls mit herausgerissen. In diesem Fall verdorrte und starb die Nutzpflanze in der Sonne, während die Ackerwinde auf ihr eigenes wasserhaltiges Fleisch zurückgriff, sich neu verwurzelte und einfach weiter wuchs. Bei ihrer Ausbreitung verdichteten sich die Ranken der Ackerwinden auf dem Boden zu dichten Matten, die sich schon auf den ersten Metern einer Reihe um die den Boden bearbeitenden Teile des Kultivators wickelten und sie so zu nutzlosen Instrumenten machten, die einfach nur holprige Gräben in den Boden buddelten und die Pferde vor Anstrengung zum Schwitzen brachten. Die einzige Methode, der Ackerwinde Herr zu werden, bestand darin, mit einem Eimer durch die Reihen zu kriechen, jedes einzelne Gewächs per Hand auszurupfen, vom Feld wegzuschaffen und zu entsorgen. Und darauf zu spucken. Wir konnten einen ganzen Tag damit verbringen, Unkraut von dem Feld zu jäten, das wir „Kleine Freude" nannten, und am Ende des Tages schob sich schon wieder ein Teppich aus saftigen Spitzen dieser Plage durch die oberste Schicht der Erde.

Die Zeit des Heumachens rückte heran. Alle Ohren wandten sich den Wetternachrichten zu, alle Augen dem Gras. In diesem Jahr hatten wir die Owens angeheuert, unser Heu zu machen, den alten Mr Owens und seine beiden erwachsenen Söhne, Neal und Donald. An den Abenden drang ihr Familiengezänk aus der Werkstatt, wenn die Männer an der Ballenpresse arbeiteten. Der Bindemechanismus funktionierte nicht richtig und hatte schon die besten Mechaniker der Gegend vor ein Rätsel gestellt.

Wir brauchten fünftausend Heuballen, um unsere Tiere durch den Winter zu bringen. Der Erfolg der Heuernte hängt vom Wetter ab. Man benötigt mehrere trockene Tage hintereinander, damit das Gras gemäht, getrocknet, aufgelockert, nochmals getrocknet, zu Schwaden angehäuft und schließlich zu Ballen gepresst werden kann. Wenn das Heu nass wird, beeinträchtigt dies seine Qualität. Wenn Heu in zu feuchtem Zustand auf den Heuboden gebracht wird, wird es warm und schimmelt. Im schlimmsten Fall erhitzt es sich immer mehr, bis es plötzlich in Flammen aufgeht und die Scheune niederbrennt.

Immer wenn es mehrere trockene Tage hintereinander gab, legten sich die Owens mächtig ins Zeug, um so viel Heu wie möglich zu machen, und Mark und ich ließen alles andere stehen und liegen und halfen ihnen. Ich musste lernen, die Traktoren zu fahren, eine Fertigkeit, deren Erlernen ich bis dahin hatte vermeiden können. Doch meine Vorbehalte gegenüber Traktoren waren nicht so groß wie meine Furcht vor ihnen. Ich hatte eine paranoide Angst davor, dass mein Fuß von der Kupplung rutschte und ich mit diesen gnadenlosen Rädern jemanden überfuhr. Aber während der Heuernte gibt es keine Zeit, sich seinen Ängsten hinzugeben. Am Ende des Tages kletterte ich in die Fahrerkabine des gigantischen orangefarbenen „Same", eines italienischen Traktors, der über genügend Pferdestärken verfügte, um ganze Städte plattzumachen, und fuhr ihn, während die Männer hinter mir Heuballen auf den Wagen stapelten. Als ich mich erst einmal daran gewöhnt hatte, fühlte es sich schaurig gut an, da oben auf dem Traktor zu sitzen, ähnlich dem Gefühl, ein Gewehr in den Händen zu halten. Neal, der Größte der Owens, konnte mit seinen dicken Fingern einen Fünfzig-Pfund-Heuballen an den Schnüren packen und ihn in einem anmutigen Bogen auf seinen Platz auf dem Wagen werfen. Das Manöver sah bei ihm völlig mühelos aus, geradezu wie eine lockere Übung, als ob ein Mädchen Rosenblüten würfe. Das Nachmittagslicht tauchte die Felder in ein goldenes Licht, und unsere Haut schimmerte dunkelgelb.

Manchmal zog sich die Heuernte bis spät in die Nacht. Die Owens holten die Ballen vom Feld, und Mark und ich stapelten sie auf dem Heuboden. Eines späten Abends stand ich allein da oben. Der Mond war groß und der Himmel klar, doch auf dem Heuboden war es stockdunkel, da die einzige Glühbirne nur einen kümmerlichen Lichtschein durch den Staub warf. Mark war draußen und arbeitete den Berg von Heuballen ab, indem er einen nach dem anderen auf den Heuaufzug legte, der die Ballen durch das Fenster auf den Heuboden transportierte. Ich wartete immer auf den dumpfen Rums, wenn sie oben auf den Boden fielen, hob sie auf und hievte sie an ihren Platz. Der Heuboden war zur Hälfte gefüllt, und die Halme, die sich während des Transports gelöst hatten, hatten sich während des ganzen Abends oben unter dem Aufzug gesammelt, sodass sämtliche Geräusche gedämpft wurden, wie auf einer dicken Schneeschicht. Plötzlich hörte ich ganz in meiner Nähe ein lautes Keuchen und Rascheln und Scharren. In meinem erschöpften Kopf überschlugen sich die Gedanken. „EIN BÄR!", schrie ich in der Tonlage, die Notfällen vorbehalten ist. Mein Schrei drang, gedämpft durch die staubige Luft, die auf dem Heuboden herrschte, nach draußen und hinunter zu dem scheppernden Aufzug, wo Mark stand, der den Aufzug sofort anhielt. In diesem Moment hörte ich ein leises, tiefes hu hu hu. Es war Neal, der die Leiter zum Heuboden hochgeklettert war, um mir beim Stapeln der Heuballen zu helfen, und der in der Dunkelheit lachte.

Die Geschichte wurde ein Dauerbrenner. Wochenlang stellten die Leute, die auf unsere Farm kamen, durch die heruntergekurbelten Fenster ihrer Pick-ups trocken fest, als würden sie den aktuellen Milchpreis verkünden: „Hab' gehört, du hast unseren guten alten Neal für einen Bären gehalten."

 Der Hochsommer erwies sich als der irrsinnige Wettlauf, vor dem Mark mich gewarnt hatte, als ein Wettbewerb der dringend zu erledigenden Aufgaben. Die Heuernte! Die Zäune! Die Ernte! Das Unkraut! Wir sprinteten durch die Reihen und säten die letzten Herbstkarotten und Rote Bete. Wir malträtierten die jungen Kohlsetzlinge, indem wir mit ganzen Kästen der jungen Pflänzchen durch die Reihen hetzten, sie auf den Boden warfen, sie auf den Knien kriechend hastig und lieblos in den Boden rammten und sofort zur nächsten übergingen. Die Tage begannen um Viertel vor vier. Die Routinearbeiten erledigten wir im Morgengrauen, kurz nach dem Sonnenaufgang waren wir bereits mit den Pferden auf den Feldern, und dann hieß es arbeiten, arbeiten, arbeiten. Es war ein ständiger Wettlauf gegen das Wetter, das Unkraut, die Jahreszeit. Eines Nachmittags schlief ich am Ende einer Reihe auf dem Kultivator ein und träumte, dass ich auf einem Boot war. Das abendliche Melken begann um halb fünf, um sieben waren wir mit dem Saubermachen und den sonstigen Routinearbeiten fertig, aber die Hühner zogen sich erst um neun Uhr zur Nachtruhe auf ihre Stangen zurück und mussten in ihrem Stall eingeschlossen werden, damit sie nicht von Eulen gefressen wurden. Wenige Stunden später ging die Hatz wieder von vorne los.

Mark schien eine geheime und möglicherweise diabolische Energiequelle anzuzapfen. Ich hatte ihn noch nie so überschwänglich und so extrem gut gelaunt gesehen. Beim Abwasch des schmutzigen Geschirrs oder beim Erbsenpflücken trällerte er spanische Lieder. Wenn wir gemeinsam auf dem Feld arbeiteten, interessierte er sich auf einmal für Dinge, von denen er keine Ahnung hatte und stellte mir Fragen über die Popkultur und über die Liebesaffären von Stars, die er nicht mal erkannt hätte, wenn sie auf unser Feld spaziert wären und ihm mit einer Hacke auf den Kopf getippt hätten. Außerdem wollte er ganz genau von mir wissen, was eigentlich ein Hipster sei und ob ich einer gewesen sei, als wir uns kennengelernt hatten. In diesen Wochen war auch ich überaus glücklich. In meiner wöchentlichen Mitteilung an die Mitglieder schwärmte ich: „Habt ihr in der vergangenen Woche diese Sonnenaufgänge gesehen?" Und: „Die Zinnien im Hausfeld ergehen sich in wahren Farborgien."

An den Abenden gingen wir erneut durch die Felder, um zu sehen, wie unsere neue Aussaat keimte oder in welchen Bereichen am dringendsten Unkraut gejätet werden musste. Wir erstellten Listen und stuften die anstehenden Arbeiten nach Dringlichkeit ein. Die gestreiften Gurkenkäfer hatten sich massenweise auf den Kürbisgewächsen auf dem Briefkastenfeld niedergelassen und die frisch eingepflanzten Setzlinge der Riesenkürbisse bis zu den Stängeln abgefressen. Als wir eines Abends gegen den Wind am Briefkastenfeld entlanggingen, konnten wir sie riechen, sie verbreiteten einen scharfen, stinkwanzenartigen Geruch, eine Mischung aus Nagellackentferner und Achselschweiß. Wir setzten sie an die Spitze unserer Prioritätenliste, und am nächsten Morgen, als die Käfer noch lethargisch und flugunfähig waren, gingen wir durch die Felder, schnippten sie in Eimer, die wir mit Seifenwasser gefüllt hatten, und zermalmten sie haufenweise in unserer Zufahrt unter unseren Schuhabsätzen.

Farmer schuften. Die Natur lacht. Farmer weinen. Das ist die Geschichte der Landwirtschaft zusammengefasst auf den Punkt gebracht. Ausgerechnet als die Saison ihren Höhepunkt erreicht hatte und wir ihn am dringendsten brauchten, verletzte sich Silver. Ich bemerkte es am Morgen, als die Pferde angeschirrt waren und wir über die Zufahrt zur Federzinkenegge gingen. Sein großer Kopf ruckte jedes Mal ein bisschen zu weit nach oben, wenn sein linker Vorderhuf den Boden berührte, und ging etwas zu tief nach unten, wenn er mit rechts auftrat. Als Fuhrfrau hatte ich noch keine große Erfahrung, aber mit Pferden kannte ich mich bestens aus, und lahm ist nun mal lahm. Ich brachte die Pferde zurück zur Scheune, ließ Sam in seinem Stall und nahm Silver wieder mit nach draußen auf den festgetretenen Untergrund unserer Zufahrt. Ich hielt ihn am Zügel, redete ihm gut zu, damit er ein wenig trabte und rannte neben ihm her, nur um sicher zu sein. Dabei zeigte sich sein Lahmen in Form einer fast unmerklichen Störung seines Bewegungsrhythmus. Als Dr. Goldwasser am Nachmittag eintraf, hinkte der arme Silver wie ein verwundeter Soldat und war kaum noch imstande, seinen Huf auf den Boden zu setzen. Er hatte einen Einstich in der Hufsohle, einen tiefen, zweieinhalb Zentimeter langen Schnitt. Ich hatte ihn irgendwann über den Scheunenhof dirigiert, in die Nähe der Stelle, an der wir eines der alten Gebäude abgerissen hatten, und vermutlich war es dort passiert. Er musste auf einen alten Nagel, ein scharfes Metallstück oder eine ungünstig liegende Glasscherbe getreten sein. Wenigstens war die Flexorsehne im Inneren seines Hufs nicht verletzt. Wahrscheinlich würde es wieder in Ordnung kommen. Aber er brauchte Ruhe und natürlich Antibiotika, Bandagen und tägliche Hufbäder in einem Eimer mit heißem Wasser und Bittersalz. Die Hufbäder und das Verbinden waren extrem anstrengend, denn Silver trat mit großer Freude auf den Eimer, anstatt in ihn hinein, und wenn er zu dem Schluss kam, dass er genug herumgealbert hatte, stellte er seinen Riesenfuß in das Salzwasserbad und weigerte sich kategorisch, ihn wieder herauszunehmen. Und was die Ruhe anbelangte? Wenn Silver ein Reitpferd gewesen wäre, wäre die erzwungene Ruhepause ärgerlich gewesen. Aber er stellte die Hälfte unserer Zugkraft dar, weshalb sein Ausfall auf dem Höhepunkt der Saison für uns eine Katastrophe war.

Uns blieb nichts anderes übrig, als zu versuchen, irgendwie klarzukommen. Nach und nach holten wir die liegen gebliebene Arbeit auf. Ich erinnere mich, damals eine Art umgekehrte Nostalgie verspürt zu haben, eine Sehnsucht nach der Zukunft, in der die Grundregeln unseres Daseins auf der Farm festgelegt waren und wir wussten, was wir zu erwarten hatten und entsprechend ausgerüstet waren, die Dinge zu bewältigen.

Die Hitze überkam uns wie eine erdrückende Masse, als ob sie den eisigen Winter kompensieren wollte. Die Wachstumsgeschwindigkeit verdoppelte sich. Im Norden des Landes müssen die Pflanzen den Tag nutzen. Man konnte sie förmlich wachsen hören. Ich stellte mir vor, wie die Zellen sich mit einem leisen Ploppen wie verrückt teilten und wiederum teilten, ihr Stoffwechsel angefeuert vom übermäßigen Vorhandensein von Licht, Hitze und Regen.

Die Quecken verbreiteten ihre spinnwebartigen Triebe und drohten, die jungen Möhren und Roten Bete zu strangulieren. Wir holten den von einem Einspänner gezogenen Kultivator aus der hintersten Ecke des Geräteschuppens. Im Vergleich zu dem von einem Zweispänner gezogenen Kultivator war dieser ein stumpfes, kümmerliches Werkzeug, ein simples, justierbares V, das zwischen den Reihen läuft, mit durch den Boden grabenden Zinken, einem Einhängebügel für das Pferd am spitz zulaufenden Ende und Griffen für den hinter dem Gerät hergehenden Menschen. Wie der Pflug wurde der von einem Einspänner gezogene Kultivator von einer Person bedient, die die Leinen hinter den Schultern zusammenschnallt und mit den Händen die Griffe führt. Ich spannte Sam vor dem Kultivator ein und gab mein Bestes, doch bei meinem ersten Durchgang erwischte ich mehr Möhren als Unkraut. Mark versuchte es ebenfalls, jedoch mit dem gleichen Ergebnis. In Krisenzeiten greifst du auf das zurück, was du kannst. Ich löste die langen Leinen an Sams Zaumzeug, Mark half mir aufzusitzen, und ich ritt ihn und benutzte die Leinen als Zügel. Mark ging hinter uns und führte den Kultivator. Für die Arbeit, die man mit einem zweispännigen Kultivator in einem Durchgang erledigte, waren mit dem Einspänner pro Reihe zwei Durchgänge erforderlich, und zudem mussten wir es auch noch zu zweit machen, was den Arbeitsaufwand vervierfachte, doch es war eine gute Methode, um die Quecken effektiv zu entwurzeln. Ich muss auf Sams Rücken ausgesehen haben wie ein Zwerg. Denn ein Nachbar hielt an unserem Haus und fragte, wer denn das Kind sei, das das Pferd vor dem Kultivator reite. „Das war früher mal mein Job, als ich ein Kind war", stellte er fest.

Ohne Silver kehrte sich der Verlauf des Krieges gegen uns. Es regnete zu ungünstigen Zeiten, was uns von den Feldern fernhielt und dem Unkraut einen Vorteil verschaffte. Ganze Bereiche von Feldern waren verloren, wenn das Unkraut über das Frühstadium hinauswuchs und dann per Hand würde ausgerupft werden müssen. Wir durchkämmten die Felder im Regen, um angesichts der Notlage eine Triage durchzuführen, und entschieden, die jungen Pastinaken und die frisch eingepflanzten Kohlsetzlinge zu opfern. Sie waren überrannt worden, und es hätte zu viel Zeit gekostet, sie zu retten. Das Unkraut war kurz davor, Samen zu bilden, und ein einziger Fuchsschwanz kann zweihunderttausend Samen produzieren, die jahrzehntelang im Boden ausharren und auf eine gute Gelegenheit zum Keimen warten können. Wenn wir dem Unkraut freie Bahn ließen, würden wir damit die Saat für unsere eigenen Zukunftsprobleme legen. Als es aufhörte zu regnen, pflügte ich die betroffenen Reihen unter. Unsere Nutzpflanzen ereilte das gleiche Schicksal wie das Unkraut, und als ich fertig war, empfand ich die Art von Erleichterung, die ein Verräter empfinden muss, wenn die schmutzige Arbeit getan ist.

Unsere Freunde und Nachbarn halfen uns. Sie retteten uns. Mike und Laurie Davis, die nördlich von uns eine Gemüsefarm betrieben, kamen mit ihren drei Söhnen zu uns und rupften einen ganzen Samstag lang zusammen mit uns per Hand das Unkraut in unseren Zwiebelbeeten aus, und das zu einer Zeit, in der sie auf ihrer eigenen Farm genauso dringend gebraucht wurden. Lars kam vorbei, um mal zu schauen, was wir mit seinem Land anstellten, und wir spannten ihn sofort ein, die letzten Reste des alten Weizens und tote Ratten aus dem Getreidesilo zu schaffen, damit wir dort das neue Getreide einlagern konnten. Bis zum Ende der Saison kam er fast jede Woche, um uns zu helfen, und erledigte alle Arbeiten, die gerade am dringendsten anstanden, mit der ihm eigenen Begeisterung. Marks bester Freund, Matt, reiste von seiner Farm in New Jersey an und brachte seinen kleinen Sohn Jack mit. Matt und Mark hatten zusammen auf der Genesis Farm gearbeitet, einer biodynamischen Gemüsefarm, die von radikalen Nonnen gegründet worden war. Es war demütigend, den beiden beim Ernten zuzusehen, denn in der gleichen Zeit, in der jeder von ihnen zwei Doppelreihen Erbsen aberntete, schaffte ich gerade mal eine Reihe. Während ich die Erbsen in kaltes Wasser legte, um ihnen die Hitze des Feldes zu entziehen, half Matt Mark, einen Bullen zu schlachten. (Ich fürchtete, dass dies den sechsjährigen Jack womöglich ziemlich mitnehmen würde, doch er war den Anblick von Innereien eines großes Tiers gewohnt. „Fühlt sich an wie ein Basketball", stellte er zurückhaltend fest und stupste gegen den straffen, riesigen Pansen.) Marks Schwester, Linda Brook, hatte vor der Geburt ihres ersten Kindes eine eigene Farm geführt, und als sie uns mit ihrer Familie besuchte, wurde sie prompt in die Kartoffeln geschickt, um die hohen, gelben Ackersenf-Pflanzen auszurupfen, die drohten, ihre Samen zu verbreiten. Mein Vater kam manchmal für zwei oder drei Tage zu uns hinaufgefahren und übernahm Marks Job: Das Führen des einspännigen Kultivators, während ich Sam ritt. Er redet noch heute davon, wie es ihm damals das Herz gebrochen habe, uns so hart für etwas arbeiten zu sehen, das so eindeutig zum Scheitern verurteilt war. Eines Nachmittags hielt ein Auto aus Maine an, dem eine Gruppe junger Touristen entstieg, um Fotos von dem Pferd und dem Kultivator zu machen. Mark gesellte sich auf dem Feld zu ihnen, redete schnell auf sie ein, und bevor sie auch nur begriffen, was vor sich ging, hatte er ihnen bereits Hacken in die Hände gedrückt und sie zum Arbeiten in die Möhrenreihen geschickt.

Während unserer abendlichen Rundgänge über unsere Farm wurde die Liste dessen, was wir ernten mussten, immer länger. Wir gingen bei Sonnenuntergang durch die Reihen mit den Zuckererbsen, ernteten ganze Hände voll Schoten, die so voll waren, dass sie sich schon nach außen beulten, und stopften uns die Erbsen direkt in den Mund. Neben den Zuckerschoten hatten Rehe sich über unsere Salate hergemacht. Sie hatten mitten ins Herz eines jeden Salatkopfes gebissen und Hunderte angefressen, aber keinen ganz vertilgt. Mark liebte es, sich abends auf die gleiche Weise über die Salate herzumachen. Er schnitt mit seinem Messer einen kompletten Salatkopf ab, vergrub sein Gesicht in den Blättern, biss mit den Zähnen das süßliche Herz heraus und warf den Rest weg. Das ist das Privileg eines Farmers, eine Form der Dekadenz, die uns das Gefühl verlieh, reich zu sein.

Frage: Warum ist die Landwirtschaft mit einer Beziehung vergleichbar?
Antwort: Weil du nicht erntest, was du säst. Das ist eine Lüge. Du erntest nämlich, was du säst, anhäufelst, kultivierst, düngst, einbringst und lagerst.

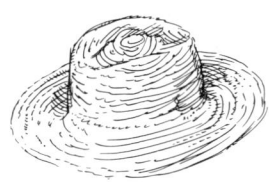

Silvers Verletzung heilte. Ein Hagelsturm zog an uns vorbei. Die schlimmste Phase der Krise war überstanden. Die Tomaten hingen schwer an den Sträuchern. Der Mais näherte sich dem Scheitelpunkt seiner Pracht und gab wacker sein Bestes, an guten Stellen war er bis zu drei Meter hoch. Mais! Das rief er mir zu, als ich ihn betrachtete, das Ausrufezeichen vor meinem inneren Auge war so grün wie seine Blätter. Die Stängel der Zwiebeln waren in sich zusammengesackt, die Blätter lagen schlaff auf dem Boden. „Was ist denn bloß mit ihnen los?", fragte ich Mark. „Nichts", erwiderte er. „Es ist das Alter. Sie haben aufgehört zu wachsen."

Wo wir das Gras sich selbst überlassen hatten, reichte es mir bis zur Brust. Wenn wir abends an den gemähten Rändern der Felder entlanggingen, sprang ein Schwarm schwarzer Grillen vor uns her wie Delphine vor dem Bug eines Schiffs. Der Teich hinter dem Farmhaus war auf die Hälfte seiner ursprünglichen Größe zusammengeschrumpft und voller Frösche. Jeden Nachmittag kam der große blaue Reiher, die personifizierte Geduld in Form eines Vogels. Er stand mucksmäuschenstill da, und dann eine Bewegung, zu schnell, als dass man sie mit bloßem Auge hätte sehen können. Der Reiher hatte mit seinem dolchartigen Schnabel einen Frosch gefischt. Der Frosch zappelte noch an der Spitze des Schnabels des Reihers, der seinen keilförmigen Kopf zum Himmel richtete, schluckte und erneut seine Position perfekter Reglosigkeit einnahm, wobei er eins seiner dünnen Revuetänzerinnenbeine ab dem Knie nach hinten knickte.

Es gab einen Wetterumschwung, der schwere feuchte Luft mit sich brachte, und man hatte das Gefühl, dass die Farm beinahe erdrückend fruchtbar war. Die Zucchini wurden über Nacht riesengroß, Fliegen bedeckten einen im heißen Gras vergessenen Knochen mit ihren Eiern. Reifung und Verfall liegen dicht beieinander.

In der sich dem Ende zuneigenden Saison übernahmen die Tomatenschwärmer-Raupen das Kommando. Wer wusste schon, dass diese Kreaturen überhaupt existierten? Sie waren so dick wie Marks Daumen und mindestens genauso lang und hatten eine glatte, weiche Haut so grün wie ein Granny-Smith-Apfel, die von filigranen weißen Linien durchzogen war. Einerseits waren sie schön anzusehen, ein akribisch geformtes Stück lebender Kunst, doch andererseits waren sie grauenhaft: Weiche, gefräßige Fremdlinge. Doch egal, aus welchem dieser beiden Blickwinkel man sie auch betrachtete – ihre Tarnung rang mir Bewunderung ab, denn sie war so gut, dass ich manchmal eine Ewigkeit auf eine befallene Pflanze starren musste, bis ich die Raupe entdeckte, obwohl die Beweise ihrer Anwesenheit unverkennbar waren: Fehlende Blätter an den Tomatenpflanzen, komplett weggefressene Stängel, große nasse Klumpen schwarzen Insektenkots. Manchmal, wenn ich ganz nah dran war, sie aber immer noch nicht entdeckt hatte, verriet sich die Raupe, indem sie sich mit einem bedrohlichen klickklickklickklickklick zu erkennen gab. Mark hatte mich gewarnt, dass die Tomatenschwärmer-Raupen beißen, deshalb pflückte ich sie mit meinem Leatherman ab und zermalmte sie mit meinem Schuh auf dem Boden. Ihr Inneres war ein grellgrünes Gelee, ihr siebenkammeriges Herz pulsierte in der staubigen Erde weiter. Ich wagte erst, einer Raupe den Rücken zuzukehren, wenn das Herz sich nicht mehr regte.

Der Juli verging in Windeseile, und unsere Anpflanzungen waren zusehends auf der sicheren Seite. Im August rückte der erste Frost näher, weshalb das nachwachsende Unkraut nicht mehr so eine große Gefahr darstellte. Der Frost würde die Aufgabe übernehmen, es zu vernichten, bevor es Samen produzierte. Wir blieben die halbe Nacht auf, um unsere Hochzeitseinladungen auf den Weg zu bringen, und als sie durch den Briefkastenschlitz der Post geglitten waren, wurde ich auf einmal von einer furchtbaren Angst erfasst.

Der Mann, den ich bald heiraten sollte, brachte mich um den Verstand. Und ich brachte ihn um den Verstand. Gemeinsam erzeugten wir eine heftige Energie. Ich erinnere mich, dass ich mit Anfang zwanzig mit meiner zehn Jahre älteren Schwester über die Natur der Ehe gesprochen hatte. Sie hatte zu dem Zeitpunkt gerade eine Ehe hinter sich und war in dieser Hinsicht weise. Sie behauptete, es gebe zwei Arten von Ehen. Die angenehme und die hitzige. Mark und ich waren Zunder und bettelten um einen Funken.

Die Dinge, die ich im abstrakten Sinne am meisten an ihm bewunderte, trieben mich im konkreten Einzelfall in den Wahnsinn. Er war ein Mensch mit festen Überzeugungen. Mit fünfzehn war er eines Nachmittags nach der Schule allein zu Hause, als die Zeugen Jehovahs an die Tür klopften. Er öffnete und bat sie hinein. Als seine Eltern viele Stunden später nach Hause kamen, hatte er sein persönliches Glaubensbekenntnis auf einem fünf Seiten langen Schriftstück ausformuliert und abgetippt. Die Zeugen Jehovas saßen schweigend auf der anderen Seite des Sofas.

Zu dem Zeitpunkt, als ich ihm begegnete, war sein Glaubensbekenntnis durch sein Studium und zahlreiche Reisen in verschiedene Entwicklungsländer bereichert worden. Er hatte mit seiner Familie einige Zeit in Dörfern und in Städten in Kenia, Ecuador und Mexiko verbracht und nach dem College zeitweise in Venezuela und in Indien gelebt und gearbeitet. Für ihn waren die erbärmlichen Lebensverhältnisse, der Verlust ländlicher Kultur und die zunehmende Umweltverschmutzung in diesen Gegenden eine direkte Folge des sich weltweit beschleunigenden Zyklus der Produktion und des Konsums. Er sah, dass billige Waren irgendjemanden irgendwo viel kosteten, diese Kosten jedoch nicht mehr zu sehen waren, wenn die Waren irgendwann Tausende Kilometer entfernt in den großen Regalen landeten. Abläufe, die er nicht sehen, Auswirkungen, die er nicht bemessen konnte, bereiteten ihm Unbehagen.

Das waren keine außergewöhnlichen Schlussfolgerungen, und viele Menschen auf der ganzen Welt sind zu den gleichen Einsichten gekommen, haben jedoch mehr oder weniger genauso weitergelebt wie vorher, als sie sich dessen noch nicht bewusst gewesen waren. Zu dieser Sorte Mensch gehörte Mark nicht. Er versuchte, so gut es ging, auf den Konsumrausch zu verzichten, der das normale Leben in Amerika prägt. Er bevorzugte für alle Bereiche des täglichen Lebens Second-Hand-Waren, angefangen bei Unterwäsche bis hin zu Haushaltsgeräten. Noch besser als Second-Hand-Sachen war für ihn Selbstgemachtes. Er träumte mir gegenüber laut davon, eines Tages seine eigenen Zahnbürsten aus Wildschweinborsten herstellen zu wollen. Er hasste Plastik und konnte den Gedanken nicht ertragen, der Welt noch mehr davon aufzubürden.

Und er hasste Verschwendung. Als wir uns kennenlernten, besaß er ein dickes Knäuel aufgewickelter Zahnseide, die er bereits benutzt hatte und aufbewahrte, weil sie, wie er sich vage ausdrückte, noch nützlich sei. Als ich näher nachhakte, sagte er, dass er sie vielleicht eines Tages noch zum Stopfen eines Risses in einer seiner Hosen gebrauchen könne.

Er machte sich über die Auswirkungen jeder alltäglichen Entscheidung Gedanken. Als wir noch in New Paltz wohnten, diskutierten wir auf dem Weg zum Supermarkt einmal darüber, ob es besser sei, Bioprodukte zu kaufen, die nicht aus der Region kamen, oder lieber Produkte, die zwar aus der Region stammten, aber keine Bioprodukte waren. Es war eine recht einseitige Unterhaltung, im Grund genommen sogar ein Monolog, und zwar ein ziemlich langer, denn mein alter Honda hatte schließlich seinen Geist aufgegeben, und Mark hatte sich dagegen gesträubt, ihn zu ersetzen, was ich vorübergehend hingenommen hatte, weshalb wir auf dem roten Tandem, einer Hinterlassenschaft seiner letzten Beziehung, zum Laden radelten. Dort angekommen, griff ich zu einem Glas mit einem bitteren Kaffeeersatz, den ich ausprobieren wollte, um mich von den absurden Mengen Kaffee zu entwöhnen, die ich damals in mich hineinschüttete. Mark wies mich darauf hin, dass dieser Kaffeeersatz weder aus biologischem Anbau noch aus der Region stamme und schlug mir vor, das Glas zurückzustellen. Ich fand das absurd und lächerlich und kaufte es trotzdem.

Meine Freunde und ich waren keine Menschen mit tiefen Überzeugungen. Wir waren keine Zyniker oder Nihilisten, aber wenn wir überhaupt an etwas glaubten, dann an den coolen Mexikaner auf der Lower East Side, der uns verbotenerweise Margaritas in Coffee-to-Go-Bechern verkaufte. Für mich waren Regeln wie Accessoires: Es war nett, welche zu haben, aber sie waren entbehrlich. Aber was ist deine Moral?, fragte Mark mich, wenn wir uns in eine Meinungsverschiedenheit darüber verwickelten, wie irgendetwas auf der Farm auf die richtige Weise zu tun war. Ich habe keine Moral, erwiderte ich dann. Ich komme aus New York. Ich bin eine Hedonistin.

Er hing jedoch nicht mit absoluter Verbissenheit und religiösem Eifer an seinen Überzeugungen. Sie ließen ihm bei der Auslegung einen breiten Spielraum. Er war davon überzeugt, dass die Welt und die Menschen im Grunde gut und großzügig waren. Und die Welt begegnete ihm auch im Großen und Ganzen gut und großzügig. Wenn dies einmal nicht der Fall war, ignorierte er dies weitgehend und ließ sich davon nicht beirren. Mein eigener Glaube an die Güte und Großzügigkeit der Welt bedurfte einer ständigen Bestätigung dessen, dass sie wirklich so war, weshalb es sich bei mir wohl weniger um eine Überzeugung, sondern allenfalls um eine Hypothese handelte.

Dieser unerschütterliche Glauben an die Richtigkeit dessen, was er tat, verlieh Mark eine unbeugsame Kraft. Ohne diese Kraft hätten wir unsere erste Saison nie überstanden. Wir hätten es nie geschafft, all die Anfangsschwierigkeiten mit dem Gespann zu überwinden und zu lernen, wie man eine Farm mit Pferden betreibt. Diese Kraft war es, die es ihm erlaubte, andere Menschen davon zu überzeugen, zu uns an Bord zu kommen. Für jemanden wie mich, die sich von den Werten, mit denen sie aufgewachsen war, weitgehend gelöst hatte, jedoch noch nicht über ein eigenes verbindliches Wertesystem verfügte, war dies unglaublich attraktiv. Doch in jenen Wochen vor der Hochzeit wurde mir deutlich bewusst, dass diese unbeugsame Kraft fast das Gleiche war wie Sturheit und dazu angetan, ihn mit Scheuklappen zu versehen und Menschen wie mir, die weder so selbstsicher noch so unbeirrt waren wie er, ziemlich schonungslos zu begegnen.

Diese unbeugsame Beherztheit machte ihn manchmal zu einem wahren Teufelskerl, doch manchmal führte sie auch dazu, dass er ein wenig dastand wie ein begossener Pudel. Einige Jahre nach unserem Start heuerten wir Arbeiter an, und Mark schickte zwei von ihnen, James und Paige, auf das zwanzig Hektar große Feld, auf dem die Rinderherde überwintert hatte, damit sie ein junges Kalb kastrierten. Sie kehrten mit bleichen Gesichtern zurück, das Kalb war noch im Besitz seiner Hoden. Die Mutterkuh, berichteten sie, sei nervös geworden, als James das Bein ihres Babys gepackt habe, und da seien sie zu dem Schluss gekommen, dass es sicherer sei, den Job zu dritt zu erledigen. „Pah!", hatte Mark entgegnet. Er habe schon jede Menge Kälber ganz alleine kastriert, in Anwesenheit der brüllenden und wie wild den Kopf in seine Richtung schüttelnden Mutter. „Ihr müsst nur schnell und entschlossen zur Tat schreiten und nicht so ängstlich aus der Wäsche gucken", riet er ihnen. James und Paige hatten damals schon zu lange bei uns gearbeitet, als dass sie ihrem Chef gegenüber einfach so klein beigegeben hätten. „Dann mach du es doch!", sagte James.

Die besagte Mutterkuh hieß Sinestra, eine junge schwarze Kuh mit einem stumpfen linken Horn. Sie hatte ihr erstes Kalb ein Jahr zuvor während eines kalten, feuchten Wetterabschnitts verloren. Mark und ich hatten es weit draußen auf dem Feld entdeckt, Sinestra stand über ihm und muhte jämmerlich. In meiner Anfangszeit auf der Farm sah ich manchmal aus der Ferne ein schlafendes Tier auf dem Feld und befürchtete unsinnigerweise, dass es tot war, weshalb ich viel Lärm machte, bis es sich aufgeschreckt erhob. Doch tote Tiere liegen zu flach und zu reglos da, und da ist noch ein feiner Unterschied, der einem ins Auge fällt, vielleicht die Abwesenheit geschmeidiger Weichheit. Wenn man es einmal mit eigenen Augen gesehen hat, ist der Tod selbst aus einer gewissen Entfernung offenkundig, und dieses Kalb war mausetot, es sah aus wie ein Häuflein nasser, brauner, toter Blätter.

Doch Sinestra begriff es nicht. Sie wusste nur, dass ihr Euter schmerzte und ihr Baby sich nicht bewegte. Als wir näherkamen, sahen wir, wie intensiv sie es geleckt hatte, denn sein Fell war ganz büschelig. Wir waren auf das Feld gekommen, um die Herde mit Heu zu versorgen, und als wir den Wagen geleert hatten, fuhren wir zu der Stelle, an der das tote Kalb lag, und luden den Kadaver auf, der andernfalls Aasfresser angelockt hätte, was wiederum dazu führen kann, räuberische Tiere zu ermuntern. Wir hievten das tote Kalb auf den Wagen und schafften es weg, doch Sinestra verweilte noch tagelang an dieser Stelle des Feldes und suchte und muhte. Ich bilde mir ein, dass dies ihre wortlose Art war, uns für ihren Verlust verantwortlich zu machen, und ich glaube, genau dies spukte auch in ihrem Kopf herum, als sie Mark mit dem Elastrator über das Feld kommen und auf ihr Junges zugehen sah.

Der schwierigste Part beim Kastrieren eines Bullenkalbs ist normalerweise das Einfangen des Tiers. Kälber sind fast von ihrer Geburt an schnell und können ausweichen und herumwirbeln, doch wenn man sie sich vornimmt, bevor sie zwei Wochen alt sind, ist es nicht unmöglich, sie einzufangen, ein kurzer Sprint oder zwei Sprints, und du hast es erwischt. Dann drehst du es einfach auf den Rücken, tastet es ab, um sicherzugehen, dass beide Hoden vorhanden und greifbar sind, setzt den vierzinkigen Elastrator an und schiebst einen engen, stabilen Gummiring um die Basis des Hodens. Anschließend lässt du das Kalb wieder los. Die Mutterkuh steht normalerweise in der Nähe und glotzt dich böse an, aber es ist alles so schnell vorbei, dass sie keine Zeit hat, ihre im Schneckentempo arbeitenden Gedanken zu ordnen und in Taten umzusetzen.

Sinestra musste jedoch vorausgedacht haben. Ich selber war nicht dabei, aber James und Paige waren da. Mark hatte sie mitgenommen, um ihnen mal zu zeigen, wie man es richtig machte. In dem Moment, in dem Mark das Kalb berührte, berichteten sie, griff Sinestra an. Mark, der nicht glauben wollte, dass sie es ernst meinte, machte einfach weiter, woraufhin Sinestra ihn umrannte und versuchte, ihn mit ihren großen Hörnern in den Boden zu rammen. James und Paige hatten das Ganze aus sicherer Entfernung beobachtet, doch als die Lage ernst wurde, rannten sie herbei, fuchtelten mit den Armen und vertrieben sie. Sinestra verschwand mit ihrem kleinen schwarzen Kalb im Schlepptau in Richtung der seitenlosen Scheune mit dem Blechdach, wo der Rest der Herde ruhig Heu fraß.

Zu diesem Zeitpunkt hätten die meisten Leute sich glücklich geschätzt, so ein Erlebnis ohne größere Verletzungen überstanden zu haben und wären nach Hause gegangen, um nach einer anderen Möglichkeit zu suchen. Doch weil Mark nun mal Mark war, klopfte er sich den Dreck ab und beschloss, es noch einmal zu versuchen. Dieses Mal bekam er das Kalb nicht einmal zu fassen, bevor Sinestra ihn bereits attackierte. Sie hatte aus den Fehlern, die ihr bei ihrem ersten Angriff unterlaufen waren, gelernt und ging diesmal richtig zur Sache. Mark rettete sich mit einem Satz hinter einen der stählernen Doppel-T-Träger der Scheune, und Sinestra rannte mit voller Wucht in den Träger hinein und brachte die ganze Konstruktion zum Erbeben. Erst in diesem Moment kam Mark zu dem Schluss, dass ihr Sohn seine Hoden fürs Erste behalten durfte.

Zu dieser Geschichte gibt es aber auch noch einen kleinen Nachtrag, und um Mark und seinem verflixten magischen Kreis gerecht zu werden, will ich ihn nicht vorenthalten. Ein paar Tage nach dem Zwischenfall mit Sinestra, als wir uns noch alle köstlich auf Marks Kosten amüsierten, erhielten wir einen Anruf eines Paars, das gerade explizit auf der Suche nach einem schwarzen Hochland-Bullenkalb war, um es als Zuchtbullen für seine Herde großzuziehen. Schwarze Exemplare kommen in dieser Rasse relativ selten vor, und Sinestras Kalb war das Einzige in unserer Herde. Die beiden waren sogar bereit, einen höheren Preis zu zahlen, sodass unser schwarzes Kalb mit seinen unversehrten Hoden uns einen schönen Gewinn einbrachte.

Die Hochzeit sollte auf unserer Farm stattfinden, und zu dem Anlass sollten all die Menschen aus meiner Vergangenheit kommen und mein neues Leben sehen. Die zahlreichen Freunde meiner Eltern waren alle eingeladen. Diese Menschen aus meinem Heimatstädtchen hatten mich seinerzeit mit großen Hoffnungen für meine

Zukunft in die große weite Welt verabschiedet. Ich hatte das Privileg genossen, an einer Eliteuniversität studieren zu dürfen, war anschließend in die glitzernde, mysteriöse Großstadt gezogen, und jetzt das. Ich spürte, dass sie gewisse Erwartungen an mich hatten, die ihnen auch zustanden, und dass der Anblick einer vorbeihuschenden Ratte oder der Gestank nach Schweinedung sie wahrscheinlich völlig aus der Fassung bringen würde. Ich hatte große Angst vor der Hochzeit.

Als Ort, an dem die Zeremonie stattfinden sollte, wählten wir ein sanft ansteigendes zwölf Hektar großes Feld aus, das sich in der Mitte unserer Farm befand und ein wenig höher lag als die benachbarten Felder. Es war eines unserer besten Felder, gut trockengelegt und übersät mit Klee. Wir hatten die Rinder auf dem Feld grasen lassen, es anschließend ruhen lassen und erst spät in der Saison das Heu gemäht, sodass es, als der Sommer seinem Ende entgegenging und der Herbst sich näherte, aussah wie ein viele Hektar großer perfekt gepflegter Rasen. Die Begrenzungen des Feldes bestanden an drei Seiten aus zahlreichen alten großen Bäumen und stellenweise aus Steinmauern, eleganten Hinterlassenschaften der Arbeit eines anderen Farmers. An der vierten Seite waren die Begrenzungsanpflanzungen noch jung und bestanden bis auf eine knorrige alte Eiche, die in der Mitte stand und alles andere überragte, aus Büschen und jungen Bäumen. Kein Film-Scout könnte einen Drehort finden, der die Idylle einer Landhochzeit besser zum Ausdruck brächte, und die Eiche – ein robuster alter Baum – schien wie ein glückverheißendes Symbol für Beständigkeit und Stabilität. Zu Fuß waren es von den Farmgebäuden bis zu dem Feld etwa achthundert Meter, was für einige unserer Gäste zu weit war, weshalb wir planten, sie mit den Pferden in einem langen grünen, mit Sitzbänken ausgestatteten Wagen hin und her zu kutschieren, den wir uns von Shane Sharpe leihen wollten. Das Hochzeitsessen und die Tanzparty sollten auf dem Heuboden in der Westscheune stattfinden. Die Vorbereitungen dazu würden noch einiges an Arbeit erfordern, denn auf dem Boden gab es zwar kein Heu, dafür aber jede Menge Tauben. Außerdem verfügte er über keine Beleuchtung, und der einzige Weg auf den Boden führte über eine an der Seite der Scheune aufgestellte Leiter.

Ich versuchte, unser Haus so zu sehen, wie unsere Gäste es sehen würden. Es hatte seine guten Seiten. Es war quadratisch und solide und robust. In das Fundament war die Jahreszahl 1902 geritzt, und das Haus hatte all den Wintern und Sommern getrotzt. Marks Vater zufolge, der sich seinen Lebensunterhalt mit dem Bauen von Häusern verdient hatte, war es gut und sorgfältig konstruiert. Es hatte große Fenster mit Längsstreben und zwei Schornsteine. Der alte Küchenschornstein war aus Feldsteinen gebaut, an der Innenseite jedoch in sich zusammengebrochen. Wir hatten die Wand über unserem Herd eingeschlagen, um nachzusehen, wie es um den Schornstein bestellt war, und das Loch nicht wieder zugemauert, sondern nur mit einem Kuchenteller aus Alufolie abgedeckt. Der neuere Schornstein auf der Ostseite war aus Bausteinen gemauert. Er war hässlich, aber in gutem Zustand.

Ich hatte alte Fotos von dem Farmhaus in seinem Ursprungszustand gesehen, und es war sehr schön gewesen: Mit einem gepflegten Steinweg, der zu einer offenen, von Säulen gestützten Eingangsveranda geführt hatte, die der Haustür Schatten spendete. Als wir auf der Farm eintrafen, war die Veranda rundum stümperhaft geschlossen worden, die Säulen waren nicht mehr zu sehen, das Dach war ein wenig abgesenkt und anders ausgerichtet worden. Die großen Fenster im ersten Stock waren durch kleine, schmale Billigfenster ersetzt worden, die das Haus aussehen ließen, als würde es blinzeln. Die Scheibe eines dieser Fenster war immer noch zersplittert, wie bei unserer Ankunft. Die stattliche Haustür wurde nicht genutzt, sie war der verkorksten Umgestaltung der Veranda zum Opfer gefallen. Wir betraten das Haus durch den nachträglich angeklatschten Windfang, in dem das undichte Dach dazu geführt hatte, dass die Wandfaserplatten mit großen, löchrigen Flecken übersät waren und es dort permanent nach Feuchtigkeit roch. Die undichten Stellen erwiesen sich als hartnäckig, und das Problem lag in der Art und Weise, wie das Dach aufgesetzt worden war. Die Löcher in der Trockenbauwand waren immer noch da; anstandshalber versuchten wir, die ausgefransten Ränder zu begradigen damit das eingerissene Material den Leuten nicht die Köpfe zerkratzte, wenn sie durch unsere Tür kamen.

Drinnen bot sich eine Karikatur des schlechten Geschmacks: Die guten traditionellen Details – Wandkonstruktionen aus Ständerwerk und Putz sowie Hartholzdielen – waren mit Linoleum, grünen Teppichen, Tapeten und Sperrholzverkleidungen überdeckt worden (unten serienmäßiges Braun, oben weiß-grün, in einem Grün, das in der Natur nicht vorkommt) und in der Küche mit einer kümmerlichen Backsteinimitatverkleidung, die keinem Menschen auf dieser Welt eine echte Backsteinwand vorgaukeln konnte, auch nicht, als sie noch neu gewesen war. Diese Elemente waren dem Haus, soweit wir das beurteilen konnten, bei der letzten Renovierung vor dreißig Jahren hinzugefügt worden, und seitdem war das Haus intensiv genutzt worden. Wie wir im Dorf gehört hatten, hatten zeitweise einmal sechzehn Menschen dort gewohnt, allesamt Schulabgänger, die gerade erst die Highschool beendet hatten. Sie hatten faustgroße Löcher in die Gipskartonplatten geschlagen, die Innenseiten der Türen mit Aufklebern des amerikanischen Motorsportverbands NASCAR zugekleistert und mit Bleistift Telefonnummern auf die weiß-grünen Holzverkleidungen gekritzelt.

Ich hatte Träume, wie das Haus einmal aussehen könnte. Ich glaubte an seine gute Struktur. Doch in dem Chaos unseres ersten Jahres und mit all den Anfangsschwierigkeiten auf unserer neuen Farm behandelte ich es schlecht – noch schlechter als die vorherigen Bewohner, die wenigstens die Fußböden gefegt und Staub gesaugt hatten. Von den ständig durch das Erdgeschoss stapfenden Stiefeln, an denen noch die frische Erde der Felder haftete, war dieser Bereich des Hauses immer schmutzig. Eines Nachmittags in jenem Sommer sperrten wir versehentlich die arme alte Nico während eines Gewitters im Windfang ein. Sie hatte eine Höllenangst vor Donner, geriet in Panik und versuchte, sich durch die Tür des Windfangs zu graben und zu beißen. Nico überstand das Gewitter unbeschadet, aber die Metalltür war ziemlich lädiert und, unten verbogen und eingerissen, und wir hatten keine Zeit, sie zu ersetzen.

In der Küche installierten wir eine Großküchenspüle mit drei Becken aus rostfreiem Stahl, darüber nagelten wir ein notdürftiges Abtropfgestell aus Stahlrohr und Drahtgeflecht, auf dem wir die Milchkannen und die Eimer aus rostfreiem Stahl aufbewahrten, bis wir ein Milchhaus hatten. Wir hatten einen dicken Haken in die Küchendecke geschraubt, an dem wir Rinderviertel aufhängten, um sie dort zu zerlegen, bis wir über einen Schlachtraum verfügten. All dies verlieh der Küche einen unwirtlichen, industriellen Anstrich und erinnerte ein bisschen an Sadomaso-Praktiken. Wir hatten keine Vorhänge vor den Fenstern und besaßen nur wenige Möbel, vor allem ausrangierte Stücke unserer Familien und ein paar Sachen, die ich aus meinem Apartment in New York gerettet hatte. Wir hatten kein Sofa, nur die harten, unbarmherzigen Esszimmerstühle, die um den großen Tisch aus Kiefernholz standen. Hier wird nicht herumgesessen, signalisierte uns das Haus. Hier wird gearbeitet und geschlafen.

Wir waren die Einzigen im Dorf, die ihren Rasen nicht ordentlich mähten. In Essex mähten sogar Straftäter und Trunkenbolde, Typen, die ihre Frauen schlugen, und Langzeitarbeitslose ihren Rasen. Vor den Häusern konnten in den Gärten aufgebockte Autos stehen, die dort zu festen Einrichtungen geworden waren, aber um sie herum wurde der Rasen jede Woche ordentlich gemäht. Unsere älteren Nachbarn, die Everharts, hatten nicht nur einen perfekt gepflegten Rasen, sondern sie hatten ihn auch noch großzügig mit Porzellanfiguren und Vogeltränken dekoriert, um die herum Stiefmütterchen und Fleißige Lieschen wuchsen. Außerdem hatten sie eine Art wetterfesten Diaprojektor aufgebaut, der nachts ein Bild an die Hauswand warf, und sogar an jedem Feiertag ein spezielles, also etwa am vierten Juli eine Flagge und zur Weihnachtszeit einen Schneemann.

Zwischenzeitlich verwilderte unser Rasen immer mehr. Jedes Mal, wenn ich schwerbeladen mit Kisten, Werkzeugen oder Pflöcken an ihm vorbeiging, verspürte ich einen zunehmenden Ärger über mich selbst, denn mir war klar, dass der nicht gemähte Rasen uns im Kollektivbewusstsein der Dorfgemeinschaft, zu der wir jetzt gehörten, einen dicken Minuspunkt einbrachte; er symbolisierte zivilisatorisches Versagen. Am Anfang des Sommers schnappte ich mir den kleinen Elektrorasenmäher, den meine Eltern uns geschenkt hatten, und unternahm einen Versuch, den Rasen zu mähen, doch er war inzwischen so verwildert, dass das Ganze einem Versuch glich, ein Schaf mit einem Nasenhaartrimmer zu scheren. Ich fabrizierte am äußeren Rand einen Streifen mit zerdrücktem, zerfranstem Gras und gab auf. Im August war das Gras so hoch, dass es Hunde und kleine Kinder verschluckte. In unserer Dorfgemeinschaft gibt es mehr als genug Exzentriker, und sie werden toleriert, aber ich wusste, dass unser Rasen für unsere Nachbarn ein Ärgernis darstellte, denn sie lagen uns damit nicht in den Ohren. Wenn es um andere unserer Marotten ging – zum Beispiel, dass Mark mit Shane Sharpes Hilfe ein Paar Hörner eines Hochlandrinds auf der Haube unseres Hondas befestigt hatte, sodass der Wagen aussah, als hätte das Lenkrad einen Zwirbelbart, – zogen sie uns ständig damit auf. Doch was unseren Rasen betraf, bewahrten sie unheilvolles Stillschweigen.

Mark ist gegen so eine Art von sozialem Druck gefeit und verachtet Rasenflächen sowieso. Seiner Meinung nach ist Gras zum Grasen da. Und genau darin lag die Lösung. Vielleicht fänden wir nie die Zeit, den Rasen zu mähen, aber wenn er saftig genug aussah und die Rinder hungrig waren, konnten wir zumindest die Zeit erübrigen, ihn umzäunen. Ein paar Wochen vor der Hochzeit stellten wir einen Elektrozaun um den Rasen auf und führten die Mastrinderherde auf die improvisierte Weide. Die Milchkühe rekrutierten wir für den kleineren Rasen gegenüber der Zufahrt.

Drei Tage lang mähten die Rinder unseren Rasen. Wir schliefen zu den Balzrufen Ruperts ein, die den Milchkühen galten: Einer Folge schwermütiger absteigender Basstöne, der Klang monumentaler Begierde. Dann ein verdrießliches Trompeten, die Tonhöhe aufsteigend bis zu einer Tonlage, die bei einem Bullen als Tenor durchgehen kann, der Klang hervorgerufen durch die von einem Elektrozaun ausgebremste Begierde. Wir wachten morgens zu den leisen Rip-Rip-Geräuschen der direkt vor unserem Schlafzimmerfenster grasenden Kühe auf und frühstückten im nebeligen Morgengrauen, begleitet vom durch den Dunst gebrüllten Muhen der Mutterkühe, die ihre schläfrigen Kälber suchten. Während ich mir die Zähne putzte, beobachtete ich sie durch das Fenster unseres Badezimmers in der oberen Etage. Sie hatten die Stockente aufgeschreckt, die in der Nähe des Teichs nistete, doch die Sumpfschwalben freuten sich riesig über die explodierende Fliegenpopulation. Ich öffnete das Fenster und begrüßte die Kühe und Rinder, die mir alle gleichzeitig antworteten, indem sie mit mahlenden Kiefern die Köpfe hoben und mich ansahen. Als sie auf eine neue Weide umzogen, war der Rasen wieder ein Rasen: Gleichmäßig gestutzt bis zu einer Länge von zwei Zentimetern über dem Boden. Die Nachbarn nickten wohlwollend, und ich hakte auf meiner Hochzeitsplanungs-To-do-Liste den Punkt Rasenmähen ab.

 Gegen Ende des Sommers besuchte uns meine Freundin Alexis auf ihrem Weg nach Griechenland ein zweites Mal. Als wir beide auf der Uni waren, waren wir während eines Sommers einmal gemeinsam in Rom, um Reisereportagen zu schreiben, und wir saßen dort vor dem Pantheon, schleckten Eis und beobachteten schwarzhaarige Jungs, die auf ihren Vespas an uns vorbeiflitzten. Hier beobachteten wir nun Ame-

rika – nicht das Amerika, das ich von früher kannte, das Amerika der Städte und Küsten, sondern das andere Amerika, jenes neue Land, in dem ich jetzt lebte.

Es war der letzte Tag der einmal im Jahr stattfindenden jahrmarktähnlichen Landwirtschaftsausstellung in unserem County. Das Fett in den Friteusen war alt, die Schreie der Schausteller heiser und erschöpft. Die Pferdeanhänger und die Pick-ups fuhren vor den Scheunen vor, um die Utensilien der Landjugend aufzuladen, die ihre Projekte präsentiert hatte: Gänse, Kaninchen, Hennen, Kälber, Schafe, außerdem Feldbetten und Schlafsäcke, Kühltaschen, Striegel, Hufpolitur und elektrische Haarschneider. Die Tiere sahen müde aus. Die Kinder sahen müde aus. Die Eltern sahen müde aus. In der Scheune hatten die Teenager die Boxen ihrer Pferde mit Plastikblumen und Fähnchen, Fotos und Schleifen von der Vorführung geschmückt. Auf Stellwänden hatten sie mit Filzstift in Kursivschrift ihre Gedanken festgehalten (Danke, Herr, dass du uns Pferde gegeben hast, und Jesus, der uns vor dem Bösen bewahrt). Auf einer der Stellwände wurde des Onkels von jemandem gedacht, der kurz zuvor in Russland gestorben war. Wie es explizit hieß, war er bei einem Unfall im Schwarzen Meer ertrunken. Wir traten aus der Scheune hinaus in das helle Nachmittagslicht. Das Riesenrad drehte sich unter einem wolkenlosen Himmel. Nebenan, in der Floral Hall, hatten die Abtreibungsgegner am vorderen Rand ihres Stands pinkfarbene Plastikföten aufgereiht. Die Republikaner hatten ebenfalls einen Stand, und ich winkte unserem Nachbarn Ron zu, der dort rot-weiß-blaue Pamphlete verteilte. Auf der anderen Seite des überfüllten Gangs verkaufte ein bärtiger Mann verzierte Lederwaren, sein Stand hing voller Handtaschen und Gürtel, auf deren Schnallen überrascht dreinschauende Böcke mit riesigen Geweihen prangten.

Wieder draußen, passierten wir den Ententeich, die Pony-Reitkoppeln und den Mann mit den exotischen Tieren, der gerade seine Schlangen einpackte. Alexis und ich stellten uns vor einem

Wagen an, um uns jede einen Maisteig-Hot-Dog und eine Tüte Wassereis mit Sirup zu kaufen. An dem Wagen wurde für einen Plastikbecher Soda in der Größe einer Ponytränke geworben. Ich fragte mich, wer um alles in der Welt wohl so einen Megabecher kaufte, als die drei Anstehenden vor uns und der Typ hinter uns genau so einen Becher bestellten. Die Leute, deren Handgelenke sich unter dem schweren Gewicht ihre ponytränkengroßen Soda-becher bogen, strömten zur Haupttribüne und stellten sich an, um Eintrittskarten für das Demolition Derby zu erstehen. Sie kosteten fünf Dollar extra – zusätzlich zu den zehn Dollar Eintritt, die man, auch für Kinder, bereits am Tor berappen musste, um überhaupt auf das Ausstellungsgelände zu gelangen. Eine vierköpfige Familie, die sich das Derby nicht entgehen lassen wollte, wurde also schon mal sechzig Dollar los, bevor sie auch nur einen einzigen Hot Dog oder einen Vierliterbecher Soda gekauft hatte und bereit war für die Action-Show.

Auf der Zuschauertribüne wimmelte es von Neckholder-Tops und Tanktops, Tattoos, spindeldürren Mädchen und dicken Frau-en. Aus den Hosenbeinen abgeschnittener Shorts hingen Innenta-schen heraus. Überall T-Shirts mit den Logos von Ölfirmen und Automarken. Jede Menge kleine Kinder prallten wie Flipperkugeln gegen die geduldigen Beine der Mitglieder ihrer großen Familien.

Auf der Pferderennbahn waren als Barrieren schwere Betonblö-cke aufgestellt worden, die ein etwa fünfzig Meter langes Rechteck bildeten. Ein Tankwagen des Straßenverkehrsamtes besprtize den Boden mit Wasser, bis sich eine mehr als zehn Zentimeter dicke Matschschicht gebildet hatte. Vor den Barrieren stellten sich die Fahrer mit ihren Autos auf. In den zurückliegenden Wochen hat-ten Gruppen von Männern Abend für Abend und an den Wochen-enden in ihren Hinterhöfen an diesen Autos herumgebastelt, denn das Derby stellte eine generationenübergreifende Tradition dar, die so heilig war wie Weihnachten. Sie hatten die Motoren frisiert und das Glas aus den Windschutzscheiben entfernt, die Türen und

Kofferräume mit Ketten verschlossen und die obligatorischen Benzintanks durch kleine, fünf Liter fassende Kanister ersetzt. Einige Fahrer hatten mit Klebeband Schaumstoffpolsterungen an den Türrahmen ihrer Autos befestigt. Die Wagen waren mit Schachbrettmustern und Streifen verziert, auf einigen standen martialische Sprüche (Es wird wehtun), auf anderen humorvolle (Ich stehe auf Bier), und einige zierten die Namen von Familienangehörigen oder Partnern (Dad + Samantha, Hi Foxy oder Jessica, unser Ängel, wobei der bedauerliche Rechtschreibfehler in sorgfältiger Blockschrift auf einem knallgrün lackierten Oldsmobile Baujahr 1980 unterlaufen war). Pro Runde gingen zwölf Autos an den Start. Sie fuhren röhrend in die Arena ein wie motorisierte Löwen, wie mechanisches Testosteron: Ein amerikanischer Stierkampf.

In der ersten Runde traten die Vierzylinder, also kleine Autos, gegeneinander an. Sie stellten sich in vier Reihen zu jeweils drei Autos auf, die Kühler nach außen entlang der Barrieren. Ich bat die Familie neben uns, uns zu erklären, wie das Ganze funktionierte, und sie informierten uns, dass derjenige das Derby gewinne, dessen Auto als Letztes noch fahre und dass die erfahrenen Fahrer die anderen mit den Hecks ihrer Autos rammten und nicht mit den Frontseiten, um den Motor ihres eigenen Wagens zu schonen, und sie ihre Kontrahenten auch nicht zu heftig attackierten, wenn sie das Preisgeld einstreichen wollten. Andere – die weniger Erfahrenen, oder die, die es nicht lassen konnten – gaben Vollgas, rammten ihre Gegner mit voller Wucht in die Seite und fuhren dabei auch ihre eigenen Wagen zu Schrott.

Die grüne Flagge wurde geschwenkt, und die Autos rasten mit quietschenden Reifen aufeinander zu. Es war auf einmal so laut, dass du dein eigenes Anfeuerungsgebrüll in dem allgemeinen Getöse nicht mehr hören konntest. Wenn Metall auf Metall krachte, hörtest du dies weniger, als dass du den Aufprall in deinen Knochen spürtest. Die Fahrer schaukelten in ihren Wagen hin und her, Helme knallten gegen die fensterlosen Türrahmen. Nach wenigen

Sekunden loderten Flammen aus der Haube eines Autos, öliger Rauch zog hinauf zur Zuschauertribüne, und der Flaggenschwenker unterbrach den Wettkampf, damit die Feuerwehrleute mit ihren Feuerlöschern anrücken konnten.

Die Runde dauerte zehn Minuten. Nach und nach verringerte sich die Zahl der noch im Wettkampf befindlichen Autos, denn eines nach dem anderen blieb auf der Strecke oder fuhr sich fest. Zum Schluss war nur noch ein Auto übrig, das sich kaum noch bewegen ließ, und der hinkende Überlebende, der diesem Wagen entstieg, wurde zum Sieger erklärt. Die Piste war mit schrottreifen Autos übersät, aus denen Rauch und Dampf aufstieg und sich Flüssigkeiten ergossen. Zwei allradgetriebene Pick-ups fuhren vor und schleppten die Verlierer ab. Die Fahrer der Pick-ups waren Highschool-Schüler – sie trugen Jeans, Baseballkappen und keine T-Shirts, die ihre glatten Brustkörbe verborgen hätten – und strahlten ein derbyspezielles Knowhow aus, während sie sich zwischen den Schrottautos hindurchmanövrierten. Auf den Beifahrersitzen neben ihnen und auf gepolsterten Sitzen, die hinter dem Führerhaus auf den Ladeflächen aufgestellt worden waren, saßen hübsche Mädchen mit langem Haar und sonnengebräunten Schultern. Die Mädchen trugen Tanktops mit Spaghettiträgern und sehr kurze Hosen, riesige Ohrringe und Sonnenbrillen mit großen Gläsern, und sie lächelten nicht und taten so, als ob niemand sie ansehen würde.

Als Nächstes kamen die größeren Autos, dann die hochgepushten Straßenkreuzer, und später waren noch die Muttis in den Minivans dran, aber so lange hielten wir es nicht mehr aus. Der Qualm, der Lärm, die angespannte Atmosphäre, und das alles zusätzlich zu dem sowieso schon hohen Lärmpegel, der auf der jahrmarktähnlichen Ausstellung herrschte, war uns einfach zu viel, und wir waren erschöpft. Das Derby würde noch stundenlang weitergehen, die Sieger der verschiedenen Runden würden alle noch gegeneinander antreten, bis der Endsieger schließlich feststand und einen

Eintausend-Dollar-Scheck überreicht bekäme. Alexis und ich stiegen über Beine und Füße und bahnten uns unseren Weg durch die gebannt auf das Geschehen fixierte Zuschauermenge. Wir verließen die Haupttribüne und gingen zurück durch die Reihen mit den Buden voller pinkfarbener, bienenstockartig aufgebauschter Zuckerwatte und überdimensionaler Kuscheltiere. Die Lichter gingen an, und unter ihrem grellen Schein und im Dämmerlicht jenseits der Lampen flanierten Mittelschüler und –schülerinnen eng umschlungen, Jahrmarkt-Rendezvous, Paare, die sich laut anbrüllten, um über die Intimität ihrer Berührungen hinwegzutäuschen, als ob Lautstärke ihre Begierde unsichtbar machen könnte.

TEIL 5

HERBST

Die Felder gleichen einer Uhr, deren Uhrzeit man an der Farbe abliest. Als die Sommertage verstrichen, ging die Farbpalette von leuchtenden zu dunklen Grüntönen über, dann zu Ocker, Graubraun und all den Abstufungen von Goldfarben. Die Tage wurden kürzer, das Licht nahm einen goldenen Ton an. Farbige Lichttupfer fielen durch die Bäume, rote, orangefarbene und gelbe. Die Kürbisse hoben sich wie Leuchtfeuer von der dunklen Erde ab. Die spät gepflanzten Sonnenblumen blühten, an ihren Köpfen, drei Meter über dem Boden, schwirrten Unmengen von Bienen. Die in den Begrenzungsanpflanzungen der Felder blühende Goldrute hatte exakt die gleich Farbe wie unsere Hochzeitsringe, die ich seit mehr als einem Jahr in einer Schachtel aufbewahrte. Ich hatte sie gleich nach unserer Verlobung bei einer Goldhändlerin in Burma erstanden, als ich dort für eine Reisereportage unterwegs gewesen war. Ich hatte sie gekauft, ohne Marks Ringgröße zu kennen. Ich vermutete, dass seine Finger dicker waren als die des Durchschnittsburmesen, weshalb ich sämtliche Marktstände abklapperte, um den größten Ring aufzutreiben, den es überhaupt gab. Ich entdeckte ihn und sein Gegenstück in einem Laden, der mit rotem Samt dekoriert war und in dem es nach Sandelholz duftete. Sie waren aus 24-karätigem Gold, dunkelgelb, einfach abgerundet, schwer, hatten eine matte Oberfläche und waren so wunderbar schlicht, wie Gold nur sein kann. Meiner war mir zu groß, und ich vermutete, dass Marks Ring ihm zu klein sein würde, aber ich ging davon aus, dass ich sie zu Hause anpassen lassen können würde. Als ich dies der Händlerin gegenüber erwähnte, reagierte sie entsetzt. „Nicht zerschneiden", sagte sie und bedeckte die beiden Ringe mit zwei Fingern. „Bringt Unglück. Liebe darf nicht entzweibrechen."

Die Erntesaison war auf ihrem Höhepunkt. Wir zogen tagelang Möhren und Rote Bete aus der Erde und lagerten unsere Ernte zentnersäckeweise in den Gemüsekellern. Mark mähte ganze Reihen schwarzer Bohnen und Kidneybohnen mit der Sense ab. Sie saßen trocken und fest in ihren spröden Hülsen, und ich schaufelte sie mitsamt ihren Stängeln mit der Mistgabel auf den Wagen, den die Pferde langsam durch die Reihen zogen. Wir fuhren einen schwankenden, zwei Meter von der Ladefläche des Wagens aufragenden Haufen Bohnen nach Hause, breiteten sie auf dem Zementboden des Pavillons aus und droschen die Bohnen mit selbstgebauten Dreschflegeln aus mit Ballenpressengarn zusammengebundenen Besenstielstücken aus den Hülsen.

Sobald ganze Feldabschnitte abgeerntet waren, brachten wir Kompost auf ihnen aus, um die Erde mit Nährstoffen aufzufrischen und sie für den Anbau im kommenden Jahr vorzubereiten. Der Kompost stammte von unserem eigenen Komposthaufen, der gut zwei Meter hoch und mehr als dreieinhalb Meter breit war und sich über eine Länge von achtzehn Metern über unseren Hof erstreckte. Im Inneren bestand der Komposthaufen aus elf Tonnen geschädigtem Mais, den uns ein benachbarter Getreidefarmer im Winter direkt nach unserer Ankunft auf der Farm überlassen hatte. Auf dem Mais schichteten wir all die organischen Rückstände auf, die wir nicht anderweitig nutzen konnten: Mist, Unkraut, das wir in den Feldern gejätet hatten, uringetränkte Strohlager, ungesund aussehendes Heu, überreifes Gemüse, dem selbst die Schweine und die Hühner nichts mehr abgewinnen konnten, sowie die Teile der von uns geschlachteten Tiere, die wir nicht aßen: Häute, Därme, Mägen, Milzen, Bauchspeicheldrüsen, Lungen, Hufe und Hörner.

Wenn das Verhältnis von Kohlenstoff und Stickstoff stimmt, die passende Menge Wasser und ausreichend Masse vorhanden ist, kann ein Komposthaufen alles verarbeiten, was einmal lebendig war. Während des gesamten zurückliegenden Winters waren kleine Dampfwolken von unserem Kompost aufgestiegen, wie Nebel in einer Disco. Er hatte keineswegs unangenehm gerochen, sondern wie eine leicht verschimmelte Tortilla, die man auf eine heiße Gusseisenplatte legt. An der Oberfläche des Komposthaufens war es warm genug, dass Fliegen dort ihre Eier ablegten. Dreißig Zentimeter unter der Oberfläche war es so heiß, dass Unkrautsamen abgetötet wurden und du dir die Hand verbranntest, wenn du sie neugierig hineinschobst. Von all den verwirrenden Dingen, mit denen ich in jenem ersten Jahr konfrontiert war, war die Hitze der Zersetzung in einem Komposthaufen – ihre Intensität und ihre Dauer – die größte Überraschung für mich, so groß, dass ich mir aufs Knie hätte schlagen und erstaunt hätte rufen können: „Wer hätte das gedacht!" Die Hitze wird von der Aktivität ganzer Heerscharen von Organismen verursacht, von denen einige so winzig sind, dass sechs Milliarden von ihnen auf einem Esslöffel Erde leben können. Sie sind da drinnen, fressen und vermehren sich und sterben. Sie ernähren sich von der Energie und setzen diese wieder frei, die die größeren Organismen – die Pflanzen und die Tiere – im Laufe ihrer jeweiligen Lebenszeit gespeichert haben und die ursprünglich von der Sonne stammt. Um der Neugier willen sollten Sie einmal im Winter Ihre Hand in einen Komposthaufen schieben und sie sich von der in ihm steckenden Kraft der Sonne verbrennen lassen, die diese im zurückliegenden Sommer gespendet hat und in ihm gespeichert ist.

Während des Winters und bis ins Frühjahr hinein hatten wir den Haufen mit dem Schaufellader des Traktors gewendet, also das abgekühlte Material von oben und von den Seiten in die heiße Mitte des Haufens befördert. Auf diese Weise vermischt, stieg die Temperatur des Komposts wieder an, jedoch nicht so stark wie zu Beginn. Wenden, heiß werden lassen, abkühlen, das Ganze wiederholen. Der Haufen wurde immer kleiner, und gegen Ende des Sommers hatte sich sein Volumen um die Hälfte reduziert, und seine Bestandteile waren zu einer gleichmäßigen, krümeligen, schwarzen, stickstoffreicher Substanz verschmolzen, die auf den Feldern verteilt werden konnte.

 Mark hatte diese Woche ein paarmal bis spätabends in der Werkstatt gearbeitet und den von Pferden gezogenen Miststreuer repariert, den wir gekauft hatten, um unseren Kompost auf die Felder zu bringen. Wir schaufelten ihn bis zu einem Viertel seines Fassungsvermögens mit unserem Kompost voll und brachten ihn aufs Feld, um ihn auszuprobieren. Es war ein tadelloses altes Gerät. Im Wesentlichen handelte es sich um einen Wagen mit einer schmalen Holzkiste mit hohen Seiten. Zwei Ketten verliefen entlang dem Boden der Holzkiste nach hinten, wo sich drei Schlägel befanden. Die Ketten und die Schlägel waren über ein Getriebe mit den Wagenrädern verbunden. Als ich das Getriebe einrasten ließ und die Pferde losgingen, bewegte sich die Kette, und die Schlägel drehten sich und schleuderten unseren Kompost in einem hohen, weiten Bogen hinter dem sich vorwärts bewegenden Wagen aufs Feld. Mark und ich freuten uns. Doch auf halbem Weg bis zum Ende des Feldes schleuderten die Schlägel einen Kompostklumpen nach vorne anstatt nach hinten. Er segelte an meinem Kopf vorbei und traf Silver am Hinterteil. Er erschrak, legte die Ohren an und ging schneller. Daraufhin legten die Kette und die Schlägel ebenfalls einen Zahn zu und wurden lauter. Die Pferde wurden nervös und versuchten loszutraben, und ich musste all meine Kraft aufbringen, um sie zurückzuhalten. Nach diesem Erlebnis schien Silver dem Miststreuer zu misstrauen. Sobald ich das Getriebe einrasten ließ, versteifte sich sein Nacken, und sein Kopf schoss nach oben.

Die Pferde und ich konnten eine Tonne Kompost in der Zeit verstreuen, die man benötigt, einmal an der Längsseite des Feldes entlangzugehen, was weniger als drei Minuten dauerte. Der zeitraubende Teil der Arbeit bestand darin, diese Tonne Kompost in den Streuer zu laden. Mark half mir, ihn mit einer Mistgabel hineinzuschaufeln, und wir brauchten für jede Ladung zwanzig Minuten. Während der Tag fortschritt, schwanden unsere Kräfte, und wir brauchten für jede weitere Ladung immer länger. Am Nachmittag sah der Traktor mit seinem Schaufellader auf einmal sehr verlockend aus. Er konnte die gleiche Arbeit mühelos mit zwei Schaufelbewegungen erledigen. Das einzige Problem dabei war, dass Silver den Traktor hasste. Als wir ihn holten und im Scheunenhof parkten, beäugte er ihn, als wäre er ein lauernder Wolf. Ich befürchtete, dass das laute Tuckern des Motors hinter ihm, in seinem toten Winkel, ihm zu viel werden würde. Aber wir waren erschöpft, und es wurde allmählich spät. Mark schmiss den Motor des Traktors an und versprach, ihn sofort wieder abzustellen, wenn Silver sich aufregte. Ich stieg von meinem Sitzplatz auf dem Streuer herunter und ging zu den Köpfen der Pferde, denn so hatte ich es auch immer mit Reitpferden gehalten, um ihnen Vertrauen einzuflößen.

An das, was als Nächstes folgte, erinnere ich mich wie an die Szene aus einem Film, wobei die Kameraperspektive ständig zwischen subjektiver Kamera und Totale wechselte. Eine Totale von mir neben den Pferdeköpfen, in jeder Hand das Zaumzeug haltend und Silvers Ohren beobachtend. Dann eine Naheinstellung der blauen Schaufel des Traktors, randvoll mit Kompost. Der Soundtrack ein tuckernder Dieselmotor. Umschnitt auf Silver, der leicht tänzelt, sich aber ganz gut hält. Dann die Schaufel, die sich in den Streuer hinabsenkt, Silver, der ein Hohlkreuz macht und sich versteift, die Schaufel, die einmal gegen die Metallseite des Streuers scheppert, und Silver, der die Nerven verliert, sein Gewicht auf den Hüften, er bäumt sich auf, der Kopf zweieinhalb Meter hoch in der Luft, meine Hand nicht mehr an seinem Zaumzeug. Als Nächstes sehen wir die Hinterteile von zwei davongaloppierenden Pferden, hinter ihnen der Miststreuer, der die lange Zufahrt in Richtung Straße rumpelt, die nutzlosen Leinen zwischen den rollenden Rädern des Streuers so unerreichbar wie der Mond.

Bis dahin hatte ich mehr als einmal Gelegenheit gehabt, mich zu fragen, wie es sich wohl anfühlen musste, ein durchgehendes Pferd zu sein. Ich weiß, dass Angst im Spiel ist, aber ich glaube auch eine gewisse Art Freude, oder wenn nicht Freude, dann sicher Hochstimmung, Hingabe. Ein zugerittenes Pferd ist hin- und hergerissen zwischen seinen Instinkten und dem, was es gelernt hat, und wenn es durchgeht, gibt es seinem Instinkt nach, dem mächtigen Impuls, seine langen Beine dafür zu nutzen, wofür sie ihm gewachsen sind, nämlich eine Distanz zwischen sich und den drohenden Tod zu bringen. Deshalb kann man einem Pferd, das einmal durchgegangen ist, nie wieder ganz vertrauen. Die Möglichkeit der Flucht hat sich ihm aufgetan.

Ich kann mich nicht daran erinnern, mich bewusst entschieden zu haben, Silver aus dem Weg zu springen, als er sich aufbäumte, sondern nur daran, dass ich plötzlich allein da stand und die Pferde davonliefen. Das Geschepper des über die Zufahrt rumpelnden Miststreuers war zusätzliches ins Feuer gegossenes Öl. Anstatt vor dem Tuckern des Traktors davonzulaufen, rannten sie jetzt vor dem lauten Ding weg, das hinter ihnen eingehakt war und vor dem es kein Entrinnen gab. Mit gestreckten Hälsen und locker in ihren Mäulern ruhenden Kandaren galoppierten sie so schnell sie konnten. Ich rannte völlig sinnlos hinter ihnen her. Ich erinnere mich, dass ich mir meine Jacke vom Leib gerissen und sie auf die Zufahrt geworfen habe, als ob ich dadurch schneller hätte laufen können. Die Entfernung zwischen mir und den Pferden war schon nach Sekunden unüberwindbar und wurde immer größer. Als sie das Ende der Zufahrt erreichten, waren sie gut hundert Meter von mir entfernt. Ich versuchte, sie durch meine Willenskraft zum Anhalten zu bringen, bevor sie die Straße erreichten. Doch sie blieben nicht stehen. Sie bogen ab und galoppierten parallel zur Straße auf dem Weg am Rand des Feldes weiter. Ich verließ die Zufahrt, rannte über das Feld und hoffte wider jede Vernunft, sie einholen und ihnen den Weg abschneiden zu können, um dann … ja, um dann was?

Um mich ihnen in den Weg zu stellen? Aus dem Augenwinkel sah ich Mark wie eine Gewehrkugel die Zufahrt entlangsausen. Er war vom Traktor gesprungen, hatte sich sein Fahrrad geschnappt und raste ebenfalls hinter den Pferden her, vornüber gebeugt wie ein Rennfahrer, seine Beine stampften wie Kolben, leise und schnell.

Meine Gedanken rasten, angefeuert von Adrenalin, und gingen die möglichen Szenarien durch, die von übel bis ganz übel rangierten. Das Feld verlief weitere achthundert Meter entlang der Straße in Richtung Osten, wo es in einen Wald mündete. Zwischen dem Feld und der Straße verlief ein Graben. Würden die Pferde anhalten, wenn sie den Wald erreichten? Würden sie in den Graben laufen und sich umbringen? Oder würden sie um das Feld herum galoppieren und so lange um die Farm herum laufen, bis sie irgendwann mit dem Streuer an etwas hängen blieben oder mitsamt diesem umkippten? Keines dieser Szenarien trat ein. Kurz vor dem Ende des Feldes war der Graben auf einer Länge von etwa drei Metern abgedeckt, wodurch sich ein Übergang zur Straße bot. Als ob sie es vorher geplant hätten, drosselten die Pferde ein wenig ihr Tempo, vollzogen eine Neunzig-Grad-Wende, überquerten den Graben, landeten auf der Straße, bogen erneut ab und galoppierten, jetzt auf dem Asphalt, in Richtung Osten weiter auf das Dorf zu.

Sie hatten die gelbe Markierungslinie überquert, sodass sie zumindest auf der richtigen Spur galoppierten, wie sie es gelernt hatten, und nicht auch noch direkt auf den entgegenkommenden Verkehr zu. Ich hörte sie länger, als ich sie sehen konnte, die Metallräder des Miststreuers schepperten ohrenbetäubend. Als ich die Straße erreichte, waren sie weg, außer Sichtweite auf der anderen Seite eines kleinen Hügels, und das Gleiche traf für Mark zu, der wie wild hinter ihnen her strampelte und aufholte. Angesteckt von der Aufregung war auch Nico jetzt auf der Straße, rannte auf ihren arthritischen Beinen hinter uns her und bildete das Schlusslicht der ganzen Parade. Als ich die Pferde zum letzten Mal gesehen hatte, waren sie noch etwa achthundert Meter vom Dorfeingang entfernt. Wenn sie es bis ins Dorf schafften, mündete die Straße in einer T-Kreuzung, was die Worst-Case-Szenarios noch einmal verschlimmerte.

Ich stellte mich mitten auf die Straße und hielt das erste vorbeifahrende Auto an. Der Fahrer war ein bärtiger Mann mittleren Alters, und so wie ich dastand, japsend, mit zu Berge stehenden Haaren und mit Mist besudelt, war es durchaus mutig von ihm, für mich anzuhalten. Er ließ mich einsteigen und auf dem Beifahrersitz Platz nehmen. Ich versuchte, mein Keuchen unter Kontrolle zu bekommen, erzählte ihm, dass meine Pferde durchgegangen seien und fragte ihn, ob er mich bitte in Richtung Dorf mitnehmen und dabei langsam fahren könne. Er wollte von mir wissen, wann die Pferde durchgegangen seien, und ich erwiderte, dass das Ganze wohl etwa vor einer Viertelstunde passiert sei, was im Nachhinein absurd war. Es konnten höchstens drei Minuten vergangen sein. Er nahm es kommentarlos hin, und ich teilte ihm auch keine weiteren Einzelheiten mit. Mir war klar, dass das Ganze sehr bald ein Ende finden würde, und mir graute davor. Auf der Straße herrschte wenig Verkehr, aber die Autos fuhren schnell. Die Folgen eines Zusammenstoßes waren nicht vorstellbar, und Mark sah auf seinem Fahrrad entsetzlich verletzlich aus. Ich konnte mir nicht vorstellen, dass die Pferde dieses Tempo noch viel länger durchhalten konnten, ohne dass eins von ihnen stolperte und zu Boden ging, doch ich konnte mein Hirn nicht dazu bewegen, sich auch nur vorzustellen, was dann passieren würde. Allerdings kann ich mich sehr wohl daran erinnern, überschlagen zu haben, wie lange ich brauchen würde, zurück zum Farmhaus zu gelangen und das Gewehr zu holen, falls dies erforderlich sein sollte.

Die gut eineinhalb Kilometer, die ich mit diesem Mann fuhr, zogen sich ziemlich lange hin.

Genau in dem Moment, als wir den höchsten Punkt des kleinen Hügels erreichten, sah ich die Pferde in aller Seelenruhe auf der richtigen Spur auf uns zukommen, gebadet im goldenen Nachmittagslicht wie in der kitschigen Schlusseinstellung eines Hollywoodfilms. Mark saß grinsend auf dem Sitz des Miststreuers, die Leinen in den Händen, und Nico trottete mit heraushängender Zunge hinter ihnen her. Keines der Pferde schien zu lahmen, und ich sah kein Blut.

Ich fuhr im Ladewagen des Miststreuers mit nach Hause, und Mark berichtete mir, was passiert war. Er hatte die Pferde eingeholt, war mit seinem Fahrrad an ihnen vorbeigezogen, hatte sein Tempo ein wenig gedrosselt und ihnen „Brr!" zugerufen. Sie waren auf der richtigen Spur gelaufen, doch als sie ihn vor sich sahen, waren sie auf die linke Spur geschwenkt. Mark setzte sich erneut vor sie, woraufhin die Pferde wieder auf die rechte Spur wechselten. In dem Moment kam von hinten ein Auto, der Fahrer sah, was im Gange war, und überholte sie – was wirklich unglaublich war – ganz links außen. Der Fahrer setzte das Auto vor die Pferde und bremste, woraufhin die Pferde etwas langsamer wurden. Doch wer auch immer den Wagen fuhr, musste es sich in dem Moment anders überlegt haben, denn er gab Gas und ließ Mark und die galoppierenden Pferde zurück. Mark strampelte sich nach Kräften ab, um vor den Pferden zu bleiben, wobei er sich etwas links von ihnen hielt, während sie immer mehr nach rechts abwichen, bis Sam, der auf der rechten Seite eingespannt war, auf den unbefestigten Randstreifen der Straße geriet. Mark sah mit Entsetzen, dass sie sich dem Beginn einer Leitplanke näherten, einem Metallpfosten, der mit drei dicken Kabelsträngen bespannt war. Zwei Schritte noch, und sie hätten den Pfosten erreicht, ein Pferd auf jeder Seite. Ein weiterer Schritt, und der Pfosten befände sich zwischen den Pferden und würde gegen den Miststreuer krachen, und bei dieser Geschwindigkeit würde sich der Streuer überschlagen oder Schlimmeres anrichten, und beide Pferde wären verstümmelt oder tot.

So hätte es normalerweise kommen müssen. Doch was wirklich geschah, war, dass Sam auf einer Seite der Leitplanke entlanggaloppierte und Silver auf der anderen, und sie beide plötzlich aus dem vollen Galopp abrupt anhielten und der Streuer dreißig Zentimeter vor der Leitplanke zum Stehen kam. Beide Pferde standen still und keuchten, bis Mark neben ihren Köpfen auftauchte. Seinem Bericht zufolge wirkten sie überhaupt nicht panisch, als er nach ihrem Zaumzeug gegriffen habe, sondern eher verlegen. Er habe die Leinen genommen, sich auf den Sitz gesetzt, sie von der Leitplanke weggeführt, sie die Wende machen lassen und den Weg nach Hause angetreten.

 Als es wieder einmal regnete, war es an der Zeit, Lebensmittel für den Winter einzukochen. Meine Nachbarin Beth kam zu uns, und wir machten zusammen Tomaten ein, und zwar auf die faule Art, denn wir machten uns nicht die Mühe, sie zu häuten oder die Samen zu entfernen, sondern schnitten sie einfach nur in große Stücke, warfen sie in einen Topf und ließen sie über Nacht zu einer dickflüssigen Paste vor sich hin köcheln. Wir machten zentnerweise Tomaten ein, der ganze große Holztisch in der Küche war voll mit Tomaten und Tomatensaft. Nachts träumte ich von Tomaten.

Mark und ich kauften eine große Tiefkühltruhe, die wir im Keller aufstellten, und füllten sie mit Tüten voller blanchiertem Mangold, Grünkohl, Brokkoli, Spinat, den wir erst spät gepflanzt hatten und der uns eine reiche Ernte beschert hatte, sowie den letzten grünen Bohnen und Edamamen. Die Anzahl unserer Mitglieder war im Laufe der Saison auf mehr als dreißig angestiegen, und die Felder gaben so viel her, dass alle für den Winter so viel einkochen und einkellern konnten, wie sie wollten.

Als die Kühltruhe voll war und ich fürs Erste genug vom Einmachen hatte, fingen wir an, Gemüse in Tontöpfen zu fermentieren. Das Buch des abgefahrenen Autors Sandor Katz, „Wild Fermentation", war dafür unabdingbar. Seinen Anweisungen folgend, legte ich einen Zwanzig-Liter-Tonkrug mit einer Schicht Knoblauch und

Dill aus, gab ein paar Handvoll Weinblätter und etwas Tannin hinzu, das für Frische sorgen sollte, legte dann jede Menge Gurken darauf und bedeckte das Ganze mit einer Salzlake. Laut Sandor Katz war das schon alles. Ich war skeptisch, aber er hatte recht. Zwei Wochen später waren die eingelegten Gurken fertig, und sie waren so würzig und knackig und hatten so einen prickelnden Knoblauchgeschmack wie Guss' Pickles auf der Lower East Side.

Dann waren die Kartoffeln erntereif, und sie flößten mir einigen Respekt ein. Das Kraut lag vertrocknet oben auf den Reihen, und darunter im Boden waren die Knollen so groß wie Marks Faust, zehn Stück an jeder Mutterknolle, die wir gepflanzt hatten, sodass wir insgesamt eine Ernte von mehr als viereinhalb Tonnen würden einfahren können. Ich war sowieso schon erschöpft, und der bloße Gedanke an dieses Gewicht versetzte mich in Panik. Mark ging unser Telefonverzeichnis durch und rief jeden an, den wir in der Gegend kannten: Mitglieder, Freunde und Bekannte. Wir wussten nicht, wie viele von ihnen am Erntetag erscheinen würden, doch jeder, der kam, würde uns eine Hilfe sein.

An dem vereinbarten Samstag beluden wir den Wagen mit Kartoffelkisten und spannten Sam und Silver vor den Kartoffelroder. Wir hatten ihn bei einer Versteigerung erstanden und noch nicht ausprobiert und waren nicht ganz sicher, ob er auch funktionieren würde. Er wird an den Vorwagen angehängt und verfügt über einen justierbaren gewölbten Bug, der sich unter die angehäuften Reihen gräbt. Wenn die Pferde den Pflug ziehen, befördert er eine dicke Schicht Erde mitsamt den darin enthaltenen Kartoffeln nach oben. Auf dem Kartoffelroder befindet sich ein Sitz für eine Person, die einstellen kann, wie tief gegraben werden soll. Am hinteren Teil der Maschine befindet sich ein Drahtförderband, über das die Kartoffeln wieder auf den Boden gelangen, während sie durch das Rütteln auf dem Band von der an ihnen haftenden Erde befreit werden. Wenn der Kartoffelroder funktioniert, hinterlässt er eine breite Spur Kartoffeln, die auf der Erde liegen und darauf warten, von den Erntehelfern aufgesammelt zu werden. Mark saß auf dem Kartoffelroder, und ich fuhr die Pferde vom Vorwagen aus.

Beim ersten Durchgang pflügten wir zu tief durch die Erde, weshalb sich die Pferde mächtig ins Zeug legen mussten. Sie waren gegen Ende der Arbeitssaison unglaublich stark und zogen mit so einer Kraft, dass der Lederzug von Silvers Geschirr riss und die Spielwaage ihm in die Hinterbeine schlug. Mark rannte zurück zur Scheune, um Ersatzteile für das Geschirr zu holen, während ich Silver umsorgte, der gekränkt war, aber unverletzt. Wir reparierten das Geschirr auf Farmerart direkt auf dem Feld mit einem Stück Draht und Isolierband und starteten aufs Neue. Diesmal stimmte die Tiefe, und die Kartoffeln kamen wie von Zauberhand aus dem Boden. Mark jubelte. Ich hielt am Ende der Reihe an und blickte zurück auf einen dicken Teppich aus Kartoffeln, und dann sah ich ganz hinten am Anfang der Reihe die Autos und Pick-ups eintreffen, denen komplette Familien entstiegen, die gekommen waren, um uns zu helfen. Als wir sämtliche Reihen bearbeitet hatten, waren dreißig Leute auf dem Feld, Freunde, aber auch Menschen, denen wir noch nie begegnet waren, von Kindern bis hin zu alten Leuten, und sie waren alle zwischen den Reihen über ihre Kartoffeleimer gebückt, unterhielten sich laut rufend miteinander und lachten. Eine gut organisierte Brigade der Stärksten unter ihnen schleppte die vollen Kartoffelkisten zum Wagen.

Ich ging mit den Pferden zurück zur Scheune, brachte sie in ihre Ställe und kehrte mit einem Topf und mehreren Pfund Butter zurück zum Feld. Es war mittlerweile definitiv Herbst geworden, trotz des strahlenden Sonnenscheins war die Luft gegen Mittag noch ziemlich frisch. In den Reihen mit dem Puffmais war keine Spur von Leben mehr zu erkennen, die Blätter flatterten wie braune Papierfähnchen in der ständig die Richtung wechselnden Brise. Wir kochten auf dem Feld Pellkartoffeln und servierten sie dampfend in Servietten. Auf diese Weise wärmten wir alle unsere kalten Finger an ihnen, brachen sie auseinander und bestrichen sie mit reichlich Butter und Salz. Falls es eine perfektere Art gibt, die erdige, nahrhafte Essenz der Kartoffel zu zelebrieren, habe ich sie jedenfalls bisher nicht entdeckt.

 Die Rückantworten unserer neuen Freunde und Nachbarn und unserer alten Freunde und Familien-angehörigen trafen ein, die aus Europa, Kalifornien und aus allen möglichen Orten der Ostküste anreisen würden. Wenn Mark jemanden kennenlernte, zückte er gleich eine Einladung, sodass unsere Gästeliste inzwischen auf fast dreihundert Personen angeschwollen war. Die Hochzeit schien wie eine riesige Welle, die unaufhaltsam vom Horizont heranrollte und vielleicht tödlich war. Trotzdem stellten die Arbeiten, die auf der Farm getan werden mussten, alles andere in den Hintergrund. Wir hörten die Wetternachrichten, um über Frostwarnungen infor-miert zu sein. Die Kürbisse mussten vor dem ersten Frost eingeholt werden, sonst wären sie kaputt, und das Gleiche galt für die noch nicht geernteten Tomaten. Raye kalbte unerwartet. Wir entdeckten ihr kräftiges Bullenkalb eines Morgens auf der Weide. Es war zu drei Vierteln ein Holstein-Kalb: hoch aufgeschossen und schwarz-weiß gefleckt. Rayes kompliziertes Euter schwoll auf das Doppelte seiner normalen Größe an, und sie zu melken war wie das Knacken eines Schlosses. Sie gab zweimal täglich fünfzehn Liter Milch, und Mark und ich benötigten für jedes Melken zwei ganze Stunden.

Ich verabschiedete mich von einem Vorhaben nach dem ande-ren, das ich eigentlich bis zu unserer Hochzeit erledigt haben wollte. Weder würde das Haus frisch gestrichen, noch würde die kaputte Fensterscheibe repariert werden. Die hässliche Holzverkleidung an den Wänden und das unentschuldbare Backsteinimitat in der Kü-che blieben erhalten. Der Rasen würde bestenfalls frisch abgegrast sein. Beim Mittagessen stellten wir Menüs zusammen und ließen unsere To-do-Liste immer länger werden: Heu vom Heuboden räumen, Treppe bauen, Verkabelung für die Lampen anbringen.

Tische und Stühle besorgen. Rind für Ochse am Spieß schlachten. Hühner für das Familienessen nach der Hochzeitsprobe schlachten. Eheversprechen niederschreiben.

Während der Erntezeit sind die geernteten Produkte so gut, dass die Devise lautet: Je ursprünglicher man sie belässt, umso besser. Unsere sonntäglichen Abendessen waren Paradebeispiele für Schlichtheit. Grüner Salat, praktisch ohne alles. Gedämpfte grüne Bohnen mit Butter. Im heißen Ofen geröstete Rote Bete, in Scheiben geschnitten, mit ein paar Tropfen Öl und Essig angemacht und zum Schluss etwas Dill darüber. Genau das aßen wir, als am letzten Sonntag, bevor unsere Gäste eintrafen, das Thema unserer Namenswahl aufkam. Ich hatte nie auch nur in Erwägung gezogen, meinen Namen zu ändern. Nina hatte ihren behalten, als sie geheiratet hatte, und Cydni auch. Ich mochte meinen Namen, die Alliteration, die Festigkeit seiner vier trochäischen Silben. Gegen Marks Namen hatte ich nichts einzuwenden, doch mein Name war nun mal mein Name, und er stand für mich, und zwar genau so unmissverständlich wie das Wort Gabel für das Essgerät stand, das ich in der Hand hielt. Ich sah keinen Anlass, meinen Namen aufzugeben. Ich denke, ich war einfach davon ausgegangen, dass Mark das klar war, auch wenn wir nicht darüber geredet hatten, und war regelrecht schockiert, als er mir eröffnete, dass er anders darüber denke. Er denke an unsere künftigen Kinder und hasse die Schwerfälligkeit von Doppelnamen und die ewigen Erklärungen, mit denen man unweigerlich aufwarten müsse, wenn Ehepartner unterschiedliche Nachnamen haben, erst recht in einer Gemeinschaft, in der unterschiedliche Namen in einer Ehe als ungewöhnlich gälten. Außerdem, argumentierte er, signalisiere die Namensänderung Bindungsbereitschaft; sie etabliere in sprachlicher Hinsicht die Tatsache, dass man eine Familie geworden sei. Während ich ihm zuhörte, sträubten sich mir die Nackenhaare, und ich bereitete mich darauf vor, meine Batterie an Argumenten abzuschießen.

„Also werde ich wohl deinen Namen annehmen", stellte er schließlich achselzuckend fest, eine Lösung, die so simpel und großzügig
schien wie das Essen, das wir zubereitet hatten.

Eine Woche vor der Hochzeit trafen unsere Eltern ein. Alle vier
taten ihr Bestes, nicht zu zeigen, wie schockiert sie waren, als sie
sahen, dass sich auf dem Heuboden, auf dem die Tanzparty stattfinden sollte, immer noch Heu befand und wir über die Erledigung
der Aufgaben auf unseren To-do-Listen hinaus keinerlei Vorbereitungen getroffen hatten. Wir spannten sie entsprechend ihren per-
sönlichen Fähigkeiten und Interessen ein. Meine Mutter übernahm
das Saubermachen, meinen Vater schickten wir auf die andere Seite
des Sees nach Vermont, wo er Bier- und Apfelweinfässer kaufen
sollte. Marks Vater würde den Bau einer Treppe übernehmen, die
zum Heuboden hinaufführte, und die Verlegung der Kabel für die
Beleuchtung, während seine Mutter sich der dekorativen Details
widmen und braunes Papier für die Tischdecken aussuchen sollte, sowie dreihundert rote Tücher, die als Servietten Verwendung
finden sollten. Marks Schwester traf mit ihrem engelsgleichen rot-
haarigen kleinen Sohn Olin ein, der sich irgendetwas eingefangen
hatte. Seine Wangen glühten fiebrig, und ihm lief die Nase.
    Nichts lief reibungslos, was daran lag, dass wir nichts geplant
hatten. Der Heuboden, auf dem das Hochzeitsdinner serviert werden sollte, war mit Taubenkot verdreckt, der zum Teil uralt war
und schon zu Pulver zerfiel, zum Teil aber auch ganz frisch war
und noch feucht. Als meine Mutter die verzogenen Holzböden
schrubbte, gurrten die Tauben unter dem Dach und ließen frische
Hinterlassenschaften fallen. Mark und ich eilten zur Eisenwaren-
handlung und kamen mit Maschendraht zurück, mit dessen Hilfe
wir die Vögel aussperrten. Doch wilde Vögel stellten nur die Hälfte des Problems dar. Der Stall unserer Freilandhühner befand sich
zu nah an der Scheune, und die abenteuerlustigeren unter ihnen
hatten den Heuboden entdeckt und ließen sich nicht davon ab-

bringen, ihn zu besuchen, um dort irgendwo ein Ei zu verstecken oder auf dem frisch geschrubbten Boden herumzuscharren. Meine Mutter hasst Hühner mehr als alle anderen Lebewesen. Deshalb beschlossen wir, dass die Hühner umziehen mussten, zum einen, damit meine Mutter nicht durchdrehte, und zum anderen, damit unsere Gäste nicht beim Hinaufsteigen der noch nicht gebauten Treppe über die Hühner stolperten.

Drei Tage vor der Hochzeit sperrte ich die Hennen in ihrem Stall ein, als sie sich abends zur Ruhe begaben, hängte den Stall an einen Traktor und zog ihn fünfzig Meter weit weg auf ein angrenzendes Feld. Am nächsten Morgen gingen sie trotzdem zurück zum Scheunenhof und auf den Heuboden, doch noch schlimmer war, dass sie ihren Hühnerstall, als der Abend kam, verschmähten und sich in ihrer alten Umgebung zur Ruhe begaben. Hundert Hühner hockten in den Begrenzungsanpflanzungen, die den Scheunenhof umgaben, oder auf den Dachsparren des Heubodens, direkt über dem vorgesehenen Speiseplatz unserer Gäste. Selbst wir erkannten in unserem etwas wirren Zustand, dass dies definitiv inakzeptabel war. Unabhängig davon, dass die Gäste Gefahr liefen, über die Hühner zu stolpern, und diese eine ziemliche Sauerei hinterließen, konnten sie nicht da draußen schlafen. Sie würden dort von Eulen oder Waschbären gefressen. Wir versuchten, sie mit improvisierten Netzen und Zaunteilen in ihren Stall zu treiben, doch sie flatterten immer wieder davon. Ich betrachtete meine Mutter in ihren Arbeitshandschuhen, die tapfer das eine Ende des Netzes hielt, und wusste ohne jeden Zweifel, wie sehr sie mich liebte. Schließlich gaben wir die Idee mit dem Netz auf und fingen die Hühner per Hand. Wir suchten sie mit Taschenlampen, stöberten alle hundert Hühner an ihren Schlafplätzen auf, und warfen sie einzeln oder zu zweit in den Hühnerstall, was uns bis Mitternacht beschäftigte.

Dann geschah plötzlich alles auf einmal. Enge Freunde trafen ein, wie auch Marks große Schar an Cousins und Cousinen. Nina und ihr Mann David reisten aus Kalifornien an und mein Bruder

und Dani aus Virginia Beach. In ihrer sauberen Stadtkleidung
wirkten sie alle so fremd auf unserer Farm. Meine Schwägerin, die
Pharmareferentin, trug elegante, perfekt aufeinander abgestimmte
Outfits in Primärfarben und neue flache Schuhe. Nur meine Freundin Cydni und ihr Mann Steve sahen aus, als ob sie sich auf unserer
Farm zu Hause fühlten. Cydni ist auf einer Ranch außerhalb eines
Vierzig-Seelen-Kaffs in Idaho groß geworden, und auf ihrer Hochzeit hatten wir Brautjungfern die Zwiebeln für den Kartoffelsalat
direkt aus dem Beet im Garten gezogen und waren in einem Pick-
up durch das Tal gefahren, in dem sie lebte, um bei den Nachbarn
selbstgeschnittene Blumen und Eier einzusammeln. Steve bildete
Pferde aus und beschlug sie und hatte von klein auf mit Zugtieren
gearbeitet, weshalb wir ihm das Fahren des Gespanns und des Wagens zuwiesen. Irgendwie war Nina dazu eingeteilt worden, beim
Hühnerschlachten zu helfen, und ich habe ein Foto von ihr, auf
dem sie in der einen Hand ein Messer hält und in der anderen den
Fuß eines Huhns. Zu dem Zeitpunkt hatte sie aufgehört, mich mit
den Fragen zu bombardieren, die sie im Laufe des vergangenen
Jahres auf meinem Anrufbeantworter hinterlassen hatte – Hast du
dich um die Stühle gekümmert? Kannst du einen Barkeeper enga-
gieren? Hast du einen Notfallplan, falls es regnen sollte? –, und ließ,
wie damals auf der Uni, wider besseres Wissen mir zuliebe alles mit
sich geschehen und war bereit zu helfen, hinter mir eventuell im
Eifer des Gefechts anfallende Scherben zu kitten.

Meine Freundin Isabel reiste aus London an. Sie war bis zum
letzten Moment nicht sicher gewesen, ob sie es schaffen würde
zu kommen. Ich nannte ihr eine Bed-and-Breakfast-Pension am
See im Dorf, die einzige, die noch freie Zimmer hatte. Wenn man
auf der Durchreise war und sich nicht die Zeit nahm, allzu genau
hinzusehen, machte sie einen großartigen Eindruck. Die Pension
wurde von einer sehr netten, aber nicht besonders zuverlässigen
Dame geführt. Als Isabel aufkreuzte, hatte sie vergessen, dass sie
einen Gast erwartete. Isabel war der einzige Gast, und das Zimmer,

in dem sie übernachten sollte, war von einer dicken Staubschicht überzogen, voller Spinnweben und roch nach abgestandenem Zigarettenqualm. Isabel musste beim Anblick ihrer Pensionswirtin schaurigerweise an die alte Jungfer Miss Havisham denken, und dieses Gefühl verstärkte sich später am Abend drastisch, als sie duschte und die Dame, offenkundig verwirrt, in das dampfende Bad kam, nach ihrer Mutter rief und sich in aller Seelenruhe niederließ und die Toilette benutzte. Isabel ist durchaus abenteuerlustig und immer für eine gute Geschichte zu haben, doch dies war selbst für sie zu viel, und wir brachten sie im Nebenzimmer der von meinen Eltern gemieteten Ferienhütte am Seeufer unter.

Am Tag vor der Hochzeit schafften wir immer noch Bauschutt von dem Gebäude weg, das wir im letzten Moment abgerissen hatten, verbrannten Holz und suchten mit einem Magnet Nägel auf. Marks Vater hämmerte die letzten Stufen in die von ihm gebaute Treppe, die zum Heuboden hinaufführte. Das Farmhaus war über und über mit hereingetragenem Matsch verdreckt. Es musste Gemüse geerntet, gewaschen und geschnitten werden, Rinder- und Schweinehälften waren vorzubereiten und zu rösten, und die Tische, die wir zum Teil gemietet und zum Teil bei der Kirchengemeinde geliehen hatten, mussten gedeckt und dekoriert werden. Meine Mutter ging zu Werke, so schnell sie konnte, sie hatte die Lippen zu einer dünnen, geraden Linie zusammengepresst, das Grauen stand ihr ins Gesicht geschrieben. Die Bildüberschrift über ihrem Kopf würde gelautet haben: Bring mich bitte nicht noch mehr in Verlegenheit als unbedingt nötig!

Am Abend begann mir während unseres Probeessens vor der Hochzeit der Hals wehzutun, und ich fühlte mich fiebrig. Wir hatten uns für das einzige Restaurant entschieden, das in unserem Dorf Anfang Oktober geöffnet hatte, eine mit nautischem Kitsch dekorierte Gaststätte am See. Der Koch dort, unser Freund Andy, bereitete für dreißig Personen ein Essen aus unseren Zutaten zu: Gebratene Hähnchen, rote Kartoffeln, geschmortes Herbstgemüse,

Der Wein floss in Strömen, was meiner schmerzenden Kehle guttat. Alle waren von dem Essen begeistert. Im Nebenraum trafen meine Freunde aus New York ein. Ich lugte durch die Tür und sah drei meiner Freunde, mit denen ich mal was gehabt hatte, zusammen an der Theke stehen und Drinks bestellen. Meine Mutter brachte einen Toast aus, der so endete: „Wenn es das ist, was meine Tochter glücklich macht, dann möge es so sein." Mir war schwindelig vom Fieber, weshalb ich mich so früh wie möglich davonschlich und allein in einem beengten, überhitzten Zimmer der Gaststätte eine unruhige Nacht verbrachte.

 Ich war mir nicht ganz sicher, ob ich es wirklich durchziehen wollte. Was war, wenn meine Mutter mit allem, was ihr Gesichtsausdruck signalisierte, recht hatte? Worauf ließ ich mich ein? Auf Armut, gnadenlos harte Arbeit und auf einen Mann, von dem trotz all seiner guten Seiten kein vernünftiger Mensch behaupten konnte, dass es einfach wäre, mit ihm zusammen zu sein. Objektiv betrachtet war das Ganze nicht gerade ein Sechser im Lotto. Doch da war noch etwas, und ich habe keine Ahnung, warum niemand darüber redet. Die Ehe verlangt dir ab, einen großen Teil dessen aufzugeben, wer du vorher gewesen bist, und dieser Verlust muss betrauert werden. Sich für etwas oder für jemanden zu entscheiden, ist zugleich eine klare Entscheidung gegen etwas anderes oder jemand anderen, und das ist schon ein ziemlich einschneidender Abschied.

Unser Hochzeitstag brach düster und nasskalt an, es sah bedrohlich nach Regen aus. Nina und David waren nach Süden gefahren, um die Pies abzuholen, die wir statt Kuchen servieren wollten. Zu Beginn der Woche hatten wir für die Zubereitung der Teighüllen etwas von unserem Schmalz und für die Füllungen eine Ladung unserer Kürbisse hinuntergeschickt. Der Bäcker, den wir für unsere Tanzparty auch als Geiger engagiert hatten, war mit seinen Bestellungen in Rückstand geraten, und als Nina den Laden betrat, waren weder die Pies fertig, noch war der Bäcker überhaupt anwesend. Es war ein Riesenschlamassel, aber einer von der Art, wie er einem im Norden des Landes regelmäßig passiert und mit dem man rechnen muss, so wie man in Mexiko mit permanentem Zuspätkommen rechnet und dies hinnimmt oder in Mumbai mit Autounfällen mit Kühen. Nina jedoch machte sich meinetwegen verrückt, und sie und David verbrachten fast den ganzen Tag damit, in ihrem Mietwagen durch die Gegend zu jagen und in allen noch so abgelegenen Dinern, Fernfahrer-Raststätten und Straßenrandbuden sämtliche Pies aufzukaufen.

Wenn ich heute darüber nachdenke, ist mir klar, dass es sich mit unserem Hochzeitstag genauso verhielt wie mit unserer Ehe oder mit unserer Farm: Der Tag war ein einziges heilloses Chaos, aber zugleich vom Feinsten, ungebändigt und außergewöhnlich. Schon damals, inmitten all des Chaos, war mir bewusst, dass die Liebe zwischen Mark und mir in ihrem Kern mehr war als nur die ganz normale menschliche Liebe zwischen zwei Menschen. Sie war Ausdruck einer größeren Kraft, und wenn ich an unsere Hochzeit zurückdenke, habe ich das Gefühl, auf den Händen unserer Freunde, der Familienangehörigen, der Mitglieder unserer Dorfgemeinschaft und jener unergründlichen mysteriösen Kraft getragen worden zu sein, die dafür sorgte, dass auf unseren Feldern Nahrungsmittel in Hülle und Fülle gediehen. Es ist ein Gefühl, wie wenn man fällt und sanft aufgefangen wird.

Als die Gäste eintrafen, packten sie mit an, wo sie konnten, schnitten Blumen oder Gemüse und kümmerten sich um den Grill, über dem die Rinderhälfte brutzelte oder um den mit Schweinefleisch gefüllten Smoker, in dem das Fleisch bei niedriger Temperatur langsam vor sich hin schmorte. Auf dem Heuboden stapelten die engeren Freunde meiner Eltern Heuballen auf und errichteten aus ihnen eine dekorative Hintergrundkulisse für die Geiger und einen improvisierten Gang, den sie mit Blumen bestreuten. Um die grob gearbeiteten Dachsparren wickelten sie weiß leuchtende Lichterketten. Irgendjemand war zum Feld gegangen und hatte jede Menge riesige Sonnenblumen abgeschnitten, die gerade in voller Blüte standen. Marks Schwester, die ein Händchen für Blumen hatte, hatte sie bündelweise an die Pfähle auf dem Heuboden gebunden. Auf allen Tischen standen Einmachgläser voller Kornblumen, Zinnien und lila-blauer Sandglöckchen. Der riesige staubige Raum sah wunderschön aus, wie eine rustikale Kathedrale. Von unten drang der herrliche Geruch nach frischem Stroh und Pferden herauf, begleitet von ihrem leisen Wiehern und dem Klang ihrer scharrenden Hufe.

Eine Stunde vor der Zeremonie lag ich allein in meinem Hochzeitskleid im Schlafzimmer, auf meiner fiebrigen Stirn ein kalter Waschlappen. Meine Freundinnen Nina, Cydni und Isabel und mein Freund Brian standen plötzlich in der Tür. Sie hatten eine Flasche eisgekühlten polnischen Wodka dabei. Der Geiger war nicht rechtzeitig gekommen, weshalb ich Brian, der Französischlehrer ist und der beste Sänger, den ich kenne, drängte, am Ende der Zeremonie a cappella Amazing Grace zu singen. Dann prosteten wir uns zu: Auf alte Zeiten und auf Unerschrockenheit!

Da es regnete, ließen wir uns in der Scheune trauen. Es war früher Nachmittag, und das graue Licht drang von draußen schwach durch den Staub. Meine Schwester stieß mir einen Strauß blutroter Zinnien in die Hand, und irgendjemand hatte einen Hund mitgebracht, einen großen schlabberigen Labrador, der zwischen den gedrängten Gästen umherspazierte. Wir versprachen, einander zum Ehepartner zu nehmen, in guten wie in schlechten Zeiten, und schoben uns die goldenen burmesischen Ringe auf die Finger. Der Standesbeamte erklärte uns für Mann und Frau, und Mark zog mich zu sich heran und küsste mich. Die Scheune brach in Jubel und Beifall aus. Brian sang Amazing Grace, und wir mischten uns, jetzt als Ehemann und Ehefrau, wieder unter die große Schar unserer Freunde und Verwandten.

Auf den Hochzeitsfotos habe ich die typische Hautfarbe einer Farmerin: Das Gesicht, der Nacken und die Unterarme sonnengebräunt, die neuerdings muskulösen Schultern und das Dekolletee ganz weiß. Dieser Kontrast machte den Effekt meines Kleides so ziemlich zunichte, für das ich in New York einen Haufen Geld ausgegeben hatte. Meine Schwester hatte es mit mir zusammen bei Dosa ausgesucht, ein handbesticktes hauchdünnes Kleid aus Baumwolle und Seide in einem sehr hellen Lavendel-Grau. Dazu trage ich die seidenen Hochzeitsschuhe meiner Großmutter aus den Zwanziger Jahren. Ich grinse wie ein Honigkuchenpferd und umklammere ein Einmachglas Apfelwein; mein Haar, das ich in einem letzten verzweifelten Versuch, dem Ganzen eine ironische Note zu verpassen, zu zwei Zöpfen geflochten habe, löst sich in einzelne Strähnen auf. Mark sieht aus wie immer, nur sauberer; er trägt ein weißes Baumwollhemd, eine graue Hose und hat sein blaues Sweatshirt locker um die Schultern gelegt. Sein Lächeln wirkt ungezwungen und glücklich. Wie er da neben mir steht, den Arm um meine Taille gelegt und so viel größer als ich, sehen wir aus, als gehörten wir unterschiedlichen Spezies an.

Wir spannten die Gäste für den Ausschank von Bier, Apfelwein und Wein ein. Marks Vater bereitete eine Hühnerleberpastete zu, die die aus New York angereisten Gäste schwer beeindruckte, und seine Mutter dekorierte unseren selbst gemachten Käse mit Scheiben perfekt reifer Tomaten und Basilikum. Es gab große Platten mit geschnittenem Roastbeef und gegrilltem Schweinefleisch, frische Brotlaibe und unsere selbst gemachte Butter, ein prall gefülltes Ofenblech mit geröstetem Wurzelgemüse, verschiedene grüne Salate und Rucola. Und alles hatten wir selber gezogen und angebaut. Es gab einen ganzen Tisch, der mit den von Nina besorgten Pies gefüllt war, eine wirklich beeindruckende Kollektion an cremigen und fruchtigen Sorten und Meringuen. Unsere Freunde trugen Teller zwischen der Scheune und der Küche hin und her. Mein Hals tat mir weh, ich hatte immer noch Fieber, und dann trank ich auch noch zu viel, sodass ich mich an den Rest des Tages nur verschwommen erinnere. Ich erinnere mich jedoch sehr wohl daran, dass es irgendwann aufhörte zu regnen und Mark einen Wagen an den Traktor hängte und die Gäste um unsere Felder zog, ihnen unsere Feldfrüchte und die frisch geborenen Ferkel auf der Weide zeigte und sie ermunterte, nach Belieben Gemüse zu ernten und Blumen zu pflücken und mit nach Hause zu nehmen. Ich erinnere mich auch an die kleinen Kinder von beiden Seiten der Verwandtschaft – einige in Latzhosen, andere in Kleidchen –, die in den Hühnerstall rannten und mit einem Korb voller Eier wieder herauskamen und versuchten, die kleinen Kätzchen in der Scheune zu fangen und gegen ihren Willen zu knuddeln. Die Ratten führten in unserem ehemaligen Schweinepferch in der Scheune ihr letztes Gefecht, und jedes Mal, wenn jemand einen Blick über das Gatter warf, zerstreuten sie sich in alle Richtungen, und die Leute schrien auf. Ich erinnere mich auch, dass die Geiger schließlich eintrafen und ich Mark suchte, als die Zeit für unseren Hochzeitstanz gekommen war, um die Tanzparty zu eröffnen, und ihn nicht fand, weil er unten in der Scheune war und in seinen guten Sachen die Kuh molk.

Nach und nach verabschiedeten sich die Gäste und Familienmitglieder, und wir fielen schließlich erschöpft in unser Bett, das meine Freunde mit Papierschlangen und anzüglichen Objekten dekoriert hatten. Am Tag nach der Hochzeit wurde im Wetterradio vor Frost gewarnt, weshalb Mark, während ich das Abschiedsfrühstück für unsere Gäste vorbereitete, einen Trupp zusammenstellte, um die Kürbisse zu ernten. Sie bildeten eine Menschenkette, warfen die Kürbisse von einem zum anderen, vom Feld bis zum Wagen, und einer der Kürbisse traf Mark an der Stirn und hinterließ ein paar Kratzer, sodass er in der ersten Woche nach unserer Hochzeit auf verstörende Weise aussah wie Charles Manson. Genau in jener Nacht gab es den ersten Frost, und am nächsten Tag waren die Sonnenblumen, die Tomaten, die Paprika, das Basilikum und all die anderen empfindlichen Pflanzen erfroren. Für mich war es eine Erleichterung. Keine Tomaten mehr zu pflücken und auch keine Bohnen mehr. Dann bekam auch Mark Halsschmerzen und Fieber, und ich selber war auch noch nicht genesen, weshalb wir es ein paar Tage lang ziemlich ruhig angehen ließen und uns nur rausschleppten, um die unerlässlichen Routinearbeiten zu erledigen und Rayes unerschöpfliches Euter zu melken.

Unsere Ehe hätte durchaus das Schicksal einer Star-Ehe erleiden und nach kürzester Zeit beendet sein können. Als alle Gäste abgereist waren, die Geschenke geöffnet und bewundert waren und wir unser Fieber überwunden hatten, sah ich mich auf einmal mit einer Leere konfrontiert. Ich war ausgelaugt. Und mir war kalt. Wir hatten unseren Holzofen noch nicht installiert, und die Heizung funktionierte nicht. Der Reiseführer-Verlag, für den ich früher schon gearbeitet hatte, rief an und bot mir einen Last-Minute-Auftrag an: Ich sollte nach Maui reisen und nahm an. Ich wählte mit eisigen Fingern Telefonnummern und buchte mir ein Apartment und einen Mietwagen. Wir waren gerade mal einen Monat verheiratet, und ich würde zwei Monate wegbleiben. Ich hinterließ die ganze Last der Farm auf Marks Schultern, eine Last, die wir, wie ich nur zu gut wusste, nicht einmal zu zweit bewältigen konnten. Ich redete mir ein, dass es schon nicht so schlimm für ihn kommen würde, da es ja draußen fror, und dass das Geld, das ich mit dem Buch verdienen würde, das Leid, das er möglicherweise ertragen musste, wettmachen würde. Mark sprach im Scherz von meinen Solo-Flitterwochen auf Hawaii, aber es war ein dummer Spruch. Ich glaube, wir waren uns beide dessen bewusst, dass die reelle Möglichkeit bestand, dass ich nicht zurückkäme. Ich stellte mir vor, wie meine Freunde seufzend feststellten, dass das ja mal wieder typisch für mich sei und sie ja schon die ganze Zeit darauf gewartet hätten. Und wie meine Eltern die Augen verdrehten und mir verziehen, dass ich sie genötigt hatte, all das durchzumachen, und im nächsten Atemzug bereits darüber diskutierten, wie denn nun mit den Hochzeitsgeschenken zu verfahren sei.

Im Mittelpunkt meiner Reisefreude hatte immer meine Überzeugung gestanden, dass es in der Tat so etwas gibt wie Flucht. Mit einem schlanken Ticket kannst du alles ändern. Als ich das letzte Mal auf dem Flughafen von Maui gelandet war, war ich noch ein Mädchen gewesen, zwanzig Jahre jung, und als ich auf mein Gepäck zusteuerte, fragte ich mich, ob ich unter den mit Blumenketten geschmückten Begrüßerinnen, die die Ankommenden willkommen hießen, vielleicht mein junges, freies Ich wiederfinden würde, oder ob ich es getötet hatte, indem ich einen Farmer und eine Farm geheiratet hatte. Ich nahm an, dass ich es herausfinden würde. Reisen trägt dazu bei, einem Klarheit zu verschaffen. Blende den ablenkenden Kontext, der deinen Alltag bestimmt, aus, und du findest dich dabei wieder, der nackten, kalten Wahrheit ins Gesicht zu sehen.

Es gibt keinen Ort auf der Erde, an dem dir der Unterschied zur harten Arbeit auf einer im Norden des Landes gelegenen Farm im November krasser bewusst wird als auf Maui, wo die Luft deine Wange streichelt und die Früchte tief an den Bäumen hängen. Ich hatte ein kleines Apartment im Erdgeschoss eines ganz normalen Hauses gemietet, das in einer Sackgasse in einem ganz normalen Wohngebiet von Pukalani lag. Es war vollständig möbliert und verfügte sogar über einen Toaster, sodass ich, als ich meine Sachen in den Schrank gehängt hatte, das Gefühl hatte, als hätte ich ein neues Leben begonnen. So einfach ist es abzuhauen, dachte ich. Gar nicht so kompliziert, alles hinter sich zu lassen.

Ich machte mich an die Arbeit, die darin bestand, Hotelzimmer auf ihren Inselcharme zu testen, die hawaiianische Spezialität Pupus zu verkosten und mir neue Möglichkeiten einfallen zu lassen, die weißen Sandstrände zu beschreiben. Es war ein sehr einsamer Job. Auf den Luaus wimmelte es von frisch verheirateten Paaren mit sonnenverbrannten Gesichtern, die ihre Körper zum melancholischen Klang der Slack-Key-Guitar-Musik hin und her wiegten. In ihren nagelneuen Klamotten wirkten sie auf mich irgendwie künstlich, wie Statisten an einem Drehort. Wenn ich bei meiner Restauranttests ohne Begleitung an der Bar saß und mir Notizen machte, zog ich mitunter die Aufmerksamkeit irgendeines Mannes auf mich, der alleine da war, sich jedoch schnell wieder verzog – abgestoßen von meinem aufblitzenden nagelneuen Ring, den ich am Ende doch hatte aufschneiden lassen müssen, um ihn anpassen zu lassen. Maui hatte sich seit meinem letzten Besuch sehr verändert. Es tummelten sich viel mehr Menschen auf der Insel, es gab lange Stoßzeiten und zu wenig Parkplätze. Doch das Meer hatte sich nicht verändert. Ich ging bei Sonnenuntergang am Baldwin Beach spazieren. Ich lieh mir ein langes Surfbrett und schnallte es auf das Dach meines Autos, damit ich, falls ich den Mut aufbrächte, bereit wäre, zu den vielen Leuten hinauszupaddeln, die in mittlerer Entfernung auf ihren Bretter schaukelten und auf die nächsten Wellen warteten.

Eine Zeit lang war ich einfach nur überwältigt, beinahe paralysiert, doch als ich mich ein wenig akklimatisiert hatte, stellte ich fest, dass das, was ich als Erstes vermisste, nicht Mark oder die Tiere waren, sondern der Schmutz und die Arbeit. Ich fühlte mich tief im Innersten irgendwie mangelernährt, als ob ich immer leichter würde und Gefahr liefe, einfach weggeblasen zu werden.

Ich ging in einen Bioladen in der Hippie- und Surferenklave Paia und entdeckte ganz hinten einen Tisch mit frischem Gemüse und einer kleinen Auswahl an Früchten aus örtlichem Anbau. Darüber befand sich ein handgeschriebenes Schild mit dem Namen der Farm, von der die Produkte stammten, und einer Telefonnummer. Ich notierte sie mir, kehrte zurück in mein Apartment und wählte die Nummer, ohne genau zu wissen, was ich eigentlich wollte. Als der Farmer dranging, fing ich einfach an zu reden, was eigentlich nicht meine Art ist. Ich erzählte ihm von unserer Farm, was wir anbauten und von den Pferden. Ich stellte ihm Fragen über seine eigenen Felder, zur Saison und welche Feldfrüchte bei ihm gut gediehen und welche nicht. Ich merkte, dass er in Eile war und ich ihn von der Arbeit abhielt. Ich fühlte mich wie eine einsame Verbannte, die mit einem Landsmann sprach. Kurz bevor wir auflegten, gestand er mir, dass er in der Klemme stecke. Seine Frau habe ihn verlassen, und sie hätten dieses solidarische Landwirtschaftsprojekt erst in diesem Jahr gemeinsam auf die Beine gestellt. Er müsse seine Mitglieder versorgen und stehe auf einmal alleine da und ersticke in Arbeit. Ob es vielleicht denkbar wäre, dass ich vorbeikommen und ihm bei der Ernte helfen könne? Er könne mir zwar nichts bezahlen, sagte er, aber er könne mir etwas zu essen mitgeben. Zwischen Marks Situation und seiner gab es durchaus Parallelen, über die man schmunzeln konnte oder auch nicht.

Am nächsten Tag fuhr ich im Morgengrauen seine Adresse an. Vom Boden stieg Dunst auf, und einen Moment lang dachte ich, ich hätte mich verfahren. Das Gelände sah für mich eher wie ein Garten aus als wie eine Farm. Es befand sich inmitten eines erschlossenen Wohngebiets und war von Häusern umgeben. Ein paar Meter weiter ging der Nachbar in einer Uniform, die ihn als Angehörigen eines Sicherheitsdienstes oder als Polizisten auswies, gerade zu seinem Geländewagen. Es gab einen Hühnerstall – mit Hühnern der Rassen weißes Leghorn und Plymouth Rocks –, einen kleinen Zitrushain und einen gut tausend Quadratmeter großen Acker mit roter, mit einer Bodenfräse bearbeiteter Lehmerde. Der Acker wurde von Guaven und einigen Zierpalmen gesäumt. Das Ganze erschien mir unvorstellbar klein.

Der Farmer zeigte mir im Schnelldurchgang die vier winzigen Bereiche, die seine Gemüsefarm ausmachten. Ich sah, dass er mit anderen Problemen zu kämpfen hatte als wir. Er war nicht dem intensiven Druck des schnell wachsenden Unkrauts ausgesetzt, mit dem wir während unserer kurzen Anbausaison zu kämpfen hatten, sondern ihm machten andere Dinge zu schaffen, wie der ständige Befall der Pflanzen mit Schädlingen und Pilzen, verfaulenden Wurzeln oder das Nichtvorhandensein einer das Unkraut ausmerzenden Frostperiode am Ende der Saison. Eigentlich gab es gar keine unterschiedlichen Jahreszeiten, sondern lediglich eine etwas feuchtere und eine etwas trockenere Phase. Seine Ziele unterschieden sich auch von unseren. Wir hatten beinahe mehr Land, als wir bestellen konnten und sicherten uns gegen Katastrophen und Fehler ab, indem wir vorsichthalber mehr pflanzten, als wir brauchen würden, und allen Pflanzen jede Menge Platz zur Verfügung stellten. Wir hatten unsere Zugpferde, die unsere langen Reihen und die riesigen Flächen, die wir kultivierten, überhaupt erst handhabbar erscheinen ließen. Er hingegen hatte nur dieses begrenzte Fitzelchen Land, das aufgrund der Insellage zudem sehr teuer war, und musste aus jedem Quadratzentimeter das Maximum herausholen. Er hatte seine verschiedenen, gegen das Schießen resistenten Salate nicht in Reihen gepflanzt, sondern in Abständen von einer Woche dicht an dicht in Beete gesetzt, sodass jede Woche welche zu ernten waren. Das Unkraut zupfte er mit der Hand aus, indem er sich in die Mitte der Beete beugte. Ich rupfte gierig ein scharfes Rucolablatt ab, ein Blättlein so würzig wie Senf. Er pflückte mir eine Apfelsine vom Baum, und ich ritzte mit einem Fingernagel die Schale ein, um den prickelnden Duft zu genießen. Doch so unterschiedlich unsere Farmen auch waren – das Wunder war das Gleiche, es war nur anders verpackt. Ein kleiner Teil von mir flüsterte mir verstohlen zu, wenn du hierbleibst, kannst du das auch machen, klein und schlicht, dir ein Stück Land kaufen und etwas anbauen.

Der Farmer sah allerdings so aus, als hätte er schon bessere Zeiten erlebt. Seine schlabbrigen Shorts ließen vermuten, dass er vor Kurzem abgenommen hatte, und er wirkte gehetzt und atmete oft durch zusammengebissene Zähne aus. An diesem Vormittag kämen zehn Mitglieder, um sich ihre Gemüseration abzuholen, teilte er mir mit, weshalb wir uns besser sputen sollten, bevor die Sonne zu heiß würde. Er legte ein paar Kühlakkus bereit, um die Ernte zu kühlen, und zwei kleine Körbe. Er zeigte mir, wo der Kohl stand, und informierte mich, wie viel er für seine Mitglieder benötigte. Ich nahm einen der Körbe und ein Erntemesser und machte mich an die Arbeit.

Mark hatte mir beigebracht, wie verrückt zu arbeiten. Auf unserer Farm hatte das Ernten nichts Meditatives, es war eher ein Wettlauf. Wir machten keine halben Sachen. Auf seiner Fahrradtour durch das ganze Land hatte Mark in New Mexico eine Woche lang mit einer Truppe Latinos zusammen Chilischoten geerntet, und in dieser Woche hatte er die Grundlagen seines Arbeitsstils gelernt. Er war fasziniert davon gewesen, wie schnell sie waren und hatte sie gründlich beobachtet, um zu verstehen, wie sie vorgingen. Er sah, dass sie mit beiden Händen gleichermaßen zu Werke gingen und weder die rechte noch die linke bevorzugten und immer einen Schritt vorausschauten, sodass die Hand schon, bevor sie eine Schote fallen ließ, wusste, welche sie als Nächstes pflücken würde. Außerdem sangen sie bei der Arbeit viel, populäre, lebhafte Volkslieder aus ihren Heimatländern. So lernte Mark, beidhändig zu arbeiten, vor seine Hände zu blicken und auf dem Feld diese heiteren lateinamerikanischen Lieder zu singen. Er ist der schnellste Arbeiter, den ich je gesehen habe. Er verfügt über eine außergewöhnlich gute Sicht-Körper-Koordination, eine enorme Spannweite seiner Arme und eine ihm eigene Arbeitsintensität. Wenn er im wahrsten Sinne des Wortes eine Reihe entlangfliegt, sieht er aus wie eine lebendig gewordene Comicfigur, Arme und geerntete Produkte verschwimmen miteinander zu einem pfirsichfarben-grünen Schweif. Im Laufe der Jahre hat er noch bei anderen Lehrern Lektionen in Geschwindigkeit und Effizienz erhalten, seine neuerworbenen Kenntnisse weiter verfeinert und alles Wissen an mich weitergegeben. Nach einem Jahr allmorgendlicher Erntearbeit in den Feldern konnte ich mich hinhocken und mit meinem aufblitzenden Erntemesser im Entengang durch die Reihen watscheln, wobei ich Blattgemüse armweise in den Eimer lud und Erbsen regelrecht in ihn hineinregnen ließ.

An jenem Morgen auf Hawaii erntete ich den Blattkohl also auf die einzige mir bekannte Art. Nicht gerade in Marks Tempo, aber doch schnell. Mein neuer Freund, der Inselfarmer, widmete sich derweil der Ernte anderer Produkte, die auf seiner Liste standen, doch als er mich bei der Arbeit sah, erschreckte ihn mein Tempo so sehr, dass er wild mit den Armen fuchtelte, als würde er bei einem Footballspiel ein Foul monieren, und bedeutete mir, sofort aufzuhören. Er war so aus der Fassung gebracht, dass er erst einmal eine Pause machen und ins Haus gehen musste, um eine Zigarette zu rauchen. Als er sich beruhigt hatte und zurückkam, zeigte er mir, wie er es gerne hätte. Im Gegensatz zu meinem Erntestil, der eher einem Rennen auf Leben und Tod glich, zupfte er behutsam an seinem Gemüse. Er betrachtete jedes Blatt eine Weile, schnippte es schließlich, beinahe widerwillig, mit einer Schere ab und ließ es in den Korb segeln. Es tat mir regelrecht weh, ihm zuzusehen. Wir brauchten den ganzen Morgen, um Gemüse für zehn Personen zu ernten.

In dem Moment, in dem ich sah, wie dieser Typ die Blätter seines Kohls in den Korb segeln ließ, heiratete ich auch in meinem Herzen. Es gibt also doch keine Flucht, sondern nur die Möglichkeit, eine Konstellation, die mit Schwierigkeiten verbunden ist, durch eine andere auszutauschen. Es war weder Mark, noch die Farm, noch die Ehe, wovon ich mich zu befreien versuchte, sondern mein eigenes unvollkommenes Ich, und selbst wenn ich ununterbrochen weiterziehen würde, würde es mich immer durch die ganze Welt verfolgen.

Ich konnte es nicht abwarten, nach Hause zu kommen. Und als ich wieder zu Hause war, stürzte ich mich in die Arbeit und gab alles.

EPILOG

» Ich kehrte in der dunkelsten Winterwoche zurück und übernahm wieder meine Pflichten, die Mark während meiner Abwesenheit mit erledigt hatte. Das Wort Pflichten impliziert Langeweile, doch ich verband mit ihnen etwas anderes. Ich hatte meine Pflichten regelrecht vermisst. Sie waren für mich allmorgendlich eine erste Kostprobe des Wetters, der erste Anlass für meine Gliedmaßen, sich in Bewegung zu setzen, ein Tanz, dessen Schritte ich sicher beherrschte. Zu unseren ersten Stationen gingen Mark und ich in der Dunkelheit gemeinsam. Wir trugen die warme Intimität unseres Bettes noch bei uns und mussten nicht groß miteinander sprechen. Wir gaben den beiden Kälbern im Aufzuchtstall ihre Milchflaschen, strichen ihnen einmal über die Schwanzwurzel, zogen weiter in die Scheune und riefen die Kühe von der Weide rein. Ich fütterte die Katzen, die in der Scheune lebten, während Mark die Futtermühle betätigte und eine Ration Rote Bete und Karotten mahlte. Die Kühe mampften, wir molken. Ich ließ Mark die Milcheimer abwaschen und versorgte derweil die Hühner mit frischem Wasser und füllte die Futterspender mit Futterbrei. Anschließend bekamen die Milchkühe ihr Wasser, dann stieg ich auf den Heuboden und holte vier gute Heuballen unseres zweiten Schnitts. Wenn ich auf dem Weg zur Weide der Zugpferde um die Westscheune herumging, ging gerade die Sonne auf und tauchte die Green Mountains auf der anderen Seite des Sees in helles Licht. Ich blieb jeden Morgen stehen und betrachtete den weit entfernten einzigartigen Gipfel des Camel's Hump. An manchen Tagen war der Berg in Wolken gehüllt, an anderen war er in orangefarbenes oder rotes

Licht getaucht, und an Tagen, an denen ich sehr früh unterwegs war, sah man ihn nur zweidimensional: Schwarz vor einem nicht ganz schwarzen Himmel. Vom Anblick des Berges versuchte ich den Tag vorherzusagen, wie das Wetter werden würde und was er uns bringen mochte.

Wenn auch die Pferde, die jungen Bullen und die Schweine gefüttert waren, ging ich zurück zum Haus und hinterließ eine Aura des Behagens und der Zufriedenheit. Mark hatte inzwischen die Melkutensilien abgewaschen, und unser eigenes Frühstück brutzelte auf dem Herd.

Er hatte meine Abwesenheit überlebt, aber nur so gerade, und nur dank der Hilfe der Mitglieder, Freunde und Nachbarn. Als ich von Hawaii zurückkam, hatte sich etwas verändert. Ohne gegen mich ankämpfen zu müssen, ohne das permanente Chaos während unserer ersten Anbausaison und ohne den Druck unserer bevorstehenden Hochzeit schien er seinen eigenen konstanten Rhythmus gefunden zu haben. Ich passte mich seinem Rhythmus an und suchte diesmal nicht den Konflikt, sondern Harmonie. Wir genossen es einfach, zusammen zu arbeiten und zum ersten Mal richtige Partner zu werden, anstatt uns fortwährend in die Wolle zu kriegen.

Die Anbausaisonen haben einander abgewechselt und sich zu Jahren ausgedehnt. Wir beenden sie im Herbst, nach dem ersten Frost, und etikettieren sie nach dem im vorangegangenen Sommer herrschenden Wetter, das dafür entscheidend ist, wie wir die jeweilige Saison in Erinnerung behalten. Unser zweites Jahr war ein gutes Gemüsejahr, doch für uns war es noch härter als das erste und so gnadenlos heiß und feucht, dass vier unserer Schottischen Hochlandrinder an der Hitze starben. Unser drittes Jahr war ein regelrechtes Bilderbuchjahr. Das vierte war ein bisschen trocken, was die Pflanzen zwar stresste, ihnen jedoch einen exzellenten Geschmack verlieh. Jahr Nummer fünf war kalt und katastrophal nass. Die dunklen Wolken brauten sich wieder und immer wieder über uns zusammen, bis es irgendwann erschien wie ein übler Scherz. Zwischen sämtlichen Reihen stand das Wasser, und drei Viertel unserer Ernte verfaulte. Im sechsten Jahr regnete es erneut zu viel, all unsere Tomaten und Kartoffeln wurden von der Kraut- und Knollenfäule und der Kraut- und Braunfäule befallen, und die Zwiebeln – drei Tonnen! – trockneten nicht und ließen sich somit nicht lagern.

Die Anzahl unserer Mitglieder wächst von Jahr zu Jahr ein wenig. Inzwischen hat sie sich bei etwa hundert eingependelt. Im dritten Jahr konnten wir die Arbeit nicht mehr alleine bewältigen, jedenfalls nicht, ohne die totale Erschöpfung oder die Scheidung zu riskieren. James und Sara und Paige kamen zu uns und arbeiteten bei uns, doch sie blieben nur ein Jahr und gründeten dann eigene Farmbetriebe. Danach kamen Brad und Matt und Sam, dann Susie und Anthony und danach Tim und Chad und Courtney und Racey, allesamt junge Farmer, die etwas lernen wollten, um ihre Kenntnisse dann später auf ihren eigenen Farmen zum Einsatz zu bringen. Einige unserer Nachbarn, nämlich Kristin, Kim, Barbara und Ronnie, wurden Teil unseres Stammpersonals. Die Farm ist über uns hinausgewachsen. Freitags koche ich nach der Verteilung der Rationen an die Mitglieder für alle, die in der vorangegangenen Woche auf der Farm gearbeitet haben, ein großes Abendessen, um ihre Arbeit zu würdigen und die Ernte zu feiern. Im Sommer kommen da mehr als zwanzig Leute zusammen, und wir stellen die Tische nach draußen und müssen jemanden zur Scheune schicken, um zusätzliche Stühle zu holen.

Unsere Tochter Jane wurde im vierten Jahr geboren, am Ende jenes trockenen Augusts. Ich brachte sie in unserem Farmhaus zur Welt. Mark brachte mir eine Sonnenblume, die den gleichen Umfang hatte wie mein Gesicht und gerade in voller Blüte stand, und als ich sie – mitten in den Geburtswehen liegend – ansah, schien sie zurückzublicken und mich beruhigen zu wollen. Die Hebammen wogen Jane auf einer Fischwaage. Mit ihren dreitausendvierhundert Gramm war sie ein echter Wonneproppen. Ich erinnere mich, in jener Nacht aufgewacht zu sein und gedacht zu haben, dass die ganze lange Wehenarbeit vielleicht nur ein Traum gewesen war und es gar kein Baby gab, und als ich Jane dann warm und lebendig zwischen uns entdeckte, keine Erleichterung verspürt zu haben, sondern eher jenes triumphierende Gefühl, das einen überfällt, wenn man trotz geringer Chancen unerwartet etwas gewinnt. Später in der Woche nahm ich sie mit in die Scheune, um ihr die Pferde zu zeigen, und hielt sie Sam vor seinen großen Kopf, sodass er sie mit seinem Atem anhauchen und ihr seinen Segen geben konnte.

In jenem Herbst kauften wir Lars einen Teil der Farm ab: Zweiunddreißig Hektar Land und das Haus und die Scheunen.

Im Winter des gleichen Jahres starb Silver. Bei ihm und Sam hatten sich erste Alterserscheinungen bemerkbar gemacht. Die Arbeit war den beiden zu viel. Wir kauften ein weiteres Gespann, um sie zu entlasten. Jay und Jack waren von Amischen gezüchtete, etwas mehr als zehn Jahre alte Wallache, Kreuzungen von Brabantern mit Suffolk Punchs. Ich ging an einem kalten Samstag zurück zum Haus, nachdem ich die Tiere versorgt hatte, und sah aus dem Augenwinkel heraus Silver reglos auf der Weide stehen. Er hatte das rechte Vorderbein eingeknickt, es hätte auch eine Ruhestellung sein können. Ich wäre beinahe weitergegangen, doch irgendetwas an ihm kam mir komisch vor, weshalb ich noch einmal nach ihm sah. Es war sein Ausdruck. Er wirkte ängstlich. Dieses Pferd war der König unserer Weiden. Er war nie ängstlich. Wir hatten ihn nach dem morgendlichen Melken zusammen mit Sam und Jack nach draußen geführt, und als ich zwanzig Minuten zuvor Heu rausgebracht hatte, war es ihm gut gegangen. Als ich zu ihm kam, streckte er mir die Nüstern entgegen und begrüßte mich wie immer mit einem leisen Schnauben. Ich rieb seinen breiten, dicken Nacken, fuhr ihm mit der Hand über die Schulter und das Bein hinunter bis zu seinem Knie. Das Bein fühlte sich entsetzlich schlaff an. Er zuckte kein bisschen zusammen, als ich ihn berührte, und wich auch nicht zurück. Er machte nicht den Eindruck, als ob er Schmerzen hätte, obwohl er welche gehabt haben muss. In meinem Herzen wusste ich, dass es mit ihm zu Ende ging. Ich ging ins Haus und informierte Mark, der in der Tierarztpraxis anrief. Dr. Dodd, Dr. Goldwassers Partnerin, hatte Dienst und versprach uns, innerhalb der nächsten Stunde vorbeizukommen.

Als ich wieder auf die Weide zurückkehrte, hatte Silver sich hingelegt und seine stämmigen Beine unter sich eingerollt wie ein sich ausruhendes Fohlen. Die Schulter an seiner verletzten Seite zitterte, aber er war sehr ruhig. Ich bot ihm ein paar Möhren an, die er zu meiner Überraschung eine nach der anderen fraß. Ich setzte mich neben ihn, streichelte seine samtige Nase und versuchte, ihm zu zeigen, wie dankbar ich dafür war, was er mir alles beigebracht hatte, dass er so hart und bereitwillig gearbeitet und mir so oft durch seine bloße Anwesenheit Trost gespendet hatte. Ich weinte bereits, die Tränen gefroren auf meinen Wangen, meine Nase lief ohne Unterlass. Sam gesellte sich zu uns, neigte den Kopf, berührte Silvers Widerrist und ging langsam wieder weg. Die Tiere nehmen so viel würdevoller Abschied voneinander als wir Menschen, dachte ich in dem Moment. Ein paar Minuten später traf Dr. Dodd ein. Sie sah auf den ersten Blick, dass das Bein oberhalb des Knies gebrochen war. Die Verletzung könne vom Tritt eines der anderen Pferde herrühren, meinte sie, oder er könne unglücklich auf einem vereisten Bereich der Weide ausgerutscht sein. Sie könne absolut nichts für ihn tun. Silver streckte den Hals und bettete seinen Kopf auf den Schnee. Wenn wir ein Zeichen gebraucht hätten, dass es an der Zeit war, wäre dies die Geste gewesen. Mark ging zurück zum Haus, holte das Gewehr, drückte die Mündung durch den Schleier seiner eigenen Tränen an Silvers breite Stirn und gab ihm den Gnadenschuss.

An unserem ersten Weihnachtsfest als Ehepaar schenkte Mark mir einen Welpen. Er hieß Jet, war ein schwarz-weißer English Shepherd und ein guter und nützlicher Farmhund. Er war von Anfang an mein Schatten und tat alles, um mir Freude zu bereiten, war also das glatte Gegenteil von Nico. Im Frühjahr darauf starb Nico, und wir beerdigten sie im Garten neben dem Fahnenmast. Das Gras auf ihrem Grab wächst wilder und wuchert intensiver. Immer wenn ich darübergehe, denke ich an sie, und auch wenn ich das weiße Haarbüschel an Jets Schnauze sehe, wo sich die Narbe befindet, die Nico ihm zugefügt hat, als sie ihm beigebracht hat, dass man einem anderen Hund nicht das Abendessen wegfrisst.

Wir kauften noch ein weiteres Pferdegespann. Prachtvolle junge Brabanter, Jake und Abby. Sie waren erst vier Jahre alt und gut eingefahren, aber ihnen fehlte noch der letzte Schliff, eine ordentliche Herausforderung also. Chad brachte seine eigenen Pferde mit, als er bei uns anfing zu arbeiten, und im Sommer kommt unser Freund Bill West jede Woche mit seinen beiden Suffolk Punchs zu uns, sodass dann gleichzeitig bis zu vier Gespanne auf den Feldern arbeiten und jeder, der vorbeifährt, denken muss, wir seien Amische.

Sam starb im Sommer unseres sechsten Jahres. Er hatte bis zu Silvers Tod regelmäßig für uns gearbeitet, danach hatten wir ihn nur noch für spezielle Aufgaben eingesetzt oder wenn eines der anderen Pferde lahmte. Wenn man ihn zusammen mit jüngeren Pferden einspannte, war er immer bereit zu arbeiten, doch er ermüdete schnell und erholte sich nur langsam. Seine letzten Monate verbrachte er bei unseren Nachbarn Bob und Patti Rowe. Sie hatten eine ganze Scheune voller Zugpferde, einige von ihnen jung und hübsch, andere waren alte Relikte wie Sam, doch sie wurden alle verwöhnt. Bob spannte Sam manchmal ein und ließ ihn das Futter ziehen, doch die meiste Zeit verbrachte er als Rentner, graste zufrieden mit den anderen Pferden der Rowes und döste vor sich hin. Bob erzählte uns, dass Sam die Verantwortung für die Stuten und ihre Fohlen übernommen habe, sich wie das Leitpferd verhalte und die anderen Wallache nicht in deren Nähe lasse. Das überraschte mich, denn bei uns hatte er immer an unterster Stelle der Rangfolge gestanden, erst unter dem gutmütigen Silver, als er noch lebte, und dann unter dem tyrannischen Jack. Ich musste lächeln, als ich das hörte, es war ein bisschen, wie wenn du erfährst, dass dein Onkel, der immer überall die zweite Geige gespielt hat, plötzlich zum Liebling des Altersheims aufgestiegen ist. Dann ging Bob eines strahlenden Morgens hinaus auf die Weide und sah, dass sämtliche Wallache sich unter die Stuten und Fohlen gemischt hatten. Er zählte sie, und stellte fest, dass Sam fehlte. Er fand ihn, bereits tot, unter einer Ulme und begrub ihn auf der Weide.

In unserer Ehe geht es weiterhin hitzig zu. Die Scheibe unseres vorderen Fensters ist immer noch kaputt, und unser Rasen ist nach wie vor ungepflegt.

Es kommt nie so, wie du denkst, pflegte Mark mir zu sagen. Nicht so perfekt, wie du es dir erhofft hast, aber auch nicht so schlimm, wie du befürchtet hast. Ein Bekannter von uns kaufte ein großes Stück gutes Land in unserer Nähe, das er als Zweitwohnsitz nutzen wollte, und ich hörte ihn einmal beim Abendessen sagen: „Wenn ich in Rente bin, möchte ich nur noch ein einfacher Farmer sein. Ich möchte … Beschaulichkeit." In Wahrheit möchtest du einen Garten, dachte ich im Stillen. Und zwar einen sehr, sehr kleinen. Wie meine Erfahrung gezeigt hatte, passen die Worte „einfach" und „beschaulich" definitiv nicht zum Leben auf einer Farm. Ebenso wenig wie die Worte „lukrativ", „stabil", „sicher" oder „leicht". Manchmal ist die Arbeit so hart, dass du in Tränen ausbrechen könntest. Doch an den meisten Tagen wache ich auf und bin dankbar dafür, dass ich das Farmerleben entdeckt habe – oder genauer gesagt, darüber gestolpert bin – und mit einem Mann verheiratet bin, der genauso empfindet.

Manchmal frage ich mich, wie Jane später einmal auf ihre Kindheit zurückblicken wird. Ich bin mir sehr wohl bewusst, dass es keine Durchschnittskindheit ist, jedenfalls nicht heutzutage. Ihren zweiten Geburtstag verbrachten wir zum Beispiel damit, Kaninchen zu schlachten. Sie stand oben auf einem Fass und beobachtete mein Messer. Als das Kaninchen gehäutet und aufgeschnitten war, stupste sie mit ihrem neugieren Zeigefinger eine Niere an. „Das ist eine Niere", erklärte ich ihr. „Sie ist klebrig", entgegnete sie. Wenn ich Erwachsenen begegne, die auf Farmen groß geworden sind, erkundige ich mich immer, wie sie ihre Kindheit auf der Farm erlebt haben. Es kommt nie eine halbherzige Antwort. Entweder beschreiben sie alles in goldenen Farben – die perfekte Art aufzuwachsen – oder als eine einzige Plackerei, die gar keine richtige Kindheit gewesen sei. Beide Sichtweisen halten sich in etwa die Waage. Ich liebe diese Farm und das Leben auf ihr. Ich liebe es, dass sie mir das Gefühl vermittelt, reich zu sein, auch wenn wir es nicht sind. Ich liebe meine Arbeit. Ich denke, das Beste, was wir tun können, ist, diese Liebe mit Jane zu teilen und zu hoffen, dass sie dieses Leben auch liebt.

Falls ich etwas bedauerte, gab es dafür keine Zeit. Eines kalten Samstags im Winter luden wir unsere Freundin Megan zum Frühstück ein. Es war ihr Geburtstag, und ich wollte ihr etwas Besonderes zubereiten. Ich überlegte, was wir im Gemüsekeller hatten, während ich mit Jane, die damals noch keine sechs Monate alt war, nach unten ging. In der Küche fand ich Mark vor, der eine Nuckelflasche für Kälber in der Hand hielt. Wir hatten in dieser Woche versucht, Jane an eine Nuckelflasche zu gewöhnen, weshalb ich im ersten Moment dachte, dass Mark mit dem Riesensauger eine Art visuellen Witz machte, um Jane zu animieren, doch dann sah ich das neugeborene, zu einem Häufchen zusammengekauerte Kalb an seinen Füßen liegen. Es war ein Bullenkalb von June, das von Rupert gezeugt worden war. Es war das dritte Mal, dass wir eine Jersey-Hochlandrind-Kreuzung bekamen, und bei der Geburt sahen sie alle aus wie Alfred E. Newman: Rotes Haar, Schmachtlocken und flügelartige Ohren. Dieses Kalb war keine Ausnahme, doch es war in schlechtem Zustand. Es musste direkt neben dem

Elektrozaun das Licht der Welt erblickt haben und gleich nach der Geburt unter ihm her gerutscht oder darüber gestrauchelt sein, sodass June nicht an ihr Neugeborenes herankam, um es abzulecken. Was für ein Horror, so auf die Welt zu kommen. Das Kalb hatte mehrere Stunden nass und unterkühlt dort gelegen und sah mehr tot als lebendig aus, wie es da platt auf dem Küchenfußboden lag.

Mark und ich haben im Laufe der Jahre unsere Spezialitäten entwickelt, Arbeiten, die wir am liebsten machen und gut können. Mark hat sich auf gerade Linien spezialisiert. Seine Ackerfurchen sind gerade wie ein Lineal. Ich habe mich auf das Verarzten unserer Tiere spezialisiert. In meiner Büchersammlung befindet sich eine Reihe alter Titel über Pferde- und Rinderhaltung sowie diverse Editionen des *Merck Veterinary Manual*, in die ich mich im Winter vertiefe. Also fiel die Versorgung dieses Kalbs, ungeachtet der Tatsache, dass ich eigentlich das Frühstück zubereiten wollte, in meinen Zuständigkeitsbereich. Ich hatte es mir selber so ausgesucht.

Für Fälle wie diesen findet sich in den Büchern keine Anleitung, es bleiben einem nur Intuition und gesunder Menschenverstand. Ich öffnete dem Kalb das Maul. Darinnen war es kalt. Es war nicht mehr in der Lage zu saugen. Als ich es neben den Holzofen legte und seine Brust stützte, fiel ihm der Kopf herunter, und Fruchtwasser floss aus seiner Nase. Doch wo noch Atem ist, gibt es Hoffnung. Junes dickflüssige warme Kolostralmilch würde ihm sehr guttun, wenn wir es schafften, es so weit aufzuwärmen, dass es imstande wäre, die Milch zu schlucken. Ich rieb das kleine Kalb kräftig mit einem unserer guten Badetücher ab – seltsamerweise sind in Momenten wie diesen immer nur die besten Handtücher griffbereit – und heizte den Ofen an. Dann redete ich dem Kalb aufmunternd zu, erzählte ihm von seinem Halbbruder, dem weißen Hochland-Kalb, das bei seiner Geburt in einer frostigen Februarnacht in einem mit einer Eisschicht gesäumten Wassertank gelandet war und überlebt hatte. Ich deckte es mit einer Daunenjacke und einer Bettdecke zu, ließ es ein wenig ruhen und widmete mich wieder dem Frühstück, während Mark nach draußen ging und die Tiere versorgte. Nun würde es nur noch ein ziemlich hastig zubereitetes Frühstück geben können.

Jane fing an zu quengeln, weshalb ich sie in ihrem Kindersitz festschnallte, diesen auf die Küchentheke stellte und etliche Schöpfkellen an der Hängeleiste über ihr zum Schwingen brachte, woraufhin sie vor Freude quietschte. Ich schlug zwei Dutzend Eier auf und erhitzte die Pfannen auf dem Herd. Die Kaffeemaschine war kaputt, aber ein Frühstück ohne Kaffee kam nicht in Frage, also brachte ich Wasser zum Kochen und warf das Kaffeepulver einfach hinein – Kaffee in Cowboymanier. Megan traf ein und Mark, Sam und Matt kehrten von der Erledigung ihrer Arbeiten zurück, begleitet von meinem English Shepard Jet und dessen Freundin Lady. Die beiden Hunde leckten das Kalb, das allmählich etwas lebendiger aussah. Bei Lady sollte Jet zum ersten Mal seine Qualitäten als Deckrüde unter Beweis stellen, aber die Sache lief nicht besonders gut. Lady war seit zwei Wochen bei uns, wurde allmählich läufig und hatte während der zurückliegenden vier Tage alle möglichen Versuche unternommen, Jet dazu zu bringen, sich mit ihr zu paaren. Jet war ein freundlicher Gastgeber, aber ein zurückhaltender Liebhaber, und im Farmhaus war bereits viel über seine Naivität, seine Vorliebe für die Katzen in der Scheune und seine Verklemmtheit gewitzelt worden. Lady war klüger, sie wartete einfach darauf, dass sein Interesse an ihr erwachte.

Ich legte mehr Holz in den Ofen, und es wurde schön warm in der Küche. Das Kalb erlangte seinen Saugreflex wieder, und wir konnten ihm knapp zwei Liter Kolostralmilch einflößen, die es soweit stärkten, dass es aus eigener Kraft den Kopf hochhalten konnte. Ich stellte das vereinfachte Geburtstagsfrühstück auf den Tisch – Rührei mit Pancetta und Toast – und trank genüsslich eine riesige Tasse Kaffee, die ein bisschen mit Kaffeesatz durchsetzt war. Als wir alle am Tisch saßen, glühte der Ofen beinahe rötlich, und wir mussten den Tisch von ihm wegrücken bis zur anderen Seite des

Raums. Wir hatten uns bereits mehrerer Kleidungsschichten ent-
ledigt und trugen nur noch das Nötigste, schwitzten jedoch immer
noch. Doch auf das Kalb hatte die Hitze den gewünschten Effekt.
Als wir gerade mitten beim Frühstück waren, richtete es sich auf,
stakste frankensteinmäßig ins nächste Zimmer, kam wieder heraus
und musste vom Holzofen vertrieben werden, damit es nicht dagegen fiel und sich selbst grillte. Während ich frühstückte, taumelte
es gegen meine Beine, drückte sich von unten gegen die Tischplatte
und versuchte zu saugen. Jane, die in ihrem Kinderstuhl saß, hatte eine Rassel in die Hände bekommen, schüttelte sie und brach
abwechselnd in Kichern oder fröhliches Quietschen aus. Wir sangen gerade für Megan Happy Birthday, als Jet endlich den Bogen
raus hatte und die beiden sich begattenden Hunde während ihres
Akts um den Tisch liefen. Genau inmitten dieses Chaos, als wir
alle schwitzten und sangen, Jane kicherte und quietschte, das Kalb
umhertapste und die Hunde es miteinander trieben, kam ich zu
dem Schluss, dass ich ein erfülltes Leben hatte. Erfüllt mit Freude,
reichhaltig und ausgelastet bis zum Gehtnichtmehr und noch darüber hinaus. Es war gewiss nicht das Leben, das ich mir damals
vorgestellt hatte, als ich noch in meinem Apartment im East Village
gewohnt und mich nach einem Zuhause gesehnt hatte. Wenn ich
damals auch nur einen flüchtigen Blick auf dieses Leben hätte erha-
schen können, hätte es mich ziemlich sicher abgeschreckt, weshalb
man aus gutem Grund dankbar sein kann, dass der Schleier der
Zeit die Dinge verhüllt.

Und dies ist die Stelle, an der ich Ihnen vermutlich verraten sollte,
was ich aus alldem gelernt habe. Meine wichtigste Erkenntnis lautet: Sich eine Schüssel Bohnen gönnen und seine müden Knochen
ausruhen. Die Befolgung dieses Ratschlags stellt eine sinnvolle Le-
bensgrundlage dar und ist keine Augenwischerei. Daran hat unsere
Spezies sich schon immer erfreut, und man sollte diesem Ratschlag
schon um seiner eigenen Zufriedenheit willen Beachtung schen-

ken. Kochen Sie, essen Sie Ihr Essen zusammen mit anderen. Und wenn Sie Ihre eigenen Knochen beim Anbau der Bohnen strapazieren können, umso besser.

In Zeiten des Umbruchs, schrieb Joan Didion in den 1960er Jahren, ziehen die Menschen zurück aufs Land. Während die Volkswirtschaften rund um den Globus einbrachen und sich an zwei Fronten Kriege hinzogen, erlebten wir, wie die Anzahl unserer freiwilligen Helfer im Sommer kontinuierlich wuchs. Es waren vor allem Highschool-Schüler und Studenten, die ganz erpicht darauf waren zu lernen, wie man pflanzt, Unkraut jätet, ein Pferd anschirrt oder eine Kiste Tomaten einmacht. Die New York Times brachte eine Geschichte über den neuen Trend mit der Überschrift: Sommerpraktika im Biolandbau voll angesagt.

Wenn ich es unter diesem Gesichtspunkt betrachte, wird mir klar, dass es eine Art Umbruch war, der mich in mein neues Leben als Farmerin und zu Mark geführt hat. Es war das Greifen aus dem allgemein herrschenden Chaos heraus, in dem ich mich an der Klippe meiner unbekümmerten Jugend auch persönlich befand, nach etwas Fassbarem. Damals dachte ich, dieser undurchdringliche Morast, der mich umgab, müsse ein Symptom von zu viel Input gewesen sein. Wenn es tatsächlich so wäre, folgerte ich, bestünde die Lösung darin, an einen Ort zu gehen, der so klein ist, dass man dort alles begreifen kann. Wenn meine Welt nur noch aus einer Farm und einem einzigen kleinen Dorf bestünde, könnte ich jeden einzelnen Menschen und dessen Beziehungen zu den anderen verstehen, und das Gleiche gälte für jeden Hektar Land, jede Pflanze, jedes Tier, jeden Gedankengang, jedes Gefühl und jede Handlung. Ich wollte glauben, dass sich ein derart begrenztes Leben ordnen und organisieren ließ, so wie die Naturalisten im neunzehnten Jahrhundert sämtliche bekannte Lebewesen ganzer Tier- und Pflanzenreiche bis hin zu einzelnen Spezies in Kategorien und Unterkategorien katalogisiert hatten, die zwar nicht gerade leicht zu verstehen waren, aber zumindest Sinn machten.

Natürlich war alles ganz anders.

Neulich holten Megan und ihr Mann Eric mich ab, um Vögel zu beobachten, was Mark zufolge mein jüngster Spleen ist – nach allen möglichen anderen, denen ich, wie er sagt, stets mit voller Begeisterung verfalle. Megan und Eric trugen vollkommen schräge, lederfarbene Outfits, breitkrempige beige Hüte und Ferngläser, die sie jeweils mit kompliziert aussehenden Gurten vor ihrer Brust festgeschnallt hatten. Eric hatte seinen iPod dabei, mit dem er jede Menge Vogelstimmen aufgenommen hatte, und ich lauschte ein paar Minuten lang dem hohen, unverständlichen Gezwitscher. Ich hatte allmählich das Gefühl, was das Erkennen von Vögeln anging, an einer Art Lernbehinderung zu leiden. Ich war immer noch nicht imstande, einen Zaunkönig von einem Kleiber zu unterscheiden. Eric, der schon seit Jahren Vögel beobachtete, versicherte mir, dass dies am Anfang ganz normal sei.

Wir starteten bei uns am Farmhaus, und ich lernte ein paar Begriffe aus dem Vogelbeobachter-Fachchinesich: MoDo für die Mourning Dove, die Trauertaube, wie in „Ach, vergiss es, es ist nur eine MoDo." „Treibgut" steht für Formationen aus Blättern, die aussehen wie Vögel. Ich lernte auch ein paar Vogelbeobachter-Aphorismen: Wenn du glaubst, es ist ein Rabe, ist es eine Krähe; wenn du weißt, dass es ein Rabe ist, ist es auch ein Rabe. Lass die Vögel zu dir kommen. Wenn sich etwas verhält wie ein Zweig, ist es auch ein Zweig.

Plötzlich waren überall Vögel, Vögel, von denen ich nicht einmal wusste, dass sie existierten, geschweige denn direkt vor meiner eigenen Haustür. Im Ahorn-Wald entdeckten wir einen lebhaften, olivfarbenen Vogel, ein Rubingoldhähnchen, das Eric als den kleinsten Vogel mit dem großartigsten Gesang beschrieb. Dann hörten wir einen Ruf, der klang wie das Geräusch eines hin und her hüpfenden Tischtennisballs, der Eric zufolge von einem Rubinfleck-Waldsänger stammte, doch wir hörten den Vogel nur und sahen ihn nicht. Auf dem Feld mit den alten verkümmerten Bäumen der ehemaligen Baumschule entdeckten wir eine Klapperammer, einen Vogel, den Megan noch nie zuvor gesehen hatte. Die Klapperammer saß im Wipfel einer Fichte, die Brust aufgeplustert, den Kopf erhoben, die Flügel nur leicht ausgebreitet, stolz und theatralisch wie ein winziger Tenorsänger. Ich hätte mir die Vorführung noch stundenlang ansehen können. Auf dem Rückweg blieb Eric plötzlich stehen, starrte durch sein Fernglas auf einen Fleck auf der sumpfigen Weide direkt westlich des Hauses, und seine Muskeln spannten sich vor Aufregung an. Ich sah nichts, bis Megan und er mir geduldig erklärten, nach was ich Ausschau halten sollte, und dann erblickte ich sie, keine sieben Meter entfernt: Zwei Grasammern, eine Art mit siebzehn Unterarten, die zu sehen Eric während dieses Ausflugs gehofft hatte. Ich hätte den Rest meines Lebens an diesen mattbraunen Vögeln vorbeigehen und sie nie wahrnehmen können. Eine Unterart von einer Unterart der Sperlinge, und allein die Welt der Sperlinge ist schon von einer unermesslichen Vielfalt geprägt.

Das Dorf ist unergründlich, die Ehe ist unergründlich, die Farm – ja schon ein einziger Esslöffel Erde – ist ein unentschlüsselbares Mysterium. Doch während aus den Wochen Monate wurden und aus den Monaten Jahreszeiten und ich allmählich zu einer Farmerin wurde, machte ich noch eine Bekanntschaft mit etwas, an dem ich mich festhalten konnte, mit etwas, das nicht so schwer zu fassen war wie abstraktes Wissen.

Ich studiere jetzt seit sieben Jahren das Verhalten der Frühlingspfeifer-Frösche. Wenn abends vom Teich hinter dem Farmhaus zum ersten Mal ihr Froschgesang erklingt, sind die Felder trocken genug, um bearbeitet werden zu können. In diesem Jahr hielten sich Eis und Schnee sehr lange, und ich dachte schon, mein System würde doch nicht funktionieren, doch dann wich der Frost plötzlich, und es gab ein paar warme, windige Tage. An einem Tag war alles noch weiß gewesen, und am nächsten dampfte bereits die nackte schwarze Erde in der Sonne.

Gestern habe ich Jay und Jack ihre Geschirre angelegt, sie vor die Federzinkenegge gespannt und mich auf den Weg zu dem neuen Stück Land gemacht, das wir im vergangenen Herbst für den Anbau vorbereitet und gepflügt hatten. Der Knoblauch, der westlich dieses neuen Feldes wuchs, hatte nicht gut überwintert. Ein Viertel hatte nicht ausgetrieben, und als ich ein wenig in der Erde wühlte, stellte ich fest, dass die im Boden befindliche Zwiebel glänzte und dabei war zu verfaulen. Ich hatte mal einen Freund, der ein leidenschaftlicher Spieler war und mit dem ich manchmal auf dem Rücksitz seines Motorrads durch den Holland Tunnel und entlang der Küste von New Jersey nach Atlantic City fuhr. Als ich einmal mit am Tisch saß und zusah, wie die Karten ausgeteilt wurden, hörte ich einen Mann sagen, dass der Unterschied zwischen einem Amateur und einem Profi darin bestehe, dass ein Profi keinerlei Gefühlsregung zeige, wenn er verliere. Es sei eben die Kehrseite des Gewinnens. Ich denke, dass ich inzwischen eine richtige Farmerin bin, weil ich mich daran gewöhnt habe, auf diese Weise zu verlieren. Ich habe mich an den Tod in allen möglichen Formen gewöhnt und an die ihm folgende Zersetzung. Das ist eben einfach die Kehrseite des Lebens. Und das Leben und dessen Kehrseite beinhalten dein erstes großes Pferd und alles, was es dir bedeutet hat, auch seine Knochen und seine Haut, die sich im Kompost zersetzen, der fast so weit ist, dass er auf die Felder gebracht werden kann.

Ich konnte es kaum erwarten, rauszukommen auf das Feld, und als ich dort war, konnte ich es kaum erwarten loszulegen. Jay und Jack waren ganz aufgeregt vom beginnenden Frühling, ihren ersten Maisrationen und dem schweren Ziehen der Egge über die weiche grobe Erde. Sie hatten es so eilig und zerrten so stark an ihren Gebissstücken und an den Leinen, die ich in der Hand hielt, dass ich regelrecht über den Boden schlitterte und sich meine Zehen in die Spitzen meiner Stiefel bohrten. Das Feld war voller loser, halb ver-

grabener Baumwurzeln, die sich in der Egge verfingen. Alle paar
Meter brachte ich die Pferde mit einem „Brr" zum Stehen, hob die
Zinken aus Erde, um sie vom Gestrüpp zu befreien, und hinterließ
eine Spur von klumpigen Haufen aus Erde, Steinen und Wurzeln.
Das ständige Anhalten scheuerte die Pferde wund, und irgendwann wurde Jay nervös, ging zurück, kam zu nah an die Spielwaage
heran und trat mit einem Fuß über den Zugstrang. Ich musste ihn
abhängen und wieder anhängen und dabei Jays angelegte Ohren
im Auge behalten und aufpassen, nicht umgerempelt oder getreten zu werden. Wir setzten unsere Arbeit fort, und dann stolperte
ich über die Schlaufe meiner Leinen und fiel in den Dreck. Inzwischen waren die Spuren, die wir durch die Erde zogen, nicht mehr,
wie beabsichtigt, gerade Notenlinien, sondern ein total abstraktes
Muster, dessen Linien mal nach links, mal nach rechts drifteten,
unterbrochen von sichelartigen Wendespuren, klumpigen Haufen
und dem Abdruck von mir, den ich beim Hinfallen hinterlassen
hatte. Ich ruhte mich aus, versuchte es mit Humor zu nehmen, fing
mich wieder und machte weiter. Auf halber Länge des Feldes riss
die Egge eine schwere Wurzel aus der Erde, die sich zusammenzog
wie eine angreifende Schlange und mit voller Wucht gegen mein
Schienbein schnappte. Mir schossen heiße Tränen in die Augen,
die nur zu einem Achtel von meinen Schmerzen herrührten und
zu sieben Achteln von meiner Frustration. Auch das zeichnet die
Arbeit auf einer Farm aus, manchmal ist sie eben einfach die Kehrseite der Zufriedenheit.

Als die Melkzeit gekommen war, schäumten und schnaubten die
Pferde und erinnerten sich daran, dass sie auch langsamer gehen
konnten. Am Ende war es doch noch ein bisschen zu früh gewesen, um schon hinaus aufs Feld zu gehen. Ich hatte an den tieferen
Stellen den Matsch aufgewühlt und damit die Bäuche der Pferde
besudelt. Doch es fehlten nur noch ein paar Tage, bis das über-
wältigende Crescendo des Frühlings beginnen und die Liste der zu
erledigenden Dinge schnell länger werden würde als die Liste der

Dinge, die tatsächlich erledigt werden können. Zumindest hatten wir die Quecken bekämpft und einige von diesen furchtbaren Wurzeln herausgezogen.

Unbekanntes stellt Bekanntes in den Schatten und Dinge, die noch zu tun sind, bereits Getanes. Diese Hektare Land sind eine Welt. Welche Antworten hat die Ackerkrume mir geboten? Allenfalls eine Ahnung, dass es Antworten gibt. Unter der Erde befindet sich der Felsuntergrund, und wenn du tief genug gräbst, stößt du darauf. Näher bin ich an die Gewissheit nicht herangekommen, und ich glaube, das genügt.

WIDMUNG

» Ein Riesendankeschön an meine Freundin, ehemalige Chefin und Literaturagentin Flip Brophy bei Sterling Lord Literistic, die nie mit der Entstehung dieses Buches gerechnet hat, als sie mich dafür einstellte, Anrufe entgegenzunehmen. Mein Dank gilt auch Sharon Skettini und Judy Heiblum, die mir geholfen haben, es zu Ende zu bringen. Bei Scribner geht mein Dank an Nan Graham, Kara Watson und Paul Whitlatch für ihre Kompetenz und ihre Unterstützung.

Ich hätte dieses Buch nicht ohne die Hilfe von Freunden und meiner Familie schreiben können. Mein besonderer Dank gilt David und Margie Reuther, die dafür verantwortlich sind, dass ich das Buch überhaupt begonnen habe und die mir gegen Ende erneut beigestanden haben, um es fertig zu bekommen. Nina Nowak und Peter Lindberg waren meine ersten Leser und haben mich standhaft unterstützt, David Schairer hat mir großzügig technische Hilfe zukommen lassen. Ich danke Ronnie und Don Hollingsworth, Barbara Kunzi und Beth Schiller dafür, dass sie uns so gute Freunde waren und sich so liebevoll um die Betreuung von Jane gekümmert haben. Außerdem gilt mein Dank allen bei der Freiwilligen Feuerwehr von Essex, in deren Gebäude ein großer Teil des Buches geschrieben wurde. Ich danke Lars und Marit Kulleseid dafür, dass sie uns die Chance gegeben haben, dieses gute Land zu bewirtschaften. Ich bedanke mich bei meinen Eltern Tony und Linda Kimball für ihre lebenslange Unterstützung und dafür, dass sie Jane und mich in der Endphase des Buches immer wieder für längere Zeiträume bei sich aufgenommen haben. Bei meiner Schwester bedanke ich mich für absolut alles. Und all meine Liebe und all mein Dank gehen an Mark und Jane, die so geduldig ausgeharrt haben.

REZEPTE

KARTOFFEL-LAUCH-SUPPE

Diese Suppe ist so etwas wie das „Kleine Schwarze" der Winterküche: vielseitig einsetzbar, kleine Fehler verzeihend und zu jeder Gelegenheit passend. Eigentlich ist es weniger ein Rezept als eine Idee und eine Methode, denn Sie können die jeweiligen Zutaten und Mengen ganz danach richten, wie viele Personen Sie beköstigen wollen und was Sie gerade vorrätig haben.

> *Lauch und Kartoffeln, jeweils in etwa gleichen Mengen (zur Orientierung: Ich nehme pro Person eine kleine Kartoffel und eine kleine Stange Lauch)*
> *Butter*
> *Hühnerfond (knapp 250 ml pro Person – mehr, wenn die Suppe eher dünn, weniger, wenn sie eher dick werden soll)*
> *Salz und Pfeffer zum Abschmecken*
> *Sahne oder Milch (optional)*

Lauch sorgfältig putzen und in dünne Ringe schneiden. Ein großes Stück Butter bei mittlerer Hitze in einem Suppentopf zum Schmelzen bringen und die Lauchringe darin dünsten, bis sie duften und weich sind. Währenddessen die Kartoffeln schälen und in dünne Scheiben schneiden. Kartoffelscheiben und Fond zum Lauch geben und etwa zwanzig Minuten lang kochen, bis die Kartoffeln weich sind. Mit reichlich Salz und Pfeffer würzen. Mit einem Pürierstab pürieren. (Wenn Sie keinen Pürierstab haben, vergessen Sie die Suppe und gehen Sie sofort los, um sich einen zu kaufen!) Abschmecken und gegebenenfalls nachwürzen. Wenn gewünscht, vor dem Servieren mit Sahne oder Milch verdünnen.

Es gibt unendlich viele Variationsmöglichkeiten. Sie können auf den Hühnerfond verzichten und stattdessen Wasser verwenden, eine Extraportion Butter hinzugeben, um der Suppe mehr Reichhaltigkeit zu verleihen. oder sie kurz vor dem Servieren mit einem Klacks saurer Sahne garnieren. Wenn Sie der Suppe einen grünen Touch verleihen wollen, können Sie klein geschnittenen Grünkohl oder Spinat mitkochen lassen, oder nach dem Pürieren etwas tiefgefrorenen Mais oder Mais aus der Dose, sowie einen zusätzlichen Schuss Sahne und/oder Weißwein mit pürieren, um eine einfache Maissuppe zu erhalten Denken Sie daran, nach jeder Zugabe neu abzuschmecken und gegebenenfalls nachzuwürzen.

RHABARBERSOSSE

Wenn unser Klima einen Mangel aufweist, dann den, dass es den Anbau von Zitrusfrüchten unmöglich macht. In nördlichen Regionen bleibt uns der Rhabarber als Spender säuerlicher Aromen, die zugleich zu den ersten Geschmacksnoten des Frühlings gehören. Diese Sauce passt gut zu gebratenem Fleisch.

> › *500 g Rhabarber, in 2,5 cm lange Stücke geschnitten*
> › *1 EL Apfelweinessig*
> › *115 Gramm Zucker*
> › *50 Gramm Rosinen, getrocknete Preiselbeeren oder getrocknete Johannisbeeren*
> › *1 Stück frischer Ingwer (etwa 2, 5 cm), gerieben*
> › *Eine Prise Salz*

Alle Zutaten zusammen in einen Topf geben und etwas Wasser angießen, damit nichts anbrennt. Bei niedriger Hitze zum Köcheln bringen. Sobald der Rhabarber weich wird und seine Flüssigkeit abgibt, auf mittlere Hitze hochstellen. Etwa zehn Minuten kochen, bis die gewünschte Konsistenz erreicht ist.

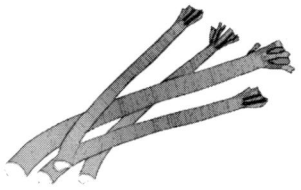

ERBSEN IN MILCH MIT MINZE

Unser liebstes einfaches Mittagessen im Juli. Wichtig ist, dass die Erbsen ganz frisch sind. Mit gekochten neuen Kartoffeln servieren.

> › *500 ml Milch*
> › *2 EL Butter*
> › *320 Gramm grüne Erbsen, gepalt*
> › *Salz und Pfeffer zum Abschmecken*
> › *Einige Blätter Minze, fein gehackt*

Milch und Butter in einem Topf bei mittlerer Hitze erwärmen. Sie sollten heiß werden, aber nicht kochen. Erbsen, Salz und Pfeffer zugeben und leise köcheln lassen, bis die Erbsen hellgrün und weich sind, aber noch nicht zu Brei verkochen. Vom Herd nehmen, die Minze hinzugeben und mit Salz und Pfeffer abschmecken.

RONNIE HOLLINGSWORTHS ABSOLUT ERLESENER KÜRBISKUCHEN

Der Herbst ist die beste Kürbiszeit. Wählen Sie je nach Vorratslage die Kürbisart, die Ihnen zur Verfügung steht. Mir schmeckt der gelbe Butternusskürbis am besten.

Zwei Kuchenböden machen so viel Arbeit wie einer. Sind Ihnen zwei Kuchen zuviel, können Sie einen Boden einfrieren und ihn für Ihren nächsten Pie oder Ihren nächsten Kuchen verwenden.

Für zwei 24 cm-Springform-Kuchenböden:

› *250 Gramm Mehl*
› *1 Teelöffel Salz*
› *220 Gramm kaltes Nierenfett vom Schwein* oder 110 Gramm kaltes Nierenfett vom Schwein und 110 Gramm kalte Butter oder 225 Gramm kalte Butter*
› *Gut 100 ml sehr kaltes Wasser (evtl. etwas mehr oder weniger)*

Ofen auf 200 Grad vorheizen.

Mehl und Salz vermischen. Das Backfett in kleine Stücke schneiden oder reiben und mit einem Teigmischer oder zwei Messern in

---

* Die Verwendung von Nierenfett vom Schwein würde ich nur empfehlen, wenn vor Ort eine gute Quelle dafür zur Verfügung steht. Nierenfett vom Schwein wird aus dem Fett hergestellt, das die Nieren der Schweine umgibt, und es hat eine festere Konsistenz und einen neutraleren Geschmack als normaler Schmalz. Für die Zubereitung eines Teigs gibt es nichts Besseres, aber es ist nicht immer einfach, an Nierenfett vom Schwein heranzukommen. Aus normalem Schmalz gut aufgezogener Schweine kann man auch einen guten Teig zubereiten.

das Mehl einarbeiten. Nicht zu intensiv vermischen und möglichst nicht die Hände zu Hilfe nehmen. Das Wasser über das Mehl träufeln und mit diesem vermischen, bis der Teig gerade so eine kompakte knetbare Masse ergibt. In zwei gleiche Teile aufteilen. (Wenn Sie nur einen Kuchen zubereiten möchten, den überschüssigen Teig zu einer Kugel rollen, verpacken und einfrieren.) Teig ausrollen und in eine 24 cm-Springform drücken. 30 Minuten ruhen lassen, mit Backpapier bedecken, mit getrockneten Bohnen beschweren und etwa 20 Minuten lang backen. Das Backpapier abnehmen und noch einmal 5 bis 10 Minuten backen, bis der Teig leicht goldbraun ist.

Für den Belag:

> *900 Gramm Butternusskürbis*
> *375 ml Schlagsahne*
> *3 Eier, geschlagen*
> *170 Gramm Zucker*
> *1 Teelöffel Zimt*
> *1 Teelöffel Ingwerpulver*
> *½ Teelöffel Salz*
> *½ Teelöffel frisch gemahlener Muskat*
> *⅛ Teelöffel gemahlene Nelken*

Butternusskürbis halbieren, Kerne entfernen, eine Backform einfetten, Kürbishälften mit der Schnittseite nach unten hineinlegen und bei 200 Grad etwa eine Stunde lang im Ofen backen, bis er sehr weich ist. Abkühlen lassen, Fruchtfleisch herauslöffeln, die anderen Zutaten dazugeben und mit dem Pürierstab zu einer glatten Masse verrühren.

Wenn der Boden erkaltet ist, im Ofen noch einmal aufwärmen.

Zum Schluss die Kürbismischung darauf geben und bei 190 Grad ungefähr 40 Minuten backen, bis der Kuchen in der Mitte soeben fest wird.

ANHANG

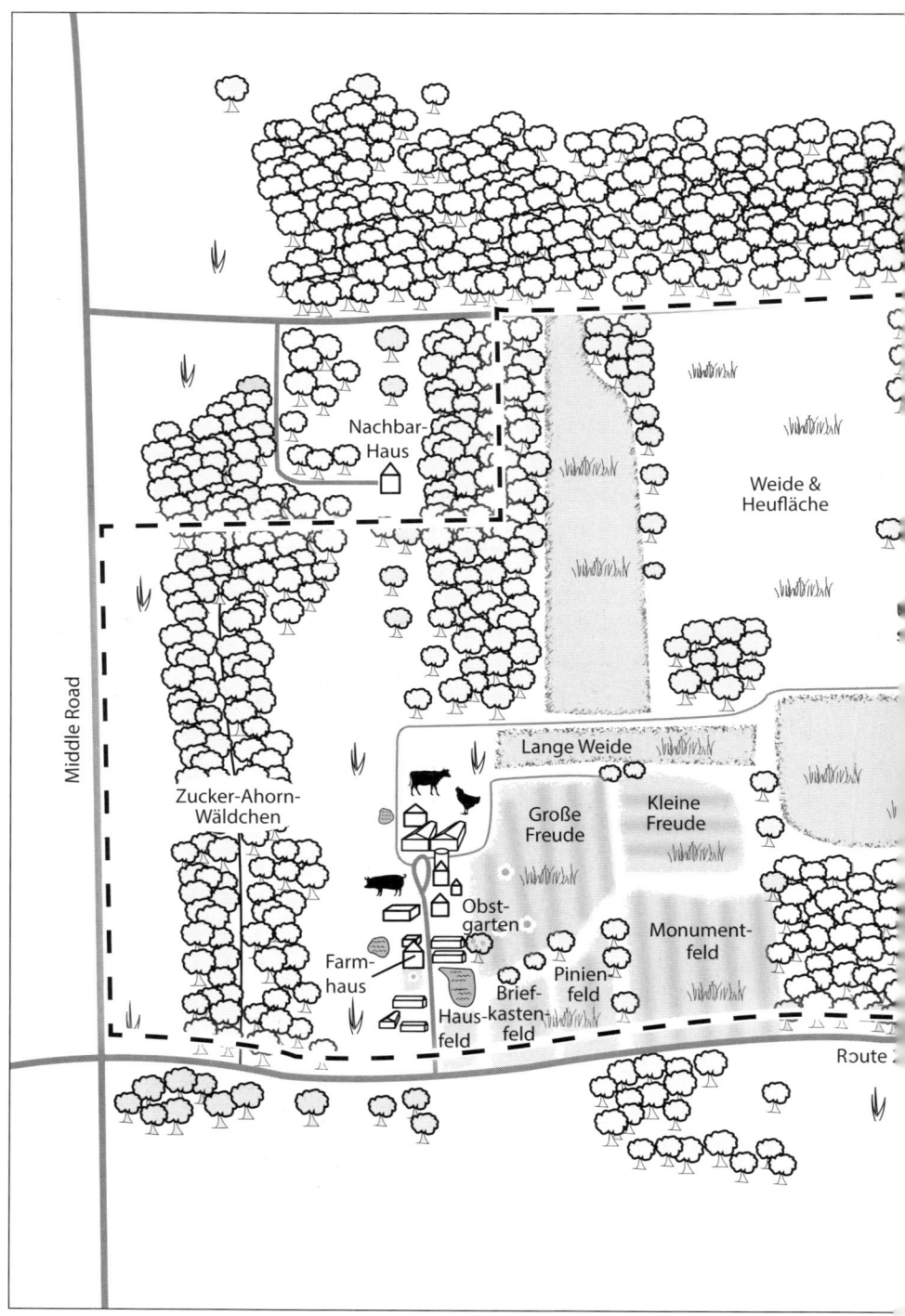

Nachbar-Haus

Weide & Heufläche

Middle Road

Zucker-Ahorn-Wäldchen

Lange Weide

Große Freude

Kleine Freude

Obst-garten

Farm-haus

Brief-kasten-feld

Haus-feld

Pinien-feld

Monument-feld

Route

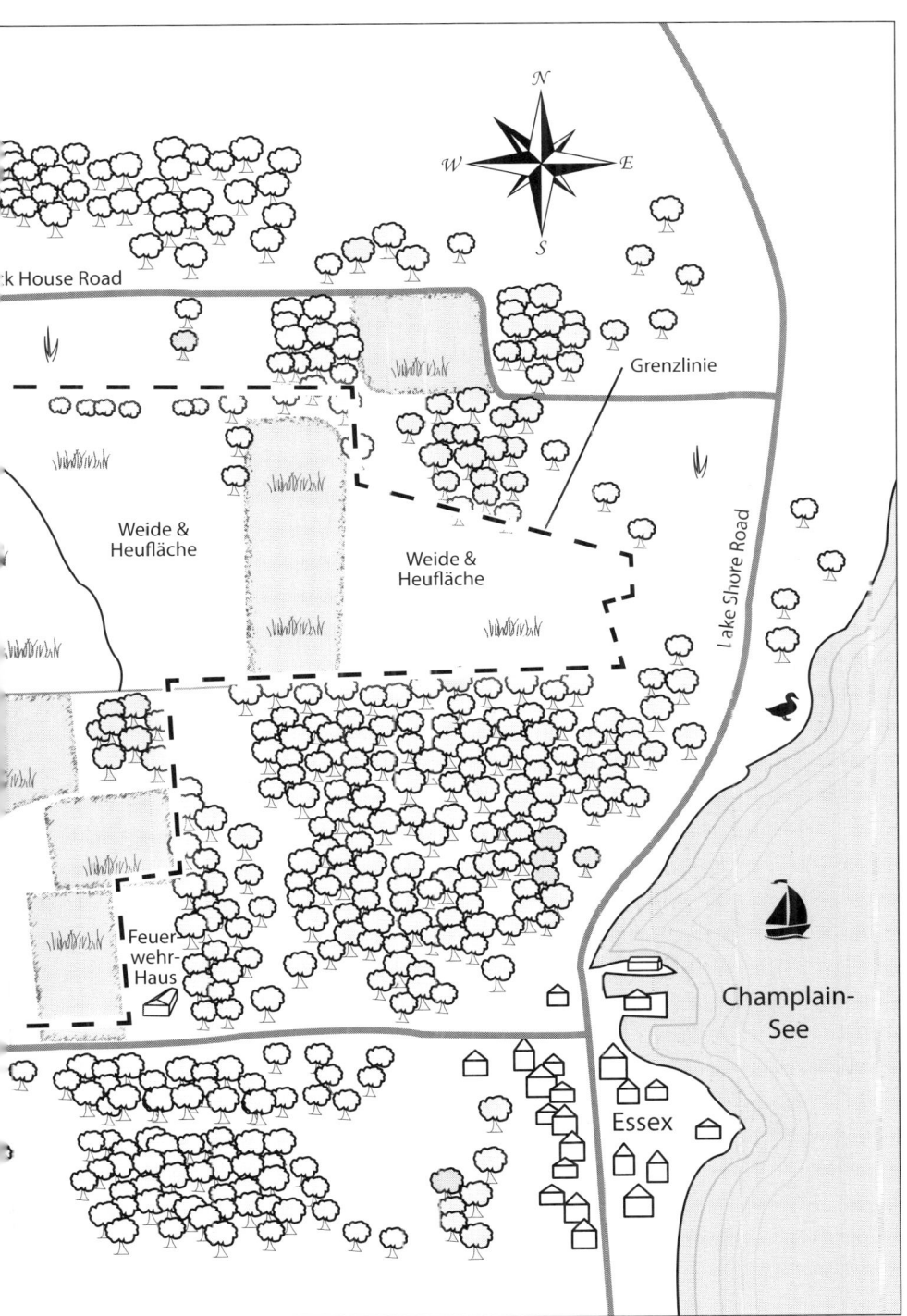

k House Road

Grenzlinie

Weide &
Heufläche

Weide &
Heufläche

Lake Shore Road

Feuer-
wehr-
Haus

Champlain-
See

Essex

327

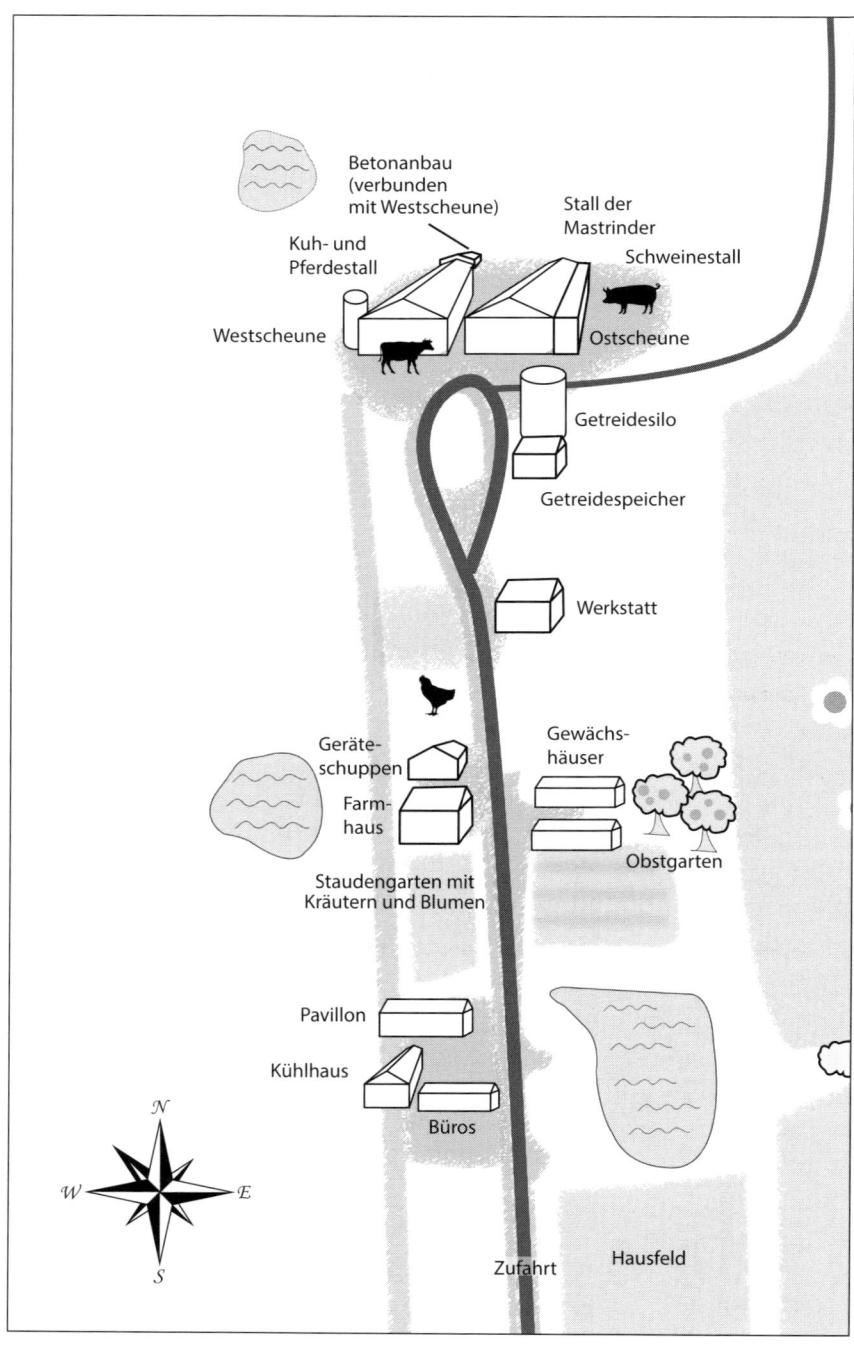

Betonanbau
(verbunden
mit Westscheune)

Stall der
Mastrinder

Schweinestall

Kuh- und
Pferdestall

Westscheune

Ostscheune

Getreidesilo

Getreidespeicher

Werkstatt

Geräte-
schuppen

Gewächs-
häuser

Farm-
haus

Obstgarten

Staudengarten mit
Kräutern und Blumen

Pavillon

Kühlhaus

Büros

N

W   E

S

Zufahrt   Hausfeld

ABBILDUNGSVERZEICHNIS

Bilder der Autorin:

Seite 13, 143, 161, 162, 163, 164, 165, 166, 167, 168, 227, 269, 317

© Kristin Kimball

Karten von der Essex Farm:

Seite 326–328 © Narayana Verlag

Schmuckbilder:

Bauernhof Seite 41, 99, 304 © Canicula – shutterstock.com

Farbkleckse Seite 9, 15, 16, 20, 23, 28, 33, 38, 53, 67, 74, 85, 90, 100, 113, 116, 123, 137, 157, 174, 181, 188, 193, 205, 210, 222, 241, 255, 256, 285, 291, 296, 303, 308, 319 © Karin Jerg

Gartenutensilien Seite 1, 14, 17, 21, 34, 61, 76, 81, 87, 149, 153, 171, 197, 206, 219, 225, 235, 236, 242, 267, 268, 271, 277

© Natalia Hubbert – shutterstock.com

Gartenutensilien Seite 2, 325 © amorfati.art – shutterstock.com

Gartenutensilien Seite 6, 11, 31, 44, 48, 50, 57, 144, 177, 192, 197, 201, 262, 290, 298, 311 © Natalia Hubbert – shutterstock.com

Gartenutensilien Seite 71, 93, 97, 108, 118, 126, 132, 216, 132, 216, 248, 286, 314, 319 © Canicula – shutterstock.com

Gartenutensilien Seite 321, 323 © Alexandra-Dikaya – shutterstock.com

Kühe Seite 105, 230 © La puma – shutterstock.com

Schneeflocken Seite 64, 141 © charles whitefield – shutterstock.com

Rhabarber Seite 320 © istock.com

Richard H. und S. Pitcairn
Natürliche Gesundheit für Hund und Katze

Mit Homöopathie und Naturheilkunde

616 Seiten, geb., € 39.-

In diesem bahnbrechenden Werk über die ganzheitliche Haltung und Behandlung von Hunden und Katzen umreißt Dr. Richard Pitcairn sein Programm zur umfassenden Gesunderhaltung von Haustieren von deren frühester Jugend bis ins hohe Alter.

Richard Pitcairn ist der wohl bekannteste homöopathische Tierarzt in den USA und verfügt über mehr als 30 Jahre Erfahrung auf seinem Gebiet. In seinem Werk vermittelt er wertvolle Tipps aus seinem großen praktischen Wissen, von der homöopathischen Behandlung über naturheilkundliche Hinweise bis zur eigenen Herstellung von gesunden Leckereien für die Vierbeiner.

„Wieder einmal zeigt Dr. Richard Pitcairn, warum er in seinem Fachgebiet so angesehen ist. Dieses Buch sollte eine Pflichtlektüre für jeden sein, der echte und dauerhafte Gesundheit für seine Tiere anstrebt, und es bleibt eine dringende Empfehlung für meine Kunden." – Dr. med. vet. Larry A. Bernstein

Vicki Mathison
Homöopathische Mittelbilder für Tiere

Die 60 wichtigsten Mittel für Tiere in Wort und Bild

136 Seiten, geb., € 39.-

60 homöopathische Mittel für Tiere dargestellt mit köstlichen Karikaturen und treffenden Leitsymptomen – selten hat das Studium von Arzneimittelbildern so viel Spaß gemacht.

Die neuseeländische Tierhomöopathin Vicki Mathison vereint in diesem Werk künstlerisches Können mit tiefer Feinfühligkeit für das Wesen der Tiere und das passende Mittel.

„Gibt es eine bessere Art zu lernen, als die Essenz eines Mittels mit einer Karikatur zu erfassen? Vicki Mathison versteht den Geist des Pferdes, wie nur ein Pferdenarr es kann, der schon aus den winzigsten Anzeichen Wesen und Stimmung des Pferdes herauszuspüren vermag. Auch Hunde und andere Tiere haben einen großen Platz in ihrem Herzen. Deren Possen fängt sie in Karikaturen ein, durch die man das Tier deutlich erkennen kann…" – Deborah Collins

Tim Couzens
Das Pferde-Homöopathie-Buch

Ein Fachbuch für Therapeuten und Pferdebesitzer
580 Seiten, geb., € 58,-

Das wohl umfangreichste Werk über die homöopathische Therapie von Pferden. Tim Couzens, praktizierender Tierarzt und Homöopath aus Großbritannien, geht in bisher einmaliger Ausführlichkeit auf die ganze Bandbreite von Pferdekrankheiten ein und beschreibt detailliert die wichtigsten Arzneimittel bei den einzelnen Symptomen und klinischen Indikationen. Besonders wertvoll ist die Pferde-Materia-Medica, die in Umfang und Beschreibung auch „kleiner" Mittel bisher einmalig ist.

Das Buch beginnt mit einer kurzen Betrachtung der Geschichte der Homöopathie und ihrer Wirkungsweise, einer Beschreibung der wichtigsten Konstitutionstypen beim Pferd sowie Erläuterungen zur Auswahl des Arzneimittels, zur Wahl der Potenz und zur Dosierung bezogen auf den jeweiligen Fall.

Im zweiten Teil werden die verschiedenen Organsysteme mit ihren häufigsten Problemen und den dazu passenden Mitteln umfassend dargestellt. Der dritte Teil beinhaltet eine äußerst detaillierte Materia Medica.

Gertrud Pysall
Was Pferde wollen

Über den artspezifischen und intelligenten Umgang mit dem Pferd
272 Seiten, geb., € 34,-

Dieses Buch ist nicht nur für alle Pferdefreunde eine Offenbarung, sondern auch für die Menschen, die schon immer eine unerklärliche Sehnsucht nach Pferden oder Reiten verspürten. In jahrelanger Arbeit erforschte Gertrud Pysall das Wesen und die Verhaltensweisen von domestizierten Pferden, deren Umgang mit Menschen, die Reaktionen auf das Leben in Stallungen anstatt in freier Wildbahn. Sie gibt jedem Leser die berechtigte Hoffnung und Hilfen an die Hand, zu einem harmonischen und wirklichen friedlichen Miteinander zu finden.

Wer mit Pferden zu tun hat, sei es als Reiter, Besitzer oder Reitlehrer, kennt die Probleme. Das Pferd will nicht, es hat „Unarten", es gehorcht nicht, es ist zickig… Alle diese Schwierigkeiten lassen sich nicht allein durch die Liebe zum Pferd lösen. Dieses Buch erklärt das Wesen des Pferdes, schafft ein Problembewusstsein beim Leser, indem es das Pferd nicht zum Täter macht.

Alexander Pollozek / Dominik Behringer
Die zeitlose Ayurveda-Küche

Heilkraft unserer Nahrung

400 Seiten, geb., € 39,-

Dieses Buch beherzigt als wertvoller Wegweiser, unverzichtbares Nachschlagewerk, Therapeutenratgeber, Lektüre und genussvoller Rezeptelieferant zugleich die Heilkraft der Nahrung in der Ayurvedaküche auf besondere Weise. Die Autoren betrachten den Ayurveda aus ihrem jeweiligen therapeutischen Blickwinkel und führen ihre langjährigen Erfahrungen als Therapeut bzw. Koch in diesem Buch zusammen.

So wird tägliches Kochen mit guten Produkten, frischen Kräutern und feurigen Gewürzen zu einem wichtigen Beitrag der Selbstheilung bzw. Eigentherapie.

Nach dem Einführungsteil in die Ursprünge, Prinzipien und die spirituellen Hintergründe des Ayurveda weisen die Autoren in die Energetik der Nahrung ein. Wie eine Offenbarung lesen sich die Nahrungsmittellisten, die Einteilung in Stoffwechseltypen, Monodiäten, die übersichtlichen Tabellen mit den Vata-, Pitta-, Kapha bzw. Triguna-Analogien, wie auch die Tabukombinationen, die Goldenen Essregeln und die Grundregeln der sattvischen Küche.

Bharat B. Aggarwal
Heilende Gewürze

Erstaunliche Heilungsgeschichten mit Homöopathie

512 Seiten, geb., € 29,-

Dr. Aggarwal erforscht seit Jahren am renommierten M.D. Anderson-Krebszentrum der Universität Texas die Heilwirkung von Gewürzen. Viele Gewürze sind echte Kraftpakete bei der Verteidigung des Körpers gegen Bakterien, Viren und Pilze.

In seiner Gewürzbibel beschreibt der erfahrene Forscher ausführlich und äußerst lebendig die wichtigsten 50 Gewürze, deren Anwendungsgebiete sowie wissenschaftliche Belege für deren Wirkung und nicht zuletzt leckere Rezepte. So reguliert Zimt den Blutzucker, Kurkuma schützt vor Krebs, Oregano hilft bei Infektionen, Mandeln bei Bluthochdruck und Curryblätter bei Alzheimer.

Ein Buch zum Nachschlagen und Anwenden – vom Kauf der Gewürze bis zur Aufbewahrung und Verwendung in Gerichten oder als präzise gewähltes Heilmittel.

Brendan Brazier
Vegan in Topform – Das Kochbuch

200 pflanzliche Rezepte für optimale Leistung und Gesundheit
440 Seiten, geb., € 29.-

Nach dem überragenden Erfolg des Klassikers Vegan in Topform erscheint nun das Kochbuch. Der berühmte Ironman-Triathlet Brendan Brazier hat aufgrund seiner jahrelangen Erfahrung die vegane Ernährung revolutioniert und für Sportler und Höchstleistung optimiert.

In seinem Werk zeigt der beliebte Sportler die Zusammenhänge zwischen Klimaschutz, tierischen und pflanzlichen Nährstoffen und benötigten Ressourcen auf. Er belegt, dass ausgewogene pflanzliche Nahrung die beste Art von Gesundheitsvorsorge und nachhaltigem Umweltschutz ist.

Sein Kult-Kochbuch bietet 200 Rezepte für nährstoffreiche Gerichte, die leicht zuzubereiten sind und sich die Kraft von Superfoods wie Maca, Chia, Hanf und Chlorella zunutze machen. Dabei greift er nicht auf potentiell allergieauslösende Produkte wie Weizen, Hefe, Gluten, Soja und Mais zurück. Mit Rezepten bekannter amerikanischer Küchenchefs wie Tal Ronnen und Matthew Kenney kamen viele leckere Gerichte zustande.

Lisa Fabry
Himmlisch vegane Desserts

Torten, Muffins, Kekse, Puddings, Eis & Co
232 Seiten, geb., € 24,-

Es gibt sie tatsächlich – Desserts, die wunderschön anzusehen sind, lecker schmecken und zugleich vollwertig sind.

In diesem himmlischen Dessertbuch präsentiert die erfahrene Veganköchin Lisa Fabry über 80 köstliche Rezepte – von der veganen Schwarzwälder Kirschtorte über den cremigen Feigen-Mandel-Pudding bis zum erfrischenden Pfefferminzeis mit Schokosplittern.

Lisa Fabry besuchte für dieses Buch eine Auswahl der besten veganen Cafés und Restaurants rund um den Globus. Jeder der talentierten Küchenchefs steuerte sein oder ihr Lieblingsrezept für dieses Buch bei. So finden wir neben Fabrys eigenen Rezepten eine umwerfende Auswahl an ungewöhnlichen Rezepten wie die traumhaften Las Vegan Sauerkirsch-Muffins aus Australien, die fruchtige Apfeltorte aus Amsterdam oder die doppelstöckige Schokoladentorte mit Himbeermousse aus Los Angeles.

Christiane Maute
Homöopathie für Pflanzen

Ein praktischer Leitfaden für Zimmer-, Balkon- und Gartenpflanzen. Mit Hinweisen zur Dosierung, Anwendung und Potenzwahl.

Neu jetzt in der 8. aktualisierten Auflage 2013.

168 Seiten, geb., € 24,-

Ein handlichen Ratgeber über die häufigsten Pflanzenerkrankungen, Schädlinge und Verletzungen und deren bewährte homöopathische Behandlung. Christiane Maute ist eine der Vorreiterinnen, die bereits vor zehn Jahren begann, die Nutz- und Zierpflanzen in ihrem Garten homöopathisch zu behandeln.

Die Reaktion der Pflanzen auf die Homöopathie war für sie in vielen Fällen verblüffend. Ob bei Blattflecken-Krankheit der Rosen, Braunfäule der Tomaten, Feuerbrand an Obstbäumen, Blattläusen, Kräusel-Krankheit, Krebs, Mehltau, Monilia-Fruchtfäule, Schneckenbefall, Sternrußtau oder schwachem Wachstum – Frau Maute erläutert zu den häufigsten Erkrankungen die wichtigsten homöopathischen Mittel.

Ruth Raspe
Homöopathische Eselsbrücken

Homöopathie in Merksätzen

176 Seiten, geb., € 9.80

Homöopathie einmal anders. In gängigen Lernsprüchen bringt uns die Heilpraktikerin Ruth Raspe über 80 der wichtigsten homöopathischen Mittel nahe.

Ob Aconitum „Schreck lass nach", Arsenicum album „Preußische Werte", Calcium carbonicum „Barockengel", Gelsemium „Häschen in der Grube" oder Gnaphalium „Mich hat die Hexe angeschossen" – humorvoll und kurzweilig prägen sich die Mittelbilder ein und sind einfach wiederzuerkennen.

Die Beschreibungen umfassen neben den Merksätzen auch wichtige geistige Merkmale und Leitsymptome, Modalitäten und ungewöhnliche Tipps.

Das Büchlein ist eine ideale Ergänzung zu den gängigen Arzneimittelbildern und erleichtert die Mittelwahl mit Hilfe der anschaulichen Eselsbrücken enorm.

Kevin Richardson und Toni Park
Der Löwenflüsterer

Mein Leben unter den Großkatzen Afrikas
280 Seiten, geb., € 19.-

„Der Tierverhaltensforscher Kevin Richardson hat eine so enge Beziehung zu Großkatzen, dass er die Nacht an sie geschmiegt verbringen kann, ohne die geringste Furcht vor einem Angriff zu haben... Er ist mit diesen Tieren, deren Zähne mühelos durch dicken Stahl beißen können, so instinktiv im Einklang, dass Mutterhyänen ihm sogar erlauben, ihre neugeborenen Jungen zu halten, ohne ihnen zu Hilfe zu springen." – Glenys Roberts, Daily Mail

In diesem Werk erzählt der berühmte Löwenflüsterer Kevin Richardson über sein Leben und wie er zu der innigen Beziehung zu Löwen, Hyänen und weiteren Wildtieren kam. Wir hören von den Löwen Napoleon und Tao, die er seine „Brüder" nennt, von der ungewöhnlichen Löwin Meg, der Richardson das Schwimmen beibrachte, dem wilden Tsavo, der ihn fast umbrachte, und der rührenden kleinen Hyäne Homer.
Ein ungewöhnliches Buch, dass einen tiefen Einblick in die Seele dieser Tiere gibt und viele Vorstellungen über Raubkatzen in Frage stellt.

Friedl Weber
Faul & Fit

JIN SHIN JYUTSU mit Hand und Fuß
88 Seiten, geb., € 12.80

Friedl Weber stellt in diesem Büchlein die japanische heilkunst JIN SHIN vor: Trotz Alltagsstress und Termindruck, ganz nebenbei mit einfachen Hand und Fußgriffen können Sie sich von Spannungen und Schmerzen befreien. Häufig sind es Berührungen, die man aus der Kindheit kennt oder die man automatisch ohne Wissen um ihre Wirkung anwendet.

So schiebt man beispielsweise unbewusst eine Hand unter den Fo oder setzt sich auf einen Fuß. Mit dieser Berührung wird die Muskelregeneration angeregt, der Organismus kommt in Schwung und man baut sogar Fett ab. Das nennt man „Jogging des faulen Mannes". Auch schon das sanfte Umschließen eines Fingers reicht aus, um den Energiefluss im Organismus anzuregen.

Überall kann man diese kleinen Übungen einsetzen. Wie schnell kommt es im Urlaub zu einem Sonnenbrand, zu Durchfall oder Verstopfung. Dann können Sie eine oder beide Hände anlegen und die Heilung setzt ein.

Unimedica

Blumenplatz 2, D-79400 Kandern
Tel: +49 7626-974970-0, Fax: +49 7626-974970-9
info@unimedica.de

In unserer Online Buchhandlung
www.unimedica.de

führen wir eine große Auswahl
an deutschen und englischen Büchern
zu Naturheilkunde, Homöopathie und natürlichem Leben.
Es gibt zu jedem Titel aussagekräftige Leseproben.
Auf der Webseite gibt es ständig Neuigkeiten zu aktuellen
Themen, Studien und Seminaren, sowie einen
Erfahrungsaustausch bei Krankheiten und Epidemien.

Ein Gesamtverzeichnis ist kostenlos erhältlich.